2011年度中央财政支持地方高校发展专项资金
——陇右文化学科建设项目成果

陇右文化研究丛书

主编 雍际春 副主编 霍志军

LONGYOU WENHUA LVYOU GAILAN

陇右文化旅游概览

于志远◆编著

中国社会科学出版社

图书在版编目（CIP）数据

陇右文化旅游概览／于志远编著．—北京：中国社会科学出版社，2014.8
ISBN 978 - 7 - 5161 - 4541 - 8

Ⅰ.①陇…　Ⅱ.①于…　Ⅲ.①旅游指南—甘肃省　Ⅳ.①K928.942

中国版本图书馆 CIP 数据核字（2014）第 156738 号

出 版 人	赵剑英
责任编辑	张　林
特约编辑	孔　晓
责任校对	高建春
责任印制	戴　宽

出　　版	中国社会科学出版社
社　　址	北京鼓楼西大街甲 158 号（邮编100720）
网　　址	http://www.csspw.cn
	中文域名:中国社科网　　010 - 64070619
发 行 部	010 - 84083685
门 市 部	010 - 84029450
经　　销	新华书店及其他书店

印　　刷	北京市大兴区新魏印刷厂
装　　订	廊坊市广阳区广增装订厂
版　　次	2014 年 8 月第 1 版
印　　次	2014 年 8 月第 1 次印刷

开　　本	710×1000　1/16
印　　张	22
插　　页	2
字　　数	366 千字
定　　价	66.00 元

陇右文化研究丛书编委会
及主编名单

总　　序

　　大千世界，万象竞呈。因区域自然和人文社会环境的差异性，在中国广袤无垠的土地上孕育了丰富多彩的地域文化，彰显着各地人们的文化气质。燕赵、齐鲁、巴蜀、三秦、荆楚、吴越等文化已广为人知。这其中，陇右文化更是因其所处的农牧交错、华戎交汇与南北过渡的区位优势，成为我国地域文化百花园中绽放的一朵奇葩，具有迷人的风采，散发着瑰丽的芬芳。

　　陇右文化源远流长。若从原始人类遗迹来看，从陇东华池县赵家岔、辛家沟和泾川大岭上发现的旧石器时代早期石器，到旧石器时代晚期距今3.8万年前的"武山人"遗迹的发现，已昭示着陇右远古文化的曙光即将来临。进入新石器时代，以天水地区大地湾、西山坪、师赵村等遗址为代表的新石器早期遗存，翻开了陇右文化源头的第一页。继之而起的仰韶文化、马家窑文化、齐家文化等文化类型，在多样化农业起源与牧业起源，中国最早的彩陶与地画、文字刻画符号、宫殿式建筑、水泥的发现，最早的冶金术和铜刀、铜镜与金器的出土，礼仪中心的出现，表明等级身份的特殊器具玉器的发现，贫富分化与金字塔式的社会等级的出现等，这一系列与文明起源相关的物质与精神文化成就，既为中华文明的起源与形成提供了佐证、增添了异彩，也是黄河上游地区开始迈入文明时代的重要标志。在齐家文化之后的夏商之际，西戎氐羌部族广泛活动于陇右地区，并与中原农耕文化保持频繁的接触与交流，开创了农耕与草原文化相互介入、渗透和交融创新的文明模式。与此同时，周人起于陇东，秦人西迁并兴起于天水，陇右成为周秦早期文化的诞生地，并奠定了陇右以华戎交汇、农牧结合为特征的第一抹文化底色。自秦汉至明清，陇右地区民族交融不断，中西交流不绝，在悠久的历史积淀中形成了兼容并蓄、多元互补、尚武刚毅、生生不息的地域文化特质。这种独具特色的地域文化元素，成为华夏文化中最具活力的基因和重要组成部分，在华夏文明的传承中发挥了不可估量的作用。

然而，在国内各地域文化研究如火如荼、成果层出不穷，地域文化与旅游开发日益升温的形势下，陇右文化的研究却相对冷寂，只是在近年来才引起人们的重视。这其中，天水师范学院陇右文化研究中心的同人们做了不少有益的工作。2001年，在学校领导的支持和学校陇右文化研究爱好者共同的努力下，国内唯一的陇右地域文化研究学术机构——陇右文化研究中心成立。中心以开放的管理方式，以学校内部的学术力量为基础，广泛联系省内外的科研院所和相关文博专家，同气相求，共同承担起陇右文化学术研究和文化旅游资源开发的重任。以期中心的研究成果庶几能为甘肃区域经济社会和文化事业的发展提供智力支持和决策参考。

中心成立至今，已经走过了12个春秋。12年里，我校的陇右文化研究与学科建设取得长足的进步。一是通过理论研究和实践探索，初步构建了陇右文化的学科体系和课程体系，为陇右文化研究和知识普及奠定了坚实的基础。二是催生和形成了一个省级重点学科，将科研团队建设与人才培养有机结合，使陇右文化研究工作迈向可持续发展有了基础保障。三是2010年中心被确定为甘肃省人文社科重点研究基地，为陇右文化学科建设与科学研究搭建了平台。四是汇聚和成长起一支既充满活力又富有潜力的学术研究队伍。五是通过在《天水师范学院学报》长期开办"陇右文化研究"名牌栏目，编印《陇右文化论丛》连续出版物和出版天水师范学院"陇右文化研究丛书"，为研究和宣传陇右文化营造了一块探索交流的学术阵地。在此基础上，产生一批高质量的科研成果，在推进学科建设，服务甘肃文化大省建设，促进区域经济社会文化事业的发展等方面发挥了积极作用。

在2010年，学校为了进一步加大对陇右文化学科建设与科学研究的扶持力度，将陇右文化重点学科建设作为重大项目，申报中央财政支持地方高校专项经费，并得到资助，这为陇右文化研究基地的建设与发展提供了坚实的经费保障。由此我们研究条件大为改善，先后启动了项目研究、著作出版和资料购置等计划。现在展现在读者面前的这套"陇右文化研究丛书"，即是著作出版计划的一部分。我们深知，陇右文化内涵丰富，博大精深，但许多领域的研究几近空白，基础研究工作亟待加强。所以，对于"丛书"的编写，我们秉持创新的理念、科学的精神、求实的态度，提倡作者以陇右地域文化为研究范围，立足各自的研究领域和学术特长，自拟选题自由探讨。只要有所创新，成一家之言，不限题材和篇幅，经申报评审获得立项后，即可入编"丛书"。

经过各位作者一年多的辛勤努力和创造性劳动，"丛书"按计划已基本完成。入编"丛书"的著作，涉及陇右文化研究的各方面，主要包括始祖文化、关陇文化、陇右文学、杜甫陇右诗、陇右旅游文化、陇右石窟艺术、陇右史地、陇右方言和放马滩木板地图等主题。各书的作者均是我校从事陇右文化研究和学科建设的骨干，其中既有多年从事陇右文化研究的知名学者，也有近年来成长起来的中青年才俊。因此，"丛书"的出版，无疑是我校陇右文化研究与学科建设最新进展与成果的一次整体亮相；也必将对深化陇右文化的研究产生积极的影响。我们深知学海无涯，探索永无止境，"丛书"所展示的成果也只是作者在陇右文化研究探索道路上的阶段性总结，可能还有这样那样的不足与欠缺。作为引玉之砖，我们希望并欢迎学界同人和读者多提批评指导意见，激励我们做得更好，以推动陇右文化研究不断走向深入。

"丛书"出版之际，正值甘肃省华夏文明传承创新区建设启动实施之时。这一发展战略确定了围绕"一带"、建设"三区"、打造"十三板块"（简称"1313 工程"）的工作布局。"一带"就是丝绸之路文化发展带；"三区"为以始祖文化为核心的陇东南文化历史区、以敦煌文化为核心的河西走廊文化生态区和以黄河文化为核心的兰州都市圈文化产业区；"十三板块"即十三类文化发展与资源保护开发工作，分别为文物保护、大遗址保护、非物质文化遗产保护传承、历史文化名城名镇名村保护利用、民族文化传承、古籍整理出版、红色文化弘扬、城乡文化一体化发展、文化与旅游深度融合、文化产业发展、文化品牌打造、文化人才队伍建设、节庆赛事会展举办等。这一战略以华夏文明传承创新区为平台，对加快甘肃文化大省建设，探索一条在经济欠发达但文化资源富集的地区实现科学发展的新路子，都具有重要的现实意义。

由此可见，甘肃省华夏文明传承创新区建设战略及其实施重点，也就是我们陇右文化研究与学科建设的主旨所在。人才培养、科学研究、文化传承与服务社会是高校所肩负的神圣职责。甘肃省华夏文明传承创新区建设战略的实施，为高校与地方经济社会文化发展的深度融合提供了契机，也为我院陇右文化研究学科提供了前所未有的发展机遇。我们将以此为新的起点，充分利用陇右文化研究基地这一平台，发挥人才和学术优势，积极参与华夏文明传承创新区建设，为甘肃省文化大省建设和文化产业的发展建言献策、奉献智慧。我们相信，我校的陇右文化研究与学科建设，无疑在这一战略实施中大显身手，发挥排头兵的作用；也必将在华夏文明传承创新区建设战略的实施中进一步深化合作，不断提升服务社会的能力，并开拓新的发展空间和学科生长点。

祝愿本套丛书的出版为甘肃省华夏文明传承创新区建设增光添彩！

雍际春

2013 年春于天水师范学院陇右文化研究中心

目　　录

第 一 章

陇右概况

第一节 "陇右"及其地域范围

一 "陇右"地名的起源

"陇右"作为地域概念，最早出现于汉末魏初，在《三国志》中，"陇右"一词已频繁出现，其义泛指陇山以西一带地区。溯其渊源，"陇右"一词则由陕甘交界的陇山而来。陇山又称陇坂，战国时秦国于公元前2年在陇山以西地区设立陇西郡，由陇山到陇西再到陇右，正体现了"陇右"一词的演化历程。由于我国古人以西为右，故称陇山以西为"陇右"。唐太宗贞观元年（687年），分全国为十道，以东起陇山，西达沙州（今甘肃敦煌市），南连蜀及吐蕃，北接沙漠的地域设陇右道，领秦、渭、成、武、兰、河、洮、岷、叠、宕、鄯、廓、甘、肃、瓜、沙、伊等州，今甘肃陇坻以西、新疆迪化以东及青海东北部地。平定高昌等地后，又增置西州（今新疆吐鲁番东南）、庭州（今新疆奇台县西），其后于西州设安西大都护府，庭州设北庭大都护府，并将安西大都护府所统龟兹〔今新疆库车，所统辖的范围为今新疆（除东部四州以外的全部）和今哈萨克斯坦大部、吉尔吉斯斯坦全部、塔吉克斯坦全部、乌兹别克斯坦大部、土库曼斯坦东部和阿富汗的东北部等〕等四镇及十六都督府划归陇右道，至此，东起陇山，西逾葱岭，远及波斯国（伊朗）的广大地区统归陇右道所辖。其地域具体包括今甘肃、新疆大部地区和青海省青海湖以东地区，地域相当辽阔。唐睿宗景云二年（711年），以黄河为界析陇右道黄河以西地域设河西道。至此，"陇右"作为地域范围，就有了广、狭义之分，广义的"陇右"等同于"十道"时期的陇右道辖域，狭义的"陇右"仅指今甘肃省黄河以东、青海省青海湖以东至陇山的地区。古籍和民间习惯所称的陇右一般都是狭义的陇右地区①。

二　地域范围

陇右作为习惯所称的地域概念，它往往又被人们与周边地域连称而有"关陇""河陇""秦陇"之说，另外，还有单称"陇"者。这些地域概念既相联系又有区别。"关陇"一词是"关中""陇右"两个地域的合称，概指关中和甘肃省东部地区；"秦陇"代指陕、甘两省；"河陇"则是对唐代所设"陇右""河西"两道的简称，其所指地域大体等同于今天的甘肃省，而"陇"即是甘肃省简称，作为地域，大致相当于甘肃全省。

甘肃省黄河以东地区，除了习惯所称的陇右地区之外，还有陇山以东的平凉、庆阳二市，习称陇东。这一地域虽然不在"陇右"地域，但从隶属关系和历史文化传统而言，与陇右地区颇多相似，故本书所论"陇右"地域，包括了陇东地区在内的甘肃省黄河以东地区，即甘肃省东部地区。今青海省青海湖以东的河湟谷地一带，习惯上也属陇右地区，为保持行政区划的完整性，这一地域不包括在其中。

三　地理位置

陇右地区位于黄土高原西部地区，介于青藏、内蒙、黄土三大高原，自然条件独特；历史上无论是政区划分、民族成分、人口分布还是经济形态、民风民俗，均有较多联系和相似之处，是一个相对完整的自然、人文地域单元。这一地域既是历史上中西文化与商贸交流的通道——丝绸之路的必经之地，又是历史时期中原王朝经营西域、统御西北的前沿地带。

唐王朝将全国分为十道。西北为陇右道，辖地极广。唐史所谓"自（长安）安远门西尽唐境万二千里"，指的大抵都是陇右道之地；然其军政重心则在今甘肃省地域内。《新唐书·地理志》载："陇右道……汉天水、武都、陇西、金城、武威、张掖、酒泉、敦煌等郡……为州十九，都护府二，县六十。"其中除北庭、安西二都护府在今新疆东境，陇右节度驻地鄯州位于今甘青毗邻的乐都外，余下的著名州郡都分布在今甘肃境

---

① 雍际春：《陇右文化概论》，甘肃人民出版社 2005 年版，第 1 页。

内。今人因此多以陇右或河陇泛指今甘肃省。这里，地域上与京都所在的关中接壤，唇齿相依，实为辅卫首都的肘腋。陈寅恪曾指出："李唐承袭宇文泰'关中本位政策'，全国重心本在西北一隅"，故从太宗立国至盛唐玄宗之世，均以"保关陇之安全为国策"（《唐代政治史述论稿》）。陇右实为唐王朝维护版图统一、稳定政局的要害之地。陇右的安危，对唐王朝的盛衰兴亡具有举足轻重的影响。因此，唐代有作为的帝王莫不关注陇右。史载天宝元年十镇（统率全国边兵）兵员 486 900 人，军马 8 万匹。陇右、河西两镇兵员 14.8 万，军马 3 万，均约占全国总数的 1/3；若加上北庭、安西两镇，则为数尤多。这些数字明白显示出陇右在唐代边防军事格局中的重要地位①。

第二节　陇右分区

陇右地区占有甘肃省东半部，包括兰州市、白银市、临夏回族自治州、甘南藏族自治州、定西市、天水市、武都市、平凉市和庆阳市等 9 个市州。总面积约 18 万平方千米，人口约 2 000 万，面积占全省的 40%，人口约占全省的 81%，包括汉、回、藏、蒙、满、维吾尔、哈萨克、土、东乡、撒拉、保安、裕固、壮、苗、布依、侗、彝、白、瑶、朝鲜等 30 余个民族，以汉族为主。

陇右地区东邻陕西，南接四川，西通青海，北达宁夏和内蒙古。本区最西端在玛曲县甘青两省间的阿尼玛卿山，约为东经 100°40′，最东端在合水县陕甘界山子午岭，为东经 108°46′。最南端在甘川交界的文县大巴山区摩天岭，为北纬 32°31′，最北端在景泰县北的甘蒙省界，为北纬 37°40′。整个陇右地区跨纬度 5°09′，南北宽约 532 千米；跨经度 8°06′，东西长约 704 千米。

陇右地域辽阔，自然状况及人文环境复杂，根据地质地貌、气候条件、行政区划、民族分布等因素，陇右可分为陇中、陇南、甘南等几个地区。

---

① 王龙：《边塞地域考》，《成都理工大学学报（社会科学版）》2008 年第 1 期。

一 地质地貌分区

陇右地区正处于我国大地形区的过渡地带。陇右所处经纬度恰在我国陆地版图的几何中心，也是我国东部与西部，南方与北方的交会处。陇右地区地处青藏高原、内蒙古高原和黄土高原三大高原之间，地形以山地型高原为主，海拔一般都在1 000至3 000米之间。由于西邻青藏高原，故地势由西南向东北倾斜，呈西高东低、南高北低之势。本区东有子午岭、陇山，西有西倾山，南有积石山、岷山及大巴山，北有乌稍岭、六盘山等，成为甘肃省东部和本区与周边邻省的天然分界线。境内西秦岭、陇山等将本区分隔成几个小的地貌单元。西秦岭以北为陇中黄土高原，以南为陇南山地，洮河上游为青藏高原东缘，为典型的山原组合地貌——甘南高原。

1. 陇中黄土高原

本区因位于甘肃中部和东部的黄土区而得名，高原东、西两边止于甘陕、甘青省界，南则介于长江与黄河水系的分水岭的北秦岭以及莲花山、太子山、小积石山一线，北部达内外流区的分水岭的雷公山、乌鞘岭、寿鹿山至黄草土尚山一线之间。本区由于第三纪喜马拉雅期造山运动而隆起，在第四纪中晚期，堆积了厚层老黄土，形成黄土高原地貌。陇中黄土高原又以陇山为界分为陇西和陇东高原，前者为岭谷型高原，后者属塬梁沟壑型高原。本区东西长560千米，南北宽约350千米，面积11.3万平方千米，占甘肃省面积的25%。行政区包括兰州市、临夏回族自治州、平凉市、庆阳市的全部，定西市与天水市江河分水岭以北地区和白银市黄草土尚山以南的大部分地区。

2. 陇南山区

陇南山区位于甘肃东南部，北起陇中黄土高原南缘，南止甘川界山摩天岭，东、西分别以陕西、青海省界为限。主要以西秦岭东西向褶皱带发育的高、中、低山地与山间盆地而得名。地形上可分为南、北秦岭和徽成盆地三个部分，由于新构造运动的强烈隆起与流水的急剧下切，形成山高谷深、峰锐坡陡的景观。在行政区划上包括天水市南缘及武都市的全部，定西市的岷县东南一部分及甘南藏族自治州的舟曲县全部与迭部县南部。全区面积3.8万平方千米，占甘肃省面积的8.4%。

3. 甘南高原区

甘南高原是青藏高原东部边缘甘肃境内西南隅的一部分。在构造上属西秦岭与昆仑两地槽褶皱系的联结地段。地势西高东低，大部分地区海拔超过 3 000 米，是陇右地势最高，面积最小的高山、高原交错区。区内地形又可分为西倾山原、碌曲高原和玛曲山原三部分。西倾山原为典型的高山草地，碌曲高原属高原草地，玛曲山原被黄河三面环绕。在行政区划上辖有甘南藏族自治州的夏河、碌曲、玛曲 3 县全部，临潭、卓尼 2 县西部、迭部县白龙江以北，全区北起临夏回族自治州西南界山达里加山、巴楞山、太子山、白石山至莲花山一线；东迄莲花山至迭山东端的腊子沟一线；西南止于甘青和甘川二省界。面积约 3.1 万平方千米。

二 气候分区

气候是构成自然综合体的重要因素，它随不同纬度和高度，出现不同的水平气候带和垂直气候带。在同一气候带内又由于大气环流、海陆位置和地面起伏的不同而形成各地不同的气候。

陇右地区深处内陆，远离海洋，因高山阻隔，海洋暖湿气流不易到达，故降水较少，形成大陆性较强的温带季风气候。全区具有气候干旱、大陆性显著、日照充足、水热条件由东南向西北递减等特点，具有北亚热带、暖温带、温带等气候类型。各个季节的气候特点是冬季风雪少，寒冷时间长；春季升温快，冷暖变化大；夏季气温高，降水较集中；秋季降温快，初霜来临早。按气候特征和差异，陇右又可分为 5 个气候区[1]。

1. 陇南南部河谷亚热带湿润区

武都市武都区、文县东南大部及康县东南一小部分河谷地带，是陇右乃至甘肃唯一的亚热带气候区。年平均气温大于 14℃，活动积温 4 000℃～5 000℃，年降水量 450～800 毫米，无霜期 280 天以上，干燥度小于 1。本区气候温暖湿润，一年二熟，除适宜冬小麦、水稻外，还可发展多种亚热带经济作物，如柑橘、油桐、茶、漆、棕榈及特种药材等。

---

① 白虎志、刘德祥：《甘肃气候影响评估（1951—2004）》，气象出版社 2005 年版，第 36 页。

2. 陇南北部暖温带湿润区

天水市的渭河和西汉水分水岭以南,武都市中北部,甘南藏族自治州的舟曲县东南部地区,属暖温带湿润区。年平均气温8℃～12℃,活动积温3 000℃～4 000℃,年降水量550～850毫米,无霜期220～240天,干燥度小于1,气候四季分明。徽成盆地是冬小麦、油料及蚕桑等多种农作物的主要产地。

3. 陇中南部温带半湿润区

包括渭河、西汉水分水岭以北,积石峡—马啣山—华家岭—驿马关—荔原堡一线以南的平凉市全部,庆阳、定西、临夏三市(州)南部及天水市北部。年平均气温6℃～10℃,活动积温2 500℃～3 000℃,无霜期160～180天,年降水量200～500毫米,干燥度1～1.5。气温一般较高,降水较多。冬长夏短,有些地方春秋相连。农作物宜种小麦及夏杂粮,二年三熟,是本区重要的产粮区之一。

4. 陇中北部温带半干旱区

包括陇南温带半湿润区以北,乌鞘岭—毛毛山—考虎山——条山一线以南的白银市、兰州市大部及庆阳、定西、临夏三市(州)北部。这一地区是陇中黄土高原的北部,称"中部干旱区"。年平均气温6℃～9℃,活动积温1 500℃～3 000℃,无霜期160～180天,年降水量200～500毫米,干燥度1.5～4,降水由南向北迅速减少且变率较大,干旱为本区自然条件的最大不利因素和农业生产的主要威胁。冬长夏短,有些地方春秋相连。农作物一年一熟,以春麦、秋杂粮为主。因光照、热量充足,胡麻、棉花及瓜果等经济作物常能优质丰产。

5. 甘南高寒湿润区

包括甘肃西南部的太子山、白石山、莲花山一线以南,岷、迭二山东段及大峪沟以西的甘南藏族自治州全部。由于海拔均在3 000米以上,年均温1℃～6℃,活动积温小于2 500℃,年降水量550～800毫米,无霜期不到140天,干燥度小于1。本区常年无夏,春秋相连,冬长达285天。区内东部地形起伏较大,气候垂直地带性明显,由河谷到高山,农、林、牧均有发展前途,西南部高原、山地为主要牧区。

三 水文分区

陇右地区是甘肃省境内的外流地域，主要有长江、黄河两大水系的十多条干支流。其中，陇右南部地区为长江流域嘉陵江水系，陇右中北部大部分地区为黄河干流及支流水系。

1. 嘉陵江水系

嘉陵江水系在陇右南部包括两当县境的红崖河、两当河，徽县境内的永宁河、洛河，成县境内的青泥河，跨礼县、西和县、成县的西汉水，康县境内的燕子河，流经武都、文县的白龙江、白水江等。这些河流一般水源充沛，年内变化稳定，冬季不封冻，河道坡度大，且多峡谷，有丰富的水能、水力资源，植被条件较好，降水丰富，含沙量小。

2. 黄河水系

黄河纵贯陇右大部地区，黄河干流从陇右西南和西北部兰州一带穿流而过，在本区南岸依次有大夏河、洮河、宛川河、祖厉河，北岸依次有湟水、大通河、庄浪河等。黄河支流渭河与泾河上游均在本区，进入陕西后汇流入黄河。渭河较大支流有咸河、榜沙河、散渡河、葫芦河、藉河、牛头河等。泾河较大支流有黑河、洪河、蒲河、马莲河等。这些河流的共同特点是水源以降水补给为主，由于降水年变化大，各河流的年变化也大。由于年降水量集中于7、8、9三个月，故夏季径流量占全年的60%左右；河流冬季普遍结冰。这些河流流经黄土高原，水土流失严重，河流含沙量大，含沙量共达5.86亿吨，占甘肃全省河流输沙总量的90%，其中泾河水系输沙量占黄河流域的44%，渭河水系占28%。

陇右地区处于我国半湿润向半干旱过渡区，因而，本区中北部地区气候以干旱为主，本区河流地表水对于发展农业和保障人民生活都发挥着关键的作用。

四 植被、土壤分区

土壤与生物是构成自然带最敏感而又最不稳定的地带性因素。由于各地气候、地表水和地形高度的不同，往往就有相应的土壤和生物的水平分带和垂直分带。陇右地区山地和高原大部分在海拔2 000~3 000米以上，因而生物和土壤的水平地带性、垂直带性分布都很明显。大致由南而北有四个生物土壤带①。

1. 常绿阔叶、落叶阔叶混交林——黄棕壤地带

分布在武都市南部白龙江流域的武都、文县、康县一带。这里海拔1 200米以下的山坡自然植被以亚热带树种如黑壳楠、长叶乌药、凹脉榕、紫荆、山合及常绿栎类等为主，组成常绿阔叶、落叶阔叶混交林。在海拔1 200~2 000米间的自然植被以松、栎林类为主，松树多华山松、油松；栎树多槲树、栓皮栎、锐齿栎及柞栎等。本区多亚热带经济植物，如柑橘、无花果、乌桕、油桐、棕榈、桉树、枇杷等，广泛分布于河谷地区。

本区森林中植物性食物丰富，许多食草和食肉兽类如麝、麛、甘肃马鹿、岩羊、苏门羚、野猪、狗熊、金钱豹、石貂、艾鼬、猞猁、獾等都有分布。珍稀动物大熊猫、金丝猴在本区也有分布。

2. 落叶阔叶林——褐土、山地褐土、山地棕壤地带

分布于天水市以南北秦岭和徽成盆地温湿带内。它是我国东部落叶阔叶林带向西延伸的一部分。植被以落叶阔叶林和温带针叶林的针阔混交林为主。徽成盆地经长期开发，现存天然植被不多，在山地南以黄连木、侧柏为优势树种；北坡为侧柏、华山松、油松混交林。山坡地带为马桑、狼牙刺为主的次生灌丛。

小陇山森林植被的垂直分带明显。海拔低于1 800米的地带以锐齿栎为主；海拔1 800~2 200米间以辽东栎为主；高于2 000米的地带有小面积的青杆林分布。白龙江中上游山地，还存有不少大片的原始森林植被。海拔2 500米以下，以辽东栎、油松、侧柏、槲树、山杨和灌木等植被为主。2 500米以上，则为青杆、白杆、紫果云杉、红桦等。本区动物主要有狼、红狐、野兔及田野中的鼢鼠等。

本区地带性土壤平地以褐土为主；川坝区有潮土与水稻土；山地以山地褐土及山地棕壤为主；北秦岭南坡低于2 400米地带为山地黄棕壤。

3. 森林草原——黏化黑垆土、山地褐土地带

主要分布于临夏、康乐、渭源、秦安、平凉、华池一线之南。属暖温带落叶阔叶林向草原过渡的黄土高原地带。由于本区开发历史悠久，土壤

---

① 中国自然资源丛书编撰委员会：《中国自然资源丛书——甘肃卷》，中国环境科学出版社1995年版，第24页。

侵蚀严重,原生植被几乎破坏殆尽,已无大面积整片的森林,仅在沟壑边缘或名胜古迹附近,尚有残存森林植被。广大的荒山荒坡主要被沙棘、狼牙刺、铁杆蒿、白草、黄菅草等形成的草原及灌丛草原所覆盖。地势较高的崆峒山、陇山等气候较湿润,且经人工保护形成茂密的植被,有华山松、白桦、山杨、辽东栎等多种乔木,也有许多灌木和草木植物。本区动物有黄鼠狼、红狐、獾、野兔等。

本区山地土壤以山地褐土和山地棕壤为主;平地以黏化黑垆土为主,黏化黑垆土分布于普通黑垆土之南,是普通黑垆土与褐土之间的过渡类型。它是在旱生森林与草原灌丛植被下发育而成的。

4. 草原——黑垆土地带

主要分布于森林草原以北,兰州市黄河以南,东至会宁土木岘及环县合道川一线以南的黄土地区。本区开发历史早,由于长期滥垦、滥牧、滥采,天然植被几乎全被破坏,水土流失严重。自然植被仅残存于黄土荒坡及石质山岭区。代表性植被陇东以大针茅、短花针茅、长茅草为主;陇西以蒿属、百里香、长茅草为主;在东道岭、华家岭之北以阿盖蒿、长茅草和短花针茅为主。兴隆山、马衔山等高山阴坡由于降水量大,还存有高大云杉林和青杆、白桦为主的小片森林,蔚为壮观。

此外,甘南高原气候、植被自东向西为温带森林草原垂直带向高寒草甸灌丛与草甸荒漠的过渡带,土壤随着山原植被由暗棕壤向草甸土到高山草甸土变化。

第三节　政区沿革

陇右地区作为中华文明的起源中心之一,自旧石器时代即有人类生活;是中原王朝经营西北的国防前沿和与边族政权的临界地带;著名的丝绸之路横贯全境,政治、军事和交通地位非常重要。在我国悠久的历史和文化发展中,陇右都占有重要的地位。一定地域的政区设置、城池兴废和隶属变迁,是当地开发经营、民族、人口结构与社会运行趋向的综合反映,蕴含着地域历史文化发展的多方面背景信息。

一　政区的形成

陇右地区属先秦文献中假定的夏商周时期的"九州"中的雍州地域。按《尚书·禹贡》的划分，雍州地域包括今陕西中部和北部、内蒙古南部、甘肃及以西地区，陇右正好在雍州范围之内。

春秋时期，随着一些诸侯国崛起，新夺来的土地和人民不再通过分封的方式进行管辖，而是设县或郡等行政单位，由国君直接统治，于是适应于中央集权的行政区划出现了。陇右地区是中国古代最早设立政区的地区，早在商周之际，秦人就在今天水一带开拓经营，并先后有了西犬丘（今礼县境内）和秦（今张家川县境内）两个城邑和统治中心。秦武公十年（公元前688年），已迁居关中的秦人在陇右"伐邽、冀戎，初县之"，设立邽（今天水）、冀（今甘谷）二县。这是秦国设县之始。此后，商鞅推行变法，于前355年，秦国普遍推行县制。在商鞅变法前后，陇右相继有西（今礼县）、绵诸（今清水县西南）、狄道（今临洮）、獂道（陇西县东）、下辨（今成县）、武都（今西和县西）、枹罕（今临夏）、罕千千（今临夏县北）、成纪（今秦安）、略阳（今秦安陇城镇）、临洮（今岷县）、故道（今两当县东）、义渠（今庆阳县西）、泾阳（平凉市西北）、鹑觚（今灵台县）、乌氏（今镇原县西）、安丘（今崇信县东南）、彭阳（今镇原县东北）、郁郅（今庆城区）、泥阳（今宁县东南）、阴平（今文县西南）、平乐（今康县西北）等县。战国后期，秦昭襄王二十八年（前279年），秦国设陇西郡，管辖陇西及陇南地区各县，郡治狄道。秦昭襄王三十五年（前272年），秦置北地郡，郡治义渠（今庆阳县西），管辖今陇东及宁夏境内各县。秦统一后，在全国推行郡县制，因而，陇右地区作为秦人的发祥地和大后方，是中国古代最早设县立郡的地区。

二　秦汉至隋唐时期的政区

秦汉至隋唐时期是我国古代政区设置上的"州郡时代"。秦汉时期陇右地区的郡县设置基本奠定了当地县一级政区的分布密度和格局，州、郡两级则随时代的变化数量不断增多。

1. 秦汉时期的政区建置

秦统一中国，在全国范围推行郡县制，初有36郡，后增至49郡。陇右地区郡县设置大致与战国后期相同，仍为陇西、北地二郡。西汉时期，陇右郡县均有明显增加，汉武帝元鼎三年（前114年），从陇西郡分置天水郡，从北地郡分置安定郡。元鼎六年（前111年），在白马氏居地置武都郡。昭帝始元六年（前81年），置金城郡。至此，陇右地区郡级建置由秦时的2个增至6个。

汉武帝元封六年（前106年），在全国始设后来成为州级政区的十三刺史部，凉州刺史部辖天水、陇西、安定、金城四郡；武都郡属益州刺史部；北地郡归朔方刺史部；还有凉州刺史部武威郡和益州刺史部广汉郡各辖陇右一县。于是，今陇右地区涉及上述八郡共有县67个。

陇西郡　治狄道（今临洮县），领狄道、临洮（今岷县）、西县（今礼县盐官镇）、上邽（今天水市东）、安故（今临洮县）、襄武（今陇西县东南）、首阳（今渭源县东北）、大夏（今广河县西北）、羌道（今宕昌县西南）、氐道（今礼县西北）、予道（今岷县西南），以上共11县。

天水郡　治平襄县（今通渭县平襄镇），领平襄、冀县（今甘谷县东）、成纪（今静宁县西南）、獂道（今陇西县东南）、望垣（今天水市西）、罕幵（今天水市麦积区南）、绵诸（今清水县西南）、陇县（今张川县）、街泉（今庄浪县东南）、戎邑道（今清水县北）、略阳道（今秦安县东北）、清水（今清水县）、阿阳（今静宁县西南）、勇士（今榆中县东北）、兰干（今陇西县东北）、奉捷共16县。

金城郡　治允吾县（今永靖县盐锅峡镇），领允吾、金城（今兰州市西固区）、榆中（今榆中县甘草店）、令居（今永登县西北）、允街（今兰州市红古区花庄）、枝阳（今兰州市红古区岔路村）、枹罕（今临夏县双城镇）、浩门（今永登县连城）、白石（今夏河县小麻当）、共9县。另外金城郡还辖有今青海河湟谷地4县，不在陇右范围之内。

安定郡　治高平县（今宁夏固原市），领临泾（今镇原县东南）、安武（今镇原县西南）、彭阳（今镇原县东）、抚夷（今镇原县北）、参峦（今环县西北）、祖厉（今靖远县和靖乡的河包口）、鹑阳（今靖远县水泉乡陡城堡东）、阴密（今灵台县西南）、泾阳（今平凉市西北）、乌氏（今平凉市西北）、爰得（今泾川县东）、安定（今泾川县北），以上共12县，另有高平等5县在今宁夏境内。

北地郡　治马领县（今环县南马岭镇），领马领、郁郅（今庆城县）、泥阳（今宁县东南）、义渠（今庆阳县西南）、鹑觚（今灵台县东北）、方渠（今环县南）、弋居（今宁县南）、大要（今宁县东南）、略畔道（今合水县西）、临德（今庆阳县东北），以上共 10 县。另有眗衍等 5 县在今宁夏境内。

武都郡　治武都县（今西和县南），领武都、上禄（今西和县东南）、下辨道（今成县西）、嘉陵道（今成县西北）、修成道（今成县西南）、平乐道（今康县西北）、河池（今徽县西银杏镇）、以上共 7 县。另有故道等 2 县在今陕西境内。

此外，在今文县西汉设有阴平道，属益州刺史部广汉郡。今皋兰县设有媪围县，属武威郡管辖。上述所设各县，虽此后多有变迁或罢弃，但大致上确立了陇右地区县级政区的基本格局。

西汉所设刺史部，尚属监察性质的设置，也无治所，后经多次演变，至东汉灵帝中平五年（188 年），改刺史为州牧，州成为郡之上的一级行政区，凉州刺史部治陇（今张川县）。整个东汉时期陇右的政区变动情况一是北地郡由朔方划归凉州，武都郡由益州也划归凉州；二是汉献帝兴平元年（194 年）从凉州划出金城等 5 郡设雍州。三是建安中期（196—220 年）原天水郡改称汉阳郡；从汉阳郡析置南安郡。四是建安十八年（214 年）罢凉州，凉州所统郡县悉归雍州；将金城所辖今青海地区析出设为西平郡。经上述变动，陇右地区设有一州即雍州（治陇县即今张家川县），主要占有 7 郡之地。这 7 郡分别是陇西郡领 11 县，汉阳郡领 11 县，南安郡领 2 县，金城郡领 7 县，安定郡领 6 县，北地郡领 2 县，武都郡领 6 县。另有武威郡领 2 县，益州广汉属国辖阴平道 1 县。以上共计陇右约有 48 县。

2. 魏晋十六国时期的政区建置

三国鼎立时期，陇右大部地区属魏国，南部一隅由蜀统辖。在陇右地域曹魏设有雍、秦、凉 3 州，蜀汉设有益州。其中，魏国雍州（治今西安市）统陇右安定 1 郡 6 县，还有新平郡（今陕西境内）所辖的鹑觚（今灵台县东北）1 县；秦州（治天水）领陇西、南安、天水、广魏 4 郡，全在陇右境内。陇西郡治襄武县（今陇西县东南），领 9 县；南安郡治豲道（今陇西县东南），领 3 县；天水郡（由东汉汉阳郡改称）治冀县，领 6 县；广魏郡治临渭（今秦安县东南），领 5 县。凉州所辖金城郡治榆中县，领6县；武威郡领陇右境内祖厉、颤阴2县。蜀国益州所辖陇右境内的武都郡和阴平郡2郡，其中，武都郡治下辨（今成县西），领3县；阴平郡治阴平县，陇右境内亦仅辖阴平1县。

西晋陇右地域涉及3州，其中，秦州治所移至上邽县（今天水市），辖陇西、南安、天水、略阳、武都、阴平6郡22县，均在陇右范围。雍州所辖安定郡7县和凉州所辖金城郡5县，武威郡1县也在陇右地域。

东晋十六国时期中原大乱，北方割据政权间争夺激烈，版图、政区时有变化，州、郡、县之设置、废置、侨置频繁。陇右地区按建立政权的先后，有仇池、成汉、前赵、后赵、前凉、前秦、后秦、西秦、后凉、南凉、北凉、大夏诸政权先后占据陇右全部或部分，时而统于一国，时而分属几个政权，政区变更兴废频繁，诸政权先后在陇右设置政区的大致情况如下：

仇池国（296—581年），由氐族杨氏所建政权总称为仇池，由前后断续相继的前仇池国（296—371年）、后仇池国（385—442年）、武都国（443—477年）、武兴国（477—545年）、阴平国（477—581年）组成。其主要地域为武都、阴平二郡，大致包括今西和、礼县、徽县、成县、两当、武都、文县和今四川广元、平武及陕西略阳等地。

成汉（303—347年），其所属阴平郡在陇右范围。

前赵（304—329年），在陇右范围统秦州所辖之陇西、南安、天水、略阳、武都5郡15县；雍州安定郡5县之地。上述地域相当于今定西市东部、天水及平凉地区。

前凉（317—376年），在陇右占有河州所辖金城、武始、兴晋、大夏、南安诸郡；秦州所辖陇西、广武、天水诸郡。

后赵（319—380年），在本区辖有秦州、雍州之地21县，所设郡与前赵同。

前秦（351—394年），在陇右辖有雍州安定郡和平凉郡7县；秦州天水郡和略阳郡6县；南秦州、武都、仇池、阴平3郡6县；河州陇西、武始、广武、南安、晋兴、金城6郡11县。前秦曾占有陇右大部分地域。

后秦（384—417年），在陇右占有雍州陇右、金城、武始、安南4郡10县；秦州天水、略阳等3郡14县；河州陇右、金城2郡10县。

西秦（385—431年），在陇右置有秦州、东秦州和河州3州，秦州治苑川（即今榆中县东北），领苑川、武城、武阳、安固、武始、汉阳、天水、略阳、甘松、匡朋、白马等郡；东秦州治南安（今陇西县东），领南安郡；河州领金城、东金城、永晋、大夏等郡；北河州领陇右、广宁等郡。西秦版图基本都在陇右地域。

后凉（386—403 年），在陇右设有广武、金城、武始、临池、陇西等 5 郡。辖今临夏、定西、兰州、白银诸州市部分地区。

南凉（397—414 年），曾占有今永登、兰州一带部分地区，设有广武、金城 2 郡。

北凉（397—429 年），曾占有今临夏、兰州一带部分地区，设有金城、广武 2 郡。

大夏（407—431 年），在陇右设凉州，统安定、平凉 2 郡；设秦州，统天水郡。辖区相当于今天水、平凉 2 市部分地区。

3. 北朝时期政区建置

北魏建立后，逐步统一北方黄河流域，东晋十六国以来长达 200 余年的战乱纷扰局面才告结束。陇右除武都市西部和甘南地区为吐谷浑所辖外，大部地区为北魏所统。北魏在陇右设有邠、泾、秦、梁、渭、河、凉诸州。邠州设有赵兴、襄乐、西北地 3 郡 9 县，地域相当于今庆阳市。泾州统安定、平原、陇东、赵平、平凉、安武 6 郡 13 县，相当于今平凉市。秦州辖天水、略阳、汉阳 3 郡 13 县，辖区相当于今天水市及武都市北部礼县一带。梁州辖有南天水、南汉阳、武都、武阶、修城、仇池、固道、广业等郡，相当于今武都市大部地区。渭州辖陇西、南安、广安等郡，约相当于今定西市东部一带。河州设金城、洪和、临洮、武始 4 郡，辖区相当于今临夏、甘南、定西等市州的部分地区。今永登县一带所设广武郡，属凉州。

北魏于 535 年分裂为东魏、西魏，后又被北齐、北周所代替，陇右地区先后为西魏和北周控制。西魏置州多而地域小，有时一州仅辖一县，且置废无常。大致在今庆阳、平凉地区设有朔、邠、泾、宁、显、蔚、云、燕、桓、原、会等 11 州；在今天水一带设秦州；今天水市及平凉一带设北秦州；今定西市东部设渭州；今兰州、临夏一带有河州；今岷县一带设岷州；今武都市设成州。北周代西魏后，建置略有变化，今陇右地区置有泾、宁、邠、原、会、秦、渭、交（北秦州改）、河、洮、灵、叠、弘、旭、岷、文、邓、康、成、宕等州，其辖区与领郡同西魏大致相同。

隋朝统一后，为消除北朝以来滥设州郡之弊，实行郡（州）县二级制，陇右设有安定、弘化、北地、天水、汉阳、武都、宕昌、临洮、金城、枹罕、会宁、陇西等 12 郡；还有武威、平凉、同昌、顺政、治池 5 郡的部分地域也属陇右地区。上述诸郡中，安定、弘化、北地 3 郡 19 县及平凉 1 县之地为今庆阳、平凉市辖区；天水郡 6 县之地大致包括今天水市及平凉市静宁、庄浪 2 县；汉阳、武都、宕昌 3 郡 13 县及河池、顺政 2 郡西部 6 县属今武都市地域；陇西郡 5 县约为今陇西市；金城、会宁 2 郡 4 县及武威 1 县，属今兰州及白银 2 市地域；临洮、枹罕 2 郡 15 县及同昌郡北部 3 县为今临夏、甘南州地域。

三　唐宋时期的政区建置

唐宋时期在行政区划设置上的新变化，就是一级政区唐为道，宋为路，原来长期为一级政区的州则降为二级政区，故人们习惯称唐宋时期的政区设置为"道路时期"。

1. 唐代的政区建置

唐王朝贞观年间实行州、县二级制，并置监察性质的 10 道，始有陇右道。唐睿宗景云二年（711 年）从陇右道析置河西道。玄宗时改州为郡，道增至 15 个。肃宗乾元元年（758 年），再度实行州、县二级制，道由监察机构转变为最高地方行政单位，在我国行政区划史上出现了道、州、县三级制。其时，今陇右地区分属陇右、关内、山南西和剑南 4 道，当然主体在陇右道辖区。陇右道共辖本区 10 州、59 县。秦州治成纪（今秦安）领 6 县，地域相当于天水市东部及陇山之西的平凉市 2 县；成州治上禄（今礼县南）领 2 县，辖今武都市北半部数县；渭州治襄武（今陇西县东南）领 4 县，辖今天水市西和定西市东部一带地域。兰州治金城（今兰州市）领 3 县，辖区相当于今兰州市及临洮等地。河州治枹罕（今临夏东北），领 3 县，相当于今临夏州一带。洮州治临潭（今临潭），领 2 县，辖地相当于今甘南东部临潭、卓尼等县地。岷州治溢乐（今岷县），领 4 县，相当于今岷县。叠州治合川（今迭部），领 1 县，相当于今迭部县。宕州治怀道（今舟曲西北），领 2 县，相当于宕县、舟曲等县。武州治将利（今武都东南），领 3 县，相当于武都、康县等地。关内道所辖陇右地域包括泾、宁、庆、会4州全部或大部，还有陇、原2州的部分地域。泾州治安定（今泾州北），领5县，辖今平凉市东部。宁州治定安（今宁县）领7县，辖今庆阳市南部宁县、正宁2县。庆州治顺化（今庆阳），领8县，相当于庆阳市北部地区。会州治会宁（今靖远），领2县，相当于白银市。另陇州所辖华亭（今华亭），原州所辖平凉（今平凉）及今静宁一带，也属陇右地域。山南西道凤州辖有两当（今两当）、河池（今徽县）；剑南道扶州辖尚安、钳川2县，相当于舟曲县西南部；文州治曲水（今文县西南），辖2县，相当于文县一带。

唐安史之乱爆发后，吐蕃乘机侵占陇右等地，至763年，陇山以西的陇右之地全被占领。直至80余年后的唐宣宗大中年间（847—859年），陇右诸地才渐次收复。

五代十国时期，今天水地区以西的陇右地域为吐蕃占据，其余地区先后为梁、唐、晋、汉、周五代政权及前蜀、后蜀政权控制。

2. 两宋、西夏、金的政区建置

两宋时期又是一个民族矛盾尖锐、政权分立的时期，陇右先是由北宋与西夏、吐蕃分占，后又由金与南宋分治。

北宋在政区设置上，实行路、府（州、军、监）、县三级制。北宋前期，北宋疆土仅及陇东和天水一带。为了经营西北，防御西夏，北宋在西北一带设军置县，广筑堡寨。从神宗熙宁年间，又实施熙河开边，置熙、河、洮、岷诸州，后又收复兰、会2州，疆土才扩及整个陇右，并设秦凤、泾原、环庆、熙河四路以备西夏。不久又改为陕西秦凤路和永兴军路等。北宋后期元丰至政和年间，陇右政区建置情况大致为陕西永兴军路下辖今庆阳市，设有庆、宁、环3州7县。秦凤路治秦州（今天水市）共辖1府4军19州，其中属陇右范围的有1军14州，即德顺军（今静宁、庄浪及宁夏隆德一带）、原州（今镇原一带）、泾州（泾川、灵台等县）、渭州（平凉、崇信、华亭等县）、秦州（今天水市）、成州（今成县）、凤州（今两当、徽县一带）、阶州（今武都、康县、舟曲等县）、岷州（今岷县、宕昌、礼县、西和等县）、巩州（今陇西、通渭、漳县、武山等县）、会州（今会宁、靖远、定西等县）、兰州（今兰州及永靖、榆中等县）、熙州（今临洮、康乐、渭源等县）、河州（今临夏市）、洮州（今甘南川东一带）。此外，今两当、徽县属凤州（治陕西凤县）管辖；

今文县北宋设置文州，属利州路所辖；今玛曲、碌曲等甘南西部在吐蕃控制之下，今黄河北岸白银、永登一带由西夏管辖，设有卓啰和南监军司与西寿保泰监军司等。

在金与南宋对峙时期，南宋仅占有今陇南礼县、西和、宕昌、岷县、成县、两当、徽县、康县、武都、文县一带，设有西和州、文州、阶州、成州和凤州。其余陇右地域均在金的统治范围，金设有庆原、凤翔、临洮3路。其中，庆原路辖庆阳府（北宋庆阳州）、宁州、环州、原州、泾州等府州；凤翔路由宋秦凤路改置，所辖德顺州（宋德顺军）、秦州、平凉府（宋渭州）在陇右范围；临洮路所辖临洮府（宋熙州）、洮州、积石州、河州、兰州、巩州、会州等府州全在陇右范围。金共在陇右设有3府12州。另外，今靖远、皋兰、永登、白银等黄河北岸地区由西夏管辖。

四 元明清以来的政区建置

元在全国推行行省制，由此中国行政区划进入行省时代。

1. 元代的政区建置

元初，曾置巩昌统帅府，辖巩昌、临洮、平凉、庆阳4府，秦、宁等15州。其后，陇右大部地区悉归陕西行省管辖，后又从陕西行省分置甘肃行省，陇右黄河北岸一带被划归甘肃行省管辖；而甘南一带则划为宣政院辖地。其时，陕西行省所辖陇右之地，均在巩昌都总帅府（简称巩昌府路）。其中，庆阳府（治今庆阳）领1县，辖今陇右庆阳、华池、合水等县。宁州（治今宁县）领1县，辖地约为今宁县、正宁等县。环州（治今环县）领1县，辖区相当于今环县等地。镇原州（治今镇原）领4县，辖区相当于今镇原县。泾州（治今泾州）领2县，辖区相当于今泾川、灵台等县。平凉府（治今平凉）领3县，辖区相当于今平凉、崇信、华亭等县。静宁州（治今静宁）领1县，辖区相当于今静宁县等地。庄浪州（治今庄浪县）不领县。秦州（治今天水）领3县，辖区相当于今天水、秦安、清水、张家川等县。徽州（治今徽县）领1县，辖今两当、徽县。西和州（治今西和）领1县，辖今西和、礼县一带。成州（治今成县）领1县，辖今成县。阶州（治今武都之西的柳树坪）领2县，辖今康县、武都等地。巩昌府（治今陇西）领5县，辖今陇西、通渭、甘谷、武山、漳县等地。会州（治今会宁）领1县，辖今会宁、靖远等县。定西州（治今定西）不领县。金州（治今榆中）领1县，辖今榆中县。兰州（治今兰州）领1县1司，辖今兰州市及靖远县等地。临洮府（治今临洮）领2县，辖今临洮、渭源等县。

今青藏一带所设宣政院辖地直属中央管辖，陇右甘南一带由吐蕃等处宣慰司所统之脱思麻路管辖，设有河州路领3县，辖今临夏市、临夏县、广河县、和政县等地；洮州领1县，辖今临潭、卓尼等县；岷州（今岷县），铁州（今岷县东）；还有文扶州万户府（今文县等地）、文扶州上千户所（今武都、宕昌一带）和礼店千户所等。另外，甘肃行永昌路设有庄浪1县，辖今黄河以北陇右之地。

以上合计，元代在陇右共设有4府19州36县，还有1司1万户府2千户所。

2. 明代的政区建置

明代陇右地区主要属陕西布政使司（简称行省）管辖，在陇右地区统4府、6直隶州、27县、2散州，还有3卫1所。其中，庆阳府（治今庆阳）领1州21县。平凉府（治今平凉）领1州5县。巩昌府（治今陇西）领3州14县。临洮府（治今临洮）领2州3县。3卫分别为洮州卫（治今卓尼东北）、岷州卫（治今岷县）和靖虏卫（治今靖远）。岷州卫还领西固城守御千户所（今舟曲县）。上述府卫中，庆阳府、平凉府辖地约与今庆阳、平凉地区略同；巩昌府辖今定西、天水、陇南地区；临洮府辖有今兰州、临夏地区；洮州卫约当甘南地区；洮州卫辖区则分属陇南和定西地区。此外，今永登地区属陕西行都司管辖，设有庄浪卫。今榆中等县黄河北岸一带在蒙古贵族的控制之下。

3. 清代的政区建置

清代政区在清初时沿袭明制，康熙三年（1664年）始分陕西为左右布政使司，以右布政使司驻巩昌（今陕西），六年（1668年），改陕西右布政使司为巩昌布政使司，七年，又改称甘肃布政使司，治所由巩昌迁往兰州，八年，甘肃正式建省，实行省、府、州、县四级管理体制。在陇右地区设有兰州、巩昌、平凉、庆阳4府，泾州、秦州、阶州3州。

兰州府治皋兰县（今兰州市），领2州4县，辖区相当于今兰州市、景泰、皋兰、榆中、永靖、东乡、广河、康乐、临洮、渭源、和政、临夏、夏河等市县。

巩昌府治陇西县，领1厅1州7县，辖区相当于今定西、会宁、通渭、陇西、漳县、甘谷、武山、临潭、卓尼、岷县、碌曲、迭部、西和诸县。

平凉府治平凉县（今平凉市），领1州3县，辖区相当于今静宁、庄浪、平凉、华亭、环县等县。

庆阳府治安化县（今庆阳县），领4州1县，辖区相当于今环县、华池、庆阳、合水、宁县、正宁等县。

泾州直隶州治今泾川县，领3县，辖区相当于今崇信、灵台、镇原、泾州等县。

秦州直隶州治今天水市，领5县，辖区相当于今天水、秦安、清水、张家川、礼县、徽县、两当等市县。

阶州直隶州治今武都，领2县，辖区相当于今武都、舟曲、文县、成县、康县等地。

另外，今永登县属凉州府（治今武威）管辖，设有平番县。

4. 民国时期的政区建置

民国时期的行政区划主要是省、县二级制，间有三级制。其间各县政区隶属与名称略有一些变动，在1949年解放前夕，陇右各地甘肃省设有1个省辖区和7个专区，共51个县（市、设治局）。

省辖区驻兰州市（今兰州市城关区），领兰州市，皋兰（今兰州城关）、靖远、会宁、景泰5县市，还有湟惠渠管理局（今兰州市红古区）。

第一区岷县专区驻岷县，领岷县、陇西、漳县、临潭、夏河5县和卓尼设治局。

第二区平凉专区驻平凉县，领平凉、庄浪、华亭、静宁、崇信5县。

第三区庆阳专区驻庆阳县，领庆阳、宁县、正宁、镇原、合水、环县、灵台、泾川8县。

第四区天水专区驻天水，领天水、秦安、清水、甘谷、武山、通渭、礼县、西和、徽县、两当10县。

第五区临夏专区驻临夏县，领临夏、永靖、和政、宁定4县。

第八区武都专区驻武都县，领武都、文县、康县、西固、成县 5 县。

第九区临洮专区驻临洮县，领临洮、洮沙、渭源、定西、会川、榆中、康乐 7 县[①]。

---

①　雍际春：《陇右文化概论》，甘肃人民出版社 2005 年版，第 5—11 页。

第 二 章

文化旅游与陇右文化

第一节　文化旅游

"文化就是明天的经济"，对于旅游文化的研究和关注，已成为中国旅游经济腾飞和市场开拓的支点。人类进入新世纪，旅游已成为一种时尚，一种人们生活当中不可或缺的重要内容。随着人们收入的增加、生活水平的不断提高，很自然地引发旅游的欲望，从而也加快了旅游业向前发展的速度。旅游的本质是文化，这是旅游业兼有文化和经济两大属性所决定的。对每个旅游景区来讲，都应根据资源特色，确立适合自身特点的文化形象，进而深入挖掘文化内涵，创造出有本地或地域特色的文化产品，营造文化氛围、塑造景区形象，才能形成自己的特色，以达到提高景区文化品位、增加文化魅力，吸引更多游客的目的。愈是民族的，愈是世界的，在长期的生活实践中，由于地理环境、生活方式、部落习俗的不同，在陇右各地之间，存在着风情民俗方面的差异，而这个差异，正是我们寻找个性化产品的一个切入点和突破点，只有找准这个突破点，进而开发具有地方特色的、个性突出的旅游文化产品，才能吸引游客，才能具有市场竞争力，也才能经过众多游客的反复认知、认同，有望形成精品。

一　文化及文化旅游

1. 文化的内涵

"文化"一词在中国出现很早，《周礼正义》卷三云：观乎人文以化天下，这是"文化"一词见于中国典籍的开始。通常我们所指的"文化"是指文学、艺术等，扩大些还可包括科学、教育、报刊杂志甚至道德、信仰、宗教、风俗、习惯等也可包括在内，但这只能说是狭义的"文化"。

一般说来，一个民族的传统文化，按其存在形式通常可以分为有形文化和无形文化两类。文物古迹、名人故居、重大历史事件发生地等以实物形态体现民族传统文化特征的属于有形文化。而民俗风情、民间节日、传统礼仪、民族歌舞等以人们世代相传的方式保存下来的非实物形态的文化属于无形文化。

关于文化的定义就有上百种，这里也不必一一引述。著名的西方人类学家博厄斯（Boas）和格尔茨（Geertz）认为，文化是一组基础的思想和意义，它们来自于过去，但却重新塑造了现在。而人类学家的任务，就是要深入理解和诠释这些思想和含义，以便其他的人能更好地理解。泰勒（Tylor）在他的《原始文化》一书中说道：文化或文明是一个复合体，它包括了知识、信仰、艺术、道德、法律、风俗，以及作为社会一员中的人所获得的能力和习惯，这些都是构成文化定义的基本要素。因此，如果我们在某一特殊的领域，如就旅游业来谈论文化的话，那它一定有其特定的具体的含义。例如，有些人类学家认为，文化在旅游业中可以被看作是一种商业资源或旅游产品，因为文化被当作商品出售给了游客。游客不仅花钱购他人的文化，同时也消费这些文化。对于游客来说，下列方面都可被认为是文化的范畴：手工艺品、语言、传统、饮食、艺术，其中包括音乐、舞蹈、雕塑、历史遗迹、建筑、宗教、服饰等等。然而不管是哪一种定义，其中都有一种共识，那就是文化是随着社会的变化而不断变化着的。正如美国人类学家格林伍德（GreenWood）所指出的：一味谈论文化是传统的，这是不可取的，实际上所有的文化都是在不断变化着的。所以，对于文化这一问题有待于进一步分析，因为它涉及了许多问题，如文化转型问题、文化多元化问题、艺术的发明与再创造、传统文化的变迁等等，这些问题正是文化旅游资源开发中必然碰到的问题。

2. 文化与旅游

从本质上讲，旅游是一种文明所形成的生活方式，一种文化现象。由此可见，旅游属于文化范畴。旅游业与其他产业的本质区别在于它是文化型的产业，没有文化的旅游是野蛮的旅游。中国文化的诞生历程就说明了这样一个事实：旅游是孕育文化的媒体，是文化的一项内容，旅游创始了中国文化。中国文化诞生之初，就作为旅游的一个内容，与旅游结下了不解之缘。从"大文化"的角度来看，各种形式的旅游实际上都是不同层次的文化的反映。因此可以说，文化是整个旅游事业的基础。美国是当今世界科学文化最发达的国家，但由于美国的历史不长，给它的文化历史造成先天不足的落后性，使其旅游业的长远发展注定缺乏本能的后劲。但是，聪明的美国人为了取悦游客的文化欣赏心理，千方百计弥补历史的缺憾，或造仿古、设想，或编童话乐园，使美国的旅游业收入颇丰。尽管这样，北美旅游业同行还羡慕感叹：如果美国有中国一半的历史文化，将会招来世界上一半的游客。

二　文化旅游的内涵

文化旅游更多指的是一种旅游方式，对此许多西方人类学家做了大量的分析。美国旅游人类学家史密斯（Valene Smith）把旅游方式分为五种：民族旅游，主要是以奇异的风土人情来吸引游客；文化旅游，主要是以参与和感受地方文化为主的旅游；历史旅游，主要是参观历史遗迹、古建筑等；环境（生态）旅游，主要是指到边远的地方去旅游，感受大自然的纯净；娱乐性旅游，是指到大自然中享受太阳、沙滩、大海等纯娱乐活动。以色列人类学家科恩（Cohen）把游客也分为五种，他们分别为：娱乐型的、转移型的、体验型的、尝试型的和现实型的。而就我来看，除了娱乐型的旅游，其他的旅游都可以叫作文化旅游，因为进行这样的旅游，其目的主要是为了增长知识、缅怀历史、了解异地的风土人情。这种在旅游活动中追求知识文化的经历，是 21 世纪游客所向往的经历。随着社会的发展，人们的精神追求也越来越高。而不同的旅游方式也体现了不同的游客的追求。对当代文化旅游者来说，旅游不仅是一种物质享受，更重要的是满足精神上的需求。许多游客已对过多讲究物质追求的现代生活感到厌倦，因为他们认为现代生活带来了许多的虚假、枯燥及繁重的负载。按西方旅游人类学家的说法，那就是现代人与现代社会产生了"疏离感"，于是他们就想通过旅游，摆脱世俗的生活，到外面的世界去享受一种与现代生活不同的全新的生活，去追求近乎"返璞归真"的东西，去经历一种变化。有些西方人类学家甚至把旅游称之为"现代朝圣"，因为他们认为旅游与朝圣在某些方面具有相似的地方，即都要去追寻某些精神上的东西，如宗教或文化，可见旅游给现代人带来的神圣意义。实际上欧洲中世纪的欧洲大陆之旅就是文化旅游的一个最好的例子。文化旅游实际上就是去亲自接触异质文化，了解异地人民的生活方式、艺术工艺品、文化遗迹等等。因为这些东西真正代表了东道国和地区的文化及历史。换句话说，文化旅游的目的，就是去接受教育，扩大知识和开扩眼界，但同时又获得许多的乐趣，满足精神生活的需要。这样的游客被西方旅游人类学家称之为"民族志旅游者"，即游客不仅只是一般地走马观花，更重要的是到异地亲自观察并参与到当地人的生活中，体验和了解当地的文化。

三　文化旅游的发展及相关理论

虽然历史上的每一个时期都有文化旅游活动，但是自 20 世纪 80 年代以来，文化旅游才成为国际旅游市场的重要成分。文化旅游的重要性主要体现在两个方面：一是文化旅游的游客规模在逐渐增加，文化旅游所带来的收入占了旅游收入的一大部分。Richards（1996）的研究表明，在 1970年和 1991 年之间，游览欧洲遗产的游客上升了 100%，在英国上升了200%，在法国上升了 130%；二是发展文化旅游成为许多城市和地域的发展战略。通过文化旅游的发展，积累地区或城市的文化资本，打造本地区和城市的品格和标识，借以与其他地区相区别并吸引投资。但是如何发展文化旅游业是比较新的问题，欧洲的城市遗产旅游也基本上是通过边做边学的发展模式发展起来的。在发展文化旅游产品时，首先涉及的是文化旅游的定义和范围。世界旅游组织定义文化旅游为：人们想了解彼此的生活和思想时所发生的旅行，具体来说，是指通过某些具体的载体或表达方式，提供机会让游客鉴赏、体验和感受旅游地地方文化的深厚内涵，从而丰富其旅游体验的活动。Reisinger 认为文化旅游是指那些对体验文化经历有特殊兴趣的游客发生的旅游行为，文化旅游除了一般的遗产旅游，还包括艺术、信仰、习俗等，例如民族宗教活动、风味小吃的品尝以及地方音乐戏剧舞蹈等等，同时，自然历史的旅游、了解旅游目的地动植物的生态旅游、参加体育活动和观看体育赛事的体育旅游，以及农业旅游等都在文化旅游之列。Jamieson 认为文化旅游应该包括以下的内容：手工艺、语言、艺术和音乐、建筑、对旅游目的地的感悟、古迹、节庆活动、遗产资源、技术、宗教、教育等。从文化旅游的需求来看，Bourdieu 指出对文化旅游产品的消耗是中产阶级在不断地寻求的新的消费，例如体育、度假地等而产生的新的消费类型。Merriman 研究了英国的博物馆的客源，发现经常光顾博物馆的是有地位、受过很好教育的人群。Walsh 认为文化旅游的发展是与新兴中产阶级和服务阶层有关。Richards 的研究也证实了文化旅游的游客主要是社会上层的群体。因而，文化旅游同其他文化消费一样，是与收入的增长和受教育程度的提高有关的。MacCannell、Richards、Stebbins 区分了一般意义上的旅游者和真正意义上的文化旅游者。真正意义上的文化旅游者是指那些对特定的文化有特殊的喜好，在文化旅游中明确地知道他们需要什么的旅游者。Stebbins 称这类游客为文化旅游的中介——大众文化游客是最主要的游客，这类游客的出游动机不完全是文化吸引，有的游客虽然对文化感兴趣，但其出游时还可能有探亲访友等其他的动机；有的游客出游的主要目的不是文化，文化旅游只是附带活动等等。大众文化游客喜欢比较成熟的产品，但是有的大众文化游客通过旅行累积各地的风土人情和地方性知识，对文化的了解和期望也较高。从文化旅游产品的供给方来看，Zukin、Harvey、Britton 认为发展文化旅游产品是各地区的政府、群体为了使本地区与其他地区相区别而采用的一种发展战略。例如，20 世纪 80 年代欧洲各地争建博物馆、纪念碑等标志性的文化符号，营造地区的文化氛围，吸引外国的投资。在文化旅游开发的同时，还应处理好文化旅游活动产生的冲突。国际上众多的旅游和文化冲突的个案研究表明：旅游开发对当地文化的淡化以致破坏以及利益的分配不公是冲突产生的主要原因，如果文化旅游发展中过多地注重经济效益，而忽略了文化和社会的特殊规律，冲突的可能就增加。虽然开展文化旅游活动时有可能引起旅游业、游客、当地社区相互之间的冲突，但是政府部门和旅游企业制定的文化旅游政策在很大程度上可以减少或抑制冲突的产生。

"文化旅游"含有"旅游"和"文化"两个分概念，"文化旅游"研究，首先应该从这两个分概念出发。现代旅游可从横和纵两个向度考察。横向看，旅游可分为两大类别：以"游"为主的旅游和以"旅"为主的旅游。前者如观光旅游、民俗旅游、朝圣旅游、文化旅游等，以游为核心，或闲情适意、品览审美，或寄情寺观、寻古猎奇，旅行为手段，游乐是目的，旅游者大多倘徉于旅游景点；后者如商务旅游、会展旅游、探亲旅游、休学旅游等，或忙于商务、羁于工作，或衷于亲情、勤于知识，寓乐于旅，偶作小憩，旅游者较少逗留于旅游景区。以"游"为主多为传统的旅游，也可称为狭义的旅游；以"旅"为主多为新型的旅游，也可称为广义的旅游。纵向看，旅游是旅游者的旅行和游乐活动，这可从两个层面去理解：第一层面，旅游者是有旅游愿望、有一定支付能力和闲暇时间的人，任何一个自然人都是潜在的旅游者；旅行是旅游者在居住地和目的地间的往返；游乐是旅游者在目的地的活动。第二层面，与旅游者相联系的是客源地，它是旅游者的居住地；与旅行相联系的是交通、信息、旅行社等条件，它是旅游不可缺少的中间环节；与游乐相联系的是旅游目的地，它是吸引旅游者前去，可供旅游者游乐的地区。作为一种社会性活动，"旅游"在不同学科中和不同背景之下，自然有不同的理解。如社会学、经济学、美学等学科结论各异，或被理解为短期的生活方式，或被解释为因移动和暂居引起的经济关系总和，或被认定为人的审美活动，或被释义为食住行游娱购的综合性活动。抛开学科囿见，我们这里从时空的角度给旅游一个描述性的定义：旅游是旅游者离开居住地旅行游乐的连续过程，是旅游者在居住地和目的地间的移动。它包含以"游"为主的旅游、以"旅"为主的旅游两个类别和旅游活动涉及的旅游者、旅行、游乐、客源地、目的地等内容，与之对应的旅游文化应该多种多样。

"文化"一词，中西方传统理解差异较大，各有侧重。其或侧重物质方面，或侧重精神方面，但都是一种狭义的理解。这种有所侧重的狭义理解是人们经常使用的。与此相对，广义的文化则是物质文化和精神文化的总和，是人类创造的有别于自然的一切。此外，广义的文化也被认为是包括了物质文化、精神文化、制度文化、行为文化的总和。基于以上认识，"旅游文化"概念可在"旅游"与"文化"的联系中理解和把握。"旅游"的两个类别：以"游"为主的旅游和以"旅"为主的旅游，以及旅游者、旅行、游乐、客源地、目的地等内容与"文化"之间可以建立广义的"文化旅游"概念。

四　文化旅游与旅游文化

在旅游与文化相互作用的过程中，产生了文化旅游和旅游文化两个概念。一般认为，文化旅游是指旅游产品的提供者为旅游产品的消费者提供的以学习、研究考察所游览地文化的一方面或诸方面为主要目的的旅游产品，如历史文化旅游、文学旅游、民俗文化旅游等。旅游文化则是以一般文化的内在价值因素为依据，以旅游诸要素为依托，作用于旅游生活过程中的一种特殊文化形态，是人类在旅游过程中（包括旅行、住宿、饮食、游览、娱乐、购物等要素）的精神文明和物质文明总和。旅游文化具有综合性、地域性和继承性等特点。两者的差别是显而易见的，但又存在着密切的联系。旅游文化不仅覆盖了旅游业的六要素，而且与旅游的各相关部门、产业有紧密的关联度，其内容相当丰富多彩。而文化旅游则是将这些丰富多彩的内容组合成产品推向市场，也就是说，旅游文化内涵开发得越丰富，文化旅游产品项目也将不断推陈出新，更具有特色。[①]

旅游既是一种经济现象，又是一种社会文化现象。作为一种经济现象，旅游在经济发展过程的作用和意义，已经得到人们普遍的认识。作为社会文化现象，旅游在社会文化发展过程中的作用和意义，也已逐步为人们所认识。在现代社会发展过程中，旅游作为社会文化现象与作为经济现象是同一的，具有同等的地位而且是相辅相成的。因此，很有必要更快地推进旅游文化的研究。旅游与文化有着不解之缘。旅游从根本上来说是一种文化活动，是现代文明人所拥有的生存和生活方式。可以说：没有文化就没有旅游，文化是旅游的目的和结果；同时，没有旅游就没有文化，旅游是文化的工具和手段，是文化产生和发展的前提。在现代旅游发展中，更重视旅游中的文化问题，以至于出现了文化旅游这样的以文化为主要对象的新旅游形式。文化旅游作为一种普及的新兴旅游形式的出现实际上是当今世界更为重视知识文化更为强调人文素质提高的表现。旅游作为一种社会文化现象，在现代社会的人文教育功能中，在人们对人文的探寻和关怀中，无疑是一种较好的形式，能够发挥其特有的功能。这种状况，更为明显地将旅游文化的重要性凸显出来。

文化是人类社会发展的先导，人类的文化内涵十分丰富，但主要可分为物质文化和精神文化两方面。旅游文化是人类通过旅游活动改造自然和适应自然的过程中所形成的价值观念、行为模式、物质成果和社会关系的总和。旅游文化可分为三个层面：第一是旅游文化的物质层面，包括作为旅游客体的自然景观和人文景观，以及附加其上的游乐设施，为旅游文化

---

① 韩一武：《浅析旅游文化与文化旅游的差异》，《中共太原市委党校学报》2008 年第 6 期。

主体服务的交通工具、饭店、餐馆和其他设施，以及旅游纪念品等；第二是旅游的精神层面，是旅游活动及旅游业经营管理活动中反映的文化心理、价值观念和思维方式等观念形态，包括旅游观念、经营意识、旅游作品、旅游学术等；第三是旅游的制度层面，即旅游主客体所处国家的管理部门或有影响的大旅游商所制定的多种法规、制度及相关的企业管理规则等。总之，旅游文化是以旅游主客体的本质完善为主线的综合性文化形式，是旅游主体为了追求人性的自由和解放，塑造完美的文化人格和民族旅游性格，实现对自然的超越和回归，以及对社会的推进和发展，在旅游客体和旅游中介体的参与下，进行历史时段的永恒超越和文化空间的暂时跨越时所形成的各种文化现象及其本质。[①] 同时，也是旅游客体物质、精神的显现所体现出来的物质和精神价值。旅游文化是旅游与文化的一种深层次的结合，旅游文化是人类社会在旅游实践活动中创造的物质财富和精神财富的总和。它包括旅游意识、旅游活动及其精神产品、旅游业、旅游经济及其效益[②]。旅游文化是一门涉及多学科、多行业的综合学科，在概念上是多层次的概念。由于旅游与文化本身在内涵外延上的开放性和辐射性，使旅游文化的多层次性又可以从不同的视角来把握。因此，旅游文化研究的多视角应当是一种基本的研究方法，从多视角切入旅游文化的各个层面进行研究，才能全面地把握旅游文化的本质、内涵和各方面的内容。旅游文化的多视角研究，既可以从旅游的文化基础来研究又可以从旅游文化的现象来研究，既可以从旅游文化本体来研究又可以从旅游与其他文化的关系来研究。通过这些研究可以摸索和探测旅游行为发生的内在动因及规律，进而探索旅游业的发展战略、旅游文化的内在结构及其相互关系、旅游文化的社会效益及其教育功能等等。以多视角的方法来研究旅游文化对于拓展旅游研究的视野，深化旅游研究的内涵，不断揭示和把握旅游发展的内在规律的确是一个重要的途径。

文化旅游的基础是经济。旅游作为一种文化消费形式是社会经济发展到一定阶段的产物。马斯洛所揭示的人们的需求规律是，当人们满足了衣、食、住、行的基本需要之后，才会产生更高一级的物质和精神生活的

---

① 姚昆遗、贡小妹：《旅游文化学》，旅游教育出版社 2006 年版，第 74 页。
② 于晶：《旅游文化的另类解读》，《辽宁行政学院学报》2008 年第 3 期。

需求。旅游是人们生活水平提高之后所出现的一种新的高级消费形式，旅游的兴起，便是人们需求层次提高的一种表现。旅游的基础是文化，旅游本身就是一项文化活动。旅游行为发生的基本动机本质上是寻找旅游资源的文化内涵与旅游者背景文化之间的沟通。这一基本动机几乎贯穿于旅游的全过程。著名学者陈传康曾提出旅游文化的"二元结构"的现象，他说，旅游业要求文化形式上的传统化和思想上的现代化相结合，旅游业的每一个环节，应该安排既有传统又有现代的内容，建立合理的二元结构，才能更好地促进旅游业的发展和提高，才更能适应各类旅游者寻求文化沟通的需要。他还列表说明旅游业的二元文化结构实际是从旅游文化的角度来观察旅游的全过程，文化存在于旅游的每个环节，其结构是二元并存的。从这个意义上说，文化是旅游的基础，是灵魂。文学艺术与旅游文化的关系更是相得益彰。文学从其诞生时起就与旅游文化相联系。可以说，旅游是文学创作产生的手段和基础。丰富多彩的旅游生活，激发了文学创作活动的活力。在中国文学中，旅游文学占有极重要的地位，从谢灵运、谢朓、王维、孟浩然的旅游诗到柳宗元的《永州八记》，再到三袁的山水文都极大地丰富了中国文学的内容。反之，文学又推动了旅游，激发了旅游的热情和内在需要，提高了旅游景观的文化品位，从而提升了文化旅游。旅游是艺术的源泉，旅游是一种动态的观赏活动，通过旅游广泛地接触客观世界，搜集艺术素材不断地产生艺术灵感，可以说，许多艺术作品都是旅游活动和旅游文化的直接产物。反之，旅游又必须依赖和运用艺术。旅游要依靠艺术形式表现出来。旅游资源的开发和利用，旅游景点的建设与提升，旅游活动的组织与安排都离不开艺术的运用。将艺术感染力注入旅游活动，增添旅游者的游兴是旅游组织成功的基本文化要求。民俗更是旅游文化不可缺少的内容。民俗是历代相沿不断承袭而形成的风尚、习俗，是人类社会的一种基本的文化现象，是一种民族集体创造的、共同拥有的、世代传承的生活文化。俗话说："入乡随俗"。旅游者在观赏山水、流连名胜之余，了解和体验一下当地民俗，体验一下当地的生活习惯，达到人类基本文化的沟通，是人性之共同欲望。民俗旅游项目参与性强，雅俗共赏，是旅游中最受欢迎的项目之一。民俗与旅游的有机结合，成为文化旅游的重要组成部分。社会心理更是贯穿旅游全过程的文化现象。社会的心理不仅用于旅游的策划、建设，而且用于旅游的组织和管理，社会心理所发挥的指导旅游基本技能、规范旅游行为、提升旅游的健康功能等作用，极大地丰富了文化旅游的内容。名胜古迹是人类各历史时期创造的丰富多彩的宝贵遗产。旅游中的历史文化教育多由名胜古迹来承担，而旅游的基本景观多由名胜古迹所组成。因此，历史文化应是文化旅游的基本构件。总之，文化旅游作为人类独特的文化成果具有多层次、多侧面的性质，以多维视角的方式去研究、去展开，又从战略的高度去提升、去整合，对于深入全面地研究旅游文化是极为重要的。[①]

五　文化是旅游可持续发展的灵魂

旅游业经过几十年的发展，成为全球产值较大、吸纳就业人员较多的产业。有些国家和地区将其作为经济支柱。但是，如何保持旅游业长盛不衰呢？实现旅游可持续发展是人们普遍认为较好的途径之一。旅游可持续发展实质就是保持自然、文化和人类生存环境的平衡关系不被破坏。文化在这一关系中是起着决定性作用的。可以说，没有丰富文化内涵的旅游是缺乏竞争活力的。加快文化旅游的发展，提高旅游的文化品位，对于保证旅游业健康、稳定、快速地发展有着积极意义。

长城是中华民族的象征，可以说，凡到北京的游客无一不想去八达岭欣赏长城这一中华民族古代文明的标志。当然，我国许多少数民族的风情习俗，也是令游客叹为观止、赞不绝口的。如傣族的泼水节、彝族的火把节、蒙古族的那达慕节，每每都吸引许多游客前往参观和参与，体验少数民族的文化韵味。随着教育、文化水平的提高，游客侧重精神满足的倾向越来越大。各个民族的民间古老文化，传统风俗的形象再现，更能迎合人们求新、求异、求知、求同和寻根的心理。因此，民族文化的旅游潜力和魅力很大，并且中华民族优秀文化源远流长、博大精深，正在日益成为国际旅游的新潮。在旅游资源中主要体现为，那些蕴含着中华民族不同时期的优秀文化的人文景观（如文物古迹），还有经过民族历史进程的不断加工熏染而注入文化内涵和特色的自然景观（如名山胜水），以及那些世代传承下来的具有旺盛的生命力和诱惑力的民俗风情与传统工艺。这些都是我国旅游资源的精华，也是开拓国际旅游市场的品牌，更是促使我国旅游

[①] 张国洪：《中国文化旅游（理论战略实践）》，南开大学出版社 2004 年版，第 65 页。

业不断发展的动力所在。

第二节　文化与地域

陇右地区是中华文明的发源地之一，历史文化内涵丰富、底蕴深厚，孕育了富有地域特色的陇右文化。

所谓陇右文化，就是指在这一地域内孕育产生和发展演变的各种文化现象。陇右文化既是中华文化的重要组成部分，又具有鲜明的不同于其他地域文化的独特风格和个性。研究陇右文化，就是以陇右地域内的各种文化现象为对象，揭示其起源、发展、演变的基本规律，探索这一文化变迁的内在动因和地域特点。

一　相关概念的阐释

1. 文化

"文化""地域"和"地域文化"人们都耳熟能详，但是，它们的准确概念和实质内涵，却往往很难科学界定和准确把握。

"文化"是一个内涵丰富、外延广阔的多维概念，作家冯骥才说："文化似乎不直接关系国计民生，但却直接关系民族的性格、精神、意识、思想、言语和气质。抽出文化这根神经，一个民族将成为植物人。"这段话形象地道出了"文化"的功能价值及其重要作用。

"文化"一词在我国古代出现较早。但与现代意义上的文化含义有明显的区别。文化的现代意义则是外来的。在我国古代文献中，《周礼》所载"观乎人文，以化成天下"是关于文化的最早提法。西汉刘向《说宛·指武》篇"凡武之兴，为不服也，文化不改，然否加诛"则是文化一词的最早出现。其意是讲文治教化或以文教化的意思。现代意义的文化，是日本人用古汉语中的"文化"二字翻译西文中 Kultur，Culture 而来。

最早提出"文化"概念的是英国文化人类学家爱德华·泰勒，因此泰勒被人们称之为文化学的奠基人。泰勒在 1865 年《人类早期历史与文化发展之研究》中，首次把文化作为一个中心概念提了出来。1871 年泰勒在《原始艺术》一书中，认为"文化是一个复杂的总体，包括知识、信仰、艺术、道德、法律、风俗以及人类社会里所得到的一切能力与习惯"。泰勒之后，相当多的学者开始从事"文化"的研究，不少人类文化学家、社会学家、精神病学家等，从各自角度出发，在不同侧面试图揭示文化的实质，关于"文化"的定义层出不穷，多达 160 多种。我国学者梁漱溟在 1920 年出版的《东西文化及其哲学》一书中认为人类生活包括精神生活、物质生活和社会生活，因而文化就是"人类生活的样法"。他在《中国文化要义》一书中又说："文化，就是吾人生活所依靠之一切。……文化之本义，应在经济、政治，乃至一切无所不包。"梁启超认为"文化者，人类心智所能开积出来之有价值的共业也"。又说："文化是包含人类物质精神两方面的业种业果而言。"

国内外学者有关"文化"的定义与解释尽管多种多样，但对"文化"是什么的说法却相对明确，即凡是属于人类生活方式的各个侧面都属于文化的范畴。因此，最普遍的文化定义就是人类创造的一切物质财富和精神财富的总和。这就是人们常说的广义文化的概念，狭义文化仅指精神文化。由于文化的含义异常丰富，因而人们又将文化按结构或层面加以区分，最通常的方法是表层的物质文化，中层的制度文化，深层的精神文化。还有学者提出了从外到内、由浅转深的文化四层次说，即物态文化、制度文化、行为文化和心态文化四个层次，认为"文化诸层次，在特定的结构——功能系统中融为统一整体。这个整体既是前代文化历时性的累积物，具有遗传性、稳定性，同时又在变化着的生态环境影响下，内部组织不断发生递变和重建，因而又具有变异性、革命性"。这种文化的层面结构以及整体性积累和内部变化，成为文化发展演变的基本趋向，形态各异或特色不一的文化由此产生。

2. 地域文化

从文化人类学的观点来看，文化的地域性或地域文化的形成，是由构成文化区的最小单位"文化特色"到文化丛再到文化地域最后到文化圈而产生的，即在一定的时间和空间，与某一种生产行为和生活习俗相联系而产生的文化现象，就成为该地区的文化特色；众多相互关联的文化特色集合为文化丛，文化丛从发源地向外扩散；人们对文化特色的选择与结合显示出不同地区的特征，从而形成特定的文化类型和文化地域或文化圈，这个文化地域或文化圈，就是地域文化。目前，学术界关于地域文化的划分一般有三个标准，一是以地理相对方位为标准划分，如东方文化、西方文化、江南文化、岭南文化、西域文化、关东文化等；二是以地理环境特点为标准划分，如长江三角洲文化、黄河文化、运河文化、海岛文化、大陆文化、高原文化、草原文化、绿洲文化等；三是以行政区划或古国疆域为标准划分，如齐文化、鲁文化、秦文化、晋文化、楚文化、巴蜀文化、云贵文化等。

学术界对于地域文化的产生和划分标准虽然观点比较一致和明晰，但对"地域"和"地域文化"的理解和解释却未能形成比较统一的看法。"地域"一词及其概念是一个人们经常使用而又难以准确界定的名词，以致在不少关于地域文化研究的专门论著中，也常常忽略了对其概念的释义和界定。在一些论及"地域"以及地域文化的文献中，对"地域"和地域文化概念的解释也不尽一致，归纳起来主要有以下几种：

其一，"地域"即古代沿袭或俗成的历史地域；地域文化又称地区文化。这种观点认为"'地域'概念通常是古代沿袭或俗成的历史地域，它在产生之初当然是精确的，但由于漫长的历史逐渐泯灭了它们的地理学意义，变得疆域模糊，景物易貌，人丁迁移，只剩下大致的所在地区了。如'齐鲁'概指山东，'关东'泛称东北等，在这里'地域'与'地区'的概念是有区别的"。

"'地区文化'或称'地域文化'，是一门研究人类文化空间组合的地理人文学科，在某种意义上大约等同于文化地理学。它们都是以广义的文化领域作为研究对象，探讨附加在自然景观之上的人类活动形态，文化地域的地理特征，环境与文化的关系，文化传播的路线和走向以及人类的行为系统，包括民俗传统、经济体系、宗教信仰、文学艺术、社会组织等等。但在某些方面，地域文化又与文化地理学有着明显的区别"。即文化地理学以地理学为中心展开文化探讨，而地域文化则以历史地理为中心进行文化探讨。

其二，地域文化也就是文化区。"世界上无论何种文化，因其创造者无不生活于具体的地区，这些文化也就莫不带有地域性特点。地域性的含义除了表明它有一块供文化滋生、与众不同的地盘之外，它还表明这块地盘早归某些固定的民族聚居，在那里培植有专门的文化。因常见这样的地域与相应的民族和文化多有共其始终之势，惟其如此，人们也就不能用纯自然的眼光来看待这一已经人文化的地区"。因此，"地域文化的空间判别，旨在确定某种文化特征或具有某种特殊文化的人在地球表面所占据的空间，即确定文化区"。

其三，地域文化是指一定地域内的文化现象及其空间组合特征。认为地域文化的发展基础"是人类赖以生存的地理环境。在文化的形成及发展中，地理环境通过影响人类活动，而对文化施加影响。不同人群所处的独特地域环境所形成的文化隔离，也有效地保持了不同地域文化的独特发展趋向。尽管由于文化传播工具的进步使不同地域文化的相互影响日益扩大，但漫长的历史所形成的文化隔离仍在不同时代、不同地域发生着不同程度的作用。这种文化发展的空间限制性所形成的文化的地域，成为一种文化强制力量，制约着不同地域的文化性质、类型、水平、方向和速度"。

其四，"地域"和地域文化是一个多维概念，首先，地域作为一个地域性的概念，它必须具有相对明确而稳定的空间形态和文化形态。其次，地域又是一个历史的概念，因而涉及时间和传统。第三，地域是一个比较性的概念，因此必定要有某种可资比较的参照物或参照系。第四，地域又是一个立体的概念，自然地理或自然经济地理之类可能是其最外在最表层的东西，再深一层如风俗习惯、礼仪制度等，而处于核心的、深层（内在）的则是心理、价值观念。因此，在进行地域文化研究时，必须把它看成是一个有机的整体。

其五，"地域"特指文化地域。认为"'地域'既不是一个单纯的地理概念，也不是指行政地域的划分，而是特指文化地域，即在一定历史阶段所形成的、相对于其他地区有自己文化传统的文化地域。形成这样的一个文化地域，与历史传统有关，也与其所处的地理自然环境有关"。

其六，地域文化也就是特色文化。"所谓地域文化，也就是以自然环境和地形地貌为标志所形成的特色文化，这种地域文化十分明显地制约和影响着人们的生活方式和思维习惯"。

其七，认为"地域文化不是一个简单的地理概念，而是一个文化时空概念，一般是指具有相似文化特征的某个地域及其文化生成的历史空间"。因此，地域文化具有文化的普遍性、群体性、继承性和渗透性四个基本特征。

以上代表性观点，从不同角度和侧面，对"地域"和地域文化概念提出了极富价值的界定和解释。各种观点虽有小异，但在主要方面较为接近和一致。综合各种观点，有下列几点值得思考：一是"地域"又可以称为地区，它不是一个单纯的地理概念，而与历史、民族等人文因素密切相关，作为一个空间地域，其范围比较模糊。二是地域文化也就是地区文化或文化区。三是地域及其地域文化既是一个历史概念，又是一个比较性的概念和立体性的概念。四是地域文化与文化地理学既相联系又有区别，地域文化以历史地理为中心进行文化探讨。这些观点和看法，对于我们进一步深入把握和体认"地域"以及地域文化概念将大有助益。

上述观点也存在一些概念的不确定性和界定的局限性，故有必要对"地域"或地域文化概念作进一步更深入的探讨。首先尚须辨明与"地域"及地域文化相关的几个概念。

3. 地域"和"地域文化"之比较

就一般意义而言，"地域"也就是地区，即按一定标准而确定的地理空间地域。它是人类生存和文化创造的物质基础与活动舞台。就此而言，地域文化同文化地域有着相同的意义。文化地域简称文化区，所谓文化区就是指某种文化特征或具有某种文化的人在空间上的分布。文化区一般有三种类型，即形式文化区、功能文化区和乡土文化区。具有一种或多种相互有联系的文化特征所分布的地理范围，就是形式文化区。这是一种以其文化特征的自然分布状态而确定的文化区。功能文化区是以该文化特征受政治上、经济上或社会上的某种功能而影响其空间分布而划分的分布区。乡土文化区又称感性（觉）文化区，这是一种在居民头脑中存在的地域意识，而且这种地域意识的名称和作用亦被他人所接受。在已有的历史文化地理研究中，人们大多采用多种文化特征的形式文化区进行文化区的研究，而乡土文化区即感觉文化区也已被引入文化区的研究。

既然地域文化也是一种文化的地域分布，那么它与历史上的自然地域、行政区划就必然具有密切的关系。周振鹤先生指出：行政区划是国家行政管理的产物，由法律形式予以确认，有最明确的边界与确定的形状；自然地域是地理学家对自然环境进行的科学性的区划；文化地域则是相对较不确定的概念，一般由文化因素的综合来确定，具有感知的性质。划分三种地域的主导因素各不相同，形成文化地域是社会的力量，划定行政区划是国家的行政权力，而自然地理地域的划分则受自然规律所支配。因此，文化地域与行政区划以及自然地理地域的关系，事实上体现了社会、国家与环境之间的关系。一般而言，自然条件从宏观上制约了文化区的分异，大的山川界线往往形成文化区的边界；行政区则对文化区进行整合，使区内文化现象趋于一致，以形成均质的文化区；而经济方式、交通条件、移民等因素，对文化区的形成都有程度不同的影响。

根据学者的研究成果，对"地域"以及地域文化给出了一个比较确切的解释。首先，我们所说的"地域"，是赋予其人文因素和历史文化传统的地域空间。作为地理空间概念，"地域"同"地区"有相同之处，但"地域"更多的是一个历史的和人们心理意识中所认同而约定俗成的空间地域，由于历史沧桑和文化变迁，其边界范围已比较模糊；而"地区"和"地域"则更多地与自然和政区因素相关，特别是"文化地域"概念更是一个人们为了探讨文化地理分异而提出的学术性概念。其次，我们所要界定的"地域"与"地域文化"，实际就是从文化的角度区分地域，又从地域的角度分析文化。因此，分析文化主要是探寻其地域性特点，而区分地域是为了便于揭示此一地域与周边地域文化的不同和特色。这是我们认识"地域"及其地域文化的出发点。第三，若借用文化区的划分方法，则地域更适合于用感觉文化区的方法进行划分。

所以，所谓地域文化，就是一定地域内历史形成并被人们所感知和认同的各种文化现象。研究地域文化，旨在探讨其在历史形成过程中的整合演变轨迹及其形态特征，并揭示其空间组合关系和地域特色。

要准确理解地域文化这一概念，就必须牢牢把握它的历史性、地域性和文化特色。因为作为地域文化的空间范围，它不单是一个文化的空间分类概念，而且也是一个历史概念。一定地域的文化特质是历史发展和持续演变的结果，是由当地一代一代民众不断传递、承袭、发展、积累和创新又积淀的产物。所以准确把握地域文化的历史性特点，是我们从事地域文化研究的起点。人类的一切活动，包括文化创造，又总是在一定的空间范围所进行的，由于各地自然条件、地理环境乃至人文因素的差异，人们在从事采集、耕种、渔猎、游牧、生产、创造等活动中，不同地域的人们自然而然地在居民心理、性格习惯、思维模式、行为方式和语言风俗诸方面逐渐产生差异，从而形成一个个具有地域特色的地域文化，这种差异正是文化的地域性的显现。既然一定的地域及其文化的形成，既是一个历史过程并且约定俗成，又带有深深的地域性烙印，那么此一地域内的各种文化现象则既是均质的或相近的，也是互有关联、相互影响的，而与其他地域文化之间则是异质而不同，这就必然赋予地域文化各具特色的风貌。

二 人类对"地域文化"的认识与研究

我国地域文化的产生约起自旧石器时代中晚期，至新石器时代初即初露端倪，如燕山、阴山一带，黄河流域，长江流域三大地区的文化开始形成自己的特点。再经夏、商两代的发展，到西周的封邦建国，地域文化渐趋成熟。"只有当某一地域达到成就上的一致性，出现在此地域上的文化丛和文化结构时，真正的地域文化才算形成"。周代各封国以政治和经济的运作使地域文化由"自然"状态向有目的地、主动地创造发展，并确立了自己在该文化地域的中心地位。进入春秋战国时期，随着宗法制的崩溃，地域文化格局形成。"地理环境的差别，从经济上制约了文化的地域构成；邦国林立，从政治上强化了文化的地域分野；大师并起，从学术上突出了文化的地域特色；而上古时代丰富多彩的民风遗俗的流播传扬，又形成了风格各异的地域文化氛围"。其时，以列国分野为主体的各地域文化，为光辉灿烂、绵延博广的中国传统文化的形成做出了重要贡献。

秦汉大一统王朝一系列统一文化措施的实施，致使各地域文化由异彩并呈而发生剧变，有的地域文化的某些方面上升为主体文化，而另一些地域文化的某些内容则趋于消失或被其他文化所吸纳。但是，各地域长久积淀的风俗习惯、价值观念等深层文化却在物质与制度文化消失之后仍顽强地附着于其产生的地域之上而传之久远，并在此后地域文化的融通整合中仍然发挥着重要的作用。秦汉以降，伴随着政权更迭、统一与分裂的交替，民族间的战争与交流融合，各地域文化既成为中华文化大系统中的子系统，又在文化趋同与趋异的激荡中得到继承、发展、交融、创新和壮大，并为中华文化不断注入养料与活力。中华文化古今一脉绵延至今，异彩纷呈、充满特色与魅力的地域文化可谓功不可没。

不同的民族在不同的生活环境中，逐渐形成各具风格的生产方式和生活方式，孕育了各种文化类型；同一民族又因生活环境的变迁和文化自身的运动规律，在不同历史阶段其文化呈现出形态各异的特征。所谓"文变染乎世情，兴废系于时序"，正是对文化民族性或地域性与时代性最好的概括。我国先民对地域文化的认识和论述，最早正是从地域差异和民族性上分析把握的。《礼记·王制》篇曰："凡居民材，必因天地寒暖燥湿，广谷大川异制，民生其间者异俗，刚柔轻重，迟速异齐，五味异和，器械异制，衣服异宜，修其教不易其俗，齐其政不易其宜。"并将"天下"区分为"中国"与"戎夷"，认为"中国戎狄五方之民，皆有性也，不可推移。东方曰夷，被发文身，有不火食者矣。南方曰蛮，雕题交趾，有不火食者矣。西方曰戎，被发衣皮，有不粒食者矣。北方曰狄，衣羽毛穴居，有不粒食者矣。中国、夷、蛮、戎、狄，皆有安居、和味、宜服、利用、备器。五方之民，言语不通，嗜欲不同"。《左传·襄公十六年》载戎子驹支语曰："我诸戎饮食衣服不与华同，贽币不通，言语不达。"《吕氏春秋·为欲》也说："蛮夷反舌殊俗异习之国，其衣服冠带、宫室居处、舟车器械、声色滋味皆异，其为欲使一也，三王不能革，不能革而功成者，顺其天也。"这反映了古人从文化生态的差异来认识和区分不同民族之间的文化差异。

古人很早就认识到不同地区民俗传统的差异，《礼记·王制》篇中还有"王使太师陈诗以观民风"的记载，是人们通过民谣诗歌体察民情的反映。班固《汉书·地理志》篇末收有朱赣按"域分"（即按不同历史地域划分民风民俗）专论20余个地域的风俗地理的文字，这些地域大致就是秦汉时期的地域文化。这些实例表明，从地域文化角度认识和论述中国文化及其地域特征，至迟从先秦以来已很盛行。先秦至秦汉时期人们对于中国地域文化的划分和习称，两千多年来一直被人们广泛认同或沿袭，这一趋向时至今日仍然清晰可辨。

近代以来，对于地域文化进行研究的学者，首推梁启超。早在1903年，梁启超受西方"地理环境决定论"思想的影响和启发，在其主编的《新民丛报》上，接连发表了《地理与文明》、《中国地理大势论》、《地理与文明之关系》等文章，就生产方式、民族精神、社会风俗、学术思想、宗教信仰、战争性质、文学艺术的差异等问题，率先阐述了中国地理与历史文化的关系。同时，西方的人文地理学著作也接连介绍到我国。在此基础上，我国人文地理随20年代高等地理教学的发展而兴起；加之五四新文化运动引发的中西文化大论战，吸引了不少学者重新审视和评析中国传统文化，也直接推动了对中国历史文化地理的重视和讨论。

新中国成立后，我国地域文化研究，由于忽视人文地理学和批判"文化史观"片面化的影响而长期处于停滞状态。改革开放以来，伴随着传统文化热、地域文化研究的迅猛崛起，各地竞相开展地域历史文化研究，使这方面成果异彩纷呈，主要表现之一是大型地域文化丛书相继问世，早自1991年，辽宁教育出版社推出"中国地域文化丛书"，积十年之功，该套丛书列出三秦、齐鲁、中州、荆楚、燕赵、台湾、吴越、两淮、徽州、三晋、巴蜀、江西、八闽、滇云、关东、草原、琼州、陇右、西域、岭南、青藏、黔贵24个文化地域，分册连续出版，这套大型丛书社会影响巨大。1997年，山东美术出版社推出了蒋宝德、李鑫生主编的又一套大型地域文化学术专著《中国地域文化》（上下册）。该书既有对中国传统文化发展的概括论述，又分齐鲁、楚、三晋、秦、中原、关东、蒙古草原、吴越、燕赵、藏、巴蜀、新疆绿洲、岭南、云贵、台湾、客家、潮汕等17个地域，分卷专题探讨并合编出版。再如大型丛书《中国文化通志》亦有《地域文化》分卷。各省、各地区甚至各市县编写出版的地域性历史文化丛书、乡土旅游丛书以及风物名胜介绍类图书，大多都有对各地地域文化的介绍和论述，数量及种类可谓洋洋大观，显示出地域文化普及与宣传已经深入人心且大受欢迎。

地域文化研究成果丰硕。在地域文化研究方面的专著和学术论文数量颇多，其中，对齐鲁文化、三秦文化、巴蜀文化、中州文化、三晋文化、徽文化等相对论著更多，研究也较为深入。以邹文山等所著《齐文化与先秦地域文化》为代表的一大批地域文化研究著作的出版，标志着地域文化研究已成燎原之势，显示出地域文化研究不仅充满活力，而且具有更为广阔的发展空间。

三　研究地域文化的价值和意义

我国是一个发展中的大国，中国民族的多元格局、地理环境的差异性，决定了地区之间、民族之间、不同的经济形式和生活模式之间的不平衡，作为这种不平衡性综合反映的文化，也就依然存在着地域特性，而且这种地域性还将长期存在。因此，在新的历史条件下，要继承优秀文化传统，发展社会主义先进文化，弘扬和培育中华民族新精神，研究地域文化，开发地域文化是必要而现实的。

首先，地域文化是社会主义先进文化多样性和时代精神的具体展现。我们建设和发展的社会主义先进文化，是适应时代要求，符合社会主义现代化发展和全面建设小康社会目标与广大人民日益增长的物质文化相协调的文化。这种文化既是丰富多彩的，也是昂扬向上的。它的丰富多彩，既体现在形式多样和内容丰富上，也体现在不同地域、不同群体的群众因地制宜，采取当地人们喜闻乐见的表现形式和消费行为上。因此，这种引导、鼓励、愉悦人们精神的先进文化，必然是一种一体结构中的多元绽放。而地域文化正是这种先进文化多元绽放和多样化发展的重要载体和具体展现，而且，也是先进文化不断发展、不断创新、不断交融、不断升华和弘扬培育新的民族精神的根基所在和力量源泉。

其次，研究地域文化是继承民族优秀文化的主要内容之一。古今中外，世界各国、各民族的文化都有其个性和特殊性。文化的民族性和特殊性包含着人类文化的共同性，文化的共性寓于文化的个性之中。源远流长、博大精深、一体多元而又丰富多彩的中华文化，其显著特点之一就是自战国以来产生了特色鲜明、风格各异、兼容互补、渗透力和生命力极强的既形形色色又持久存在、数量众多的地域文化。无论中华文化的发展与创新、趋同或是趋异还是中华民族精神的形成与锤炼、升华或再造，都与地域文化的兴衰发展、增益转换息息相关、共生共荣。因而，重视地域文化，研究地域文化，挖掘各种地域文化的深层内涵和最具价值的内容，实际就是对中华传统文化丰富内涵和中华民族精神内在积淀的一种个性解剖和继承弘扬。因此，中华传统文化的优秀成分和中华民族精神的个性魅力，往往深植于各地域文化之中，各地域文化是中华传统文化和民族精神个性风格与内在价值的直接承担者。所以，研究和探讨中华地域文化的历史变迁和时代发展以及内涵特色，实际就是对中华传统文化和民族精神的直接揭示，也是继承传统文化和弘扬民族精神的主要途径之一。

再次，研究地域文化，是弘扬和培育民族精神的关键环节。民族精神既有传承性，又有时代性；民族精神也需要不断弘扬和培育。弘扬是在继承基础之上的发展，培育也必然是在继承基础上的创新，唯有如此，民族精神才能在弘扬中培育和发展，在培育中不断弘扬和升华，才能永葆青春与活力，发挥民族之魂和文化之核的作用。对于历史悠久、民族众多、文化源远流长、底蕴深厚的中国而言，研究地域文化是揭示传统文化与民族精神内在继承性和时代性规律与轨迹的中介与凭借，也是弘扬与培育民族精神的历史素材和现实养料。要继承和弘扬传统民族精神，进而培育再造展现和引领时代潮流的民族新精神，地域文化的研究既是切入点，也是出发点。

第四，研究地域文化，是因地制宜，全面建设小康社会和实现中华民族复兴的现实需要。我国地域辽阔、民族众多，各地之间地理环境和人文条件差异明显，因而，各地域间在政治、经济、文化和社会生活方面的发展存在着明显的不平衡性。而这种不平衡性又集中反映在综合展现一个地区人们群体素质、价值取向、行为模式与精神境界的文化面貌上。因此，我们要走向现代化、全面建设小康社会，实现中华民族的伟大复兴，就必须从实际出发，因地制宜，采取灵活多样、各有侧重、区分层次和分步实施、全面推进的文化发展战略，不断提高国民素质，以带动各地域间文化与政治、经济的协调发展。地域文化对于促进经济的协调发展和小康社会的全面实现具有双重意义。一方面立足各地域文化的实际现状和个性特色，扬长避短、大力扶持、重点引导和积极推进地域文化的发展，使其在多样化、多层次发展的基础上既百花齐放又不断融入主流文化当中，从而充分发挥文化的导向、激励和规范功能。另一方面，地域文化也是一种资源，在发展地域文化的同时，挖掘地域文化资源优势，兴办文化产业，打造文化品牌，则是振兴地域经济和促进地域社会发展的有效途径。充分发挥地域文化优势，既可带动和促进地域政治、经济和社会的进步与发展，又会不断塑造和培育新的民族精神。因此，地域文化的存在和延续，一定程度上是地域社会经济与文化发展不平衡的反映，而要缩小和消除发展的不平衡，研究、挖掘和开发地域文化至关重要、不可或缺。

第五，地域文化是实施爱国主义教育的重要阵地。爱国主义是中华传统文化和民族精神中一以贯之的优良传统。爱国主义是国民精神情操与具体实践的有机统一。爱国主义必须从爱家乡、爱故土做起，而地域文化是实施爱国主义教育取之不尽的宝藏和财富。地域文化中那些名胜古迹、文化景观、遗址文物、英雄烈士、乡贤学士及其作品与精神产品，都是开展爱国主义教育的绝好素材。研究、挖掘、开发地域文化资源，无疑是深化爱国主义教育，增强民族自豪感、自信心和弘扬培育民族精神的重要一环。

第六，发展地域文化，是社会主义先进文化建设的重要议题。发展地域文化是建设社会主义先进文化的重要议题之一。社会主义先进文化是对时代进步和主流思想的理论概括和理性展现，它引领着大众文化发展的主流方向和精神追求；同时，先进文化又需要包括地域文化在内的各种亚文化的支撑和滋养。所以，发展地域文化对社会主义先进文化的具体实践落实和不断创新发展，都具有重要意义；而且，地域文化的发展与研究开发，也构成社会主义先进文化重要内容之一。

越是民族的，就越是世界性的，研究、开发和发展地域文化，既是继承中华优秀文化传统和弘扬民族精神的重要途径，也是整体推进社会主义文化建设，全面实现小康社会的重要举措。地域文化的研究与开发越是深入，越有助于中华优秀文化传统的继承和社会主义先进文化的发展，也更有利于中华民族精神的弘扬和培育。

四　中国地域文化

古老的中华民族，最早迎接了人类文明的曙光，创造了光辉灿烂的中国传统（地域）文化。它源远流长，博大精深，上下几千年，纵横数万里，虽经朝纲更迭和内忧外患，仍如百川东导，襟三江而带五湖，波澜壮阔，绵延不断，代有高峰，蔚为壮观。中国传统（地域）文化曾与古巴比伦文化、古埃及文化、古希腊文化、古印度文化等并驾齐驱，在人类文明史上处于显赫位置，但又不像它们那样或衰败，或断代，或由于种种原因而失去它的历史光辉。中国传统（地域）文化虽然也曾遭受过摧残和破坏，痛苦过，呻吟过，但每当它抚平自己的创伤，总是又以崭新的面貌出现在世界历史舞台上。它顽强的生命力，博大的蓄积力，强劲的凝聚力以及它丰厚的积淀内质是举世无与伦比的。在世界文明宝库中，中国传统（地域）文化永远是一颗璀璨夺目的明珠。

中国传统（地域）文化萌生于东方古老的土地上，却辐射到全世界，它不仅是炎黄子孙而且也是全人类的无比珍贵的财富。数千年来，中国传统（地域）文化以其强劲的浸润力影响、规范着炎黄子孙的思维方式和行为方式，成为世界各地华人认同心态和归属感的内在基因。同时，它还以独具的历史魅力强烈地吸引着世界各国人民。近现代以来，探索中国传统（地域）文化的奥秘，在世界各国都有许多学者终身为之。在日本、美国、东南亚及欧洲的一些国家和地区，对中国传统（地域）文化的传播和研究正呈不断高涨之势。

对整个世界来说，中国文化是一个整体，它甚至可说是东亚文化的代表。但就中国内部而言，又有不同的地域文化。除少数民族文化区外，在汉族文化区内部，也存在着丰富多彩的地域文化。

文化的任何一个方面的分布范围都可以构成文化区，比如语言、宗教、民族、经济、政治、军事、饮食文化区等等。在一个地理单元内，可以有不同的语言文化区或宗教文化区，它们的划分具有一定的主观性，划分标准是不同的，地域界线是经常变动的；地域文化是形成于一定的地理单元之内的，是以一定的地域概念为基础的，首先是有了一个相对明确的地域范围，然后才有在此范围内形成系统的文化。当然，在这一空间之内形成的有一定特色的文化传统，本身也有助于对该地域空间范围的界定。

1. 中国地域文化的形成

中国地域文化的形成，经历了一个漫长的历史过程，因此在不同的时期，地域的范围、文化的内容等都有很大变化。在新石器时代，根据所发现的考古遗址，大体可以划分为黄河流域文化区、长江流域文化区、珠江流域文化区和北方（以燕山南北、长城地带为重心）文化区①。在那时，已经奠定了后来农耕文化区和游牧文化区的基础。在植被并不丰茂、气候干旱、以草原为主，并已出现部分沙漠的蒙古高原，不可能造就农业发展的条件，甚至只适合原始狩猎经济，游牧经济都是在后来的发展基础上实现的。在珠江—闽江流域，已有了原始农业，但动植物种类丰富、气候温暖和降水充沛，使这里当时仍以采集渔猎经济为主。

在干旱少雨、森林减少的压力下，在有充足水源和宜农土壤和可驯化植物的前提下，黄河流域和长江流域的原始农业获得较大发展，由此逐渐形成北方粟作文化区和南方稻作文化区，围绕着不同的作物品种，逐渐发展起来不同的生产工具、生产方式、社会组织形式，甚至观念形态，逐渐构成了有差异的地域文化系统。但在当时，文化的中心还呈星星点点的状态，没有连成网络，与地域文化的形成密切相关的民族、国家政权等还没有定型，因此，在没有形成一个比较完整而系统的文化主体，且地域性的文化传统没有充分形成之前，也就无所谓地域文化。在进入文明时代之初

---

① 蒋宝德、李鑫生：《中国地域文化》，山东美术出版社1997年版，第102页。

的相当一段时间里，中国的地域文化依然只能大体分为北方狩猎—游牧文化、华北粟作文化、江南稻作文化、南方渔猎—稻作文化四大类。

但是，在夏商时期，某些后来的地域文化也开始萌芽。比如在四川出土的惊人的青铜像、黄金器具和权杖，结合望帝的神话传说和关于巴人文献记载，可能表明巴蜀文化的成熟。在这个时期，统治者曾经对北方的土方和鬼方用兵，表明游牧文化获得了较大发展，开始对农耕文化形成威胁。在西周时期，长江流域的文化系统有了长足的进步，在原有文化基础上，与中原文化频繁发生碰撞的地区，逐渐形成了有特色的文化系统，比如长江下游的吴越文化、长江中游的楚文化等，都开始形成并向成熟发展。

一种地域文化的成熟即意味着它自身的相对完善，同时也意味着它对异域文化的排他性增强。地域文化越完善，其排他性就越强，楚文化便是此时的典型代表。在春秋战国之际，北方的夷狄之族大都融于华夏族中，这主要是因为其游牧文化水平较低，易为农耕文化所吸引；又因它们在地域上本与华夏诸国杂处，毫无自然阻隔，由于联姻等多方面的接触，便逐渐与华夏族融于一体。长江下游的吴越诸族，其时发展水平也不太高，除金属冶炼、锻造水平较高外，其渔猎生活还很普遍。春秋末期吴越二国雄起，使这一地域文化格局初具雏形。但作为华夏族后裔的楚人，融合夷夏文化为一体并发展为楚文化，使先进文明的种子在全新却又极为肥沃的土地上开花结果，造就了一个可与华夏源地文化相对峙的楚文化，成为日后长江文化或南方文化的早期代表。这个地域文化可由龙凤崇拜、崇巫、屈原的《楚辞》、甘德的《甘石星经》、老庄哲学等为代表。

西周的地方统治是一种血缘加礼法的松散统治，使得各地方文化复合体有相对独立发展的机会；周室衰微，更使华夏诸国失去了向心之轴。在政治上，出现了春秋时期的大国争霸，同时兼并弱小的局面，到战国时期，就形成齐、楚、燕、韩、赵、魏、秦"七雄"。在政治强权的基础上，华夏诸国也各自发展了略有不同的文化体系。后世论地域文化之不同，常以齐鲁、燕赵、三秦、三晋、楚、吴越、巴蜀等分之，实际上就是在不同的地理单元基础上，在不同的经济特点和思想学术特点的前提下，由春秋战国时期的政局变动所促成的。因此说，中国地域文化的基本格局是在战国时期奠定的。

　　这一时期，由于华夏源地文明的扩散，使源地文化区之外的各种文化有了结合当地生存条件发展独特地域文化的可能，造就了夏商周三代以来第一次较高层次上的文化趋异。而经济发展到一定水平，文明发展到一定程度，就必然会发生一次文化趋异。但是，文化趋异与文化趋同本来就是对立统一的关系，往往趋异本身就预示着趋同。如果一个地域文化复合体壮大了，它就会强烈地向外辐射其文化，扩大其影响，周边的一些弱小的或与其文化相近的文化单元就会融入其中，而异域文化复合体的文化扩散也会与其产生碰撞。春秋战国时期文化交流的增多，就有文化趋同的因素。

　　由于黄河流域各地域文化存在较多的共同特质，文化交流比较频繁，因此秦汉时期，再次出现了大一统的局面。统治者为了维持统一局面，而在政治、经济、思想、文化等方面采取了一系列措施，使南北方的文化交流增多，文化认同过程开始。这个南北一体化的过程从秦汉时期开始，到魏晋南北朝时期的大动乱引起的突变而完成。自此，地域空间的整合与地域文化的融合同步完成，形成了汉文化和汉文化圈的中心区。

　　隋唐以后，虽然早期的华夏文化依然是文化轴心和文化渊源，但已不能意味着整个新民族复合体的文化。汉文化不再是比较单一的黄河源地文化，而是极其丰富多彩的多种亚文化的组合，这无疑又增强了对异域文化的扩散能力和吸引能力。因此在这一时期，来自四面八方的各少数民族文化先后加入到这个民族文化的大家庭中来，成为汉文化圈的后来者和重要组成部分。这种文化的频繁交流（以文成公主入藏为代表）使得北方、西北和西南的一些少数民族逐渐建立起了自己的、较高程度的文明，比如吐蕃、渤海、南诏、大理、辽、西夏、金等，它们与汉文化分异，从而再度出现文化趋异，在汉文化中心区的外缘，东北、西北、西南以少数民族文化为特征的地域文化成熟了起来。而在元、明、清三代，由于汉文化与少数民族文化的交流更为频繁，元、清两朝统治者的少数民族身份和其有关政策有助于文化的认同，因此再次出现了文化趋同的过程，北部和西部的民族文化亦逐渐成为汉文化圈内的亚文化或地域文化。

　　中国的地域文化之形成，经历了特定的道路，具有不同的特点。春秋战国时期的地域文化格局形成，基本上发生在东部汉族地域的内部，到隋唐以前，共同性渐增，差异性渐减。但在隋唐以后，以少数民族文化为主的新的地域文化又加入进来，起初是与汉文化频繁发生摩擦和冲突（这也是一种文化碰撞），甚至对立，后逐渐变成了汉文化圈内的组成部分，走上共同性渐增、差异性渐减的轨道。

不同的地域文化，都具有一定的地理基础，都产生在一定的、具有鲜明特点的自然环境之内。各地域文化的特点既受到不同环境条件的影响，而不同环境条件本身也是不同的地域文化的特点。

2. 中国各主要地域文化及其特征

中国各地域文化，以今天而论，可以分为东部汉族农耕文化和西部少数民族游牧文化两大部分。在这两大部分之内，又可细分出若干不同的地域文化。

首先是形成较早并一直发展下来的若干地域文化传统。

（1）齐鲁文化

齐鲁之地，古称"海岱"，是因为它以泰山和大海为地理标志。新石器时代，东夷在这里创造了北辛、大汶口和山东龙山等文化系列，成为齐鲁文化的源头。其所以称为"齐鲁文化"，主要是因为西周分封，齐、鲁均为大国，春秋时期齐国曾为"霸主"，而鲁国实力虽稍弱，但因它保留了周代制定的礼乐制度，使其在文化上代表了华夏文化传统的正宗。由于齐国地处沿海，有渔盐之利，工商业发达，以临淄为代表的城市经济非常繁荣，思想开放而自由，荟萃百家的"稷下学宫"在全国享有盛誉，使齐国实力较为强盛。到战国时期，鲁文化逐渐融入齐文化之中，鲁国的原始儒学在齐国多种思想的影响下，向新的形态转化。因此，鲁的农业、齐的工商业，加上孔子、孟子、管子、墨子、孙武、邹衍等一大批生于并主要活动于齐鲁大地的文化巨人，构成了齐鲁文化的鲜明个性[1]。

在以后的历史发展中，齐鲁文化一直具有文化的和政治的象征意义。自汉武帝"罢黜百家，独尊儒术"以来，孔子就被历代统治者尊为"至圣"，孟子则为"亚圣"，曲阜的"三孔"（孔府、孔庙、孔林）及邹县的孟庙为文人朝拜和皇帝尊崇之地。而东岳泰山的神圣性又吸引历代皇帝前去"封禅"，从而显示自己的正统地位。齐鲁之地的农业发达，又因濒临沿海和运河、黄河流经而商业城市比较繁荣，民间手工业如陶瓷、纺织、冶炼等也颇发达。由于文化传统比较悠久，由济南菜、胶东菜和孔府

---

① 邱文山等：《齐文化与先秦地域文化》，齐鲁书社2003年版，第46页。

菜构成的"鲁菜"闻名全国，是为中国四大菜系之一。一般说来，齐鲁文化具有粗犷古朴、豪爽热烈的特点，这从潍县年画造型夸张、色彩鲜艳的风格；从表现有力、高亢激昂的山东梆子、快书、大鼓等民间曲艺；从"烙饼卷大葱蘸酱"的民间饮食风格；从《水浒传》描写的梁山好汉等，都可以看出这样的文化特点。

（2）燕赵文化

燕赵之地，主要是指今天的河北和山西、陕西的中北部地区。周初封召公于燕，都城即在今天的北京琉璃河。赵国的前身是晋国，是武王之子唐叔虞的封地，公元前5世纪三家分晋，赵国出现，其后才有了"燕赵"之说。由于赵国是"三晋"的一部分，所以燕赵文化与三晋文化有所重叠。但由于燕赵处在当时的农牧分界线地区，带有相近的文化风格，而与占据中州之地的韩、魏文化有所区别，故从"三晋文化"中游离出来。燕赵地区气候相对干冷，农业以粟、豆类为主，畜牧业也占相当地位，赵的城市商业也比较发达，与三晋的情况类似。赵武灵王"胡服骑射"，说明燕赵文化与边外游牧文化的密切关系。后有"自古燕赵多慷慨悲歌之士"之说，经荆轲刺秦时"风萧萧兮易水寒"的验证，已成为燕赵文化的象征。

燕赵文化在后来的发展过程中，依然保留了这种文化特征。这一地区虽属汉族农业文化地区，但自十六国和北朝、辽、金、元、清等朝以来，一直处在胡汉交融的状态，不仅在血缘上相互混杂，而且文化上也有强烈的胡族风格；为了抵御外侵，也必须习拳练武，于是形成勇武好搏击的特点。在历史上，这里名将辈出，如廉颇、乐毅、张飞、赵云、赵匡胤、杨家将等，而且形成悠久的武术传统。河北吴桥为杂技之乡，其惊险灵巧的特点与武术的要求同出一脉。燕赵地区的戏曲、歌舞、音乐也都带有热烈、高亢、火爆的特点，同时加入了边外苍凉悲壮的风格。但是，自金开始，历代统治者在北京建都，都市文化的特点也在很大程度上影响了燕赵文化，文化特点具有一定的"正统性"，文化娱乐等方面受宫廷和北京市民文化影响较大。

（3）三秦文化

三秦之地，即今陕西地区，包括甘肃、宁夏的东南部。这里是黄土高原的腹地，以河西走廊与长城为北界，以秦岭、太白山为南界，既有黄河、渭河等流经的肥沃的关中平原，也有较贫瘠的荒漠丘陵。这里本是周族的发祥之地，后来秦人"开地千里，遂霸西戎"，农田水利日益发达，人口十分密集，成为自秦至唐的首都所在。秦人以法家思想治国，文化上具有鲜明的功利主义特点，加之其地理位置便于与北方和西域的文化交流，使其在农耕文化的基础上，具有包罗万象、兼容并蓄的特点，不仅留下了历史上各民族文化、各种宗教、各种艺术形式的痕迹，商业文化也很发达。由于文化中心逐渐向东南转移，这里的社会经济文化发展逐渐滞后，原有的文化开放性日益式微，同时也保留了较为传统的文化心态和文化特征，比如传统的窑洞居住形式，民间剪纸、窗花的质朴大方，秦腔的高亢激昂，都体现了这里的文化风格。

（4）三晋文化

由于前面提到的原因，三晋文化实际上就是"二晋文化"，除山西大部外，韩、魏二国还占有今河南的北部和中部，实际上可以说是"中原文化"的代称。三晋之地或中州之地，自古就是兵家必争之地，在这里发生过许多次著名战役，战国时为国家关系而四处游说的"纵横家"，"大抵皆三晋之人也"。战争的频繁干扰，自然使百姓深受其害。这里北接燕赵，南临江汉，西连三秦，东邻齐鲁，各种文化碰撞交流于此，使这里的文化呈现出一种共享性。黄河、汾河等灌溉了肥沃的土地，但也造成过严重的水患。在河南一侧，从周至唐，洛阳一直是统治者的"东都"。到宋之时，开封又成为首都和当时最繁华的城市，各种著名的寺庙和石窟建筑，显示着当年的辉煌。著名的洛阳牡丹花会也许正反映了一种"王者气概"或"富贵传统"的遗留。在山西一侧，保留了极古老的民间文化传统，可以从至今遗留在许多乡村中的寺庙戏台和一年四季农民的日常生活中，感受到身边就是历史。山西商人和票号更是驰名中外，还有出身本地的关羽被奉为"武财神"，商业的流动性和河南因水患、战乱和灾荒引起的人口流动一起，造成这里的人口频迁特点。特别是地处平原，四通八达，因此地域文化的特点不如其他地区明显。

（5）楚文化

楚文化的分布，包括今天两湖、安徽、江西的西北部和河南的南部，其中以两湖和安徽的部分地方为核心地区，淮河流域和鄱阳湖流域等作为其边缘地区。在上古的三苗文化基础上，华夏文化的主流汇合了当地蛮夷文化的支流，共同构成了楚文化。由于这里以丘陵和江湖为主要自然地理特征，加上民族文化源流丰富，使楚文化极具特色。这里既是"鱼米之乡"，又是冶铜、丝织、漆器、竹器等手工业十分发达之地，而且由于文化独特，使这些制品的色彩、形状等极具特色。马王堆帛画的构思、随县编钟上的图案、庄子散文和屈子诗歌的神奇浪漫、民间生活中的崇巫尚鬼习俗，都反映出文化上的一致性。

　　楚文化的特征一直保留到后世。传统的龙舟竞渡风俗反映了楚俗中勇武进取的性格，又借着纪念屈原而一直风行至今，传播于外。古老的丝织艺术以"湘绣"之名流传下来，成为中国"四大名绣"之一。那些浪漫主义的艺术风格还体现在当地的民歌和口传故事中，甚至湖南、湖北作家群的小说，比如沈从文的作品，就带有浓郁的乡风乡情。楚中心地区的文化极大地影响了淮河流域部分地区和江西部分地区的文化，这是因为当年楚国的统治区一直覆盖到这里。我们可以看到，江汉平原上极流行的说唱艺术三棒鼓、碟子曲与安徽的凤阳花鼓、湖南与江西的采茶戏、安徽与湖南的花鼓戏，都有类似的艺术形式和风格。

　　（6）吴越文化

　　吴越文化的上古源流几乎和黄河文化一样古老，又由于春秋时期吴国和越国的影响而传承下来。它以太湖为中心，包括今天江苏、浙江、上海地区，影响到安徽东部和江西的东北部。这里气候温和，土地肥沃，水网密布，雨量充沛，农业极为发达。经过长时期的历史发展，中国经济和文化重心逐渐从北方转移到这里。到明清时期，沿海的地理优势充分地显露出来，商业贸易迅速发展起来，城市极为繁荣，人口密集程度为全国之冠。因此便有了"东南财赋地，江浙人文薮"的美誉。这里自古纺织业极发达，"苏绣"为"四大名绣"之一，具有精美细腻的特点，而这里出产的瓷器有古"越瓷"的传统，与江西景德镇的瓷器一起，共同展示了中国瓷器均匀细腻的特点。以"吴侬软语"为特征的吴语，是汉语七大方言之一，构成独特的语言文化系统，强化了这里的地域文化特征。这里的山光水色之魅力，由"上有天堂，下有苏杭"一语道出。此区内的江南丝竹音乐、戏剧中的昆曲、说唱中的苏州评弹，以及名列"四大菜系"中的"苏菜"，均带有细腻、恬淡、婉转、雅致、清新的风格，与北方各地域文化形成鲜明的对比。

（7）巴蜀文化

巴蜀文化是当地少数民族与汉族共同创造的。这里以四川为中心，辐射到陕南、鄂西和云贵部分地区，由川东的巴文化和川西的蜀文化共同构成。由于这里与中原地区存在自然阻隔，故有"蜀道难，难于上青天"之叹，有助于强化地域色彩浓厚的文化传统。巴蜀地区在独特的地理单元内，发展起自己的独特文化。成都平原土地肥沃，有"天府之国"的美称，农业发达，丝织业也很著名，"蜀锦"也是"四大名绣"之一。由于这里古称益州，所以秦汉时就有"扬一益二"之说，富庶程度在全国名列前茅。巴蜀文化的风格以热烈、诙谐、高亢为特征。武王伐纣的时候，就是"巴人勇锐，歌舞以凌殷人"。后来川剧的高腔和著名的川江号子，都反映了高亢激越而又热烈活泼的特点，与讲究麻、辣、烫的川菜，对热烈鲜艳的芙蓉花的喜爱，有相同的文化特征。而三国时蜀国的建立和以后历代统治者（比如安史之乱时的唐玄宗、五代时的孟昶、明末的张献忠、抗战期间的民国政府）偏安此地，赋予这里较强的地方历史意识，也强化了这里的地域性传统。

（8）其他地域文化

除了自古形成的这些地域文化之外，还有稍晚形成的一些地域文化。

从较宽泛的意义上说，岭南文化包括广东、海南、福建和广西的一部分地区性文化（台湾、港澳地区文化基本上属于这一地区的移民文化）。这里本是古南越族聚居之地，至秦汉时期才进入中原王朝的版图，文化联系仍不十分密切；而两晋之际"永嘉南渡"，大批汉族人携家迁居广东、福建，对这里的开发和繁荣起了重大作用。唐宋时期海外贸易的发展，促进了这里的经济进步，但与此同时，使这里开始带有浓厚的域外色彩。明清以来的发展，更使这里成为中外文化交汇的首要地区，这种色彩就变得更加浓厚。闽粤地区地少山多，农业发展受到局限，但商业贸易和沿海捕捞业发达，饮食方面受此影响，体现出种类、形式丰富多样的特征。由于距历代统治中心较远，家族组织和地域性宗教组织比较发达，并以之作为维系基层社会运转的组织形式。闽语、粤语、客家话构成汉语七大方言系统中的三种，在此基础上形成的广东音乐、粤剧、潮汕戏、莆田戏等，与其他地域文化相比，都有不同的文化系统。而近代以来的西学东渐，使这里形成了华洋混合的新文化风格。

东北地区，由于长期处在少数民族文化影响下，同时汉族在此活动的时间较晚，所以作为汉族文化系统内的地域文化形成更晚。东北文化在辽、金、元、清时期具有浓厚的游猎文化特色，但在不断与汉族文化融合过程中，在辽东地区形成了农耕文化与游猎文化交融的特征。从清中叶开始，特别是晚清时期，大量汉族人口从河北、山东等地迁到这里，使这里得到大面积的开发，与本地文化传统结合起来，形成了有特色的地域文化。后人常用某些俗语来概括东北文化的特点，比如"东三省，三宗宝：人参、貂皮、乌拉草"，揭示了这里有特色的山林物产和经济活动特点。再比如"关东城，三宗怪：窗户纸糊在外，养活孩子吊起来，两口子睡觉头朝外"（也有说"姑娘叼着大烟袋"的），这都是因东北天气寒冷而形成的习俗。东北的民间信仰除与北方汉族地区相同的以外，还有崇拜"山神老把头"的，传说故事中则有"人参娃娃"的主题，这也是与特定环境密切联系的。至于流传至今的民间文艺形式"二人转"、冰雪艺术作品等等，均为特定环境的产物。

以上东部汉族文化区内部的各个地域文化，加上北方和西北的游牧文化和西南地区的多民族文化，共同构成了中国文化的整体。上面着重介绍了汉文化圈各地域文化的不同特征和风格，实际上，由于它们共处于同一个文化圈之内，文化上的共同性也是很多的，甚至在许多地区，共同性要大于文化上的差异性；不同的地域文化被包容在同一个文化结构之中，是后者的组成部分。

3. 中国地域文化的未来走向

地域文化的形成，是以自然因素和人为（文化）因素造成的地域阻隔为基础的，自然因素是地域文化形成之初的最基本因素，当地域文化开始形成之后，文化因素的作用就变得突出起来，以致在自然阻隔被打破之后，成为维系和强化地域文化的主要因素。

人类对自然界认识能力和改造能力的提高，是消除自然阻隔的根本动因。古代，人们可以利用桥梁、舟楫来渡过江河；开辟道路以进行更长途的旅行。中国文化从华夏源地向南方扩散，黄河、淮河和长江不再是完全不可逾越的天堑，整个南北方农耕文化形成了一个整体，无论是吴越文化还是楚文化，或巴蜀文化，都不过与燕赵、三秦、齐鲁等文化一样，是下面的地域文化或亚文化。各地域之间的文化可以跨越自然障碍进行交流。

在此基础上，不同地域文化间就增强了相互理解，在不同地区、不同文化中创造出来的物质财富和精神财富就可以在不同程度上得到共享，而这一共享的结果就使人们越来越多地具有共同的文化特征。屈原的楚辞不再只是楚文化独占的文学形式，其营养为各地的文学家所吸收，为后世各地的文学家所继承；沿海的鱼盐、江南的丝绸和北地的牛羊也不再为本地所独享，而是通过商业往来为各地人民熟悉和享用。

北方和西北的游牧文化具有更明显的自然因素的保护，在自然因素的基础上形成的不同经济类型，民族和宗教的因素又是强化这种阻隔的因素。自先秦时期始，北方游牧民族不断地"南下牧马"，汉族统治者则不断地修筑长城，防止前者的南下，以致在相当长的历史时期里，中原地区与北方和西北地区的地域阻隔一直存在。游牧民族的不断南下本身就说明了自然阻隔已经可以被突破，同时，在民间的文化往来、政权之间的"茶马贸易"和较为开明的民族和边疆政策的前提下，文化阻隔也逐渐瓦解。清王朝以笼络和"和亲政策"取代修筑长城，各民族文化的交流和文化的认同，使长城已彻底失去了文化屏障的作用。在民国时期"五族共和"思想的指导下，特别是从1949年中华人民共和国成立以来，全国进一步纳入统一的行政管理体制之中，长期统一的社会制度、意识形态、语言文字体系、教育制度等，逐渐可以深刻影响人们的行为方式，促进了文化的一体性，西藏、凉山的农奴制不存在了，云南少数地区的原始状态被打破了。移民数量的增加和次数的频繁、民族间的通婚，都使民族间地域隔绝的状态被进一步打破。

在新的时代，公路、铁路、海上和空中航线的不断开辟，逐渐形成密集的网络，新型交通工具的大量使用，电话、电报、传真、电子邮件、卫星以及广播、电视、报纸等新闻媒介的广泛应用，使不同地域的人们超越地理障碍而进行更深层次和范围更广的文化交流，内地的人们不再会对藏族同胞的宗教习俗、蒙古族同胞的那达慕大会、西双版纳的泼水节感到惊奇，边疆地区人民也不再会对内地的饮食服饰、高楼大厦感到惊讶；北方人可以对川、粤、苏等地的菜肴欣赏不已，南方人也愿意品尝北方宫廷御膳和民间小吃。在不同地区创造的文化产品不再会被认为是"异域"的，而都会被理所当然地认为是中国的"国货"。这一切都表明，以往由自然环境、民族、政治制度、风俗习惯、生产方式等构成的地域阻隔被打破了，原有的空间格局被改变了。

但这并不是说，按照这样的趋势，汉文化圈内部的各种文化差异，包括地域文化差异，都要消失得一干二净。这一方面是因为，在客观上，存在了数千年之久的文化差异绝不会在短时期内荡然无存。各地域文化的创造者和传承者总是在原有文化的基础上，在与历史发展总趋势并不违背，与他文化并不发生冲突的基础上，继续发扬和光大自己的文化，也只有这样，才能保证中华文化整体的丰富性和长期延续性。另一方面则是因为，在主观上，人们所希望的文化趋同，是一种高层次的趋同，以追求物质文明和精神文明的现代化为目标的趋同，只是消除因民族对抗和仇视引起的差异，消除因地域的阻隔甚至封闭引起的差异。消除一切不利于各自发展和进步的差异，而并非要将好的或无所谓好坏的民族文化特色或地方文化特色消灭殆尽。必须指出，文化交流和文化扩散的结果绝不是文化的单一化，而是由于各自文化选择机制上的"择善而从"性所造成的、不同层次上的同异统一体。

中国各地域文化的未来走向是如此，世界范围内各地域文化的未来走向也是如此。

第三节　陇右文化

陇右是中原的西屏障和丝绸之路的东大门，关键的地理位置使陇右在历史上广为人知。陇右虽然扼守重要位置，但一向被视为过渡地带，它自己的文化变化，它对中国文化和东西文化交流应有的重要贡献，向来鲜有人提及。

陇右地貌多变，加上东西相接、南北夹处的区位，自古至今，都是民族众多、经济形态复杂、文化缤纷的地域。东部的"陇右"地区，与中原的心脏——关中，同属黄土高原地区。关、陇唇齿相依，自远古时已同属于仰韶文化。基于以上原因，著名学者陈寅恪提出后来有所谓关陇集团，在文化及人才上是一个紧密结合体，也就不难理解。陇对于关，实起了屏障、辅翼，甚至促进的作用。陇右西部的"河西走廊"夹处蒙古高原及青藏高原之间，海运兴起以前，几乎是中原通向世界其他重大文明的唯一通路。东西文化交流的影响已是人所共知。然而河陇不止是过道，它还有融合、加工、变化的角色。以石窟艺术为例，呈带状绵延的石窟即明显可见东西碰撞和消化的痕迹。

消化东西文化的工作，早在新石器时代已在进行，而少数民族贡献很大。西夏王国的兴起，融合汉、藏及西域文化的宏力，只是这漫长的多民族竞争历史中最雄伟的一段。多元民族、文化的互补和争辉，正是千百年来陇右文化的主调。

一　陇右文化的起源

人类是文化的创造者，也是文化的负荷者，陇右文化初创者是当地的原始人类。据考古资料揭示，早在旧石器时代中晚期，陇右地区就有了原始人类活动的足迹。距今20万年前的镇原县姜家湾和寺沟口遗址以及距今3.8万年前的"武山人"遗址的发现，标志着陇右地区远古文化开始起源。

进入新石器时代，在天水地区发现的大地湾、西山坪和师赵村新石器时代早期文化遗址及其文明成就，翻开了陇右远古文化的第一页。上述遗址的早期文化层都是距今七八千年的文化遗址，其中，大地湾遗址有五个文化层，西山坪遗址有两个文化层，师赵村遗址则有七期文化。从考古学角度分析，大地湾和西山坪一期文化面貌基本相同，大致与中原裴李岗文化年代相当，但都是在陇右地区独立发展起来的新石器时代文化，故被命名为"大地湾文化"。接着，当地古文化发展的线索与序列大致为相当于中原北首岭文化的西山坪二期和师赵村一期文化→与中原仰韶文化同期的大地湾和师赵村二至四期文化→与中原龙山元代晚期相当的师赵村六至七期文化则形成齐家文化。

在文化的演进发展中，陇右先民取得了彩陶制作与原始艺术文明、居室革命与原始建筑文明、原始农牧业兴起和以青铜铸造与纺织技术为代表的物质文明，中国文学的胚胎→刻划符号等文明成就。这表明陇右地区是中华文明的多源中心之一，其文化以农业文明为主体，也包括畜牧文化的成分。

齐家文化之后，大约在夏商之际，陇右地区继续进入青铜时代，其代表为分布于陇右西部的辛店文化和整个陇右地区的寺洼文化。两种文化虽都是农业文明的因素，但主要以半游动性质的畜牧文化为主，其主人就是见于先秦文献的西戎、氐、羌等民族。据研究，大约在距今 4 000 年前后，由于受寒冷气候的影响，导致齐家文化及其定居农业的解体，从而出现了以辛店、寺洼文化为代表的游牧文化形态。与此同时，陇东地区周人的崛起，夏商之际秦人西迁天水，陇右地区又成为周秦文化的发源地。周文化以农业见长，秦文化则农牧并举。自西周至春秋战国以来，陇右地区在秦人的长期经营下，最终形成了与当地自然条件相适应的以半农半牧为特征的文化，这标志着陇右地域文化经过独立起源到仰韶时代前期与中原文化的汇流，再到仰韶晚期开始本土化和由农业文化转向游牧文化的复杂而漫长的演化之后，终于趋于定型，并延续发展至北宋才逐渐被以单一农业为主的文化形态所代替①。

二　陇右文化的内涵

地域文化概念中的"陇右"一词，具有广、狭二义；广、狭二义下的"陇右"概念，正好体现了地域与地区二词在文化视野中的差异。狭义的"陇右"，实为甘肃的代名词，如果从文化圈或文化带的历史形成与分布来看，实际上不足以构成一种具有独立文化特征与自足文化品格的地域文化。严格意义上的陇右文化圈，当指广义的"陇右"。广义的"陇右"，是一个比较宽泛的地域概念，主要指陇山以西、黄河以东之地，大致上包括今甘肃省全境、宁夏回族自治区、青海省的部分地区和新疆维吾尔自治区东部一带。唐朝时，曾设陇右道，为全国十道之一，辖境即今陇山以西至新疆东部一带地区。就地理范围而言，"关陇"所包括的地域比"陇右"小，而"河陇"所包括的地域则与"陇右"略等②；就文化圈所处位置而言，陇右文化圈正好处在西域文化圈与三秦文化圈的交界地带。因此，"陇右"尽管是一个具备了约定俗成和人为界定双重性质的历史地域，是一个较为精确的历史地理范围，但作为一种地域文化或地域文化的代名词而言，其内涵则要宽泛、丰厚得多，其文化特征也极为复杂。

陇右文化属于地域文化范畴，所谓陇右文化，就是指在这一地域内孕育产生和发展演变的各种文化现象。陇右文化既是中华文化的重要组成部

---

① 邓慧君：《论陇右文化的源与流》，《天水师范学院学报》2008 年第 6 期。
② 马文治：《河陇文化》，上海远东出版社 2006 年版，第 29 页。

分，又具有鲜明的不同于其他地域文化的独特风格和个性。研究陇右文化，就是以陇右地域内富有特色的各种文化现象为对象，以揭示其丰富内涵和演进历程，探讨其演变规律、地域特点、空间分布格局、变迁动因和人地关系调适状况为主要内容。

陇右地区位处黄土高原西部地区，界于青藏、内蒙、黄土三大高原接合部，自然条件独特；历史上无论是政区划分、民族分布、人口构成还是经济形态、民风民俗，均有较多联系和相似之处，是一个相对完整的自然、人文地域单元。这一地域既是历史上中西文化与商贸交流的通道——丝绸之路的必经之地，又是历代中原王朝经营西域、统御西北边防的前沿地带。在这块神奇的土地上孕育并由当地各族人民创造、传承的陇右文化，就其渊源之久远、成分之复杂、内涵之丰富、特色之鲜明和作用之独特、地位之重要而言，它完全是同其他地域文化齐名的一典型地域文化。

三　陇右文化特征

作为历史概念中的陇右文化，它所体现的丰厚文化内涵，正是在陇右独有的自然环境、特有的社会结构和陇右人的社会实践与意识活动中长期孕育、衍变的结果。这种具体体现着陇右居民文化心态的价值观念、思维方式、审美情趣、行为准则等，一方面具有强烈的历史性、遗传性，另一方面又具有鲜活的现实性、变异性。由于受典型的高原地貌、风寒干燥的气候条件、短缺的地表径流和相对贫乏的生产生活资料等组成的特殊生态环境的影响，陇右古代居民强烈的生理需求与难以满足其需求的外部世界之间产生了明显的反差，从而形成陇右先民固有的自强精神和突出的自我意识。驾驭并征服这种不利的生态环境是陇右居民内在气质的核心，从而形成了特有的精神：充满生气活力，不拘一格，刚毅豪放。与此同时，农耕文化的影响在陇右文化中也体现得很充分，循规蹈矩、保守念旧、容易满足。可见，受独特自然环境影响的陇右文化，是封闭与开放的双重变奏。

陇右大地作为黄河流域华夏文明的发源地之一，在人类开始迈入文明门槛的时候，地域文化就以其鲜明的风格和较高的水准而兴起。在华夏文化发展为汉文化并形成汉文化圈的漫长历史进程中，陇右文化始终伴随着汉文化的扩散吸引而趋同；又因人口流动，民族迁移，统一与分裂的波动而趋异。陇右文化依赖地域之便，东与三秦文化唇齿相依，使汉文化得以流传发展，加快了陇右文明的进程；陇右地处中西交通的要道，西与属于沙漠、草原类型的西域文化毗邻，少数民族文化、外来文化正是在这里得以与汉文化碰撞、交流、融合。可见，陇右作为黄河上游一个相对独立的地域，是中原与周边政治、经济、文化力量伸缩进退、相互消长的中间地带。因而成为中原文化与周边文化，域内文明与域外文明双向交流扩散，荟萃传播的桥梁。

陇右文化作为一种独具特色的地域文化，与西域文化相比较，它具有更多的汉文化特征；与三秦文化进行比较，它又更多地含有少数民族文化的成分。陇右文化是从三秦文化到西域文化乃至整个西北文化带的中间环节，它联系着两种文化，又自成体系。一旦具备适宜文化发展的条件，各种形式的文化都有可能在这里发芽。这种文化优势，既促进了陇右文化的发展，又为三秦文化和西域文化源源不断地注入新鲜血液。所以，陇右文化又带着复杂的民族色彩和过渡性特征。多元融合的陇右文化是中华传统文化的一个典型缩影。

四　陇右文化的学科体系

进入文明历史时期，陇右基本上是一个多民族聚居区。伴随着历史的脚步，陇右地区也加紧了民族融合的步伐，丝绸之路的开通更使陇右成为华夏文化与西域文化扩散、交流与融合的交接点。可见，陇右文化的大发展一方面是民族融合的必然结果，另一方面又是在地域和民族的构成中，在中西文化交流中不断汲取营养的结果。明清时期，中国汉文化圈在长期扩疆拓土和域内空间分异缩小的过程中趋于定型，作为中国地域文化的一个类型的陇右文化在保持自己特色的同时，则更多地表现出文化的趋同性。民族融合与文化交流首先促成了陇右文化的渗透性与包容性特征。在这里每个民族都以其宽大的胸怀和开放的姿态进行情感与文化上的交流与认同。各民族在这块土地上的交往起初是在浅层互动系统，进而由组织联系进入社会系统，扩展为一种深层的文化心理联系，这既表达了不同民族的不同需要，又体现了共同需要和共同利益。民族间的交往与渗透，有时是和平的，有时却异常艰辛，有时甚至是民族大迁徙与民族消亡的不幸。陇右地区的民族交往史证明：不同地区的文化模式、价值观念、宗教信仰等的相互交流与影响，形成了相互的认同和理解，与此同时，通过民族间的交往凝结成的不同民族具有的共同国家意识和对祖国的情感，又维系着历史上国家与外域的关系，维系着逐渐发展起来的内地与边疆的联系，维系着国家的统一。不难理解，所谓渗透是指陇右地区文化、精神间的渗透；所谓包容则是指陇右文化在民族融合过程中所表现出的海纳百川般的气度，以及它对各种文化的吸收与接纳。其次，陇右文化特征还在于其创造性与延续性。陇右人民是富于创造活力的人民，在盛传于陇右大地的伏羲与西王母的神话传说中，已散发着勃勃的创造生机；近代以来在陇右大地不断发掘出的大量石器时代遗址中的劳动工具、房屋、墓葬等文化遗存，均是陇右先民创造精神的体现；而那些绚丽夺目的彩陶艺术、石窟艺术，则更是陇右文化充满创造活力的象征。正是这种创造精神，才使陇右文化代代相传，绵延不绝，也才使陇右文化独具特色。所谓陇右文化的延续性，也正是在这种创造精神的基础上体现出来的。陇右民族中，羌、氐、戎，甚至党项均在历史的进程中发生了巨变，但其文化性格与品质却至今仍记录在我国的典籍中，其风俗习惯至今还渗透、保存在陇右民风中。

一般而言，广义的文化既包括物质文化，也包括精神文化；而狭义的文化仅指精神文化。对文化的内涵更为科学的理解应包括物质文化、制度文化和精神文化三个方面。对悠久而丰富的陇右历史文化的研究，只有从广义的角度和多层面、综合性入手，才能更全面、更系统、更科学、更准确地揭示其基本面貌、丰富内涵和鲜明的地域特色。基于以上考虑，陇右文化的学科体系主要包括：

1. 陇右文化基础理论与综合研究

（1）陇右文化学科建设与理论阐释；（2）陇右文化与周边地域文化比较研究，陇右文化与中华文化的关系探讨；（3）陇右文化开发与当代文化建设问题；（4）陇右文化资料与文献的调查、整理、保护和开发研究。

2. 陇右文化发展演化的地域因素与环境氛围研究

（1）影响陇右文化发展的地理环境（包括气候、地貌、水文、土壤、生物、生态环境等因素）研究；（2）影响陇右文化发展的人文因素（包括政治、经济、民族、军事、交通、教育等因素）研究。

3. 陇右文化生成、演化、发展进程及其规律研究

（1）陇右文化的渊源与形成；（2）陇右文化的发展与演变；（3）陇右文化的融通与创新；（4）陇右文化各要素成因研究：如学术、宗教、信仰、艺术（美术、音乐）、方言、民歌、文学、民俗（婚俗、丧葬风俗、衣、食、住、行等）、行旅与交通等；（5）陇右典型文化个案研究。

4. 陇右文化的形态特征与地域特征研究

（1）陇右文化的基本特点；（2）陇右文化的内在结构与形态特征；（3）陇右文化的空间演替；（4）陇右文化的空间格局与分异规律；（5）陇右文化的时空组合与互动关系；（6）陇右文化的生态剖面与典型景观复原研究。

上述诸方面从基础理论、文化发展与演变、文化演进分布之地理基础、文化形成与地域特征及其互动关系等不同层面和角度探讨陇右文化，构成了一个系统而立体多维的完整体系。它文史相融、史地结合、文理交叉、多学科渗透，涉及文化学、历史学、地理学、民族学、文学、艺术、旅游、宗教、民俗等多学科与方向，是一门基础与实用性相统一，综合性很强的新型学科。

第 三 章

丝路文化

　　一条古老的路，穿越了地球上最大的陆地，它不仅仅在传递丝绸、瓷器、香料、玉石、皮毛与珠宝，它还将不同种族、民族的欢乐与忧伤串连在一起，一路传唱。

　　这千百年来回响在商队古道上经过的特殊旋律，常伴着旅人商贾展开了一幅幅多姿多彩、震撼人心的沙漠生活图景。也许你已经从种种传说和典故或民歌中听说了它，并且对它向往已久，然而如果不亲临这里，你将很难体会丝路文化的厚重与博大，更难体会古代的僧侣、商贾穿越这孤岛究竟经过了多少生之诱惑与死之威胁！

　　古道西风，驼铃频响，漫漫的丝绸之路将中国和阿拉伯世界连接起来。多少次危险之旅，中国人步履维艰送去了中国文化的精华，内心充满走进神秘阿拉伯的激动与幸福。多少个沙漠之夜，阿拉伯人仰望星空，讲述着比一千零一夜还多的故事，其中不乏对中国文化的憧憬与梦想。在这种文化交流的大潮里，中国和中国人民的形象就像丝路花雨，润物细无声地浸润着阿拉伯文学的沃土。

第一节　丝路文化

一　丝路、丝路文化及丝路文化旅游

1. 丝绸之路

　　在占世界陆地总面积三分之一的欧亚大陆上，古代曾经有数条以美丽的丝绸命名的交通要道，它们跨越万水千山，在沟通中外文化交流的过程中，起到了特殊的作用。一般认为，丝绸之路大致可以分为：第一，草原丝绸之路，指横贯欧亚大陆北方草原地带的交通道路。第二，绿洲丝绸之路（也有人称为沙漠丝绸之路），指从酒泉经过中亚沙漠地带中片片绿洲

的道路。第三，西南丝绸之路（古代称蜀身毒（印度）道），指经四川、贵州、云南、西藏、广西而到印度、东南亚的通道。这条路线成为后来我国与东南亚、南亚、西亚乃至西方进行交流的重要通道。第四，海上丝绸之路，指经过东南亚、印度，到达波斯湾、红海的南海航线。第五，东北亚丝绸之路，指从北京出发至中国东北最后到达今朝鲜、日本的丝绸之路。在上述五条道路中，最著名的当推汉武帝时张骞出长安沿酒泉入新疆出西域后到达中亚的绿洲丝绸之路。

本文所指即是绿洲丝绸之路，指中国的丝织品从汉朝经康居、安息、叙利亚到达地中海沿岸各国的一条通路。两千多年前，中外商人骑在骆驼背上由古都西安出发，将丝绸运往波斯、罗马等国，踏出一条贯穿东西方的通道。后来德国地理学家李希霍芬在 1877 年给这条以运送丝绸为主的商路，起了个美名，叫"丝绸之路"，从此，这条路在世人心目中，是商业之路、文化之路、友谊之路，是世上最壮丽、文化内涵最深厚的游览之路。在中国境内丝路由西安的世界第八大奇迹秦兵马俑引路，经宁夏、青海，到甘肃，后到充满维吾尔族风情的新疆出境。丝路在中国境内共有 4 000 公里，沿途居住 40 多个不同民族，走过此路，会加深对中国西北走廊民族风情的了解，并游览丰富多彩的旅游景观。古丝绸之路的起点习惯的说法是西安，也有专家学者考证的结论是洛阳，经咸阳、宝鸡到达甘肃省境内，最后在新疆延伸至波斯、大食、欧洲……"丝路"是中国古时先后一千多年与西方交流的主要干线，是亚欧两洲往来联络的大动脉，曾经直接影响和维系着东西方经济、文化与技术的发展与进步。自西汉张骞于两千一百多年前两次出使西域后，这条历史古道便逐渐形成。经这条洲际大道，中国的丝绸、瓷器、铁器、蚕丝、茶叶、冶铁术、金银器制作技术以及其他工艺品，通过波斯、大食等国源源不断传到西亚及欧洲国家。不少西方国家的商品和技术以及文化，通过"丝路"，又传入东方的中国。它把地球上最大的一块大陆联系在一起，极大地促进了文明的交流与发展。

2. 丝路文化

丝绸之路借以特殊的地缘优势，开始于东西两端的游牧民族为媒介的商品交换。长期以来，丝绸之路成为东西和平往来的友谊之路、经济贸易的桥梁和文化联系的纽带，是一条具有历史意义的世界通道。丝路文化遗存是人类宝贵的文化财富，"丝路文化"是一个非常广泛的概念，早在西汉张骞开通丝绸之路前，作为东西文化交流的通道，"彩陶之路"、"青铜之路"、"皮毛之路"和"玉石之路"已经存在，形成了丝绸之路的雏形。因此，"丝路文化"在时间上可追溯至八千年前。在空间上横跨亚、欧、非三大洲，在内涵上则包括从历史上传承下来的各种文化形态，其本质内容主要是在丝绸古道上诞生传播，并至今仍影响着亿万人思想的佛教、基督教和伊斯兰教与各国各民族文化的融合。中国境内的丝路文化，主要可以分为几大类别：新石器时代文化古遗物；古城遗址；石刻墓葬；石窟艺术；塔碑楼阁；寺庙建筑；长城关隘；雕塑壁画；民族风情；民俗文化；人物事件；文学艺术作品。

丝绸之路是东西方商业贸易的通道，也是东西方文化交流之路。丝路文化的诞生和发展是伴随着往来于丝绸之路的中国和西方各国的使节、僧侣、学者、商贾、文人、旅行者等的学习、交流、交易、旅行等活动产生和发展的。可以说，没有旅行就不会有丝路文化；同时，丝路文化的发展又推动着旅行活动的进行。因此，丝路文化和旅行活动是相伴而生的，旅行与丝路文化有着天生的联系。博大精深的丝路文化是集各种文化于一体的文化形态，既有官文化又有商文化，既有雅文化又有俗文化，各种地域文化、宗教文化、民族文化在这里得到了认同，既有东西文化的交流，又有南北文化的交叉融合。正是丝路文化的这种博大精深而又兼容并蓄的特点，对游客极具吸引力。

3. 丝路文化旅游

丝路文化产生于丝绸之路，丝绸之路的沿途是世界主要文化的发祥地，埃及文明、美索不达米亚文明、印度文明、中国文明等都分布在这条道路上。犹太教、基督教、佛教、伊斯兰教等，都是诞生和发展在这条主动脉上。同时，这是一条"文化——商业道路"，既是东西方商业贸易路线，又是一条东西方文化交流的主要路线。其文明的交流，以东西方为主，兼有南北方的融合。在丝绸之路上，除了往来的骆驼、骡马商队外，还不时地活跃着许多的官吏、僧侣和旅行者。如此复杂形式和内容的广泛交流，就意味着丝绸之路不仅仅是商业贸易的道路，更重要的在于它是文化的桥梁，是吸收和融合各种文化的熔炉。以敦煌学为标志的丝路文化，正是在这样的历史环境中诞生的。在文化大融合的背景下，在时间上的延伸和空间上的拓展，就形成了丝路文化。丝路文化是集世界四大文明之精华，融佛、儒、道之灵魂的世界文明奇迹。其内容涉及壁画、音乐、舞蹈、建筑、雕塑、医学、民族、宗教、政治、经济、军事等方面①。

旅游资源：在现实条件下，能够吸引人们产生旅游动机并进行旅游活动的各种因素的综合。凡是自然力和人类社会造成的，有可能被用来规划、开发成旅游消费对象的物质或精神的诸多因素，多可视作旅游资源。凡是具有吸引力的自然、社会景象和因素，统称为旅游资源。

旅游产品：从旅游者角度看是自己花费了一定的时间、费用和精力所换取的一次旅游经历。从经营者的角度看，是指为了满足旅游者审美和愉悦的需要，而在一定地域上被生产或开发出来以供销售的物象和劳务的综合。

结合丝路文化与旅游资源和旅游产品的概念可以得到下面的定义：从旅游资源和旅游者的角度，丝路文化旅游指旅游者被博大精深的丝路文化所吸引，以观赏、了解、体验丝路文化为目的的旅游活动的各种现象和过程。从旅游产品和旅游目的地的角度，丝路文化旅游指旅游经营者凭借丝路文化旅游资源，用个性化的服务、完善的设施使旅游者体验和感受丝路文化所包含的意境的各种具体的旅游服务和效用。

二　国内外丝路文化及旅游研究进展

1. 丝绸之路的研究

对丝绸之路的研究大致经历了三个阶段。第一阶段，基本上是伴随着丝路的开辟进行的，主要从实用的目的出发的零星的、分散的研究，进行的是资料的搜集、整理和积累工作。第二阶段的研究是从丝路的全线开通、丝绸之路的名称提出以后开始的，学者们把研究的目光转向丝路文化的研究上。第三阶段，20 世纪初，对丝绸之路的研究形成了一门独立的学科——丝绸之路学，丝绸之路学作为一门独立的学科所具有的性质、功能和特征被充分地揭示出来。丝绸之路学的研究包括四个方面的内涵：一是不仅局限于绿洲丝绸之路还包括草原丝绸之路、海上丝绸之路以及西南

---

① 国家图书馆善本部敦煌吐鲁番学资料研究中心：《敦煌与丝路文化学术讲座》，北京图书馆出版社 2005 年版，第 73 页。

丝绸之路等。二是在丝绸之路上进行的东方与西方经济文化交流，北方与南方、游牧文明与农耕文明交流与融合。三是交流的枢纽。"相关的人物事件、绿洲城镇、自然景观等为其对象"，既有人类适应环境、利用环境的成果与经验，也有改造环境、改变环境的成就与教训：既包括古代的历史的成绩，也包括近代和现代的情况。四是作为丝绸之路学来说，它不仅仅局限于某一或某些具体学科的研究，而是在那些有关学科研究基础上主要进行综合性的研究，加以综合与归纳，从整体上去把握，从宏观上去研究也就成为丝绸之路学的重要特点。

丝绸之路学研究的内容可以归纳为八个方面：丝绸之路史的研究；丝绸之路地理交通研究；丝绸之路考古文化研究；丝绸之路民族研究；丝绸之路宗教研究；丝绸之路文化艺术研究；丝绸之路旅游文化研究；丝绸之路现代经济开发研究。

研究方法：考察调查的方法和比较分析的方法是普遍运用而且最为实用和有效的。当然对不同的研究领域采用的研究方法各有差异，即有自己学科特有的方法。例如：在研究丝路考古文化时，既可采用考古学上的地层层位法和器物标型的方法，以探明文化发展先后顺序及其演变；也可采用现代手段利用碳 14 测定法、热释光测定法等，以确定遗迹遗物的年代。

2. 丝路文化的研究

研究丝路文化交流时断时续、几度兴衰的状况，就不能不牵涉到丝路沿途各国、各政权的政治、经济、军事、外交、民族、宗教、民俗等各个方面的具体状态。丝绸之路是国际性友谊之路，而"文化"又是一个多侧面、多内涵、多层面的概念，它的传播、交流无不受到丝路沿线诸国政治、经济的制约。丝路文化学概念的提出只有百余年的历史，目前仍处在形成和发展的阶段，但它已经是包容广大的学科，有了好多个分支。其中与丝路文化相关的有地域文化学（如敦煌学）、民族文化学（如藏学）、历史文化学（如中国古代文化）、行业文化学（如商业文化）等等。丝路文化可以视为地域性历史文化学，不过它不是一般的地域性历史文化学，而是一种特定的地域历史文化学。丝路文化是由诸多分支学科组成的集合体。它的不同分支学科分别同考古学、历史学、地理学、民族学、宗教学、文学、艺术、语言学、旅游学、经济学以及自然科学和技术科学具有同一性和重合性，存在着重合和交叉；另一方面，丝路文化内部某些分支学科之间也存在着关联和交叉。例如：丝路考古学与丝路历史学及丝路地理学，丝路民族学与丝路宗教学，丝路文学、语言学与丝路民族学，丝路旅游学与丝路地理学、历史学，丝路艺术学与丝路民族学、宗教学，丝路科学技术与丝路历史学等等。由上可见，丝路文化同其他学科以及丝绸之路学内部各分支学科之间往往存在着重合、交叉和关联。

3. 丝路旅游及其研究

丝绸之路沿线从古至今留给人们许许多多的人文景点。在丝路景点中有绿洲城镇、草原毡房，有世界上至今保存最好的城市废墟，有世界上最长的人工井渠，有深居戈壁沙漠、神秘莫测的古遗址，有灿烂辉煌的石窟艺术和寺庙建筑，也有可供追溯先民们创造人类文明的许许多多的古遗迹和古遗址，还有今人开发、利用、创造的辉煌艺术成就，曾经在这条道上留下足迹的官吏、使节、僧侣、传教士、文人骚客的故事和他们的诗词、歌赋、传记，以及在这里发生的事件，这些都是我们发展丝路文化旅游的最佳资源。

国外对丝路文化旅游的研究早在 20 世纪 50 年代就开始了。1991 年以来，在世界旅游组织的支持下，中亚五国共同合作提出了丝路复兴的计划，文化、贸易和旅游得到发展。1993 年在印度尼西亚召开的世界旅游组织会议上，提出了一项旨在促进丝路旅游业发展计划。1996 年在西安的第一届旅游论坛上建立了实质的丝路旅游协作方式。1997 年在日本奈良的第二届丝路论坛上，对丝路旅游资源的分布和划分形成了基础。1998 年在东京、Tbilisi 举行的国际丝路旅游会议上，对丝路旅游产品、人力资源、旅游设施、旅游市场、景区管理、国际合作等方面形成了比较完善的开发和管理模式。来自不同国家和地区的学者和专家参加了这几次会议，就丝路旅游中存在的问题，进行了探讨和分析，并提出了解决方法和对策。主要研究内容为丝路旅游资源的开发、丝路沿线国家旅游部门的合作、丝路旅游的地区联合发展、文化旅游的开发和保护、文物的管理和有效利用等。克罗地亚、乌兹别克斯坦等东欧、中亚国家在丝路文化旅游的研究方面做了很多卓有成效的工作。

国内对丝绸之路的旅游研究较多，但丝路文化旅游研究仍处于初级阶段。丝路旅游进行研究的主要是丝路观光（集中在对丝路古文化遗存的研究，丝路旅游资源的开发，丝路旅游带的建设研究，丝路体育文化事业研究），对丝路文化旅游的深层次探讨有待进一步加强。

三 丝路文化旅游开发

丝绸之路是一条历经了两千多年沧桑而漫长的通商及文化交流之路。这是一条具有历史意义的国际通道，正是这条古道把古老的中国文化、印度文化、波斯文化、阿拉伯文化和古希腊、古罗马文化连接起来，促进了东西方文明的交流。作为亚欧大陆的历史桥梁，丝绸之路反映了悠久的中西文化交流和我国西北各民族融合的历史，留下了丰富的历史文化宝藏，因此也成为今天一条旅游黄金路线，吸引了无数国内外游客。

丝绸之路陇右境内有许多珍贵的文化遗产，考古发现的属于旧石器时代和新石器时代的文化遗迹有 1 000 多处，大小石窟 50 多处。泾、渭、洮河流域，孕育了可与半坡文化相媲美的秦安大地湾、马家窑等史前文化；甘肃彩陶，以悠久的历史、丰富的类型和精美的饰纹而著称于世；散布在丝绸之路沿线的永靖炳灵寺石窟、秦汉长城、天水麦积山石窟、伏羲庙、道教圣地崆峒山和藏传佛教格鲁派六大宗主寺之一的夏河拉卜楞寺等一批文物古迹闻名遐迩。

陇右不但历史古迹丰富，而且少数民族聚居较多，文化积淀深厚，有10 多个少数民族集居在境内，其中的保安族、东乡族为全国独有。长期以来，由于社会、历史、经济、政治、文化发展环境不同，少数民族在婚丧嫁娶和饮食、起居、服饰、礼仪以及文化活动、节庆活动等方面，都形成了不同的风俗习惯。陇右民族民俗的优越性及文化性，为开发民族民俗特色旅游资源的广泛性、多样性提供了前提[①]。

陇右地处"丝绸之路"要冲，有着丰厚的历史文化积淀。"丝绸之路"上的文化含量，是陇右旅游资源所固有的特色；着力开发丝绸之路文化旅游这一特色，是拉动陇右旅游业兴盛的一个切入点和支撑点。旅游业是文化特性很强的产业，文化是支持旅游业发展的不竭动力。因此陇右旅游产品的开发，要多在文化上下功夫，增强旅游资源的文化魅力，将这种潜在的资源优势转化为现实的产品优势，进而转化为经济优势，并保持长盛不衰，以促进陇右旅游业的发展。

---

① 韩博文：《甘肃丝绸之路文明》，科学出版社 2008 年版，第 53 页。

从丝绸之路文化出发，带动陇右旅游资源的开发。

（1）重振固有的历史文物古迹文化旅游特色。丝绸之路沿线犹如一座巨大的古城址造型艺术博物馆，游客漫步其中，可以充分满足其猎奇觅古的心理需求，又能获得许多古代城址建筑方面的知识。古道上的石窟寺庙、长城关隘、塔碑阁、古城墓葬、古城遗址等文化含量十分厚重，这些文物古迹均与古丝绸之路上的许多重大历史事件相联系，张骞"凿空"，霍去病西征，法显、宋云西行，隋炀帝会见 27 国使者，玄奘西天求经，马可·波罗……无一不经由这些城址，无一不在这里留下历史的足迹。这里所展示的是活生生的丝路兴衰史、中华文明史，而绝非仅是教科书上抽象的说教。同时，这些城址大都伴有美妙动人的传说，虽然并非一定有史实根据，但以其艺术夸张的手法、生动细腻的故事情节，给古城增添了异样的色彩和神秘的氛围。开发这些古城遗址旅游资源，不仅有其经济效益，而且可以弘扬丝路文化和民族精神，有利于爱国主义教育。

（2）深入挖掘民族文化和宗教文化旅游特色。陇右人文旅游资源得天独厚，临夏回族自治州是穆斯林的聚居地，号称"小麦加"，伊斯兰文化风情独具特色；甘南夏河拉卜楞寺，是全国藏传佛教黄教六大寺院之一，是陇右不可多得的藏传佛教圣地，也是别具风格的藏传佛教特色旅游资源，甘南藏族自治州自古为西羌居地，有"小西藏"之称，藏族民俗风情浓郁；此外，张家川回族自治县等民族地区也是颇具少数民族特色的旅游胜地。这些共同使得陇右宗教信仰、民族历史、民族文化旅游资源异彩纷呈。所以对这些地区的旅游规划与开发一定要增加各个要素的文化含量，提高各地区的文化品位，营造浓厚的文化氛围、优美的自然环境和浓郁的文明气息。科学地规划，处理好旅游主体文化中人与自然、人与社会以及人自身间的关系，以较好的超前性、预见性、协调性和权威性参与开发规划，通过文化、教育、科技、旅游的互相交融与渗透，形成民俗文化、宗教文化与旅游共生互动的新局面。

（3）构建合理的丝路文化旅游产品的开发模式。陇右丝路文化旅游产品的开发应具有层次性，形成以麦积山石窟为代表的三大石窟艺术的龙头产品，以长城古迹、民俗风情、黄河文化等为骨干产品，以宗教活动、博物馆展览馆、艺术表演等为依托，以节庆活动、饮食文化、建筑文化、地方戏曲艺术等为基础的金字塔型开发模式。

（4）对于金牌产品，要投入大量资金，精心包装，加强对外宣传力度，在主要客源城市、主要客源国设立旅游代办处，提高它们的知名度，以此来提高陇右旅游业在国内外的影响。拳头产品要重点开发，将其作为丝路文化旅游的支撑，并且可以起到旅游高峰期分流金牌旅游景点客人过度集中的局面。大众产品要在各个地区结合自身优势全面开发，重点是要提高其档次，提高服务水平。兰州牛肉面在全国享有盛名，已成为兰州饮食的品牌。因此要大力开发以兰州牛肉面为代表的饮食文化，如陇原三绝——火腿、腊肉、金钱肉；静宁锅盔、烧鸡；临夏东乡手抓；平凉羊肉泡馍等等，将此作为发展陇右丝绸之路饮食文化旅游的一个重点，加强开发和宣传。

（5）将丝路文化注入城市和景区建设，使其成为文化旅游的核心。发展城市文化旅游不仅可以提高城市的知名度，更重要的是通过提高文化资本和基础设施可以营造良好的投资环境，吸引投资和其他商业活动。当前要着力推动城市与丝路文化的融合，在建筑、雕塑及自然环境营造等方面要科学规划，精心设计，使每一位初到陇右的人都能产生深刻而良好的第一印象，如同做一个活的电视广告。这是一项庞大的工程，但意义极大。特别是对于核心城市或者城市的核心地段更要注重其形象设计。在对金城兰州市、铜城白银市、龙城天水市等众多城市景区开发上，要突出丝绸之路文化特色，可以在机场、车站、城市入口等要地，建设标志性文化设施和蕴含丝路文化特色的雕塑等，多一些这样内容的文化载体，并且要更具创意、更醒目、更美观、更大气。

（6）注重丝绸之路文化景观和自然景观的融合。和丰富的文化景观资源一样，陇右自然景观和人文景观均十分丰富。其地貌景观中，有广阔的草原牧场、茂密的原始森林、幽静的深山峡谷，自然景观多姿多彩，没有人工雕琢的痕迹，充满着自然美和原始美。丝路沿线的森林草原、黄河石林等奇特景观，更是独具特色，使人流连忘返，是不可多得的自然资源。在丝路文化旅游开发的过程中，一定要将"文化"与"自然"相融合，处理好人文景观与自然景观的关系，使静态景观与动态景观相结合，使多元化、多层次的客人受益，满足游客的不同需求。

第二节 古遗址、古墓葬与碑刻文化

在陇右大地上，多种多样的文化种类和文明进程，在传承发展的过程中，总要留下一些遗存。这些不同朝代、不同群体、不同的文化在一度繁华之后，留下了经过岁月打磨的遗迹，是一片珍贵的人文风景，是一段别样的生命历程，是一段别样的生命风景。

一 著名的古文化遗址

古文化遗址——古文化遗迹遗址是由历史上人类生产生活活动留下的痕迹，它反映了当时人类的生产水平、科学文化水平和经济贸易活动范围，以及当时各地人类的相互交往和关系。因而古遗迹遗址既具有重要历史研究价值，又具有引人入胜的观赏价值[①]。

1. 秦安县大地湾遗址

位于天水市秦安县东北五营乡邵店村，距天水市 102 公里。分布于清水河与阎家沟水交汇处的第一、二、三级台地上。属仰韶文化遗址，1958年发现，1978 年秋开始发掘。大地湾遗址是一处规模较大的新石器时代遗址，出土房址 238 座。大地湾遗址最早距今 7 800 年，最晚距今 4 800年，有 3 000 年文化的连续，其规模之大、内涵之丰富，在我国考古史上亦属罕见。除陶器、骨角器、石器、蚌器、原始雕塑等艺术珍品外，特别值得提出的是大地湾的房屋建筑遗址，不仅规模宏伟，而且形制复杂。尤其是属于仰韶文化晚期（距今约 5 000 年前）的 F405 大房址，是一座有三门开和带檐廊的大型建筑，其房址面积 270 平方米，室内面积 150 平方米，平地起建，木骨泥墙，其复原图为四坡顶式房屋。这一房屋的规模在我国新石器时代考古学文化中可以说是独一无二的。更引人注目的是F411 房屋居住面上，还绘有地画，图案由人与动物构成，是我国目前最早的原始地画，这一发现为研究我国古代绘画史提供了极为珍贵的资料。大地湾遗址的房屋，多采用白灰面，多种柱础的建筑方法，充分显示了当时生产力的提高和建筑技术的发展。大地湾遗址出土大量的陶、石、骨

---

① 岳邦湖等著：《岩画及墓葬壁画》，敦煌文艺出版社 2004 年版，第 97 页。

器。石斧、石刀、陶刀等农业生产工具数量很多，贮存物品的大袋形窖穴的建造，大型陶瓮、缸、罐等贮藏器的大量出现，都说明和反映了其经济形态属于定居的以农业为主的类型。大地湾遗址根据地层可分四期：即大地湾一期，仰韶文化早、中、晚期。它的发现，在考古学上不仅对探讨甘肃东部地区考古编年与序列有着现实意义，也为研究仰韶文化的起源及文化多源说提供了新的证据和资料。

2. 临洮马家窑遗址

位于临洮县城南面的西坪乡马家窑村，北距县城 10 公里。遗址东至洮河西岸台地边沿，西至瓦家大山，南至巴马沟沿，北至寺沟。东西长约 350 米，南北宽约 280 米，中部有巴郎沟穿过。1923 年发现，系甘肃省首次发现的一种新石器时代的文化类型。因其是受中原仰韶文化影响而发展起来的，曾被称为甘肃仰韶文化，现统称为马家窑文化。其年代约在公元前 3 000 年，时值母系氏族社会繁荣期。

村落遗址位于黄河及其支流两岸的台地上，接近水源，土壤发育良好。房屋多为半地穴式建筑，也有在平地上起建的，房屋的平面形状有方形、圆形和分间三大类，以方形房屋最为普遍。方形房屋为半地穴式，面积较大，一般在 10 平方米至 50 平方米，屋内有圆形火塘，门外常挖一方形窖穴存放食物。圆形房屋多为平地或挖一浅坑起建，进门有火塘，中间立一中心柱支撑斜柱，房屋呈圆锥形、分间房屋最少，主要见于东乡林家和永登蒋家坪，一般在主室中间设一火塘，侧面分出隔间。

马家窑文化的墓葬，经发掘的有 2 000 多座，墓地一般和住地相邻，流行公共墓地，墓葬排列不太规则，多数为东或东南方向。盛行土坑墓，有长方形、方形和圆形等。葬式因时期和地区不同而有变化，一般有仰身直肢、侧身屈肢和二次葬。墓葬内一般都有随葬品，主要有生产工具、生活用具和装饰品等，少数随葬粮食和猪、狗、羊等家畜。有的墓地的随葬品，男性多石斧、石锛和石凿等工具，女性多纺轮和日用陶器，反映出男女间的分工。随葬品在数量和质量上都存在着差别，而且越到晚期差别越大，有的随葬品达 90 多件，而有的则一无所有。这种贫富差别的增大，标志着原始社会逐步走向解体和中国文明曙光的来临。

马家窑文化的彩陶占整个陶系的 20%—50%，随葬品中可达 80%，而且成型与装饰技术也至为发达。遗址出土陶器大多绘有黑色花纹，制作采用泥条盘筑的手制法，有盆、钵、壶、瓮、罐、盂、豆、碗等器形。彩绘有一部分在黑彩中夹绘红彩，遍布几何形图案花纹。马家窑文化制陶业非常发达，其彩陶继承了仰韶文化庙底沟类型爽朗的风格，但表现更为精细，形成了绚丽而又典雅的艺术风格，比仰韶文化有进一步的发展，艺术成就达到了登峰造极的高度。陶器大多以泥条盘筑法成型，陶质呈橙黄色，陶器表面打磨得非常细腻。

3. 夏河八角城遗址

八角城位于夏河县城北 35 公里，地处甘加草原的河台地上。八角城顾名思义有八个城角，但实际为一个"十字"形状，长 2 193.4 米，城外廓现存残垣全长 1 080 米，城内占地面积 20 万平方米，外廓正面偏东有一块 140×100 米的广场，其北有一排建筑残基环绕城廓，期间引央拉河入廓，城内城垣保存基本完好，唯北垣有 15 米长的一段，为近代用石块补筑，内城周长 1 960 米，占地面积 169 600 平方米，方位正北。南城门洞口墙基厚 1.4 米，高 13.5 米，顶宽 5.2 米。门前两端较为开阔，沿外廓大，便是 10 余米的砂土崖，崖下就是央曲河，这是当年八角城的唯一通道。南城门瓮城面积约 15 310 平方米，城垣东、西、北三角，各有外凸的大墩台一座，面积约 20 平方米。在东西两墩之南廓城墙上，各有一半小夹道，东夹道 3.6 米，西夹道宽 2 米，可供单人骑马出入城外廓之间。八角城经考古专家调查、勘测，所得出的初步结论为，八角城在 0.5 平方公里的范围内设城建制，以其城为正南北方位的中轴线来看，已属我国古代社会典型的城市风貌。城墙下层土层常夹有新石器时代碎陶片，其上层也有唐、宋以来的陶片出现，再加上城外西北高地汉墓群和出土王莽时代货币，推出八角城建于汉代。八角城以它特有的城垣结构，为我们展现了古代屯田点上设计守防城市的风貌，在城堡的设计上突破过去方形、矩形的整框而自成体系，在我国现存古城属独一无二的。八角城，以其悠久的历史、重要的地理位置、奇特的城边建筑，引起了史学界的关注，于1981 年被列为甘肃省重点文物保护单位。

4. 西和仇池国故址

在西和县南 60 公里大桥乡南端，西汉水与洛谷水交汇处的仇池山上。此山突兀特立，四壁陡绝，红岩若霞，海拔 1 793 米，相对高度 791 米。三面环水，一面衔山。山巅有池曰仇池。《水经注》云："仇池绝壁，峭峙孤险，其高二十余丈，羊肠蟠道，三十六回，山上丰水泉。"其状若覆壶，棱角外向，自成城橹。历代兵家利用这一天然地势，屯兵据守，称王建国。汉建安中（196—219年），氐族杨氏以此为据点建立了前、后仇池国，其势力所至达陇右、川北及陕南诸地。对全国南北政局及西南各族经济、文化的发展有过巨大的影响。遗址内城垣已无存。上、下殿址亦唯见瓦片、砖块。山巅周围春火药的石臼处处可见。出土文物有石斧、石削、石锤及镞、弩、斧、剑等兵器。仇池历来因得江山之胜而著称。唐诗人杜甫在《秦州杂诗》中做过如下的描写："万古仇池穴，潜通小有天。神鱼今不见，神地语真传。近接西南境，常怀十九泉。何当一茅屋，送老白云边。"

5. 礼县秦公大墓

礼县秦公大墓——大堡子山遗址及墓群位于甘肃省礼县城东13公里，是西周（前1046年—前771年）至春秋（前770—前476年）时期的遗址。

墓群总面积18平方公里，包括大堡子山、赵坪圆顶山等几个墓区，已清理墓葬14座，车马坑2座。其中"中"字形大墓两座，应属于秦国国君级墓葬。中型墓数座，为东西向的土坑竖穴墓。陵墓坐西向东，墓主头西脚东，与雍城陵园、芷阳陵园、始皇陵园完全一样，长达100多米的"中"字形墓葬显示出秦人好建巨陵大墓的特点。这些墓葬中还出土了大量的青铜器和金、玉器，有的青铜器上铸有"秦公作铸用鼎"、"秦公作宝用簋"等铭文。

大堡子山墓群尤其是大型秦墓的发现，确证这一带是西周至春秋中期以前秦国的中心，它对研究两周时期的秦国乃至周代墓葬制度、秦国始封地和西周封邦建国制度、秦人的迁徙及其社会特征等具有很高学术价值。

6. 天水李广墓与崇信李元谅墓

天水李广墓——位于天水市秦州区南郊的文峰山麓。李广（？—前119年），陇西成纪（今甘肃秦安）人，为西汉名将，善骑射，与匈奴作战大小70余次，以勇敢善战著称，世称"飞将军"。汉武帝元狩四年（前119年），随大将军卫青攻匈奴，以失道被责，遂自杀，死后葬于何处，史无记载，此墓是李广的"衣冠冢"，葬宝剑衣物。墓前原有石兽石马，造型生动，故得石马坪之名，据考证为汉代遗物。墓冢高约2.3米，周长 25.3 米，祭庭为 3 间悬山顶，垣墙大门额题"飞将佳城"。墓碑上镌有"汉将军李广之墓"七个大字。天水市西关今有"飞将巷"，相传为李广故里。

崇信李元谅墓——在崇信县锦屏乡梁坡村，距城 1 公里，俗称康坟圪垯。墓冢封土呈椭圆形，高 7 米，南北底径 13.5 米，东西底径 8.8 米。清顺治三年（1646 年）编修的《崇信县志》载："唐武康郡王李元谅陵在县西三公里许。"李元谅，生卒年不详。唐代安西人，本姓安，赐姓李。少时，由宦官骆奉先所养。贞元年间，吐蕃劫袭平凉，李预察备守而得免，故以军功封武康郡王，节度陇右崇信、百里、良原以御吐蕃。又开凿甘泉济众，开疆筑城，德被与民，两唐书均有传。

7. 灵台县皇甫谧墓

在灵台县东北部独店乡张鳌坡村，墓地 4 550 平方米，封土呈圆形，高 3 米，底径 8 米，俗称"皇甫谧古冢"。皇甫谧（215—282 年），字士安，汉末安定朝那（今灵台），《晋书·皇甫谧传》记载其先祖四代为东汉显赫士族，幼时随叔父在新安居住。二十岁时发愤读书，终成博学多才。晚年编写了《针灸甲乙经》，为我国医学经典巨著。在文史方面，有《帝王世纪》、《年历》、《高士传》、《列女传》等 10 余部著作。他秉性耿直，饱学而不仕屡召不起，40 岁时归故里隐居，太康三年（282 年）病逝。

二　陇右地区的碑刻文化

这是反映陇右古代劳动人民审美心理、审美风格，具有浓郁东方风格和文化色彩的艺术品，又因其具有一定的文化价值和史料价值，成为深受人们喜爱的文化旅游资源。

1. 成县西峡颂摩崖石刻

位于成县西 13 公里处的天井山麓，鱼窍峡中，镌于东汉建宁四年（公元 171 年），距今已有 1 800 多年，全名为《汉武都太守汉阳河阳李翕西峡颂》，俗称《黄龙碑》，是汉代《石门颂》、《甫阁颂》、《西峡颂》三大颂碑中保存最完整的一座摩崖刻石，1980 年被列为省级文物保护单位。《西峡颂》摩崖碑高 220 厘米，宽 340 厘米，碑额为"惠安西表"4 个篆刻字，正文阴刻 12 行，385 字。主要记述了李翕生平及屡任地方行政长官之卓越政绩，以及其率民修通西峡古道，为民造福之德政。碑刻字为汉隶，每字 9 至 10 厘米见方，结构方正，笔画舒展平稳，笔格遒劲有力，独具风格。碑文和书法均有很高的考古研究和临摹鉴赏价值。在国内及日本等国掀起了《西峡颂》研究热，碑上阳刻小字题名 12 行，142 字，与正文书法风格相同，皆系当时成县人仇靖所撰刻。当代著名国画大师李可染题字"西峡颂"摹勒刻石于崖碑右侧。正文右侧刻有黄龙、嘉禾、白鹿、木连理和承露人之图像，称为"邑池五瑞图"，象征李翕主政期间政通人和，五谷丰登，民乐其居，是对碑文的形象补充。《西峡颂》所在的鱼窍峡，两岸峭壁如削，折叠对峙，一泓中流，迴转、飞扬、旋卷，跌宕多姿。水势变幻，为湍、为瀑、为池、为潭。潭不甚广而澄碧幽深，天光云影，青岫苍树，古栈遗迹，尽映其内。传说古代有黄龙自潭内飞出，人称"黄龙潭"。每当皓月临空，月光水色交相辉映。"光怪灵潭气欲春，波平浪静一轮存。镜连五色龙成彩，珠映千鳞月映痕。"成县八景"龙潭映月"即由此而来。《西峡颂》东约一公里北侧峭壁上有"耿勋摩崖碑"，刻于东汉熹平二年（公元 173 年）。高 230 厘米，宽 206 厘米，阴刻 12 行，计 456 字，主要记述当时武都郡守耿勋政绩。可惜已大半剥蚀，字迹不清。1980 年，甘肃省人民政府将《西峡颂》和《耿勋碑》列为省级文物保护单位，并拨款兴修了弘丽壮观的"西峡颂碑亭"和"耿勋碑遮檐"等保护设施。

2. 泾川王母宫山顶石碑

藏于泾川县王母宫山脚下县博物馆碑房。碑高 2.2 米，宽 0.86 米，厚 0.17 米。碑阳文篆书，记载了有关泾川西王母的传说和重修王母宫的情况。为宋代学士陶谷撰文，上官宓书丹。文字清秀，书法古朴，是研究书法艺术的重要资料。

3. 成县吴挺墓碑

全称《世功保蜀忠德之碑》，俗名《吴王碑》。在成县北郊 1.5 公里的石碑寨，系南宋抗金名将吴挺神道碑。立于南宋嘉泰三年（1203 年）十月。高 5 米，宽 2 米，厚 0.5 米，重约 350 吨，为整块青石雕成。碑额篆刻"皇帝宸翰"，每字长、宽为 45 厘米，四周刻有二龙戏珠图。碑阳中部刻有宋宁宗楷书"世功保蜀忠德之碑"八字，每字长 46 厘米，宽 30 厘米。竖排两行，每行 4 字，行间刊有"敕令宝玺"和"修正殿书"8 个小字，四周环刻八龙腾云图。下部刻铭文 652 字和寿字佛手图案。碑阴中部刻有高文虎撰文、陈宗召楷书的正文 8 641 字，记述吴氏三代抗金保蜀的功绩。碑座高于地面 1.5 米，底座长 6 米，宽 2.5 米，为国内罕见的四螭抱座，造型奇特生动，亦由整块青石雕成。《吴挺碑》外观雄浑，图文并茂，图案精美华丽，书法秀劲挺拔，刻工流畅古朴，为研究宋代政治、经济、军事、文化的珍贵文物。

4. 南石窟寺之碑

现藏泾川县城西王母宫山脚下县博物馆碑房。碑身高 2.25 米，宽 1.03 米，厚 0.17 米。碑额阳刻隶体"南石窟寺之碑"。碑文为典雅的魏体正书，记载了南石窟建造经过等，尚可辨认的有 600 余字，其余风蚀脱落，其艺术价值和历史价值都十分珍贵。

5. 庆阳县天庆观老子道德经石幢

原在庆阳县城内北街祐德观老君殿前，1955 年移置于鹅池洞空同阁内，今存县城博物馆。经幢系砂岩石雕刻而成，共两幢，形制完全相同。为八棱体，每面宽 0.21 米，通高檐 3.52 米，幢体修长，上有两层出檐，第一层檐体浮雕二龙戏珠，第二层出檐有仿木斗拱饰，檐上为仰莲，莲花中置石质宝珠。两层出檐间各面均有小龛，内雕老子像，手执经卷似在诵读。幢身各面阴刻 6 行文字，每行 76 行字，自上而下，由右而左竖排，系建老子道德经幢记文。落款"宋景祐四年二月二十日知庆州康德舆立"，后刻《老子道德经》全文。

6. 泾川镇海寺蒙文碑

现藏泾川县城西王母宫山下县博物馆院内。建于元世祖忽必烈至元十四年（1277 年）。镇海寺又名海印寺、华严寺，位于泾州城北 3 公里的水泉村，寺毁，唯遗此碑。碑高 1.85 米，宽 0.86 米，厚 0.24 米，沙石质。碑首为圆形，有荷花纹雕饰。碑座为龟形。碑额汉文楷体直书阴刻"镇海之碑"。碑首阳面上端，从右至左直书八思巴蒙古文。碑文记载元世祖忽必烈颁发的保护泾州镇海寺及和尚的圣旨。下端为汉文楷体，直书建造者姓名、官职。碑阴汉文，风蚀严重，无法辨认。碑文为研究元代民族关系、蒙古语言文字及宗教历史提供了重要资料。

7. 宁县修筑新子洲洲墙及署衙纪石碑

石碑原在宁县城郊的庙咀坪上，现移藏县博物馆。碑高 2.20 米，宽 1.10 米，厚 0.16 米。碑额篆刻"刺史牛公建修衙之记"9 字，碑文楷书，通行竖写，从右到左，记述了五代"梁宁州刺史金紫光禄大夫检校司空兼御史大夫上柱国牛公板筑新子州墙并建修诸公署及新衙"的经过及有关情况。碑文系梁剑南东川节度推官朝议郎检校尚书祠部员外兼侍御史柱国赐绯鱼袋李明启撰写。该碑距今千有余年，而碑文完好，文字清晰。

8. 礼县赵世延家庙碑

位于礼县县城南郊农田里。碑刻建于元代仁宗延祐三年（1316 年），为翰林学士承旨程钜夫奉敕撰文，赵孟頫奉敕书丹并篆额。碑由碑首、碑身、碑趺三部分组成。外观雄浑，整体宏丽。碑首高 1.3 米，顶拱形，上雕六龙盘踞左右，威丽壮观，面额书"敕赐雍古氏家庙碑"8 字。碑身高 2 米，宽 1.3 米，厚 0.42 米。正面四周阴刻串枝莲纹，中间刻文皆为楷书，右起竖刻 33 行，行 64 字，共 1 230 多字（个别字损）。书体用笔圆润，骨力内藏。龟趺长 2 米，宽 1.3 米，外露 0.2 米。碑文记述了翰林学士承旨、中书平章政事赵世延祖孙三代六英，为创立元朝所建的丰功伟绩。赵世延其先世为雍古族人，故称"雍古氏家庙碑"。此碑对研究元蒙历史和书法艺术有较高价值。

9. 李将军墓石碑

原立于卓尼县卡东乡安布族村西边的台地上。现立于甘南市博物馆的碑亭内。碑用红色细沙岩雕成。碑身高 4.95 米，宽 1.32 米，厚 0.5 米。灵龟座（头残）高 0.7 米，宽 1.32 米，残长 2.1 米。碑额以三层迭装（共 12 条龙）的二龙戏珠和腾云喷水高浮雕为饰，正中刻"唐故大将军李公之碑"9 个隶书大字，字体奔放劲健。碑两侧饰浅浮雕朱雀纹和阴刻线纹的缠枝草叶纹。碑体高大伟岸，外观雄浑。碑文通刻 30 行，每行 70 余字，书体中锋正楷，下部漫漶不可辨识，上部保存可辨识，然亦不能句读。张维《陇右金石录》认为："李将军者，盖以击吐蕃功自府兵折冲累官至诸卫大将军，封临潭侯并赐国姓，其人盖在开元天宝之际。"立碑时间，"大抵仍在天宝中叶"。此碑是甘肃省境内现存不多的唐碑之一，具有较高的史料价值和艺术价值。

10. 庆阳明摹黄庭坚云亭宴集诗碑

明代河西道陕西布政司左参议南都陈凤摹仿宋黄庭坚手迹书写，刻于嘉靖戊午朔日。碑原置庆阳县城考院内，1955 年移存城东鹅池洞空同阁，现藏县博物馆。碑高 2.25 米，宽 0.77 米，厚 0.21 米。两面各阴刻 5 行，每行 14 字，行书竖写，内容为五言绝句《云亭宴集》："江静明花竹，山空响管弦。风生学士尘，云绕令君宴。越余百生聚，三吴远接连。庖霜刀落鲙，执玉酒明船。叶县飞来舄，壶公谪处天。酌多时暴虐，舞短更成妍。唯我独登览，观诗未究宣。空余五字赏，文似两京然。医是肱三折，官当岁九迁。老夫看镜罢，衰白敢争先。"书法潇洒遒劲，大有黄氏风韵，对于研究黄氏书法艺术很有借鉴价值。

11. 庆阳重建宋代范韩二公祠堂之石碑

原立庆阳县城南街，1940 年移置陇东中学，1955 年再移藏于城东鹅池洞空同阁内，现存县博物馆。石碑高 2.25 米，宽 0.77 米，厚 0.21 米，碑正面正楷竖写 24 行，每行 25 字。内容是歌颂范仲淹、韩琦北拒西夏李元昊，巩固开发祖国边疆的伟绩。碑文由明代赐进士通议大夫都察院左副都御史马文升撰写，赐进士嘉议大夫都察院右副都御史朱英书丹。石碑背面，上部为马文升的同科进士右参政孙仁颂扬马文升巡抚陕西军功之词，碑下为线刻庆阳地形图，山川河流城寨皆有，是研究明代庆阳军事防务不可多得的珍贵资料。此碑刻于明成化年间，至今完好。

三　现存陇右地区的古钟

古钟——作为陇右古代金属工艺品，它富有文物价值和审美价值，透过其造型和纹饰，还可以进一步研究各个历史时期人们的思想意识状况。

1. 兰州五泉山泰和铁钟

悬挂在兰州市五泉山崇庆寺万源阁东新建的钟亭内，为金章宗泰和二年（1202 年）侍鉴郭镐监造。钟高 3 米，直径 2 米，重万斤，造型雄伟，声音洪亮。铭文有"仙闻生喜，鬼闻停凶，击破地狱，救苦无穷"等语。它原来悬挂于普照寺（今兰园）的钟亭内。"古刹晨钟"为金城十景之一。1939 年 2 月 23 日，日本侵略者空袭兰州，炸毁具有上千年历史的普照寺，瓦砾中幸存此钟。解放后，此钟移至新址。

2. 平凉天圣铜钟

在平凉市东郊宝塔梁钟亭。建造于北宋仁宗天圣七年（1029 年）原在平凉城治平佛寺，寺早毁。抗日战争时期，钟曾移至东城门楼，用为报警，解放初迁至柳湖。1981 年省政府拨款修建钟亭保护。钟高 1.7 米，下口周长 3.7 米，口径 1.14 米，沿厚 0.85 米，为青铜质。钟顶有兽首钮，口沿为连弧六角形。钟身有莲瓣纹、团云纹、圆形纹饰和题记、题名、造像等。

3. 泾川大安铁钟

在泾川县城西半公里的王母宫山顶钟亭。原为王母宫山佛寺用物，寺毁。钟为金代完颜永济大安三年（1211 年）所铸。高度 1.90 米，下口直径 1.50 米，口沿厚 0.13 米，重约 5 吨，顶部有直径 0.20 米的音孔 4 个。上部铸有"皇帝万岁，臣佐千秋，国泰民安，法轮常转"16 个楷书大字。下部铸八大菩萨、供养人及题记。清乾隆十八年（1754 年）编修的《泾州志》载"宫山晓钟"为泾州八景之一，为省级重点文物保护单位。

4. 灵台明昌铁钟

现存灵台县博物馆院内钟亭。原为城北寺咀子山上咀子庙佛教遗存。庙已毁，1983 年搬到今址保存。钟身高 3.3 米，周长 5 米，下沿口径 1.78 米，重约 5.5 吨。建造于金代明昌七年（1196 年）七月。钟顶有满叶形纹饰，在三层方框内，铸有捐资者姓名及铭文，为汉字与女真文对照并铸，是研究佛教发展历史和女真文字的珍贵实物资料。

5. 慈云寺女贞铁钟

现存庆阳钟楼巷慈云寺内（为庆阳县博物馆所在地）。钟高 2.55 米、口径 1.75 米、厚 0.14 米，重量约为 4 吨。钟钮以双龙口衔宝珠紧贴钟顶，双龙一体，弓腰为穿而悬于横梁之上。钟顶有 5 孔，肩饰莲瓣纹。钟腹铸有大小不等的方格，其中横书女真文 56 字，下层书"皇帝万岁，臣佐千秋"8 个汉字，每字之间刊一菩萨名。再下格有铸钟时间、地点及工匠人名等。钟有八耳，上饰弧弦纹，弦纹弧角处饰奔马、雄鸡、小兔、荷花、牡丹等。腹铭还有"庆阳府鼓原县盈仓广济院前监寺铸钟时大金泰和元年（1201 年）岁次工毕"等记录。钟楼建在 5 米高的台基之上，四根明柱上托歇山瓦顶，飞檐翅角，雕梁画栋，通高 12 米，古朴大方。

6. 普照寺铜钟

原悬挂在宁县城辑宁街普照寺钟楼内，现藏于县博物馆，保存完好。钟高 2.20 米，口径 1.50 米，厚 0.15 米。钟钮为双龙连体弓身成穿，龙嘴与爪固接钟顶，负系钟身，爪踏环形波涛纹。钟肩饰卷枝莲瓣 12 朵，上腹施云雷纹一周，饰回纹一周，腹中铸有铭文，钟耳 8 朵，耳上有忍冬花、缠枝花等纹饰。钟文之载："……因睹宁州普照寺旧钟自唐贞元辛未岁奉天王子乔铸成岁久似有损兼器小而声不足以震幽冥遂启诚愿诱化荒铜万三千斤烹炼点铸作铜钟永为大金贞元四年岁次丙子正月癸卯朔二十五日丁卯显武将军前同知河东北路转运使上骑都尉弘农县开国子食邑五百户杨使武铸……"

第 四 章

黄河文化

山有根，水有源。世界上万事万物无不有自己的根源。而民族何独不然！我们中华民族的根源就是黄河，这是无人能否认的历史事实。中华民族的文化和文学既然是多元产生的，那么有没有一个轴心或一个基础呢？这个轴心或基础不能不说是黄河文化。"黄河远上白云间"，这是家喻户晓的有名的诗句。"黄河之水天上来"，更是脍炙人口的诗句。在中国，黄河就如同印度的恒河。在印度人心目中，恒河之水天上来，它是印度文化的源泉，是印度的圣水。黄河，在中国尽管有长江与之相对。但是，从文化上来讲，长江只能起补充陪衬的作用。中国人民心目中的圣水仍然是黄河。这就是为什么一到民族生死存亡的关头，鼓励中国人民前进，激发中国人民斗志的仍然是黄河。今天，谁听到冼星海的《黄河大合唱》能不立即踔厉风发、意气昂扬呢？黄河文化虽然是轴心、是基础，但它绝不是封闭的，绝无半点排他性。中国古人说："有容乃大。"大海能容纳百川，所以才成其为大。以黄河文化为轴心的中华文化，也有大海般的度量。在几千年的发展过程中，它逐渐包容了中华各族的文化，而且连域外的文化也绝不抗拒，结果就形成了源远流长、众善毕集的伟大文化[①]。我们的文化影响了全世界，对全人类的进步与发展，起了积极推动的作用，历千年而未返，瞻未来而永在。这是我们整个中华民族的骄傲。我们这样一个伟大的国家，有这样辉煌的文化，只要是炎黄子孙，哪一个会不由衷地热爱呢？

第一节　黄河文化的形成与传承

黄河是中华民族的摇篮，是海内外炎黄子孙都引以自豪的母亲河。这

---

① 成有子，许志宇：《中国历史文化寻踪游》海天出版社 2005 年版，第 25—27 页。

条蜿蜒曲折数千公里、昼夜奔腾、川流不息的大河，自远古蛮荒之时就哺育着两岸的华夏民族，孕育了最初的中华文明，黄河文化也由此产生并继而发展、光大。黄河记载着中华民族的悠久历史，孕育了浩瀚无比的民族文化，其博大精深是难以用几幅画面、几篇文章穷尽的。

黄河流域是我国文化的发祥地。几十万年以前，这里就有了人类的踪迹。新石器时代的遗址，遍及黄河两岸、大河上下。进入阶级社会以后，在一个相当长的历史时期内，黄河流域是我国政治、经济、文化的中心，人们亲切地称它为中华民族的摇篮。

黄河流域文化区，尤其是中、下游交汇处一带，有着深厚的原始文化遗存，很早就成了原始人类的生活地。据考古发现，旧石器早期的文化遗址有山西芮城的西侯度文化、陕西蓝田县东的蓝田文化、山西芮城风陵渡的匼河文化。旧石器中期的遗址有山西襄汾的丁村文化、山西阳高的峙峪文化。旧石器晚期有分布在山西垣曲、沁水、阳城的下川文化，以及内蒙古的河套文化。新石器早期的文化遗址有河南新郑县的裴李岗文化。新石器中期有以河南渑池县仰韶村遗址为代表的仰韶文化。新石器晚期有山东宁阳县堡头村大汶口的大汶口文化、山东历城县龙山镇城子崖的龙山文化。许多远古的文化遗址都集中在黄河流域。黄帝与炎帝的融合、黄帝与蚩尤之战、嫘祖养蚕缫丝、尧王禅位给舜、鲧禹治理水灾、后稷教民稼穑等充满奇丽幻想色彩的神话传说都与这里有关。

黄河流域是我国开发最早的地区。在世界各地大都还处在蒙昧状态的时候，我们的先祖就在这块广阔的土地上斩荆棘、辟草莱，劳动生息，创造了灿烂夺目的古代文化。

早在旧石器时代，黄河流域就有了人类的活动。1963 年在陕西蓝田发现的"蓝田人"——古猿人的头盖骨、牙齿和上下颌骨，据文物工作者的考证，已有 80 万年的历史。山西襄汾发现的"丁村人"，距今也有20 万年。黄河河套地区的"河套文化"，河南安阳小南海发现的洞穴遗址，都在 5 万年以上。在这悠久的岁月里，我们的祖先经过艰苦的劳动，既发展了人类的体质形态，又创造了旧石器时代的文化。他们不但发明了用火，能够制造粗糙的石器、骨器，而且经过不断的实践，学会了钻磨技术，能够从事狩猎捕渔活动。我国传说中的燧人氏、有巢氏，可能就是这一时期的代表人物。新石器时代，黄河流域的人口急剧增加，生产和文化都有了飞跃发展。1920 年在河南渑池县仰韶村发掘出了许多石器、骨器、陶器，其中有石斧、石刀、石杵、石锄和纺织用的石制纺轮，有缝纫用的骨针，也有彩色陶器，这就是著名的"仰韶文化"。据考古学家考证，仰韶文化延续达千年以上，早期距今已六千年左右了。考古工作者经过广泛挖掘，发现从青海、甘肃一直到陕西、山西、河南，到处都分布有仰韶文化的遗址。1953 年开始在西安市发现的半坡村遗址，更是这一时期的典型代表。当时，半坡人已经开始种植谷物，饲养家畜，懂得了纺线织布，创造了规模较大的草泥土木结构的茅屋，挖掘了储藏粮食的窖穴。围绕居住区构筑了深、宽 5～6 米，长 300 多米的大量围沟，改变了穴居野处原始状态。制陶工艺已经相当发达，在出土的陶器中，有各式各样的红色陶器和制作精美的彩陶，陶面上动物图案栩栩如生，反映了远古人民的艺术才能。在彩陶上还有一些刻划符号，很可能就是我国的原始文字。

　　新石器时代的晚期，黄河流域已处于氏族社会发生重大变革的历史时代。生产工具进一步改进了，父权取代了母权，私有制开始出现。1959 年在山东大汶口的发掘，初步揭示了这一时期的面貌。据考古工作者的广泛考查，在山东省的黄河南北，都陆续发现了大汶口文化的踪迹，其年限约相当于仰韶文化的中、晚期，后期可能延续更晚一些①。从发掘情况看，这时的生产工具已有了穿孔石斧、扁而薄的石铲、鹿角制成的短柄鹤嘴锄。石斧、石铲、石锛、石凿都用硬度极高的石料制成，有的还用了硬度 11 度的蛋白石。在发掘的一些墓葬中，还发现了不少随葬的玉制装饰品，饮酒器具和精致的象牙雕刻。尤其引人注目的是，大汶口一号墓里，有一件孔雀绿色的骨凿，据测定其中含有大量的铜，很可能当时已懂得用铜了。另外，从大汶口墓葬还可以看出：那时已出现了较多的一男一女合葬墓，而且墓的规模有大有小，随葬品的多寡极为悬殊。这种情况在仰韶期的墓葬中是少见的，说明社会已过渡到以父系为中心的时代，贫富分化越来越明显②。

　　在距今约 4 000 年前，原始公社瓦解，夏禹的儿子打破过去的"禅

---

① 刘德久、张安塞：《黄河文化丛书——文苑卷》，山东人民出版社 2001 年版，第 125 页。

② 王吉怀：《论黄河流域前期新石器文化的文化特征和时代特征》，《东南文化》1999 年第 4 期。

让"制，继承了禹的王位，建立了世袭的奴隶制国家。根据古代文献的记载，夏王朝存在了四五百年之久，大致活动于以河南、山西、山东为中心的黄河中下游一带。奴隶制虽然破坏了原始公社的公有和平等关系，但是打破了以往狭隘的氏族范围，扩大了生产规模和社会分工，为农业、手工业的发展，科学文化的创造，开辟了前所未有的广阔前景。从近几年来在河南偃师县二里头和河北唐山大城山的发掘看，至迟在夏代晚期就已经有了青铜器，夏代早期很可能是红铜时代了。冶铜业的出现，使社会发生了第二次大分工，手工业和农业分离开来，标志着古代文化的繁荣进入了一个新阶段。

大约在 3 500 年以前，我国历史上第二个王朝——商王朝在以河南为中心的黄河两岸建立了。它是一个高度发展的种族奴隶制国家，千百万奴隶的辛勤劳动，促进了农业和手工业的更大发展，文化艺术和自然科学都取得了较高成就。

据考古工作者的考证，偃师二里头遗址就是商代最早的都城，所谓"商汤居亳"的亳地。在这里，除发现了东西长五里、南北宽三里的商代早期都邑和规模宏伟的宫室遗迹外，还掘出了一批铜渣、坩埚片和铜镞（箭头）、铜凿、铜刀、铜锥、铜鱼钩、铜铃等器物，经鉴定均为青铜制品。这证明商初不仅在生产工具方面已广泛使用了青铜器，而且在消耗量大、回收率低的箭头方面也应用了青铜，这在世界其他地方的青铜文化中是很少见的。在河南郑州，曾发现商代早期的另一遗址，其中有制陶场、制骨场、制铜场等较大规模的手工作坊，并有不少金饰品、玉石、玛瑙、贝壳、青铜制品出土。此外还发现了上釉的陶器和古老的商代城墙，为研究我国原始陶器的产生和古代城池的构筑提供了重要资料。

商代中期国王盘庚迁殷以后，科学文化的繁荣达到了一个新的高度。在河南安阳"殷墟"中，近几十年先后出土的文物是不可胜计的。这里的"司母戊"大方铜鼎，重 1 500 多斤，高 137 厘米，横长 110 厘米，宽 77 厘米，花纹华丽，结构复杂，是世界古代青铜器中仅有的雄伟巨制。另一件商代石磬，声色优美，悠扬动听，长 84 厘米，高 42 厘米，上面刻有形象逼真的猛虎，是我国最古老的艺术珍品。特别是在这里先后发现的十几万片甲骨文，单字即在三千字以上，记述了当时政治、经济、宗教、文化等方面的活动，并且保留了一批世界上最古老的日食、月食和星宿、风、云、雨、雪、虹、霞等天文气象的记录。这一切，充分显示了三千年前我国文化的成熟程度。

在商代，以往一直认为是只有青铜器而无铁器的。但是，近年在河北藁城商代中期遗址发现的铁刃青铜钺，打破了这一论断。据初步研究，这件兵器出土于公元前14世纪至公元前13世纪的一座墓葬，青铜钺的刃部是熟铁。黄河当时是经过藁城东面从天津附近入海的，这一武器的发现，说明生活在黄河流域的商代奴隶们不仅熟练地掌握了冶铜技术，而且也已懂得用铁了。

西周以后的春秋战国时期，黄河流域开始了由奴隶社会向封建社会的过渡。新的生产关系促进了生产力的发展，冶铁成了一项重要的新兴手工业，各诸侯国相继使用了铁制生产工具，把农业大大向前推进了一步。随着生产的发展，封建制新的生产关系代替了奴隶制旧的生产关系，城市经济繁荣起来。秦国的咸阳、魏国的大梁、赵国的邯郸、齐国的临淄，都成了当时远近驰名的城市，临淄甚至达到了二十多万人口的巨大规模。思想文化这时也空前活跃起来，反映各阶级、各阶层利益的各家学派，相互展开激烈的论战。他们竞相办私学、著书立说，形成了古代学术思想史上所谓"百家争鸣"的局面，并为后世留下了丰富的文化典籍。

从秦汉大统一帝国的建立到北宋皇朝，黄河流域仍然是我国历代的都城，政治、经济、文化的中心。生活在大河上下的各族人民，以自己的辛勤劳动和卓越才能，创造了更加绚丽多彩的文化。根据史书记载，在汉代，人们已经发明了造纸法，制成了用来测量天象和测验地震方向的"浑天仪"、"候风地动仪"。隋代创造出印刷术，宋代发明了活字印刷。对世界文明有巨大影响的指南针和火药也早在11世纪以前就广为传播。1957年陕西省出土的"灞桥纸"，经考古工作者判定，大约是公元前2世纪至公元前1世纪时期的遗物，比史书记载的东汉蔡伦造纸还早二百多年。

同时，城市建筑的规模更为壮观。几代帝都的长安，西汉时是丝绸之路的起点，南通巴蜀、西达西域的枢纽，城市范围比西方同时期著名的罗马城大三倍以上。唐时长安城东西十八里，南北十五里，人口一百九十六万，街衢市坊井然有序，其规模之宏伟，尤为中外所称道。北宋时的东京（今开封），城周五十多里，汴河、蔡河、广济河、金水河，穿城而过，是中古时期十分繁华的都会。今天，从宋代画家张择端所绘的《清明上河图》中，我们还可以看到当时东京建筑雄伟、景色绮丽、舟船云集、车马竞驰的风貌①。

在从秦汉到北宋的 1 000 多年中，黄河两岸的劳动人民，除从事生产劳动外，还筑长城，开运河，修渠道，营造宫殿、寺院、陵墓，进行了巨大的工程建设。一直到现在，黄河流域的地上地下还保存着许多古代建筑和艺术宝库。宁夏的秦渠、汉渠、唐徕渠，西安唐代的大雁塔，河南登封的北魏嵩岳寺塔，开封的宋代铁塔，洛阳的东汉白马寺，山西的唐代南禅寺和佛光寺大殿，陕西的秦始皇陵和汉唐陵墓，河南龙门石窟的石佛和甘肃麦积山的泥塑像等等，都充分显示了古代匠师高超的技术水平，杰出的艺术成就。

第二节　黄河文学

从公元前 21 世纪夏朝开始，迄今 4 000 多年的历史时期中，历代王朝在黄河流域建都的时间延绵 3 000 多年。中国历史上的"七大古都"，在黄河流域和近邻地区的有安阳、西安、洛阳、开封四座。殷都（当时属黄河流域）遗存的大量甲骨文，开创了中国文字记载的先河。西安（含咸阳），自西周、秦、汉至隋、唐，先后有 13 个朝代建都，历史长达千年，是有名的"八水帝王都"。东周迁都洛阳以后，东汉、魏、隋、唐、后梁、后周等朝代都曾在洛阳建都，历时也有 900 多年，被誉为"九朝古都"。位于黄河南岸的开封，古称汴梁，春秋时代魏惠王迁都大梁，北宋又在此建都，先后历时约 200 多年。在相当长的历史时期，中国的政治、经济、文化中心一直在黄河流域。黄河中下游地区是全国文学艺术发展最早的地区。从《诗经》到唐诗、宋词等大量文学经典，以及大量的文化典籍，也都产生在这里。北宋以后，全国的经济重心逐渐向南方转移，但是在中国政治、经济、文化发展的进程中，黄河流域及黄河下游平原地区仍处于重要地位。黄河流域悠久的历史，为中华民族留下了十分珍贵的遗产，是我们民族的骄傲。

---

① 刘光华、楼劲：《黄河文化丛书——黄河人》，甘肃人民出版社 2001 年版，第 37 页。

俗语、谚语。跳进黄河洗不清、黄河富宁夏，最富是吴忠、黄河尚有澄清日，岂可人无得运时、天下黄河富宁夏、不到黄河心不死，不见棺材泪不流。

成语。砥柱中流、海晏河清、河清海晏、河山带砺、黄河水清、砺山带河、鲤鱼跳龙门、俟河之清、中流砥柱。

诗词佳句。王昌龄的"白花垣上望京师，黄河水流无尽时。穷秋旷野行人绝，马首东来知是谁""黄河渡头归问津，离家几日茱萸新"。杜甫《黄河二首》："黄河北岸海西军，椎鼓鸣钟天下闻。铁马长鸣不知数，胡人高鼻动成群。黄河南岸是吾蜀，欲须供给家无粟。愿驱众庶戴君王，混一车书弃金玉。"贺敬之《三门峡——梳妆台》："望三门，三门开，黄河东去不回来""责令李白改诗句，黄河之水手中来！"元代诗人萨都剌《过古黄河堤》："古来黄河流，而今作耕地。都道变通津，沧海化为尘。"唐代刘禹锡写"九曲黄河万里沙，浪淘风簸自天涯"，李白"黄河之水天上来，奔流到海不复回""黄河落天走东海，万里写入胸怀间""黄河捧土尚可塞，北风雨雪恨难裁""黄河西来决昆仑，咆吼万里触龙门""欲渡黄河冰塞川，将登太行雪暗天""西岳峥嵘何壮哉，黄河如丝天际来""且探虎穴向沙漠，鸣鞭走马凌黄河"。王维的"独树临关门，黄河向天外"。李商隐的"土花漠碧云茫茫，黄河欲尽天苍黄"。白居易的"黄河水白黄云秋，行人河边相对愁"。宋代丘崈《黄河清》"鼓角清雄占云裓。喜边尘、今度还静。一线乍添，长觉皇州日永。楼外崇牙影转，拥千骑、欢声万井。太平官府人初见，梦熊三占佳景。皇恩夜出天闱，云章粲、凤鸾飞动相映。宝带万钉，与作今朝佳庆。勋业如斯得也，况整顿、江淮大定。这回恰好，归朝去、共调金鼎。"柳中庸《征人怨》"岁岁金河复玉关，朝朝马策与刀环。三春白雪归青冢，万里黄河绕黑山。"

民谣。黄河滚滚波浪翻，牛皮筏子当轮船，九曲黄河十八湾，宁夏起身到潼关，万里风光谁第一？还数碛口金银山。

信天游。黄河船夫曲：你晓得天下黄河几十几道湾哎？几十几道湾上，几十几只船哎？几十几只船上，几十几根竿哎？几十几个那艄公嗬呦来把船来扳？我晓得天下黄河九十九道湾哎，九十九道湾上，九十九只船哎，九十九只船上，九十九根竿哎，九十九个那艄公嗬呦来把船来扳。

一　先秦

河广；衡门；河伯

二　汉魏晋南北朝

瓠子歌二首；别诗；河阳县作；棹歌；渡黄河；从戎曲；乌栖曲；桂楫泛河中；

从军行；济黄河；从周入齐夜渡砥柱；济黄河应教；陇操；从军诗；孟津诗；

答赵景猷诗；黄河赋；公无渡河；登堤望水诗；赋得桥诗；渡河北

三　隋唐

王泽岭遭洪水诗；晚渡黄河；临邑舍弟书；早渡蒲津关；杂诗三首（其一）；

河阳桥送别；偶书五首（其五）；黄河晓渡；孟津；公无渡河；河曲游；使至塞上

题金城临河驿楼；鲤鱼；河鲤登龙门；登蒲州逍遥楼；蒲州道中二首；蒲中霁后晚望

四　宋金元明

黄河八韵寄呈圣俞；河势；渐水；河复并叙；庚辰岁人日作；过澶魏被水民居；

河上之役；河决；新堤谣；百字谣；岁晏行；茅津渡；蒲津晚渡；黄河舟中月夜

陕州抵沙涧渡；黄河舟中；过黄河；渡黄河；黄河夜泊；龙门飞桥；禹祠；过梁山泊

龙门；登河中鹳雀楼

五　清

登云龙山见黄河北徙；娘难见；悲河决；河溢

六　人物

常建；杜审言；孟浩然；杜牧；杨炯；卢照邻；鲍照；王僧达；向
秀；曹操；曹植

曹丕；王羲之；刘禹锡；韩愈；子路；孟轲；柳下惠；商鞅

第三节　黄河奇石

千百年来，黄河母亲以她博大的胸襟和温柔的情怀孕育了千千万万个
炎黄子孙，不仅如此，她还用她那灵巧的双手缔造出一件件巧夺天工的艺
术珍品——黄河奇石。黄河奇石在那万古奔流的黄河之水的冲刷下，摒除
棱角，变得圆润、细腻，悠悠岁月在不经意间为他们绘上了一幅幅绝妙的
图画。形与画浑然一体的黄河奇石，构成了独特的艺术魅力，每一件都可
称之为大自然不朽的艺术杰作。

黄河奇石是黄河流域特有的"瑰宝"，母亲河赋予了它偶然天成的自
然美，极具观赏价值。早在宋代以前，黄河奇石就以其浓郁的特色、鲜明
的个性为世人所识并观赏收藏，千百年来一直被人们所钟爱。

一　自然天成，神韵无穷

黄河从横空出世的昆仑山支脉——巴颜喀喇山发源，经青藏高原、河
西走廊绵延数千公里，逶迤奔入渤海。在千万年的岁月里，黄河两岸的群
山峻岭、千沟百壑里的大量石块，被入黄的河流携带进黄河，然后在九曲
黄河奔腾咆哮中被长年剥蚀、冲刷、洗磨，造就大量寓意深刻、引人入胜
的图案石和造型石。由于沿黄各地的地质情况不相同，故所形成的黄河石
千姿百态。习惯上认为：流经青海段的称河源石，流经甘肃、宁夏段的称
兰州石，流经内蒙古段的称清水石，流经河南段的称河洛石（也叫洛阳
黄河石），再往东由于土质地理原因基本上不产奇石。在以上各段所产的
奇石中，尤以兰州段和洛阳段的优美。兰州段黄河接纳了洮河、大夏河、
湟水和大通河等支流；洛阳段黄河接纳了洛阳河、伊河、汝河等支流。黄
河奇石的成因较复杂，但基本上是由原岩、变质岩、火成岩和沉积岩构
成。从观赏角度讲，这些岩石都可以出现奇石。这些石头能否成为观赏

石，则属于后期外力的作用，当黄河水在漫长的冲刷过程中，把岩石中最美的部分恰到好处地呈现出来时，或者说岩石中的纹理被磨得正好形成了可观赏的图案景物时，这块石头就有了观赏价值。黄河奇石大者重约 1 000 千克，高约 1.5 米，宽约 1 米，小者只有几十克重，其石质较细腻，硬度较大。无论大小，都显露着独具特色的天赋神韵。母亲河赋予黄河奇石天成自然美：构图无奇不有，画境形象异常丰富。它具有极其丰富的色彩和曲折奇异的纹理：红、橙、黄、绿、青、蓝、紫、金、白、黑，或丝、线、条、点，或直、圆、叉、旋，以色与纹为最主要的因素构成画景，变幻莫测，构成无穷无尽的艺术图案。黄河奇石中画面石居多，多为一石一景，一石一物，形象绝无雷同，并且有神、情、趣、奇等特点，可以毫不夸张地说，包容了世间的万物万象。

二 黄河奇石的类型

黄河奇石产出形式多样、种类繁多、造型优美，独具风格。根椐黄河奇石的产出背景、形态特征及成岩构造的不同，可将黄河奇石大体上分为画面石、象形石、景观石、彩色石、抽象石、黄河化石和文字石等。

画面石 石上形成天然图画，有龙飞凤舞、狮吼虎啸、梅兰竹菊、名人头像、禅师佛祖等，惟妙惟肖、栩栩如生。以平面图案为特色，求神似，赏其意。

象形石 石体形状如雕塑，造形奇特，形态逼真，传神达意，以婀娜多姿的造型为特色，求形似，赏其貌。

景观石 将祖国的大好河山浓缩在一石之上，尺幅千里的景观万象一眼蔽之。以立体画面为特色，形神兼备，意貌共赏。

彩色石 奇石以多种色彩表现，姹紫嫣红，花团锦簇，光彩夺目，观之赏心悦目。

抽象石 石上纹理或造型内涵深邃，一眼不能识透，让人回味无穷，多以形形色色妙趣横生而展示其魅力，甚而表达着超前的意识。

黄河化石 石上有完整、清晰和形态生动的动物化石和植物化石。

文字石 多以平面图案呈现于石上，也有立体浮雕的，石上文字笔力遒劲、正草隶篆各具千秋。

欣赏黄河奇石，更多的不是从地质角度，而是从艺术角度来分类，习惯上我们把黄河奇石分为：画面石。这是因为黄河石上纹理与大自然中的景象、图案相符合，构成了一幅幅鬼斧神工的画面，石面上的纹理出现高山、平川、草原、江河、人物、树木、小鸟等丰富的内容，画面石是黄河奇石中的主要部分。象形石。这类石头是以外部形象相似于自然界中的山川、动物或物品，如山形石、石蛙、佛像、罐坛等，"应物象形"故名象形石。象形石在传统收藏石中占有相当比例，还有一些石头，它的纹理形状没有具体内容，但石上的某种成分在石面上分布得很好看，如雪花石、麦节石和各种点状石等也很有观赏价值。黄河石中还有大量的化石，如常见的珊瑚化石、海绵化石也很好看。如何对黄河奇石进行品评与观赏呢？对奇石的品评与鉴赏，包括有地质、考古、生物、哲学、文化、艺术等多方面的因素。但对多数人而言，品评一件奇石的优劣，主要是以石头本身所具备的特点进行的。黄河奇石同样也是这样：主要从形、图、色、韵、质以及命名和配座几个方面来进行。具体说来就是——形：无论大件还是小品，画面石还是象形石，要求石形完整，自然天成，不缺不破、无裂纹，少疤痕。图：图案要清晰，或生动具体，或抽象概括，无论山水人物或是草木、走兽，画面在石头上的位置要理想，"画"要在面上。色：黄河石中，色彩大多古朴、凝重、素雅，但好的石头色彩要明快、干净，不暗不灰。两种以上的颜色对比度要大，层次要分明。韵：这一点最为重要，一件好的石头，应在寓意、神趣、意境中必占其一，画面石图案要生动，表现的内容一定要有情趣或意境。值得注意的是，有的石头，虽然只有几条简单的线条或怪异的外形，却让人百看不厌，耐人寻味，不应忽略。质：以石质坚硬细密、质感光亮为好，绝大多数黄河石都有此类优势。一块黄河石同时具备以上条件者为上品，但如果前四个条件均占，而质略次亦无伤大雅。因为黄河石中，构成复杂，各种石质均有精品出现，如果过分强调石质，可能会把其中的一部分排除在外。同时，对观赏石的要求也不能同宝玉石一样。此外作为一个完美的艺术品，在品评时，命名和配座两个方面也需要同时考虑，不可忽视。

三　黄河奇石的特点

黄河是中华民族的发祥地，黄河文化源远流长。黄河母亲这神工巨匠塑造了千姿百态，形象生动，异彩纷呈的奇石。

黄河奇石，质硬、色美、形纹俱佳，独树一帜，令人爱不释手，叹为观止。具有观赏、玩味、陈列和很高的收藏价值。它具有以下特点：

第一，色彩古朴深沉，暗红色居多。第二，色彩单一者居多。第三，画面石的线条流畅，形象逼真。第四，象形石、画面石等意境雄厚，似乎都具有大西北高原的粗犷豪迈之风格，显示出黄河的气派。第五，黄河奇石中画面石居多，画面石内容丰富，有神话故事、历史典故、古今人物、天上飞的、地上跑的、水中游的以及花卉、植物等，可以毫不夸张地说，包容了世间的万物万象。第六，黄河奇石个头大，大者重量约在1 000公斤，其高度约为1.5米，其宽度约为1米，小者只有几十克重。第七，石质较细腻，硬度较大，一般为5—7摩氏度。第八，黄河奇石卵石状居多。第九，黄河奇石在表面涂上清漆，其图案纹理等对比度大，且有光泽。第十，画面石多为一石一景，一石一物，形象绝无雷同，并且有神、情、趣、奇等特点。

从另外一个角度来看，黄河奇石具有天然性、区域性等六大特征。

一是天然性，黄河奇石浑然天成且保持天然产状。

二是奇特性，黄河奇石在色彩、形态、质地、纹理、图案、内部特征等方面都表现出妙趣横生或形象生动等特点。

三是稀有性，"物以稀为贵"，黄河奇石每块都是独一无二，罕贵难求者。

四是科学性，黄河奇石包含深奥的科学道理，具有重要的科学研究价值。

五是艺术性，黄河奇石能够令人回味，产生美感、联想和激情，从黄河奇石中陶冶情操、提高美学水平。

六是区域性，兰州黄河奇石代表了黄河兰州段浓烈的地方特色、地区风格。

三　黄河奇石的美学特征

第一，形态美。黄河奇石经过亿万年的冲击与磨砺，自然抛光。形成表面光滑的圆形、椭圆形、方形、条形、梯形、圆柱形等不规则的、外形饱满的石头，大小重量适中，适于家庭与石馆收藏。

第二，质地美。在满足了神、形、色的条件下，石质越好，收藏价值越高。黄河石质地坚硬，机械化学性能稳定，石表面细腻，手感滑润，有的明亮晶莹并有光泽。

第三，色彩美。黄河石的色彩有赤、橙、黄、绿、青、蓝、紫、黑、白等。有的一石一色，有的一石多色，因而呈现出多姿多彩的大千世界。并且色与色之间有着色相、明度、彩度的差异。过渡色之间层次分明，给人以古朴典雅的感受和情趣。

第四，图像美。黄河石由石形、石色、石纹等巧妙地有机组合构成了各种图像。姿态各异，形状繁多，变化无穷的纹理，形成了幻化无穷的自然美的形象。有峰峦起伏、苍翠欲滴、风景如画的奇石；有云雾缭绕、古树苍郁、茅屋数间的奇石；有石峰林立、流水潺潺、峭壁悬崖、直插云霄的奇石。有古今中外的各种人物石，有各种各样的神话故事石；有奇花异草苍松修竹石，有中外各民族的文字石。

第五，形神兼备美。形神兼备美是意境美，意是情之意，境是心之境。从美学的角度来看，形神兼备的黄河画面石才最具有艺术生命力和感染力，这样的画面石就是意境美，意境美的奇石才是奇石中的佼佼者。

第六，粗犷豪放美。黄河画面石的色彩不论是单一色彩者，还是多种色彩者，都是古朴沉郁，给人以一种纯朴、浑厚、庄重之美，具有西北黄土高坡的文化内质。

第四节　黄河胜景

一　黄河石林

景泰黄河石林位于甘肃省景泰县东南部的中泉乡龙湾村，北距景泰县城 70 公里，南距白银市 70 公里，距兰州 136 公里，面积约 35 平方公里，其中石林面积 10 平方公里。地理坐标为：东经 103°33′～104°43′，北纬 36°43′～37°38′，海拔 1 340～1 600 米之间。景区北临黄河干流龙湾河曲，南接连绵不断的侵蚀丘陵，黄河由东向西流过景区。2004 年 1 月被国土资源部批准为国家地质公园。这里群山环抱，环境幽静，空气清新，风景秀丽。景泰黄河石林景区由高品位的自然旅游资源组合而成，集东西南北自然景色之大成，在全国实属罕见，在北方更是独树一帜。因其造型独特、规模大、景区组合优越，可称之为

"中华自然奇观"。

黄河石林生成于距今400多万年前的第三纪末期和第四纪初期的地质时代。由于地壳抬升运动，形成以黄河的湖泊相砂砾岩为主，造型千姿百态的石林地貌奇观。石林景区陡崖凌空、景象万千、峰回路转、步移景变，其造型天造地设，鬼斧神工，犹如雕塑大师之梦幻杰作。"观音打坐""屈原问天""木兰还乡""月下情侣""神女望月""十里屏风""天桥古道""一线天"等高达几十米甚至上百米的形态各异、千奇百怪的石柱石笋石林景观随处可见。中华民族的母亲河——黄河，在这里形成"S"型的回水湾由南向北进入宁夏地界。河的东岸除高耸的石林外，还有背山面河、林木葱郁、渠水潺潺的"龙湾绿洲"，是休闲度假的理想去处。专家评价：景泰黄河石林是集中国地质地貌之大成，组合优越、动静结合、国内罕见、西北独有，堪称中华自然奇观的一处极具开发价值、高品位的自然生态旅游景区。

黄河石林规模宏大，景色优美。整个石林景区千峰竞奇，峡谷蜿蜒，陡崖凌空，各种各样的石峰风格神奇独特，造型逼真，活灵活现。远看群峰如波涛奔涌，近看其形似生动雕塑，漫步景区曲径通幽，如入迷宫。黄河石林景区将黄河、石林、沙漠、戈壁、绿洲、农庄等多种资源巧妙组合在一起，山水相依，动静结合，气势磅礴。该区适宜探险、猎奇、漂流、攀岩、休闲度假以及地质考察并以其雄、险、奇、古、野、幽等特点成为西部影视片、科幻片的外景拍摄基地。在此拍摄的电视连续剧《天下粮仓》、《西部热土》、《汗血宝马》、《惊天传奇》、《大漠敦煌》等播出后，更使黄河石林名扬天下。

二 黄河三峡

黄河三峡由于地处青藏高原与黄土高原的过渡地带，是中华民族黄河古文化早期的发祥地和传播地之一。有着五千年灿烂辉煌的黄河古文化，由于中原文化、少数民族文化相互影响融合，使这里的文化呈现出南北交融、古今并存的显著特点，这里古文化遗存丰富多彩，并以其雄浑博大、底蕴深邃，在中国的古文化遗产中独树一帜，被誉为西北高原古今文明交相辉映、中西文化交织荟萃、颗颗明珠流放异彩的靓丽风景线，是黄河古文化积淀最集中的地方。

黄河三峡曾是古丝绸之路和唐蕃古道的要冲，历史上西汉张骞出使西域，霍去病征讨匈奴，赵充国屯田，晋高僧法显求法，隋炀帝西巡，唐玄奘西行取经，弘化、文成、金城三公主与吐蕃联姻，薛仁贵征西等，都曾经由此地。郦道元、张鷟、李靖、解缙、郭沫若、郑振铎、吴作人、张仃、李可染等古今名流也在这里留下了珍贵的墨宝。在漫长的历史长河中，黄河三峡就像一条圣洁的纽带，沟通了中西文化的交流，记载着中外往来的历史，推动着人类文明的发展。

母亲河——黄河在永靖县境由西南向东北呈独特的"S"形穿流而过，形成了炳灵峡、刘家峡、盐锅峡——黄河三峡旅游风景区，成为西北高原特有的绚丽画卷。国家先后在永靖县境内建成了刘家峡、盐锅峡、八盘峡三座大中型水电站，形成了炳灵湖、太极湖、毛公湖三个靓丽的高峡平湖。黄河三峡旅游风景区旅游资源丰富多彩。在长达107公里的黄河三峡沿线，古今文化交相辉映，旅游景点星罗棋布，自然风光峻奇秀美。

黄河三峡第一峡——炳灵峡风景区，有与敦煌莫高窟齐名的炳灵寺石窟，是我国著名的十大石窟之一，也是国务院颁布的第一批国家重点文物保护单位。炳灵寺石窟始建于西秦建弘元年，距今有1 600多年的历史，共有窟龛200多个，石雕、泥雕佛像800身，壁画约1 000平方米，浮雕佛塔近40座，特别是169号窟内，保存着大量的西秦壁画和题记，是我国早期石窟艺术的珍品。炳灵寺方圆8平方公里范围内，因其特殊的地质构造和大自然的鬼斧神工，形成了与桂林石林相媲美的炳灵石林，峭岩壁立，千姿百态，巍峨峻拔，层峦叠嶂，像一座浩大的天然雕塑博物馆。另外，还有姊妹峰、鲁班滩、炳灵大佛、黄河飞渡等著名景点，让无数游客叹为观止，流连忘返。刘家峡风景区有被誉为"黄河明珠"的刘家峡水电站，是我国自行设计、施工、安装的亚洲第一座百万千瓦级大型水电站，滔滔黄河水从147米高的大坝奔腾而下，气势澎湃，惊涛拍岸，似卷起的千堆雪，在太阳照射下气象万千。碧波万顷的高峡平湖——炳灵湖，水域面积达130多平方公里，是我国目前最大的高原人造湖之一，是从事水上旅游和竞技项目的绝好之地，1997年，炳灵湖被确定为国家皮划艇队训练基地。

黄河三峡景区内品位较高的景点多达150处，比较有名的还有元、明、清各代建造的岗沟寺、罗家洞、白塔寺等佛教圣地，抱龙山、吧咪山、松树岘等原始林区以及历代修建的古城堡遗址、烽火台和王震将军抢渡黄河时的"将军渡"等历史遗迹。黄河三峡所在地永靖是中华民族和古文化的发祥地之一，境内有丰富灿烂的仰韶文化、齐家文化、辛甸文化等文化遗迹，素有"彩陶之乡"的美称，境内出土了珍藏于中国历史博物馆的"彩陶王"，正是历史的见证。同时，周边有回族、保安族、东乡族、撒拉族、土族等稀有少数民族聚居区，形成了各具特色的地方民族风情。目前，黄河三峡已成为集鉴古赏今、观光旅游、休闲度假为一体的旅游之地。

黄河三峡是古生物的伊甸园。远古时代的黄河三峡，是大量古生物繁衍生息的乐园，出土了享誉中外的古生物化石。在太极湖畔出土了一亿七千万年前侏罗纪或早白垩纪时代的恐龙足印化石群，其规模之大、种类之多、遗存之完整、清晰度之高，均属世界之最，蜚声中外。还出土了目前世界上最大牙齿的植食性恐龙——"兰州龙"和国内已知最胖的恐龙——"刘家峡巨龙"的足印化石，也发现了多处古生物、节肢动物和虫迹化石。建成的甘肃刘家峡恐龙国家地质公园是目前甘肃省唯一一处由多种恐龙足印化石群构成的国家级恐龙地质公园。

黄河三峡是中国的彩陶之乡。作为中华民族黄河古文化早期发祥地、传播地和远古人类生息繁衍地之一，这里蕴藏着极为丰富的古文化遗迹，是中国新石器文化遗存最集中、考古发掘最多的地区之一，相继出土的马家窑文化、齐家文化、辛甸文化、寺洼文化彩陶就有数千件之多，被誉为"中国的彩陶之乡"。举世无双的国家文物珍品"彩陶王"，便是这些众多出土文物中的杰出代表。1950 年 4 月，在黄河三峡出土的一件新石器时代马家窑文化马家窑类型陶瓮，瓮高 49.3 厘米，陶质细腻，坚而光亮，主体图案为黑色单彩水旋纹，纹饰繁密，线条流畅飞动，似水势汹涌，极为雄奇壮观，其精美绝伦的造型和图案，赢得无数参观者的惊叹，被誉为中国的"彩陶王"。

黄河三峡是中国石窟的百科全书。始建于东晋十六国时期，位于黄河三峡之炳灵峡的炳灵寺石窟，是我国著名的十大石窟寺之一，也是国务院颁布的第一批国家重点文物保护单位，距今已有 1 600 多年的历史，现存窟龛 216 座，石雕泥塑佛像 882 身，壁画约 1 000 平方米、浮雕佛塔 76 座。炳灵寺石窟虽然没有像莫高窟和麦积山石窟那样庞大的规模，但它却是我国石雕艺术延续时间最长的石窟之一，保存有中国石窟最早期、中期和最晚期的壁画和石雕，其内容非常丰富，题材十分广泛，被誉为"石窟的百科全书"。其中，第 169 窟保存的西秦建弘元年（即公元 420 年）墨书题记，是我国石窟中有明确纪年的最早题记，它不仅为炳灵寺石窟的开创与分期提供了可靠的实物依据，也为甘肃乃至全国其他古老石窟的分期断代提供了标识，推翻了石窟考古界一直以云岗、龙门石窟的北魏造像为标尺来判定国内其他石窟的开创期及其考古价值的观点，从而确立了炳灵寺石窟在中国石窟艺术研究中的地位：炳灵寺石窟不仅早于云岗、龙门石窟几十年甚至半个世纪，而且在石窟艺术从印度传到西域，再由西域传入中原的过程中是一个重要的桥梁。炳灵寺石窟与莫高窟一样，有着同样重要的历史价值和艺术价值。

黄河三峡是西北花儿的故乡。永靖是一个少数民族大杂居、小聚居的县份，这里还流传着具有浓郁地方风情的民间小调、秧歌曲、财宝神、宴席曲、"贤孝"、说唱艺术等丰富多彩的民族文化，其内容丰富多彩，形式多种多样，曲调优美婉转而享誉国内外，具有很高的艺术价值。同时，周边有回族、保安族、东乡族、撒拉族、土族等少数民族居住，形成了各具特色的地方民族风情。这里又地处青藏高原与黄土高原的接合部，悠久的历史、独特的地理环境，使黄河三峡拥有深厚宏博的文化底蕴和积淀，也是西北河湟花儿的传承地。在这里，你可以听到原生态"花儿"，无论是田间地头，还是山间小道，处处飘荡着"花儿"优美的旋律。这里的"花儿"曲调之丰富、唱词之浩瀚，位列全国民间艺术的前列，被称之为中国西部民间艺术奇葩而饮誉艺坛，闻名中外，被联合国教科文组织列为民歌考察采录基地，被列入第一批国家非物质文化遗产名录。

黄河三峡是西北的工匠之乡。黄河三峡自古出工匠，有木匠、铁匠、石匠、砖匠、瓦匠、毡匠等，他们不仅建造了东方艺术宝库——炳灵寺石窟、天下第一桥、黄河飞渡、英雄渠、密宗禅院、罗家洞寺、佛教名刹——岗沟寺等名胜古迹，还建造了刘家峡、盐锅峡、八盘峡三座大中型水电站，创造了人类历史上一个又一个奇迹。翻砂铸造作为这里的传统工艺，历史悠久，长达 600 多年。在明洪武时，永靖铁匠为甘肃兰州镇远浮桥铸造高 5.8 米、直径 61 厘米、重约 10 多吨的"将军柱"4 根，立于甘肃兰州黄河两岸，名垂史册。而今铁匠子孙传承先祖技艺，其铸造的佛像、钟鼎、法器名震西北，行销海内外。尤为突出的是永靖木匠，他们自称是鲁班传人，个个身怀绝技，出类拔萃，大到宫殿庙堂、寺院道观，小至亭台楼阁、池馆水榭、村社民居，无不建造得或富丽堂皇、雍容华贵，或小巧玲珑、别致新颖。永靖木匠在精于营造中原、藏式、回式建筑的基础上，吸取三者的特点和优点，富有独创性地设计出藏汉结合、回汉结合的古典建筑，在几千年中华民族浩如星汉的建筑史上独领风骚。甘、青、宁、新、川、藏、陕、蒙乃至全国各地的名山古刹都留下了他们的足迹和聪明智慧的结晶。他们独具特色的古典建筑和木工技艺，不仅极大地丰富了中华民族的建筑形式，而且以独一无二的显著特色，在西北乃至华夏建筑史上闪耀着炫目的光芒。

黄河三峡是中国傩文化之乡。黄河三峡是傩文化的发祥地之一。至今，在神奇的黄河三峡群山环抱的山区土庙之中，还流传着这种古老而神秘的祭祀仪式，淳朴的乡民们穿着色彩鲜艳的服装，戴着看似恐怖的面具，边舞边跳。永靖傩舞戏民间俗称"跳会"，由请神（下庙）、献盘、献牲、会手舞——傩舞、面具舞——傩戏、赛坛等仪式组成，它起源于远古时代的图腾崇拜、宗教祭祀活动，成形于明朝[1]。在永靖县，还保存着21幅唐、明时期的傩舞面具，是我国目前保存最早的傩舞面具，制作精细，造型生动，形神兼备，栩栩如生，具有很高的历史文化价值、文物保护价值和艺术研究价值。永靖傩舞戏最大的特点就是它一方面继承了古代"军礼"的基本内容，所使用的面具大多数为神话传说和历史人物中勇猛善战的武士和将军，另一方面还增添了三国历史故事和民间民俗生活内容，增强了民众的观赏兴趣。永靖傩舞戏流传至今数千年，以保存之完整、形态之原始、活动之广泛、特色之鲜明，成为中国和世界傩文化海洋中的一朵奇葩。

三　美丽的黄河第一湾

黄河第一湾地处四川、甘肃、青海三省接合部，是著名的黄河九曲之首曲。距诺尔盖县唐克乡约10公里，距诺尔盖县城68公里，距红原县瓦切乡30公里。黄河自青海省流入甘肃、四川之后，环流于玛曲、诺尔盖，

---

① 王志远：《黄河流域宗教文化发展论略》，《运城学院学报》2003年第2期。

并与其支流白河相汇合，形成蜿蜒曲折 433 公里、河流纵横、沼泽遍布的黄河第一湾。

黄河九曲第一湾蜿蜒逶迤、风姿绰约。沙洲点点，红柳成林，婆娑多姿，水鸟翔集，渔舟横渡，落日余晖，被中外科学家誉为"宇宙中庄严幻景"。登高远眺，但见黄河风姿绰约，款款而来，蜿蜒而去；落日时分，更是"落霞与孤鹜齐飞，秋水共长天一色"；簇簇帐篷、缕缕炊烟、牧歌声声、骏马驰骋，好一幅"牧歌空中扬，骏马草上飞"的美景。古寺白塔，法号声声，伴着静静的黄河，这里也是黄河上游重要的水源涵养地和补充地。当黄河再次进入青海时，已增加水流量 45%，所以黄河首曲流经之地又有"黄河蓄水池"之称。这里盛产的河曲马，是中国三大名马之一（河曲、伊犁、蒙古）。

发源于红原县南部丘原的白河自南向北流，在唐克乡索格藏寺的黄河第一湾，与黄河汇合，形成两河对直"碰头"和"拥抱"的奇观。九曲黄河第一湾入口处，有一座寺院，叫索格藏寺，属藏传佛教格鲁派寺院。寺院左后 300 多米高的小山是观看黄河第一湾的最佳观看点，早上的日出之时和下午的夕照之时都是黄河第一湾最美丽的时刻。

第五节　黄河民乐

黄河，这条中华民族的母亲河，千万年来，养育了无数中华儿女。他们在她巨大的怀抱里休养生息，战天斗地，奋斗着，劳作着；欢乐着，痛苦着；歌唱着，哭泣着……世世代代，形成了独特的生活习俗，也创造了灿烂的民间音乐。

生活在黄河两岸的"黄河人"，都是喝着黄河水、滚着黄河泥长大的，因此他们的许多生活习俗，都与黄河有关。因为黄河的水利能造福于人，同时洪水又经常给人们带来灾害，于是便产生了与此相适应的防洪筑堤民俗、航运交通民俗、生产习俗等，并由此而产生了夯歌、硪号等民间口头文学。这里人们住的，是能防水淹的"台房"；穿的，是黄河本色的土布——"紫花布"；就连小孩子睡的褓褓，也是用黄土制成的"土裤"。这种"土裤"，不但使孩子睡在里面暖暖和和，且"又消炎败火，不落毛病"，故有民谣唱道："黄河小孩呀，真幸福。穿土裤呀，不出屋。""黄河人"生性豪放，一些平常的饮宴也常与外地大不相同。吃饭，他们常在大街上"摆饭场"：几十条大汉各端着一个盛满饭的大海碗，蹲在地上，围在一起，边吃边谈。喝酒，更沿袭着"梁山好汉""大碗喝酒，大块吃肉"的遗风，"有菜无酒不留客，有酒无菜是好席"。亲友相聚，常常"一醉方休"。

与生活习俗相伴而生的民间音乐，忠实而深刻地反映了"黄河人"的生活，也为"黄河人"的生活增添了生活的乐趣。可以说，黄河有多粗犷，这里的民间音乐就有多粗犷；黄河有多豪迈，这里的民间音乐就有多豪迈。

一 黄河号子

黄河船工祖祖辈辈生活在黄河上，漂泊在木船上。他们对黄河了如指掌，把船只视为家珍。在与黄河风浪搏斗的生活实践中，船工们创作出了丰富多彩、独具特色的黄河号子。声声号子抒发了船工们复杂的感情，反映出他们的喜、怒、哀、乐、忧、怨、悲、欢。黄河船工号子，伴随着船工的劳动，是船民生活的旋律。黄河船工从来是不行"哑巴船"的。船工们一投入工作，就开始唱"黄河叫号"，招呼大家准备行船。船在岸上检修后拖船下水时唱"威标号"，接着有"起锚号""搭篷号""扬蛮号"（船工们忌用"翻"音，"扬蛮号"即"扬帆号"），使用最多的是"拉纤喂喂号"。黄河的拉纤号，又有清早拉纤号和晚上拉纤号之分，虽曲调相同，但歌词内容是不一样的。黄河中下游的船工，横渡黄河的时候比较多，在劳动实践中，船工们摸索出了向前抛锚，然后用水的冲力推船横渡的劳动方法。这样，就创造出了一种适应这种劳动的急促有力的"抛锚号"和"抢大锚号"。另外，船调头时有"带冲号"，撑船时有"跌脚号"，快到码头时有"大跺脚号"，在两船之间穿行时有"车挡号"等等。直到停船，每一劳动过程都有号子伴奏。

随着河道的变化，船工们还创造出了各种形式的劳动号子，以适应劳动节奏的变化。黄河中上游是黄土高原和豫西山地，谷深峡险、水流湍急。黄河船工们逆流而上，步步艰难；顺流而下，提心吊胆。民间有俗话叫"船行三门峡，如过鬼门关"。三门峡是黄河最险恶的地段之一，明礁暗石，水势凶猛，曾有不少船只在这里葬身河底。所以，船工们在这些河段里行船，必须有同舟共济之心、力挽狂澜之胆。这时候，使用的号子几乎不用歌词，全用"嗨、嗨"的衬词组成。黄河流出豫西山地，进入华北平原以后，没有了那种奔腾无羁的气势，缓缓泻入渤海。船工们在这些河段里行船，其号子也多缓慢悠扬，颇具情趣。黄河号子采用的是一领众和的形式，从歌词到曲调都敦厚质朴、雄劲开阔。

黄河船工号子的歌词内容丰富。在旧中国，有许多歌词反映了船工们在黑暗岁月中的悲惨生活。如有一首《搭篷号》这样唱道：

艄公号子声声雷，船工拉纤步步沉。运载好布千万匹，船工破衣不遮身。运载粮食千万担，船工只能把糠馍啃。军阀老板发大财，黄河船工辈辈穷。

黄河船工长年累月航行在千里河道上，对黄河两岸的一山一石、一草一木都非常熟悉。船工们在用号子来调节单调、繁重的体力劳动的同时，也用歌声来描绘山川景色，抒发他们热爱大自然的感情。如有这样一首号子：

一条飞龙出昆仑，摇头摆尾过三门。吼声震裂邙山头，惊涛骇浪把船行。

在较平缓的河道上航行或劳动时间持续较长的时候，船工们往往唱一些历史传说故事，以解除疲劳，活跃气氛。黄河船工号子以三国故事为歌词内容的较多。如：

三气周瑜在江东，诸葛亮将台祭东风。祭起东风连三阵，火烧曹营百万兵。

二　"花儿"

"花儿"又名"少年"，别称"野曲儿"，是流传在甘肃、宁夏、青海等地回、撒拉、东乡、保安以及汉族中的一种民歌。它是一种很有特色的高原民歌，它风格质朴，曲调优美，表达感情强烈，曲调明快，具有浓郁的乡土气息，深受当地各族人民的喜爱。

取名"花儿"，一是因为歌名、歌词中有大量的花名；二是反映出各族老百姓对它的喜爱，故用此昵称。"花儿"的不同曲调分别以"令"谓之。"花儿"的唱词为四句民间格律体，即它们不是规整的七言句式，而是第二、四句采用"双字尾"，如：上去高山望平川，平川里有一朵牡丹；看上去容易摘去难，摘不到也是枉然。曲调则全部是上下句体，四句唱词分两遍唱完。由于分布面广，"花儿"按流行地区和歌唱形式分为"河湟花儿"和"洮泯花儿"两大流派。同时，又依民族、音调风格分成若干支脉。花儿的传唱分平时和"花儿会"两种，因为是情歌，所以严禁在村子里唱。"花儿会"一年四季都有，但主要集中在阴历五六月间。届时，花儿会与传统庙会、交易会汇为一体，人们在风景优美的山野，朝山浪会，对歌酬答，充满了欢悦悠闲的生活情趣。

河湟花儿，也称为少年。主要流传于甘肃河州（今甘肃临夏回族自治州）和青海湟水一带。它是花儿两大派系中流传范围最广、影响最大、音像出版物最多的一派，极受汉、回、东乡、土、撒拉、保安、藏、裕固等八个民族广大群众的喜爱。

在这里，不论是草原上的牧民、田野里的妇女，或是河里的筏工、行路的脚户哥，都会信口漫上几首心上的花儿。和洮泯花儿的歌手们一样，每年在夏、秋收割之前，自发地举行盛大的民间花儿歌手赛歌大会，时间有长有短。如青海省大通县老爷山的花儿会、乐都瞿坛寺等地花儿盛会比较有名，不仅本地的歌手参加，邻近省县的花儿唱家也打擂献歌。

河湟花儿的特点是曲调丰富，以抒情见长，文词优美、朴实、生动、形象，结构严谨。行段分为四句、六句两种。演唱也比较自由，并且以独唱为主，也有对唱和联唱。其曲调悠扬、高亢、奔放。其中的曲谱（民间称为"令儿"）有百种之多，广为流传的也不下四十余种。比如"白牡丹令""河州令""尕马令""脚户令""大眼睛令""仓啷啷令""尕阿姐令""水红花令""撒拉令""保安令""憨肉肉令"等，在流传地区家喻户晓。

洮泯花儿是"莲花山花儿"和"岷县花儿"的总称。它是西北花儿的两大流派之一（另一派就是河湟花儿），主要在汉族群众中漫唱。广泛流行于甘肃省临夏回族自治州的康乐、和政县；定西地区的临洮、渭源县；武都地区的岷县（岷州）、武都、宕昌、文县；甘南藏族自治州的临潭（洮州）、卓尼、舟曲县等地。

根据音调、唱词、演唱风格，又把洮泯花儿分为"南路花儿"和"北路花儿"。其中"南路花儿"以岷县二郎山花儿会为中心，"北路花儿"以康乐县莲花山花儿会为中心。

　　洮泯花儿被当地群众称为"草文章",分为"本子花儿"和"散花儿"。所谓"本子花儿",指成本成套的演唱,有历史人物故事和民间传说,诸如《三国演义》、《西游记》、《白蛇传》、《梁山泊与祝英台》等;"散花儿"则多为歌者触景生情、即兴创作的短歌,唱词的字数、行段都很自由,一般都押韵。有的一韵到底,称为"单套";凡一首中押两个或三个韵脚的称为"双套"。

　　洮泯花儿按照演唱形式,分为"开头歌""问答歌""对唱歌""联唱歌""生活歌""短歌"和"长篇叙事歌"。总之,洮泯花儿格式多样、结构自由、演唱灵活,深受当地群众的喜爱。

第六节　黄河文化遗址

一　半坡文化

　　黄河一直都被中国人奉为中华文明的发源地,其实长江流域的文明可能比黄河流域的文明起源更早,但因为没有被直接延续下来,所以就被世人所遗忘了。

　　在黄河流域发现大量的古文化遗址,与之相反,在长江流域发现的古遗址却不多,这可能与南方高湿高温的气候有关。黄河流域分布的主要是彩陶文化(仰韶文化)和黑陶文化(龙山文化),而长江流域、珠江流域分布的是印纹陶文化。印纹陶文化与南方的百越文化关系密切,两者有着许多共同的特征。印纹陶文化在南欧(如巴尔干半岛)也分布较广。除此之外,在我国的东北、华北和西北地区还分布有细石器文化。细石器文化在中亚分布较广,与中亚相邻的新疆也属细石器文化,所以中亚的细石器文化与我国西北地区的细石器文化之间有没有联系,还需进一步考证。

　　已进入新石器时代(1万年至2千年)的半坡文化是仰韶文化的早期,当时正处于母系氏族社会。新石器时代区别于旧石器时代(250万年至1万年)主要有以下三点:

　　第一,由打制石器转向磨制石器。第二,由采集、狩猎转向种植、畜牧。第三,陶器的出现。进入新石器时代,生产力大大提高,人类由食物的采集者变为了食物的生产者。采集、狩猎是一种居无定所的流浪生活,而种植、畜牧则是一种定居生活,因此古村落也就此诞生。人们把旧石器时代向新石器时代过渡的这个阶段称之为"农业革命"。人类史上有三次划时代的革命，第一次是火的运用，第二次是农业革命，第三次是工业革命。

半坡村位于西安附近，从该村发掘出一个距今有五六千年的古村落遗址，这是黄河流域很重要的一个文化遗址，1952年被发现。遗址有5万平方米，分居住区、制陶作坊区和墓葬区。居住区发现有40多座房子，有半地穴建筑和地面建筑，形状有圆形、方形和长方形。房子有柱子支撑，墙壁是泥墙，墙面用草拌泥涂抹。房子大小有十几、几十平方米，也有上百平方米的。

发现的窑址有6座，有竖穴式和横穴式两种，其空间较小，直径只有1米左右。

墓葬区有小孩墓和成人墓，多以瓮、盆、钵等为葬具，葬具上还留有小孔，估计是为灵魂转世所留。另外还发现一具木板葬具，这是唯一的一个木制葬具，不过这一形式一直被沿用至今。埋葬方式多为单人仰身和直肢，也有少量的俯身、屈肢和二次葬。

那里的原始居民种植粟、芥菜、白菜等农作物，饲养绵羊、山羊和猪等家畜，另外淡水鱼和野味也是他们的食物。

发现的生产工具和生活用具有1万多件。他们的生产工具有石器和骨器，石器有石斧、石铲、石刀、磨盘、磨棒、刮削器、砍砸器等，骨器有骨锥、骨针、骨刀、骨钩、骨叉等。

他们的生活用具是陶器，陶器有夹砂和泥质两类，器形有钵、盆、碗、罐、甑、瓶等。彩陶上黑彩多、红彩少，纹饰有象征性图案（如人面、鱼、鹿、蛙）和几何图案（如三角、方格）。其中人面鱼纹是彩陶上最典型的纹饰。这里的彩陶还刚萌芽，到仰韶文化中彩陶的制作工艺才成熟。

在陶器上还发现有刻画符号，这可能是我国最早的文字渊源之一。在中国境内，人类最早把类似文字的符号刻画在陶器上，等后来刻画到甲骨上的时候，符号就成为了文字，我们称之为"甲骨文"。

二　老官台文化

老官台文化遗址1955年发现于陕西华县，1959年进行发掘。后来在甘肃泰安大地湾也发现同类型文化，所以老官台文化也称大地湾文化。老官台文化主要分布于黄河的支流渭河流域。

老官台文化处于新石器时代早期，距今有 8 000 多年，以磨制石器为主，但仍有少量的打制石器和细石器。打制石器是旧石器时代的主要标志，而磨制石器则标志着新石器时代的到来。

生活于此的原始居民开始种植粟类作物，还养猪养狗，生产工具有石凿、骨铲、角锥等。

住房为圆形的半地穴式建筑，坟墓是长方形的土坑，有陶器作为陪葬品。

当时的制陶工业还很原始，烧制温度低，器物种类也少，彩陶工艺还处于萌芽状态。

出土的文物以陶器为主，出土了 27 件陶器。陶器的类型有夹砂粗红陶和细泥红陶、细泥黑陶和细泥白陶，纹饰有绳纹、斜线纹、附加锥纹、锥刺纹和刻槽纹等，器形有三足罐、三足钵、杯、小口平底鼓腹瓮等，彩陶只有沿外袜红宽带纹的三足钵。

在大地湾古文化遗址发现有 200 多件彩陶，多以三足钵为主。最引人注目的还是陶器上的那 10 多种符号，它们比半坡文化遗址中发现的刻画符号要早 1 000 多年，这也可能是最早的文字原形。

在该遗址之中还发现一座类似宫殿的建筑，该建筑的地面与现在的混凝土地面很相似。

与老官台文化和大地湾文化同一时期的还有裴李岗文化、磁山文化和贾湖文化，它们都是新石器时期的代表。

三　仰韶文化和龙山文化

仰韶村处于河南省渑池县，从该地的古遗址上发现了许多器物。器物有石器、骨器、陶器。石器有刀、斧、杵、镰、石纺轮等，骨器有骨针，陶器有钵、鼎和粗陶、彩陶。

仰韶文化遗址有大量石斧、骨锄的发现，表明当时农业的发达。另外还在墓室中发现一陶罐里盛放了粟，说明粟是当时的主要农作物。

骨锥、骨针和古轮的出现，说明当时的原始居民掌握了初步的缝纫和纺织技术。发现许多猪、牛、马的骨头，说明当时已有了畜牧业。石镰、骨镞的出现，表明当时弓箭已被普遍使用，同时还表明当时已由狩猎生活向原始畜牧业和农业过渡。

在甘肃各遗址的墓葬中，还发现许多磨制的玉片、玉瑗、海贝等，这说明当时可能有了最原始的交换关系。新疆盛产玉，所以玉可能是从新疆来的。但甘肃远离大海，所以海贝是怎么传递过去的，值得探究。

处于新石器时代晚期的仰韶文化也称彩陶文化，彩陶在窑中烧造，但还没使用陶轮，其表面有或红或黑的几何图案，器物大小不一，形状差别很大。

仰韶文化遍布西北地区的新疆、甘肃、青海、陕西等区省，还覆盖了华北和中原地区。仰韶文化有多种类型，有河南渑池县半坡类型（仰韶文化早期）、河南陕县庙底沟类型、河南安阳县后冈类型和大司空村类型以及大河村类型等（仰韶文化中、晚期）。庙底沟类型的彩陶颜色黑多红少，没有半坡类型的圆底钵。后冈类型、大司空类型的彩陶以灰陶为主，纹饰多为红色。大河村类型的彩陶多为白陶。据推测，仰韶文化很有可能就是黄帝族文化。

仰韶文化从 5 000 年前一直持续到 2 500 年前后，然后与新石器时代晚期的其他文化融合，形成了后来的夏商文化。长江流域的古文化起源可能比黄河流域的还要早，但后来都中断消失了。而传承有序的黄河流域文化从未中断，从仰韶文化、龙山文化到夏商周文化再到如今。

近期在河南灵宝市西坡村发现了一个属于仰韶文化的遗址，在该遗址中发现了一座宫殿，据推测，它很有可能就是黄帝的宫殿。考古人员还在其周围发现了一座可以居住 20 多万人口的都城，它应该是当时部落联盟的聚居地。

龙山文化也称黑陶文化，黑陶制品质地精细，造型优美，用陶轮加工并在窑中高温（1 000℃）烧造。这种高温技术的掌握，为青铜时代的到来做好了准备。他们使用的生产工具有石斧、石刀、石镰等，另外还有蚌镰和挖土用的双齿木耒。他们饲养猪、狗、牛、羊、鸡、马等。

无论是彩陶文化，还是黑陶文化，都应该是发源于中国本土，与两河流域（幼发拉底河和底格里斯河）文明、印度文明之中的陶瓷没发现有什么继承关系。

晚期的龙山文化遗址还出现了青铜器，它表明龙山文化开始向青铜文化（夏商文化）过渡。这一时期的精致陶器也与商代的陶器十分相似。

四　大汶口文化和马家窑文化

大汶口文化处于新石器时代的中、晚期，它早期的陶器、石器和建筑与裴李岗文化类似。它晚期陶器上的图像刻画符号不同于仰韶文化中的几何刻画符号，它们很有可能就是甲骨文的鼻祖。

马家窑文化是仰韶文化向西发展的继续，1923 年在甘肃临洮被发现。它的彩陶很发达，继承了仰韶文化中庙底沟类型的风格。它早期的彩陶以黑彩为主，中期出现有黑、红相间花纹，晚期多是黑、红二彩并用。在遗址之中还发现一把青铜刀，它标志着石器文化向青铜文化过渡，是一个金石并用的时代。

与马家窑同时期、同地点的是辛店文化，距今 3 000 多年。它的彩陶很多，器形以罐为主。从辛店文化的基本特征上看，已基本上进入到了青铜文化。

第 五 章

革命文化

　　甘肃是一个具有光荣革命传统的省份。甘肃不仅是中国工农红军二万五千里长征胜利的结束地，还是中国西部最早红色革命政权的诞生地，也是红军西路军悲壮历史的见证地。无数革命先辈曾在甘肃这片土地上浴血奋战，为中国革命事业和解放事业的最终胜利立下了历史功勋。艰苦奋斗、百折不挠的红色历史，贯穿了整个中国红色革命事业和解放事业，同时也给甘肃遗留下了众多宝贵的革命遗迹。其中有作为中国工农红军长征中的"四大聚焦点"（出发点瑞金、转折点遵义、汇合点会宁、落脚点延安）之一，红军实现大会师、长征胜利和中国革命重心战略大转移的标志地而载入中国革命史册的会宁县；有打开红军通往陕甘革命根据地胜利之门的迭部天险腊子口战役遗址；有决定红军长征最终去向和目的地的宕昌哈达铺会议遗址；有抗日战争期间，为营救被俘流落红军西路军将士，推进抗日民族统一战线作出巨大贡献的兰州八路军办事处；有陕甘宁边区最早的红色革命政权——华池南梁苏维埃政权遗址。此外，甘肃还有在中国革命历史上占据重要地位的岷县三十里铺"岷州会议"遗址、迭部"俄界会议"遗址、通渭县"榜罗镇会议"遗址、静宁"界石铺会议"遗址、泾川县红25军四坡战役遗址、环县山城堡战役遗址，及洒满红军西路军热血的景泰索桥渡口遗址、靖远虎豹口渡口战役遗址、古浪县横梁山战役遗址、武威市永丰战役遗址、临泽县倪家营战斗遗址、高台战役遗址、肃南"红窝山会议"遗址、安西红西路军纪念碑等众多红军西路军革命遗迹。① 今天，这些革命圣迹仍基本保存完好，已成为进行革命教育、追思先烈、缅怀英灵的圣地和开展"红色旅游"的理想之地。

　　近来年，随着爱国主义和革命传统教育活动的不断深入，甘肃加大了

---

① 　师守祥：《摊开甘肃红色旅游发展线路图》，《发展》2005 年第 5 期。

红色旅游的开发建设和宣传推广，已初步形成以会宁为主体的红军长征胜利会师旅游线，以庆阳为核心的革命老区旅游线和以高台战役遗址为主的红军西路军历史纪念旅游线等三条以"红色旅游"为主题的线路，红色旅游已成为甘肃进行爱国主义教育和未成年人思想道德建设的重要内容。

"红色旅游"的发展，不仅使甘肃爱国主义教育活动内容更加丰富和形象，同时也使革命老区和革命纪念地找到了新的经济增长点和脱贫致富的路子，促进了对内、对外开放，带来了信息流和资金流，有利于实现城乡统筹的发展，为全面建设小康社会注入了生机活力。

第一节　南梁革命根据地

一　南梁革命根据地

南梁革命根据地位于华池县林镇乡四合台村的寨子湾，这里西南距林镇乡20公里。距荔园堡约15公里，距县城70公里。

寨子湾地处子午岭林深处，坐北向南，地势似簸箕形的沟掌上，沟掌下是山谷，谷下有小溪，是葫芦河的一条支流。这里山丘连绵，林木茂密，人烟稀少，交通不便，有利于开展游击活动。

1931年1月刘志丹到南梁，将分散在几处从事武装斗争的队伍集中起来，成立了一支拥有300多人的革命武装，活动于南梁地区，同年10月20日，晋西游击队和商贩队到达林镇的林锦庙，与刘志丹领导的陕甘边游击队会师。

1933年红四十二师进入南梁地区，全面展开开创南梁革命根据地的斗争，以荔园堡川的南梁为中心，方圆达百余里，境内重峦迭嶂，梢林密布，沟壑纵横，地势险要，敌人统治力量十分薄弱，是开展游击战争、建立根据地的理想场所。

1933年秋，红四十二师骑兵团在荔园堡消灭了国民党驻军一个营，当场处决了营长梁邦栋。11月25日，在南梁小河沟的四合台村成立了陕甘边临时革命委员会。四十二师抽调张振东、王英、杨培盛、张志孝、强家珍等10余人和8支枪，组建了保安、合水、庆阳和安塞游击队。不久，南梁附近农村相继建立农会组织，并组建了约1 000人的赤卫军。此时，陕甘边根据地的范围，以荔园堡为中心，扩展到北至合水坡，南至苗村，西至老爷岭，东至平定川的广大区域。

南梁根据地的建立引起了国民党的极度恐慌。12月初，西安绥靖公署调集驻保安、合水、庆阳等地正规军4个营和地方民团5 000余人，分9股向南梁发动了进攻。为了粉碎其进攻，红四十二师党委在南梁的梁沟门召开会议，成立了第二路游击队总指挥部，杨琪任总指挥，高岗任政委；成立了南梁后方工作委员会，由因病休养的吴岱峰任主任。王泰吉、刘志丹旋即率红四十二师南下支援关中第三路游击队的武装斗争，以第二路游击队打击进犯南梁的国民党军。吴岱峰、杨琪、张策等率游击队转入平定川老场村、豹子川王街村一带，动员群众，坚壁清野，准备迎击进犯南梁的国民党军。12月10日，甘肃警备第二旅驻合水的仇良民团1个营，进入南梁二将川。这时，国民党第十九路军将领蒋光鼐、蔡廷锴等联合李济深等反蒋势力，在福建成立了抗日反蒋的人民革命政府。消息传来，仇良民部队撤离南梁，其余各股国民党军也停止进攻。王泰吉、刘志丹率部接连取得消灭合水固城、正宁王郎坡和宁县南义堡民团等战斗胜利后，在正宁、旬邑、淳化一带，大力开展群众工作，使关中地区的革命形势又高涨起来。

1934年1月8日，红四十二师返回合水县连家砭，因王泰吉请求去豫陕边区做兵运工作，师党委决定刘志丹任师长，杨森任政委。年前，在照金突围时负伤的习仲勋来到南梁，协助吴岱峰、张策在南梁金岔沟成立了第一个农民联合会。随后，小河沟、豹子川、白马庙川、玉皇庙川、二将川、平定川、吴堡川、义正川、樊川、麻地台川等地的农民联合会、贫农团、雇农工会等组织和乡村苏维埃政权相继建立，并在小河沟、二将川、东华池、白马庙川、玉皇庙川建立了5个赤卫军大队，共1 000余人。1933年冬，在白马庙建立了南梁山区的第一个农村共产党支部，张志德任党支部书记。

1934年11月1日，陕甘边第一次工农兵代表大会在荔园堡召开，到会代表300多人，刘志丹、惠子俊、习仲勋、蔡子伟、张秀山、张策、黄子文、杨森、吴岱峰等参加了大会，选举产生了陕甘边工农民主政府，陕甘边革命军事委员会和赤卫军总指挥部选举习仲勋为陕甘边工农民主政府主席，贾生秀、牛永清为副主席；刘志丹为陕甘边革命军事委员会主席，委员吴岱峰、杨载泉、焦家川；陕甘边赤卫军总指挥牛志清，副总指挥郭德明，参谋长梅生贵；陕甘边工农民主政府下设各委员会；土地委员李生华、劳动委员张廷贤、粮秣委员杨玉廷，财政委员呼志录，肃反委员赫文明，工农检查委员惠子俊，文教委员蔡子伟，妇女委员张静文，秘书长张文华。陕甘边区革命委员会的成立，标志着以南梁堡为中心，北至吴堡川，南至固城川，西至柔远川，东至大东沟，方圆100余公里的南梁革命根据地已经基本形成。陕甘边区革命委员会的成立，成为领导陕甘边区人民开展武装斗争的指挥部，逐步使根据地扩大到陕甘18个县的数万平方公里，从而为经历长征的中央红军提供了立足点，为创建陕甘宁革命根据地奠定了基础。

11月7日，在荔园堡召开了庆祝苏联"十一"社会主义革命成功大会，有数千人参加，大会举行了阅兵典礼。同年，陕甘边特委、军委和政府在南梁荔园堡（后迁到豹子川张岔）创办红军学校，到1935年共办了三期训练班，刘志丹任校长，习仲勋任政委，吴岱峰任副校长，马文瑞、蔡子伟任教，先后培训了从陕甘边农村红军、游击队中派来的200多名军政干部，同时，边区政府制定了南梁根据地的建设规划和经济政策。创立银行，发行苏币，票面为1角、2角、5角和1元四种；在白马庙、荔园堡成立集市，促进苏区的物资交流；鼓励农民发展生产；成立牧场，制定粮食政策等，1935年2月，蒋介石调集陕、甘、宁、晋四省军阀五六万兵力向陕甘边和陕北根据地发动"围剿"，4月13日陕甘苏维埃政府也撤出了南梁地区，迁至陕西甘泉的下寺湾。

二　南梁革命纪念馆

纪念馆1986年正式建立，包括南梁、林锦庙、四合台、寨子湾、闫洼子、列宁小学等革命遗址。其中，革命纪念塔高34米，象征着陕甘边区苏维埃政府成立于1934年，塔座东西两侧和北面刻着刘志丹、谢子长等609位先烈的英名。纪念塔后是一组表现当年陕甘军民英勇作战的白色群雕和重修的清音楼。陕甘边区苏维埃政府旧址——荔园堡古庙与清音楼相对。展室内陈列着先烈们的生平简历以及绘画、图片等。

南梁政府旧址，位于华池县林镇乡四合台村的寨子湾。南梁政府旧址住地共分三组：一组为军委所在地，在东崾岘，共有窑洞六孔，西边三孔为办公室，次为刘志丹住室，再次为刘志丹爱人同桂荣住室；二组在寨子湾，在东崾岘相隔一道沟，为政府所在地，这里有窑洞四孔，靠北的一孔为伙房，次为办公室，再次为警卫班住处，第四孔为习仲勋住室，目前已坍塌得只剩两孔。三组在上崾岘，位于两组之间的山顶，这组有九孔窑洞，为政府政治保安队的住处和警备室。可住约七八十人，大队长为郭锡山，大队副队长为宋飞；山顶还修有防御工事战壕两道，以便于掩护政府机构安全撤退。

第二节　俄界会议

一　俄界会议

1935年9月5日晚12时，红一方面军先头部队陆续到达俄界村（今甘南州迭部县达拉乡高吉村）集中宿营。俄界是个依山傍水、坐北朝南的藏族小山寨，共有20余户人家，系藏族土司杨积庆所管辖。当时卓尼土司杨积庆管辖有3个团、两千多人的藏族步兵和骑兵。红军入甘后，蒋介石命令其"出动全部藏民""阻击红军"，当红军到达俄界村时，所有藏族群众躲进了对面和村后的高山密林里，观察红军的行动，他们被红军秋毫无犯的严明纪律所感动，杨积庆对过境红军采取了"让道过境"的态度，这给红军创造了在俄界短暂休整的外部条件。

然而9月9日，张国焘背着中央电令右路军政委陈昌浩右路军南下，企图分裂党、分裂红军。9月11日，党中央又向左路军发出了《中央为贯彻战略方针再致张国焘令其即行北上电》。

为克服由于张国焘的阴谋分裂所造成的危局，1935年9月12日，中央政治局举行俄界会议讨论行动方针问题。参加会议的政治局成员有毛泽东、张闻天、博古、王稼祥、何凯丰、刘少奇、邓发7人。列席会议的有蔡树藩、叶剑英、林伯渠、杨尚昆、李维汉、李德（共产国际顾问）、林彪、聂荣臻、朱瑞、罗瑞卿、彭德怀、李富春、袁国平、张纯青等。会议开始，毛泽东做了《关于与四方面军领导者的争论及今后战略方针的报告》。毛泽东首先报告关于目前行动方针，着重谈了三个问题：

第一，中央坚持两河口会议确定的北上战略方针。张国焘反对中央这个方针，主张向南。他认为中央的方针在政治上是没有出路的，中央不能把一、三军团也拉上这条绝路。由于张国焘的阻挠和破坏，使一、四方面军不能共同北上，因此，一方面军主力之一、三军团应该单独北上。

第二，毛儿盖会议决议是红军主力向黄河以东。现在由于情况变化，一、三军团的行动方针应有所改变，首先打到甘东北或陕北，经过游击战争，打到苏联边界去，打通国际联系，得到国际的帮助，整顿休养兵力，扩大队伍，创建根据地，再向东发展。从地形、敌情、居民等各方面条件看，实现这个新方针，无疑是可能的。

第三，我们与张国焘的斗争，目前还是党内两条路线的斗争，作组织结论是必要的，但不一定马上就作，因为它关系到争取四方面军的广大干部，也关系到右路军中一方面军干部的安全，我们还要尽力争取四方面军北上。

邓发、李富春、罗迈、李德、王稼祥、彭德怀、聂荣臻、杨尚昆、林彪、博古、张闻天等，在发言中一致同意毛泽东的报告，并谴责张国焘的反党分裂活动。指出：张国焘对抗中央北上方针，是给胡宗南吓怕了，完全丧失了建立根据地和革命前途的信心，我们同张国焘的分歧，不仅是战略方针的分歧，而且是两条路线的分歧。

毛泽东作会议结论时再次强调指出：我们同张国焘的斗争，"是两条路线的分歧，是布尔什维克主义与军阀主义倾向的斗争。张国焘是发展着的军阀主义的倾向；将来可发展到叛变革命。这是党内空前未有的"。

关于组织问题，会议决定：

第一，将原有一、三军团缩编为中国工农红军陕甘支队，由彭德怀任司令员，毛泽东兼政治委员，林彪任副司令员，王稼祥任政治部主任，杨尚昆任政治部副主任。

第二，成立"五人团"，作为全军最高领导核心，由彭德怀、林彪、毛泽东、王稼祥、周恩来组成。

第三，组成编制委员会，主任为李德，委员为叶剑英、邓发、蔡树藩、罗迈。

俄界会议正式作出《关于张国焘同志的错误的决定》。《决定》指出："政治局同意已经采取的步骤及今后的战略方针"。

第一，我们与张国焘的争论，"其实质是由于对目前政治形势与敌我力量对比估计上有着原则的分歧"。张国焘夸大敌人的力量，轻视自己的力量、丧失了创造新苏区的信心，主张向川康藏边界退却。"目前分裂红军的罪恶行为，公开违背党中央的指令，将红四方面军带到在战略上不利于红军发展的川康边境，只是张国焘同志的机会主义的最后完成。"

第二，造成张国焘这种分裂红军的罪恶行为的，"除了对于目前形势的机会主义估计外，就是他的军阀主义的倾向"。

第三，张国焘"对于中央的耐心的说服、解释、劝告与诱导，不但表示完全的拒绝，而且自己组织反党小团体同中央进行公开的斗争，否认党的民主集中制的基本组织原则，漠视党的一切纪律，在群众面前任意破坏中央的威信"。

《决定》最后还指出了张国焘的右倾机会主义与军阀主义倾向的历史根源，申明要坚决纠正张国焘的严重错误，并号召"红四方面军中全体忠实于共产党的同志团结在党中央的周围，同这种倾向做坚决的斗争，以巩固党与红军"。为教育并挽救张国焘本人，党仍给他以改正错误的机会，并争取四方面军的广大指战员，所以，这个《决定》当时只发给党的中央委员，没有向全党公布。

俄界会议公开批判了张国焘的反党分裂活动和军阀主义倾向，改变了在陕甘建立根据地的战略方针，确定用游击战争来打通国际联系，创建新根据地的战略方针，这对于克服张国焘的右倾分裂主义与军阀主义，保证党中央北上方针的贯彻实施，有着重大的意义。

会后，党中央还召开了营以上干部会议，说明了新战略方针的必要性，并发出《为执行北上方针告同志书》，传达到全体指战员，号召红军广大指战员团结在党中央周围，战胜张国焘的分裂路线，为实现中央新的战略方针而奋斗。

二　俄界会议遗址

俄界会议遗址，位于迭部县城东南 68 公里处的达拉乡高吉村。此地属岷山峡谷地带，山峦重叠，阻断南北通道，达拉河穿行岷山南北，沟通甘川，使达拉沟成为甘川天然通道之一。古来用兵征战，屡经此道，三国魏蜀相争，唐、蕃、吐谷浑交战，以及 1253 年忽必烈远征云南，均取此道。

1935 年，举世闻名的红军二万五千里长征途经此地，并在高吉村召开十分重要的"俄界会议"，使其成为中国革命史上的一个不可忽略的地名。会址于 1981 年被确定为省级文物保护单位。

俄界会议遗址得到了地方政府的妥善保护，1993 年，迭部县政府又拨款进行了维修。遗址房屋是典型的藏族山寨土围墙木楼建筑，总面积 238 平方米，建筑面积 102 平方米，高 6 米。其中红军司令部面积 69 平方米，毛泽东居室面积 15 平方米。现设展览室 15 平方米。

第三节　腊子口战役

腊子口战役遗址位于迭部县东北部的腊子乡，西距迭部县城 105 公里，北距岷县 72 公里。腊子口是川西北进入甘肃的唯一通道，是甘川古道之"咽喉"。整个隘口长约 30 米，宽仅 8 米，两边是百丈悬崖陡壁，周围是崇山峻岭，抬头只见一线青天。水流湍急的腊子河由北向南穿越隘口，地势十分险要，易守难攻，自古就有"天险门户"之称。

一　腊子口战役

腊子口是一夫当关，万夫莫开的天堑。整个隘口上面宽约 30 米，下面宽六七米，两面都是直插云霄的百丈峭壁。向东南、西南方向延伸而去的崇山峻岭在此合拢起来。两峰之间奔腾着水深流急的腊子河，河上横架着一座一米半宽的小木桥，把两面山脚的小路连接起来。要进入腊子口，必须经过此桥，远近再无别路。国民党陆军新编第十四师师长鲁大昌，在此重兵设防。他把一个营的兵力埋伏在腊子口右前方的加儿梁密林中，另一个营布防在左前方的洛大代古寺路口。扼守腊子口部署了两个营，修筑了牢固的两道防线和工事。特别是东面山腰上的几个大碉堡和无数火力点，居高临下地控制了小桥隘口。

1935 年 9 月 16 日下午 4 时，红一军团长林彪、政委聂荣臻和参谋长左权，率领红一军团抵达腊子口，军团指挥部设在小溪以南的松林里。红四团的前沿指挥所设在离小桥 300 多米的山包后。红二师的师部设在松林南的山脚拐弯处，由师长陈光、政委肖华带领通讯部队，专门从师部到黑多村拉了一条电话线。傍晚，红四团试探性地发动了几次进攻，均未奏效。这时，二师师长陈光传达了毛泽东从黑多村打来的电话：一定要在天亮前攻下腊子口！否则，后果不堪设想。于是，林彪、聂荣臻、左权和红二师的首长们，立即赶到前沿阵地视察。他们和红四团的团营干部一起冒雨观察敌军阵地，共同商定采用正面进攻和侧翼登山偷袭相结合的作战方案。由王开湘团长率两个连渡过腊子河，攀登悬崖绝壁，袭击东面山顶上的敌人和摧毁大碉堡。4 个连由杨成武指挥，从正面发起攻击。晚 9 时许，担任正面突击的红六连组织了 20 个勇士，在杨信相连长的带领下，操着大刀和冲锋枪，连续向隘口小桥发动了 5 次猛攻，都因没有得到右翼登山的两个连配合，而未能获胜。

至夜 11 时，林彪、聂荣臻赶忙返回黑多村，向毛泽东详细报告了红四团发动进攻的情况，毛泽东急如星火，一直拿着电话筒，连续向红四团下达誓夺腊子口的指令。接着，他又和林彪、聂荣臻联名向断后的红三军团长彭德怀，发出了"腊子口守敌一营未退"的电报，严令彭德怀指挥后卫部队，坚决堵击在腊子口南面的鲁大昌两个营，谨防敌军侧袭进攻腊子口的红四团。这时，腊子口方向的枪击突然停止了。毛泽东带领林、聂等人，冒着漆黑的夜雨，踏上崎岖山道，向腊子口疾奔而去。

原来，至晚 12 时，担任主攻的红六连发动了 5 次猛攻，只因路窄施展不开兵力，故难冲过小桥，便暂停了进攻。团营首长立即召开党、团员火线动员大会，进行再战动员。并组织了由 15 名党员、团员组成的敢死队，分成 3 个突击小组，制订两路冲过小桥的计划。深夜，15 名红军敢死队攀着崖壁上横生的小树和荆棘，悄悄向小桥下摸去，开始了第 6 次进攻。当第一组的 5 名勇士伸手抓住桥底的横木，一手倒一手地往对岸运动时，突然"咔嚓"一声，一位同志拉断横木掉进河里。响声惊动了对岸的敌兵，霎时密集的枪弹、手榴弹，朝桥底齐射过来。红六连指导员胡炳云见状，立即率领第二、三组的 10 名战士，趁对岸敌军只顾朝桥底射击的一瞬间，冲上桥头，甩出一只只手榴弹，跃身插进桥东头的敌军工事，一阵猛射，打得敌兵慌了手脚，乱作一团。这时，隐伏在桥底的 4 名勇士也翻上桥面，挥动大刀，左劈右砍，跟敌人肉搏拼杀。桥窄人多，红军的大刀在短兵相接中，发挥了巨大威力。不一会儿，敌兵渐渐招架不住了。

这时，从敌军侧后的山顶上突然升起一颗白色信号弹，这是王开湘团长率领一、二连登山迂回成功的信号。接着，又有三颗红色信号弹从红军的阵地升起，这是发起总攻的信号。顿时，红军的冲锋号、轻重机轮和呐喊声，从四面八方响起，震撼峡谷。山顶上，两个连的登山红军与碉堡里的敌兵展开激战。山下，小桥东头的敌军工事里，被红军打得晕头转向的敌人，听到自己的阵地顶上和山后也打起来了，以为已被包围，急忙丢弃阵地和枪支，仓皇逃命。在炮火连天的激战中，红军杀进了天险腊子口的第一道防线，追了不到一公里。红六连又连续两次冲锋，击溃了朱立沟口扼守第二道防线的敌军。这样，红四团于 1935 年 9 月 17 日凌晨 6 时，占领了腊子口。这时，毛泽东和林、聂等军团首长，也冒着枪林弹雨来到腊子口的横河小桥上，一边指挥大部队向隘口外冲去，一边向担任后卫的红三军团发出"腊子口已得手即照原计划前进"的急电。通报了红四团已夺取腊子口的胜利消息，并命令后续部队加快行军步伐，迅速翻越大喇山，向今宕昌县的漩涡、大草滩、哈达铺一带挺进。此时此地，真是：更喜岷山千里雪，三军过后尽开颜。

二　迭部人民支援红军

红军在最艰难的时刻，两次长征经过甘南迭部的 7 个乡（镇）。这里山大沟深，道路险峻，走完全程需 8 天时间。特别是红二、四方面军进入迭部时，近 5 万人的队伍在川西北的秋季没有筹到多少军粮的情况下，如果没有迭部藏民的大量物质支援，要顺利通过这 200 公里长的深山老林，那是很难想象的。如果每天按 2 000 余人的行军流量算，全军走完这段路程，至少得二十五六天。

1936 年 8 月初，徐向前总指挥率领先头部队到达迭部达拉乡勾吉寺时，连夜拜会该寺的大管家和高僧，在宣传政策的基础上，征得他们的同意后，用 300 枚银元和 6 条枪，买下了该寺储藏的二十五六万斤粮食和两三千斤酥油及一千多斤糌粑（炒面），全部分发给红二、四方面军指战员。尼傲村的藏民大干一下午，帮助红军架设了一座横江险桥。另外，由于上年经过的红一方面军纪律严明，秋毫无犯。所以，当红二、四方面军到来时，迭部的藏族群众和广大僧侣，既不和红军打仗，也不躲避，反而腾出房屋、僧舍，让红军住。拿出小麦、土豆、蚕豆粉、青稞、炒面、酥油、牛羊肉、蕨麻猪肉等，与红军以物易物，等价交换，公平买卖。当年，红军带的枪多、银元多和烟土多。拿这些与当地藏民兑换吃的东西，及时解决了维持生命存在的燃眉之急。旺藏寺有个活佛用一皮袋糌粑和一大块酥油，换了一个小金碗，保存到解放后。藏民用一个三四斤的大烧饼，就可以换一支枪。这种简单的交易行为，对刚刚爬过雪山草地，尚且饥肠辘辘的红军来说，真是雪中送炭。

另外，红军过后，流落了五六百名妇女、儿童和伤病员，他们都被当地藏民收养联姻，给予求生之路。这些都是迭部地区的各族人民，当年对红军过境作出的不可磨灭的贡献。

三　红军执行的民族政策

红军两次过境迭部藏区，都严格执行党的民族政策和宗教信仰自由政策，尊重少数民族的风俗习惯，不私闯民宅和寺院，不损坏佛像和供品器皿。任何物件都完整无损，房屋均洒扫干净。

在俄界村，红军临行时把村寨的里外环境打扫得干干净净，用过的东西归放原处，损坏的留下赔偿钱。在腊子口朱立村，红军在打麦场打了粮食后，照价付了银元。该村一位老阿婆家的瓷罐，被红军的一位通讯员借去提水时摔碎了。他用当红军的父母亲牺牲前遗留下的一件红毛衣，作了赔偿，指导员还付了一块银元。旺藏寺的一位老喇嘛直到解放后，还保存着当年用粮食和酥油与红军兑换的一个银边花碗。在康多村，一位躲避在外的藏族老阿婆回家喂猪时，被红军留下后，每天给好饭吃，叫她不要怕，并到山里劝说其他群众回村搞生产。在腊子口达拉村，红军宁肯在露天草坡宿营，也不打扰藏民。

像这样，红军不拿群众一针一线，严格执行"三大纪律、八项注意"，与藏民和睦相处，盛情相待，结成鱼水情谊的事例，在迭山藏寨多不胜举，至今广为流传。

四　腊子口革命遗址

1. 长征桥遗址

位于一线天景区入口处，当年红军的一支队伍曾在此架设栈道，翻越迭山。随着岁月的流逝，红军架设的栈桥已经不复存在，但是开凿在岩石上的栈桥遗址仍然清晰可见，当年红军宣传队刷写和镌刻在峡口石壁上的标语口号依旧鲜艳夺目。游人至此不仅领略了雄关险道的风采，也缅怀了先烈的丰功伟绩。

2. 摩崖题刻

红军长征两次经过腊子口，所到之处，写下了很多阐明政治主张的标语口号，多处石壁、石墙和悬崖上留有红军当年书写的各类宣传标语。如"北上抗日，夺回失地""红军是保护番民的队伍"、"打土豪，分田地"等。这些长征遗迹均是珍贵的革命历史文物，需要妥善保护。

3. 红军峡

位于林场南约1公里处，南距腊子口4公里。当年红军突破腊子口天险后，曾沿此峡追歼北逃之敌，故名"红军峡"。峡长约300米，宽约20米。夹岸高山如阙，耸峙于前，峡内绝壁峭立，直入云霄。山顶原始森林郁郁葱葱，松涛树浪汹涌澎湃，百年古松，或傲然挺立山巅峰顶，或扎根于岩石裂隙，或斜倚横出绿荫如盖，或盘曲挣扎树身如虬，不一而足，姿态万千。

4. 腊子口战役遗址

腊子口是甘川古道上一处地势极为险要的峡谷隘口，它因著名的腊子口战役而闻名天下。当年的中央红军正是在突破腊子口天险之后，才踏上了进军陕北的道路。腊子口是腊子河峡谷的一道隘口，两侧岩壁陡峭，山势险峻，悬崖千丈，高与天齐，远远望去东西峭壁形似一扇门户，巍然对峙，地势非常险峻。石门之间，清澈的腊子河，水色缥碧，激流翻腾，白浪若奔，泻门而出；四周遍山苍翠，古木参天，山花烂漫、百鸟争鸣，实为一处风景绝佳的游览观光胜地和爱国主义教育基地。游人至此，穿天险，登高台，实地凭吊战争遗址，遥想当年红军浴血奋战、人喊马嘶、枪炮连天的悲壮场面，又可饱览迷人的自然美景。拾级登高，面对群山，四方皆欲倾，云岫青青，天险云水路，雄关漫漫，忆当年，云崖栈道，腊子口上炮声隆；看今朝，遗址再游，战地黄花分外香。

5. 腊子口战役纪念碑

1935年9月中国工农红军第一方面军到达腊子口，甘肃国民党守军沿朱李沟口、腊子口、康多、道藏、黑扎一带分点布设了数道防线。尤以腊子口为其防守重点，在桥头和两侧山腰均构筑了碉堡，并在山坡上修筑大量防御工事和军需仓库，敌人妄图凭借天险把红军扼阻在腊子口以南峡谷中。是时，红军左侧有卓尼杨土司的上万骑兵，右侧有胡宗南主力，如不能很快突破腊子口，就会面临被敌人三面合围的危险。毛主席毅然决定

立即夺取腊子口，打通红军北上通道。红军将士通过正面强攻与攀登悬崖
峭壁迂回包抄的战术，经过两天激烈的浴血战斗，英勇善战的红军出奇制
胜，于9月17日凌晨终于全面攻克腊子口天险。这一仗红军打出了军威，
打开了进军甘肃的大门，为后续部队开辟了道路。英雄的红四团以自己英
勇顽强的战斗，在腊子口树立了与日月同辉的历史丰碑。从此，天险腊子
口成为中国革命史上举世闻名的革命胜迹，驰名中外。

为了纪念腊子口战役，为了纪念在腊子口战役中光荣牺牲的革命先烈
和战役的辉煌胜利，甘肃省人民政府将其列为省级重点文物保护单位，于
1980年8月21日，修建了"腊子口战役纪念碑"。纪念碑宽2.5米，象
征二万五千里长征，高9.16米，寓意1935年9月16日攻破天险腊子口。
成为追怀往事，凭吊先烈，宣传和接受红军战斗英雄事迹和爱国主义教育
基地。1993年重建。纪念碑南、西两面镌刻着杨成武将军亲笔题字"腊
子口战役纪念碑"八个大字；北面镌刻着省人民政府对腊子口战役的简
介和对革命烈士仰慕缅怀之碑文："腊子口战役的辉煌胜利将永远彪炳我
国革命史册；在腊子口战役中光荣牺牲的革命烈士永垂不朽！"

当年的天险如今已柏油铺面，天险变通途，车水马龙，川流不息。在
腊子口依山向阳的平缓坡地上，靠着溪流，坐落着一排汉藏融合式小木
屋，纯柏木结构的建筑，低脊红瓦，圆木围栏，房内均带有现代化标准洗
浴间，房外设有廊台供观景休息。木屋周围还建有藏式帐篷和平顶房餐
厅。在水流湍急的腊子河畔，一座现代化的藏式宾馆已拔地而起，各项服
务设施齐全，并在一楼开设了"腊子口战役纪念馆"，以介绍红军长征故
事和反映当地民俗风情。游人至此，可实地凭吊当年红军攻打天险腊子口
的辉煌历史，并欣赏优美的自然景色。

6. 腊子口战役浮雕

在天险腊子口处，依山就势建浮雕石墙，以"凝固的硝烟"为主题，
表现当年红军战士血战腊子口的壮烈场景。真可谓"壮烈英雄气，千秋
尚凛然"。

7. 上马石

位于朱李沟内，道旁一块巨石光滑平坦，石旁古松疏影，直干虬枝，
青翠苍苍。相传当年毛主席经过朱李沟时，曾坐在这株青松下歇息，思索
着红军长征前进的方向。树下的巨石被称为"上马石"。

8. 红军夜宿处

位于朱李沟内，由于当地群众对红军缺乏了解和信任，在红军经过大拉村时，群众因恐惧而躲避了。为了不惊扰百姓，红军将士露营夜宿在村外的草坡上。

9. 八路峡景点

位于腊子口林场以北 6 公里处，峡谷南北长约 2 公里，东西宽约 10 余米，两侧峭壁摩云，秀峰壁立，苍松耸顶；山坡上层层叠叠的树木，万松排岭，绿树泼墨，山青水绿，风景优美如画。或值晨昏雨后，危崖嵯峨高耸，峡内烟岚上浮，山峰林木若隐若现，景象万千。八路峡隧道修建于 1972 年，长 81 米，宽 7 米，高 4.2 米，气势雄伟，与峡谷美景相得益彰。

10. 旺藏"茨日那毛泽东旧居"

位于旺藏乡政府驻地东南侧茨日那村，1935 年 9 月 13 日—15 日，中国工农红军长征途经此地时，毛泽东曾居住在该村一幢木楼上，并在这里向红四团下达了"以三天的行程夺取腊子口"的命令。毛泽东 15 日拂晓离开了这座木屋，为能赶上红四团，决定改走捷径，带领参谋及警卫人员 20 人，从茨日那村前这座木架仙人桥上渡过白龙江，向高山跋涉翻越 3 400 多米高的压浪尼巴和高日卡两座大山，直奔若尕沟崔古仓村，与大部队会合，向腊子口挺进。

为保护革命文物，县人民政府曾于 1979 年和 1993 年先后两次拨专款维修木楼遗址，并公布为县级文物保护单位，还在毛泽东居住过的木楼前立碑纪念。

五　永远的腊子口

腊子口是迭部通往内地的门户和重要通道，也是一处风景极佳的旅游胜地。游人至此，既可实地遐想和体会当年红军浴血奋战，攻打天险的壮烈情景，又可欣赏迷人的自然奇景。峡谷四周云雾缭绕，古树参天，鸟语花香，腊子河水，波光粼粼，绝壁悬崖，巍然对峙，如一道不可逾越的石门。

腊子口森林公园属亚热带原始森林区，冬无严寒，夏无酷暑，降水适中，集革命圣地、民族风情、休闲娱乐、旅游观光为一体，是游客休闲、度假、探险的理想胜地。公园以森林为依托，将腊子口雄、奇、险、秀的自然景观和举世闻名的二万五千里长征中腊子口战役遗址，展示给游人。旅游景点主要分布在腊子沟沿线的四大沟系：牛路沟、红军桥、水帘洞、农家牧场，各具特色；老龙沟、云雾滩怪石林立，"一山有四季，十里不同天"，到此一游，恍如仙境；美路沟，标准化苗木培养基地，展示着它的未来；龙爪沟，属公园内保护最完整的一片原始林区，林海茫茫，松涛滚滚，可以领略到它的自然风貌。还有红军长征腊子口战役纪念碑，更是陇上著名的爱国主义教育基地。

湛蓝的天空，多姿多彩的朝霞与晚霞，展示出青藏高原绚丽无比的特有的一种美轮美奂，起伏形态各异，重重叠叠的山峦，以及覆盖其上的如针织般密集的一片又一片原始森林。冬暖夏凉，四季分明的气候特点，更充分体现了它从西至东，处青藏高原东部边缘至秦岭西延部过渡带上，从南到北，又处长江流域与黄河流域分水岭间这个十分特殊的地理位置。冬日，"千里冰封，万里雪飘"、"山舞银蛇，原驰腊象"，在山上，又呈现长时间的雾凇和树挂景象，夏日，"绿色葱茏四百旋"，秋日，"层林尽染，漫江碧透"又姹紫嫣红，春日，"烟花楼台烟雨中"，"蝶飞莺啼柳丝长"。季节使这里的山、水、湖和神泉飞瀑更加迷人，也使腊子口更加神采飞扬。它所呈现出的雪域高原的神采、黄土高原的深情、北国风光的奇妙和江南水乡的神韵，无不成为一个令人神往的梦幻世界，一头系着长征文化，一头又连着藏传佛教文化，使香巴拉的传说更加迷人。

当现代科技的人文曙光洒落在这里，它所拥有的国家级地质公园、森林公园、野生大熊猫、甘南杜鹃、迭部网蛱蝶等上百种珍稀动植物在基因库的风骨，令人叫绝。绚丽多彩的民族文化、地域生态性很强的经济文化，以及感昭世人令人奋进的长征文化，相互交融、互相渗透，成为又一世界遗产地。它是绿色的明珠，红色的经典。1935年9月和1936年8月，在举世闻名的二万五千里长征途中，中国工农红军数万名将士曾途经这里，在此召开了继遵义会议之后的又一次重要会议——"俄界政治局扩大会议"，并举行了攻打敌人重兵把守的天险腊子口的战役，实现了北上，腊子口也从此彪炳中国革命史册；开明土司撤走武装，又开仓献粮，谱写了一曲民族团结的壮丽凯歌。

左右两侧高耸的山脊和密匝匝的丛林，显示出天险强劲的骨骼，绕口子而过的急湍的水流更增添了它的险难，那只有仰头才能看到口子顶部的绝壁，使得"天险"的称号名不虚传，尤其是口子内腊子河狭窄两岸莽然巨大、雄踞天宇、陡峭入云的山脊，更使它气宇不凡。在川甘交界的岷迭大山中，有一个叫腊子的地方。腊子藏族博巴语意为山脊之意，腊子口为藏汉语合音。这里山峦叠嶂，沟壑纵横，水流湍急，森林茂密，有"一夫当关，万夫莫开"之势，这便是号称天险的岷、迭古道和川甘藏区通往内地唯一的关隘——"天险腊子口"。

来到昔日的天险，只见一条宽广的柏油公路穿天险而过，在崎岖的山崖下向距腊子口十几里海拔 3 000 多米的铁尺梁延伸。腊子口左边的岩石让人仰头才能看到它的顶部，这岩石凌空而起，又稳如泰山，形酷似一尊猛兽的雕像，而右边，从河谷底到三四十米高的悬崖间全是裸露的岩石，巨大的岩石面上，不是水蚀的凹凸不平的坳痕，就是岩石本身粗壮的纹理，山岩整体上看上去像一峰骆驼。传说早在古代，有只熊正在饮水，过来了一峰巨大的骆驼，熊立地而起，想看个究竟。光阴飞逝，后来它们都成了化石。它是被大自然的神功雕刻而成的，又是被阳光雨露等滋润而成的，还是被滔滔不绝的腊子河水孕育而成的。人民心中的腊子口则是长征精神和红军的血肉之躯筑成的，甘肃省人民政府在腊子口前修建的大理石面琉璃瓦顶的纪念碑，耸立在腊子口河旁，掩映在青山峡谷中。如今，这里已成为甘肃省国防教育基地和甘南州爱国主义教育基地。

当年的天险如今已大道畅通，柏油铺面，省道南北纵横，天险变通途，腊子口成为追怀往事、凭吊先烈、宣传和接受红军战斗英雄事迹和爱国主义教育基地。游人至此，可实地凭吊当年红军攻打天险的辉煌历史，并可欣赏周围优美的自然景色。2005 年，腊子口战役遗址作为甘肃省 8 个红色精品旅游区之一，被国家确定为全国 100 个红色旅游经典景区，并列入全国 30 条精品红色旅游线路。

第四节　长征重镇哈达铺

一　长征重镇哈达铺

哈达铺现为甘肃省陇南市宕昌县的一个建制镇，位于县城以北 35 公里处，国道 212 线（兰州——重庆）穿镇而过。全镇幅员面积 86 平方公里，现有人口 1.2 万多人。哈达铺原名哈塔川，自古是甘川道上的一个商贸重镇和军事要冲。

1935 年 9 月，由毛泽东率领的中国工农红军一方面军即中央红军路过哈达铺，在此驻扎了 7 天（中央领导人及红军主力部队住了 5 天），并召开了中央领导人紧急会议和团以上干部会议，毛泽东作了《关于形势和任务》的政治报告。第一次明确提出"到陕北去"，作出了把长征落脚点放在陕北的重大决策；同时对部队进行了改编，将中央红军改编为抗日先遣陕甘支队，并命令部队改善伙食、恢复体力、补充给养，为北上抗日作全面准备。这就是著名的"哈达铺整编"。

俄界会议后，红军迅速向东北方向挺进，于 1935 年 9 月 17 日凌晨攻克天险腊子口，当日占领大草滩。9 月 18 日晚，红军先头部队智取哈达铺。20 日，毛泽东、周恩来、张闻天、王稼祥、博古、彭德怀等中央领导率领红一、三军团和中央直属纵队约 8 000 人到达哈达铺。22 日上午，在毛泽东驻地"义和昌"药铺的后院平房里，召开了中央领导人会议，进一步分析了形势，研究制定了有关红军今后发展的方向，初步决定与陕北红军会合。是日下午，中央又在哈达铺关帝庙内召开了团以上干部会议，毛泽东作了《关于形势和任务》的政治报告。在这个报告里，毛泽东代表党中央向全军正式发布了"到陕北去"的决定。这是中央红军自 1934 年 10 月离开江西苏区，开始长征以来第一次提出明确具体的最终目的地。对此，杨成武将军在《忆长征·哈达铺整编》一文中，对毛泽东政治报告作了详细的记述，毛泽东说："同志们：今天是 9 月 22 日，再过几天就是阴历十月。自去年我们离开瑞金，过了于都河，至今快一年了。一年来，我们走了两万多里路，打破了敌人无数次的追堵围剿。天上还有飞机，蒋介石做梦也想消灭我们，但我们过来了。过了江西、湖南、广西、贵州、云南、四川，过了金沙江、大渡河、雪山、草地，过了腊子口，现在坐在哈达铺的关帝庙里，安安逸逸地开会了。在胜利面前，我们必须冷静地分析形势，我们战胜了自然界的种种险阻，粉碎了敌人数不清的堵截追击，也顶住了天上敌人飞机的轰炸，但现在在甘肃等待我们和准备截击我们的国民党中央军、东北军、西北军还有三十多万人。朱绍良、毛炳文、王钧等部在甘肃；张学良的东北军，杨虎城的西北军在陕西；在宁夏、青海、甘肃边境还有'四马'的骑兵和步兵。至于蒋介石，态度仍很顽固，他不顾当前的民族危机，一直不肯接受我党 1933 年 1 月 17 日提出的中国工农红军愿在三个条件下与国民党军队共同抗日的主张，仍醉心于内战，妄想再次用他的优势兵力，消灭他们认为'经过长途跋涉疲惫不堪'的红军。国民党反动派把三四十万兵力部署在陕西、甘肃一带追堵我们，对红军北上抗日，不能不说是严重威胁。所以，北上抗日的任务还是十分艰巨的。

张国焘看不起我们，他对抗中央，还倒打一耙，反骂我们是机会主义。我们要北上，他要南下；我们要抗日，他要躲开矛盾，究竟哪个是退却，哪个是机会主义？我们不怕骂，我们要抗日。首先要到陕北去，那里有刘志丹的红军。感谢国民党的报纸，为我们提供了陕北红军的比较详细的消息：那里不仅有刘志丹的红军，还有徐海东的红军，还有根据地！

同志们，我代表中央宣布一个决定：为了适应新的形势，中央决定部队改编。组成中国工农红军陕甘支队，由彭德怀同志当司令员，兼政委，下属三个纵队。

同志们，我们目前只有八千多人，人是少了点，但小有小的好处，目标小点，作战灵活性大，人少，不用悲观，我们现在比1929年初红军下井冈山时的人数还多哩！胜利一定属于我们的！"

在哈达铺会议上，党中央根据从当地邮政代办所查获天津《大公报》等纸上发现的消息，改变了10天前俄界会议关于"到靠近苏联边界的地区造一个根据地，然后向东发展"的既定方针，作出了"到陕北去"，与刘志丹、徐海东会师的决定。这就是人们通常所说的哈达铺"一张报纸定去向"的由来。

曹连德在回忆中说："1935年9月，我红一军团攻克天险腊子口后，迅速向东北方向挺进，当时我在红一军团直属侦察连当指导员，……我带一部分人到哈达铺邮局去了，邮局是一个大院，旁边有一个旅馆，鲁大昌部副官，带的几匹骆驼驮子和马匹都在那里，我们从驮子里找到一批近期报纸，其中有一条登载了徐海东率领的红军和陕北红军会合的消息，报上有陕北革命根据地略图。我们长征走了两万多里，没有看到过苏区，大家看陕甘宁有那么大的地方，都十分高兴，就在这条消息上画了红杠杠。毛主席看了徐、刘两部会合的消息，和军团首长议论开了，并笑容满面地连声说：'好了！好了！我们快到苏区了'。"

彭德怀回忆道："在哈达铺约休息了四五天。从报纸上看到陕北有刘志丹苏区根据地，很高兴。……为了充实战斗单位，准备继续战斗，部队需要整编；为了保存干部，发展新区，也必须缩编和取消三军团，编入一军团。我的这一提议得到军委毛主席的同意。召集三军团团级以上干部会议，说明了缩编和取消三军团番号的理由。"

聂荣臻在回忆录中记述了党中央和毛泽东得到这张报纸的经过。他说："9月19日，我和林彪随二师部队进驻哈达铺。在这里我们得到了一张国民党的报纸，其中载有一条阎锡山的部队进攻陕北红军刘志丹部队的消息。我说，赶紧派骑兵通讯员把这张报纸给毛泽东同志送去，陕北还有一个根据地哩！这真是天大的喜讯！"

李维汉后来回忆说："在到哈达铺前，在河边的一个圩场上，我看见毛泽东、周恩来、彭德怀、刘少奇等同志一起休息。毛泽东向我打招呼：罗迈，你也来休息一下！我就下马休息，看到他们正在翻阅一张国民党的地方报纸，上面登了蒋介石大军围剿陕北'共匪'刘志丹的消息。我们才得知有这样大的红军在陕北苏区积极活动，党中央随即决定到陕北苏区与陕北红军会师。"

在哈达铺，中央红军由"一张报纸"定去向、定落脚点，看起来是"偶然"的，甚至是难以置信的，实则是"必然"的，这恰好反映了毛泽东同志胸怀大局、高瞻远瞩，对中国工农红军的发展前途和中国民主革命的发展方向洞若观火的远见卓识。早在1931年日本在东北发动"九·一八"事变时，毛泽东就敏锐地觉察到，这一严重事件，将使中日之间的民族矛盾逐步上升到主要地位，使国内阶级关系发生重大变动。随即与朱德、贺龙、彭德怀等联名发表了《中国工农红军为日本帝国主义强占满州而告白军士兵兄弟书》的文章，主张联合起来，坚决抗日。但这时以王明为代表的"左倾"教条主义已在中共中央取得统治地位，他们根本不能正确地估量全国局势中出现的这种重大变动，而把日本侵占东北看作是"反苏战争的导火索"，脱离实际地提出"武装保卫苏联"的口号；看不到中国社会各阶层中日益高涨的抗日要求，看不到中间派的积极变化和国民党内部的分化，仍然把中间派视为"最危险的敌人"。1932年初，毛泽东从报上看到日本军队1月28日突然进攻上海和上海军民奋起抗战的消息，他抱病为中华苏维埃共和国临时中央政府起草了《对日战争宣言》，以求中华民族彻底的解放和独立。从中可以看出，毛泽东对民族矛盾引发阶段矛盾的变化、对民族革命推动民主革命的进程，对外来势力入侵促成全民族统一战线的形成早有高瞻远瞩。这也是他在长征途中为什么总是义无反顾地引导红军坚持"北进"方向，坚持"北上抗日"方针的原因所在。如果说，黎平会议、遵义会议和两河口会议解决了红军长征途中的"定向"问题的话，那么，哈达铺会议不仅解决了"定向"的问题，而且解决了"定点"的问题。因此，哈达铺会议虽然没有冠以"中央政治局会议"之名，却具有"重大转折意义"之实；虽然没有形成正式的文字性决议，却为红军长征解决了最后的归宿问题。哈达铺会议的历史意义和作用毫不亚于黎平会议、两河口会议和毛儿盖、俄界等会议，在中共党史上占有重要的地位。

从 1935 年 9 月 18 日占领哈达铺到 9 月 23 日，中央红军主力部队在哈达铺仅仅待了 5 天（加后继部队为 7 天）。在这短暂的 5 天内，党中央进行了著名的"哈达铺整编"，给红军将士从体力上、生活上、物质上、精神上和部队编制上进行了全方位的"加油"与调整。

一是改善伙食，恢复体力，补充给养。哈达铺地处甘肃省的边缘，由于交通不便，物产运不到内地，东西十分便宜。当时，一头百十斤重的肥猪，5 块大洋便能买到；一只肥羊，只值 2 块大洋；一块大洋可买 5 只鸡，一毛钱能买 10 个鸡蛋。同时，鲁大昌残部败逃时丢下了几百担大米、白面和 2 000 多斤食盐，物资十分充足。为了尽快恢复红军指战员的体力，红军来了个"别致的命令"：全军上下每人发一块大洋改善伙食。总政治部还特别提出了"大家要吃得好"的口号。各伙食单位杀猪宰羊，买鸡买蛋，大办伙食，并把驻地周围的群众请来一起会餐。每个伙食单位都请了一两桌群众，对回民群众还特意设一桌清真席。指战员们洗澡理发，缝补军装，沉浸在无比欢乐之中。经过休整补给，红军的体力得到恢复，个个显得精神焕发。在中央红军经过哈达铺后的第二年，即 1936 年 8 月，红二、四方面军相继进驻哈达铺，在哈达铺和陇南境内共活动 70 余天，为部队筹集了大量粮秣军需物资。据统计，仅哈达铺地区为二、四方面军筹集粮食就达 6 万多斤，肉、蔬菜、烧柴、饲草等物资不计其数。这些粮草物资，不仅满足了部队驻扎期间的全部需要，而且为下一步行军作战提供了充足的物资保证。

二是调整建制，整编部队，扩充兵员。中央红军到哈达铺后，党中央根据"到陕北去"、立即奔赴抗日前线的新形势和新任务的需要，对部队建制进行了大幅度的调整和改编，即"哈达铺整编"。其主要内容是：将隶属中央红军的一、三军团和军委直属队改编为中国工农红军抗日先遣支队，又称陕甘支队。由彭德怀任司令员，毛泽东兼政委，林彪为副司令员，叶剑英为参谋长，张云逸为副参谋长，王稼祥为政治部主任，杨尚昆为副主任，杨至诚为后方勤务部部长，罗瑞卿为政治保卫局局长。下辖三个纵队：原红一军团为第一纵队，林彪兼纵队长，聂荣臻为政委；原红三军团为第二纵队，彭德怀兼纵队长，李富春为政委；原军委直属纵队和干部团为第三纵队，叶剑英兼纵队长，邓发任政委。部队经过整编，组织结构明显优化，军事领导大为加强，为夺取长征的最后胜利和尽快开展抗日救亡斗争，在组织上作了充分的准备。

红二、四方面军到达哈达铺后，根据党中央的指示，在组织实施"岷（州）洮（州）西（固）战役"和"成（县）徽（县）两（当）康（县）战役"的同时，开展了广泛深入的扩军宣传活动。据不完全统计，仅哈达铺一带就有2 000余名游击队员和直接参加红军的群众随部队北上。这些战士当时被编为两个新兵营，一个营跟红四方面军前进，到会宁后补充给红五军和红三十军（这部分战士除中途掉队的以外，大部分在西进路上壮烈牺牲）。另一新兵营随红二方面军开往"成徽两康"地区，到成县分别编入了红二、六、三十二军。红二方面军在该地区又扩充2 000多人。在红军经过哈达铺北上时，陇南共有5 000多名各族儿女参加了红军，随部队北上，为中国人民的革命事业作出了不可磨灭的贡献。

三是分析形势，统一思想，鼓舞斗志。哈达铺会议是在与张国焘的分裂主义进行了顽强斗争，红军战士经过雪山草地的严酷磨砺之后召开的。面对依然严峻的敌情形势和红军战士极端疲惫的体力与有可能松懈下来的士气，毛泽东在哈达铺关帝庙内召开的团以上干部会议上所作的重要讲话，使红军将士及时认清了形势，明确了任务，在精神上受到极大的鼓舞和振奋，在革命斗志上得到了至关重要的"加油"和鼓劲。

四是制定佯攻天水、智渡渭河的作战方针，为胜利到达陕北创造了条件。中央红军突破腊子口到达哈达铺后，国民党南线的中央军、川军被甩远了，但在甘堵截红军的中央军、东北军、西北军、地方杂牌军总计不下30万人。鲁大昌部在腊子口落败后，蒋介石急忙调遣各军在渭水一线布防，死守渭河。敌强我弱，兵力悬殊，如何以弱胜强，以 7 000 之众战胜四十倍于我之敌？党中央和毛泽东出奇制胜，制定了声东击西、佯攻天水、诱敌东下、智渡渭河的作战方针。在哈达铺派了一支小部队向东佯攻并扬言"要攻打天水"。敌人听到红军"向东行动"的宣传，看到红军佯攻动向，信以为真，怕红军进攻天水威胁西安，迅速将兵力集中天水，防红军东进。而此时，毛泽东却率领中央红军于 9 月 23 日凌晨从哈达铺出发向北挺进，每日以 100 多里的急行军速度，经宕昌县理川镇、岷县、通渭，以迅雷不及掩耳之势，于 9 月 26 日抢渡渭河，继续北进。

中央红军进占哈达铺，从国民党的旧报纸上得知陕北有相当大的一片苏区和相当数量的红军，从而决定"到陕北去"。如果中央红军没有经过哈达铺，如果没有看到那些旧报纸的"偶然性"，中央红军与陕北红军的会师很可能会延迟，也许就不会有红军三大主力的"会宁会师"，历史也将极有可能以另一种方式展现在世人面前。因此，在哈达铺，由一张报纸牵线搭桥的中央红军与陕北红军的会师，实际上已经拉开了三军大会师的序幕。

中央红军在哈达铺得知陕北红军的确切消息后，即刻昼夜兼程，迅速北上。历时 25 天后，于 1935 年 10 月 19 日到达陕北保安县吴起镇（今吴起县），11 月 2 日在下寺湾与红十五军团胜利会师。中央红军与陕北红军的胜利会师，极大地鼓舞了尚未完成长征的各路红军。

1935 年 11 月 19 日，湘鄂川黔革命根据地的红二、六军团在贺龙、任弼时的率领下，从湖南桑植出发开始长征。他们突破乌江，渡过金沙江，越过大雪山，经历了千难万险，于 1936 年 7 月 2 日同红四方面军在四川甘孜会师。甘孜会师后，按照党中央的指示，红二、六军团与四方面军的红三十二军合编为红二方面军，由贺龙任总指挥，任弼时为政委。7 月上旬，两军从甘孜出发共同北上，沿着中央红军的行进路线，爬雪山、过草地，于 8 月末相继到达哈达铺，于 10 月上旬在甘肃会宁实现了同中央红军、陕北红军的"三军大会师"，宣告了中国工农红军万里长征的全面胜利。在这里，哈达铺起到了很关键的作用。如果没有党中央在哈达铺确定的中央红军"到陕北去"的战略决策，就没有"吴起镇会师"；如果没有"吴起镇会师"，二、四方面军的联动北上很可能还会延迟。所以，中央红军途经哈达铺是一个很重要的历史转折点，它加速了红军三大主力的会师，加快了红军长征全面胜利的进程。

二　哈达铺红军长征遗址

哈达铺红军长征纪念馆位于宕昌县哈达铺镇，地处国道212线的交通要道上，南距宕昌县城35公里，北距岷县县城35公里，西距迭部腊子口70公里。中国工农红军一、二、四方面军三大主力长征，都经过哈达铺。哈达铺红军长征纪念馆筹建于1978年，1981年10月被甘肃省人民政府公布为省级重点文物保护单位。1984以来，对几处主要旧址按原貌先后进行了恢复和维修。1985年10月正式建馆。1994年12月，哈达铺长征纪念馆被中共甘肃省委命名为全省爱国主义教育示范基地，2000年5月被甘肃省国防教育委员会命名为甘肃省国防教育基地，2001年6月被中共中央宣传部命名为全国爱国主义教育示范基地，2001年6月被国务院公布为全国重点文物保护单位。

现存最重要的旅游资源为哈达铺红军长征旧址，由毛泽东、张闻天住过的"义和昌"药铺，红一方面军司令部及周恩来住过的小院"同善社"，一方面军团以上干部会议会址"关帝庙"，二方面军总指挥部及贺龙、任弼时住过的"张家大院"，原哈达铺"邮政代办所"五处旧址组成，总占地面积4 800多平方米，建筑面积1 700多平方米。另有"哈达铺苏维埃政府""苏维埃哈达铺游击队司令部"两处遗址占地面积420平方米，房屋18间，216平方米。

哈达铺红军长征旧址坐落在由382家店铺组成的一条长约1 200多米的街道上，平均宽约6米，这是红军在长征途中走过的最长、保留当年原貌最完整的一条街。街道两侧毗连式的民居陆续修建于清末民国初，现存382间，多为一檐土木黑瓦构造，主要用于居住和开设铺面，从建筑形式到使用功能仍然保存着原有风貌。是目前国内少有的当年红军在二万五千里长征中一、二、四3个方面军都走过的最长的历史街道，也是保存原貌较为完整，极具明清建筑风格的古街道。"义和昌"药铺地处上街，该药铺由3间北房和11间南面临街铺面组成，均为平瓦房。北房为原建筑，中间正厅是当时中共中央办公室，左间是毛泽东住室，右间是张闻天住室。房门中央上方悬挂着中共中央原总书记胡耀邦题写的"哈达铺纪念馆"匾额。临街铺面是按原貌修建的，当年为药铺。"邮政代办所"在西距"义和昌"药铺约 10 米的斜对面,有两间临街铺面房。"同善社"在"义和昌"药铺东南 200 多米处的下街,是一座紧凑的小四合院,北房是 3 间土木结构的二层楼房,楼下是红一方面军司令部和周恩来住室,东西厢房由红军警卫和通信兵居住。所有房屋均为原有建筑。"关帝庙"在离"同善社"东面约 200 多米之外的下街,旧建筑毁于"文革",现大殿、左右偏殿及过厅均为 1989 年按原貌恢复重建。"关帝庙"东南约 100 米即"张家大院",东、西、南三面房屋均是原有建筑,北房是按原貌恢复的 3 间二层木结构楼房,楼上是贺龙住室,楼下是任弼时、刘伯承、肖克、关向应住室;东厢房是李达住室;西厢房由警卫员居住。大门上挂着原红二方面军副总指挥肖克将军 1995 年题写的"红二方面军总指挥部旧址"匾额。哈达铺是红军长征北上的里程碑,万里长征即将胜利完成的转折点,它以其特殊的地位,名载中国革命的光辉史册,被杨成武将军称为红军长征的"加油站"。

哈达铺是甘肃省长征途中留存红军长征遗址最完整、革命文物最多、保护规模最大、最全面的一处重点革命纪念地。现馆内存有文物 52 件,其中国家一级文物 1 件,国家二级文物 8 件,国家三级文物 14 件。收藏胡耀邦、张震、肖克、杨成武、杨得志、张爱萍等 7 位上将、22 位中将、77 位少将为纪念馆题词手迹 116 幅,省军级领导题词 30 多件,国内知名人士题词 100 多幅,将军简历 106 篇,照片 80 多幅,哈达铺游击队烈士生平简历 20 多篇。建馆以来,先后接待了来自美国、英国、德国、日本等国际友人,港澳台同胞,国内各级党、政、军领导,解放军、武警部队,大中专院校和中小学学生,各种社会团体及各界来此参观旅游的人士共 20 多万人次。老红军作家陈靖、著名作家魏巍、美国著名作家索乐等很多作家、艺术家、画家、摄影家都曾到哈达铺进行过长征路上的实地考察、采访。全国 20 多家电影、电视、报刊都相继播放(映)、刊登了有关哈达铺纪念馆的纪录片、电视专题片和论文、专题文章。哈达铺纪念馆已成为全国人民群众和青少年接受爱国主义教育和革命传统教育、全民国防教育的课堂,是精神文明建设的重要窗口之一。

肖华将军有诗赞云:"红军越岷山,哈达大整编。万里云和月,精兵存六千。导师指陕北,军行道花妍。革命靠路线,红星飞满天。"哈达铺已成为中国革命历史文化名镇,史称"红军长征,哈达铺报纸定方向"。

可以说，提长征，基本上就会提及哈达铺，哈达铺已成全国著名的地方，也是宕昌旅游最知名的一个品牌。

三 历史文化名镇——哈达铺

哈达铺（原名哈塔川，因"塔"与"达"韵母相同，后遂读"塔"为"达"，明代在哈达川设铺，故称哈达铺）是甘肃省南部宕昌县西北部的一个重镇，地处岷山东麓丘陵川坝之中，位于岷（县）宕（昌）之间，国道212线300公里处，北距省城兰州300公里，南至宕昌县城34公里，海拔2 231米，是一个汉、回、藏、羌多民族聚居区。哈达铺自古是甘川道上的一个商贸重镇和军事要地。三国时为"阴平古道"（即今宕昌、武都、文县沿岷江、白龙江一线），魏将邓艾当年即从此入川灭蜀。哈达铺盛产当归，是驰名世界的"岷归"主要产区，素有当归之乡的美称。由于地理位置适中，人口比较集中，商贸繁荣，物资充裕，当年为红军在这里进行休整，恢复体力，向陕北进军提供了物质条件和活动空间。在举世闻名的中国工农红军二万五千里长征中，一、二、四方面军先后于1935年9月、1936年8月两次到达哈达铺。党中央毛泽东同志在这里做出了把长征的落脚点放在陕北的重大决策，改编中央红军为"陕甘支队"。红二、四方面军在哈达铺活动近两个月时间。期间，在实施"岷洮西固战役"计划的同时，红二方面军签署命令并发动了"成徽两康战役"。红军在哈达铺播撒了势必燎原的革命火种，产生了深远的革命影响，哈达铺人民全力支援红军，为长征胜利作出了重大贡献。

由于哈达铺特殊的历史地位，多年来，各级党政军领导、老红军、国际友人、港澳同胞、文化界人士、学生和广大干部群众慕名前来参观考察。原中国人民解放军通信兵部副主任、总参谋部通信部副主任、顾问黎东汉少将满怀深情地称哈达铺是"长征胜利第一站"；原广州军区空军副司令员、空军军事科学研究部副部长黄炜华少将称"哈达铺是红军长征中开创西北革命新局面的起点，具有伟大的历史意义"；原中国人民解放军工程兵副司令员徐目贤少将称"相信历史的丰碑上永远铭刻着哈达铺"；原全国政协副主席肖华（陕甘支队第一大队政治委员），原武汉军区副参谋长陈昌奉（毛泽东长征途中的警卫员），原青海省军区副司令员周龙、著名红军作家、原武汉军区空军顾问陈靖，著名作家魏巍等都曾重访哈达铺，来馆参观；美国著名作家哈里森·索尔兹伯里为撰写其名著《长征——前所未闻的故事》一书，也专程来哈达铺访问考察；《经济日报》常务副总编辑罗开富于 1985 年 9 月和 2001 年 5 月先后两次到达哈达铺，发表了"重走长征路"的系列报道；1996 年在庆祝长征胜利六十周年之际，原中央军委纪律检查委员会常务委员少将袁光为哈达铺纪念馆题词"天险腊子口，情深哈达铺"；毛泽东亲属邵华、刘思齐、毛新宇来哈达铺参观长征纪念馆，深情缅怀毛泽东领导中国革命的艰苦历程，毛新宇激动万分地写下"踏着爷爷走过的足迹"一诗；2004 年，任弼时诞辰 100 周年之际，其儿媳娄惠平、儿孙任继宁携电视剧《任弼时》剧组到达哈达铺参观长征纪念馆；2006 年，开国元勋子女"情系长征路"大型活动专程到达哈达铺，了解红军长征历史，深切怀念父辈们走过的艰苦岁月，激励老区人民发扬红军长征精神，努力建设小康家园。

如今，哈达铺百业兴旺，经济发展。接待游客数量以年均 60% 以上的速度增长，人民安居乐业，日子越过越红火。2007 年，到哈达铺旅游的人数达到 11 万人。"红色旅游"项目的实施不仅使哈达铺爱国主义教育活动内容更加丰富多彩，同时也为地方经济发展找到了新的经济增长点和脱贫致富的路子。

第五节　红军在榜罗镇

一　榜罗镇概况

榜罗镇命名始于民国十八年，民国十八年通渭县政府正式命名。榜罗镇位于通渭县西南部，地处定西、天水两市辖区的通渭、陇西、甘谷、武山四县交界地带，镇区中心距县城 34 公里，境内有省道马陇公路、常榜公路跨境而过，交通便利，信息畅通，是通渭县西南部的政治、经济、文化中心。

榜罗自古历史悠久，文化底蕴丰厚，人杰地灵，经济繁荣昌盛，社会安定团结。榜罗自古以来就是商家云集、贾客会聚之地，也是通渭四大名镇之一，她有着闻名遐迩的历史辉煌篇章——"榜罗镇会议"，有着通渭八景之一的"桃岭红霞"，有着夫妻诗人巨匠秦嘉、徐淑桑梓故里的骄傲，有着华夏文化遗产——秦长城遗址的历史文化瑰宝，有着庄严肃穆的省、地爱国主义教育基地、国防教育基地——红军长征榜罗纪念馆。

二 红军在榜罗镇

榜罗镇是一个具有悠久历史和光荣革命传统的历史名镇。1934 年 10 月，中国共产党领导的中国工农红军，离开江西革命根据地，进行战略大转移，开始二万五千里长征。历时一年，俄界会议后，党中央率领一、三军团，于 1935 年 9 月 17 日突破天险腊子口，然后穿越岷县、漳县，在武山鸳鸯镇突破国民党第一一三师、第一一四师、第一一八师设防的渭水封锁线，于 1935 年 9 月 19 日占领哈达铺。党中央在哈达铺利用 3 天时间对部队进行了休息整编，使红军的物质生活有所改善，体力逐渐恢复，同时正式宣布组成中国工农红军陕甘支队，共约 7 000 多人，下辖 3 个纵队：原红军一军团编为第一纵队，纵队长林彪（兼），政委聂荣臻；原三军团编为第二纵队，纵队长彭德怀（兼），政委李富春，军委直属纵队编为第三纵队，纵队长叶剑英，政委邓发。

1935 年 9 月 26 日红军经陇西县四十里铺到达榜罗镇，在榜罗镇遭国民党飞机 3 次轰炸，未造成伤亡。毛泽东等中央领导人在榜罗小学找来许多国民党的报纸，为了解当时的全国形势提供了极为宝贵的资料。陕甘支队于 1935 年 9 月 27 日占领通渭县的榜罗镇，红军在榜罗镇休整两天。党中央和毛泽东从国民党《大公报》等报纸上，了解到日本侵略我国北方的形势以及红二十五军与陕北红军会合的消息。《大公报》上刊载"陕北则有广大之区域，与较久根据地"，还报道，陕北的延安、延长、保安、安塞、靖江 5 座县城为红军所占领，"现在陕北的状况正与民国二十年之江西情形相仿佛"。从报纸上了解到陕北有一个大的苏区根据地，有一支活跃的红军，还有游击队和很好的群众基础。

9 月 27 日，召开了由毛泽东、张闻天、周恩来、王稼祥、博古 5 名中共中央、中央军委最高领导人参加的中共中央政治局常委会议，会议在毛泽东主持下，分析研究了日本帝国主义对我国的侵略日益加剧、民族矛盾不断上升的国内外形势，以及陕北的军事、政治和经济状况，认为陕甘支队应迅速到陕北同陕北红军和红二十五军会合，决定改变俄界会议上制定的在接近苏联的地区创建根据地的方针，作出了把红军长征的落脚点放到陕北去、以陕北作为领导中国革命大本营的战略决策。会议决定改变俄界会议关于首先打到甘东北或陕北，以游击战争与苏联发生联系，取得国际帮助，创建根据地的原定战略方针，作出了把红军长征落脚点放在陕北的正确决策，提出保卫与扩大陕北苏区的新的战略方针。会议还决定派一支部队，与国际联系，取得国际的技术帮助。后来因为条件不具备，主观力量达不到而未能实现。会议正式确定，红军继续北上，把落脚点放在陕北，将陕北苏区作为领导全国革命的大本营。

9月28日上午，党中央在榜罗小学门前的打麦场上召开了陕甘支队连以上干部会议，到会千余人。支队政委毛泽东在会上传达了中央政治局常委会议的新决策，进行了政治动员，提出"日本侵略北方的严重性；陕北根据地和红军状况；北方可成为抗日新阵地的经济、政治条件；要避免同国民党军作战，要迅速到达陕北集中；严格整顿纪律，充分注意群众工作，解释我军北上抗日的意义，注意扩大新战士等"。毛泽东代表党中央向大会作报告，他在报告中指出："我们要到陕、甘革命根据地去。我们要会合25、26、27军的弟兄同志们去。……陕甘革命根据地是抗日的前线，我们要到抗日前线上去！任何反革命不能阻止红军去抗日！……同志们！红军无坚不摧的力量，已经表示给中国、全世界的人们看了！让我们再表示一次吧！同志们要知道，固然，我们的人数是比以前少了些，但是，我们是中国革命的精华所萃，我们担负着革命中心力量的任务。从前如此，现在亦如此……"

会后，各部队立即进行政治动员和物质准备，提出整顿军队风纪，做群众工作，扩大新战士，进行宣传等具体要求。根据榜罗镇会议作出的保卫与扩大陕北苏区新的战略决策，毛泽东、彭德怀于9月29日率第一纵队先行出发，抵达通渭城，迈出了向陕北前进的第一步。党中央率陕甘支队7 000余人，分左、中、右三路纵队北上，翻越六盘山，冲破红军长征的最后一个关口——敌人在固原和平凉间的封锁线，10月3日，红军甩掉国民党44、45、47三个团的追击，顺利通过了蒋介石的西兰、平固公路封锁线，进入静宁县境，于10月19日抵达陕北革命根据地的吴起镇，同陕北红军胜利会师。至此，中央红军胜利完成了历时1年、纵横11个省、行程二万五千里的长征。党中央和中国工农红军主力终于找到了立足点，抵达最后的目的地，胜利实现了历史性的战略大转移。10月22日，中央政治局在吴起镇举行会议，会议批准了榜罗镇会议把红军长征的落脚点放到陕北的战略决策，决定党和红军今后的战略任务是建立西北苏区以领导全国革命，从而宣告了中央红军长征的完结，开始了以陕北为革命大本营，领导全国革命斗争的历史新时期。

红军长征经榜罗镇途中，攻党家堡，教训了反动派。1936 年 9 月至 10 月红二、四方面军都经过榜罗镇。期间，红四方面军一部分攻党家堡约半月，堡未克。最后放火烧了堡门，没有亡伤百姓一人。一方面怕伤害老百姓，没强攻；另一方面堡内防守严固，很难攻。但其攻击阵势很猛烈，对反动派在客观上起到了极大的教训作用。

红四方面军经过榜罗镇是分散行军，从武山县境进榜罗地区，到部队全部撤出，在此活动约 45 天。战士们的足迹踏遍了榜罗的绝大多数村庄，其所到之处军纪严明，夜不入民宅，晚间住宿草房或田埂之下。在农民家里喝一碗凉水，给一枚红铜分元（群众叫共产元）。吃一碗粗饭，给一块白元（也叫银元）。入九寒天身着破旧单衣。穿正规军服的是一部分战士，有的穿的是庙上的布幡自做的衣服，衣料各色各样，有青的，有白的等。每人都自备针线包，衣服破了自己缝补。红军非常自觉的纪律，极端艰苦的生活，克服困难的顽强革命精神，在群众中留下了深刻的良好的影响。

红军长征途经榜罗镇期间，进行了广泛的政治宣传。除口头上的宣传之外，还书写了大量的宣传标语。红军在榜罗街上书写了"消灭鲁大昌军阀""共产党是无产阶级的政党""红军是帮助工人、农民谋得利益的军人""取消国民党的一切苛捐杂税"等标语。这些标语，现收藏在榜罗长征纪念馆里。红军住过的地方，如文峰的尹家台子、北台子和下店子等一些村民家门板上或墙壁上写有宣传标语。原始资料甘肃省文物部门无偿拿去，其复制品在榜罗文物陈列室收藏。红军时期的政治宣传活动，使榜罗人民深受无产阶级的革命思想教育。它对后来地下党在榜罗地区的建党活动产生了一定的影响。

三 "榜罗镇会议"的历史意义

"榜罗镇会议"是红军长征期间中共中央召开的一次极为重要的会议，会议根据新的形势和情况，讨论了党中央今后的重大战略方针，彻底改变了 12 日俄界会议制定的在接近苏联的地区创建根据地的方针，正式做出了把红军长征的落脚点放到陕北，以陕北苏区作为领导红军长征的胜利和抗日救亡运动的顺利展开，对以后中国革命的发展产生了极为重要的影响。"榜罗镇会议"彻底结束了红军长期没有明确的落脚点，流动作战的被动局面，亦为今后革命的发展指明了明确的方向，使中央红军群情振奋，信心倍增。从此以后，中央红军走向陕北、走向全国、走向胜利、走向辉煌、走向成功。"榜罗镇会议"彪炳史册，功垂千秋，为扭转中国革命起到了不可估量的作用。而今，红军长征精神激励着一代又一代的榜罗人民夜以继日、废寝忘食地建设自己美好的家园。

中共中央政治局榜罗镇会议，是党中央和红军在长征途中召开的一次重要会议，也是我党历史上由第五次反"围剿"斗争失败到抗日战争兴起的伟大历史性转折的过程中召开的一次极为重要的会议。这次会议对党的建设、红军的发展乃至中国革命的前途，都有着重大的作用和影响。

会议重申了我党北上抗日的总方针。榜罗镇会议分析了日本侵略我国北方的严重性，北方可成为抗日新阵地的军事、经济、政治条件，及时作出了到陕北去的决策，发出了"我们要到抗日的前线上去"的伟大号召，从而使党和红军北上抗日的方针得以最终实现。会议确定了红军长征最终的落脚点，选择了领导中国革命的大本营。陕北红军的消息，使苦苦探索长征去向的中央领导人豁然开朗。榜罗镇会议在俄界会议所确立的向甘东北和陕北前进方针的基础上，决定将中央红军长征的落脚点放在陕北。榜罗镇会议把陕北确定为中国革命的大本营，保存了红军的基干力量，使中共中央和红军主力转移到了抗日战争的前沿阵地，获得了战略转移的立足点和开创新局面的出发点。红军长征到达陕甘根据地时，正是日本加快侵略步伐，华北危机、中华民族危亡之秋。中共中央将革命大本营奠基于西北，在接近抗日前线的中国西北部建立了中国共产党领导全国抗日运动的中心，极大地推动了抗日民族解放运动的迅速到来，推动了全民族抗战的爆发，中国革命从此又转入了抗日战争的新阶段，从而开创了中国革命胜利发展的新局面。

四　榜罗会议纪念馆

榜罗镇不仅有辉煌的昨天，而且有灿烂的今天。榜罗有宽阔的街道，庄严肃穆的省级国防教育基地、地级爱国主义教育基地——红军长征榜罗纪念馆。红军长征纪念馆是为了肯定榜罗镇会议的历史地位，缅怀先烈业绩，弘扬长征精神，当地政府和群众在上级各级党政机关的关怀支持下，于 1979 年完成了榜罗小学的搬迁及重要遗留文物的征集工作，并在原址修建了红军长征及榜罗会议纪念馆，纪念馆包括榜罗会议遗址和革命文物陈列室两部分，当年毛泽东主席住宿及举行榜罗会议的校长室完整地保持着 60 多年前的原貌，供人们参观，革命文物陈列室里陈列着红军在榜罗镇期间遗留下的标语、背篓、子弹箱、文件袋、水瓢、面杖等珍贵文物260 余件，其中有国家一级文物 2 件，国家二级文物 3 件。建馆以来，榜罗红军长征及榜罗会议纪念馆已接待并教育影响了全国各地海内外各界友人数百万人次，并先后被省、市公布命名为"省级文物保护单位""省级爱国主义教育基地""省级国防教育基地""地级爱国主义教育基地"等殊誉。2003 年 8 月 1 日，红军长征榜罗纪念馆大门顺利落成，并在这里成功地举行了通渭县纪念中国人民解放军建军 76 周年大会暨红军长征榜罗纪念馆揭牌仪式。

五　榜罗镇——值得怀念的革命纪念地

通渭县境内建党最早的是榜罗。1937 年 3 月陇右地下党的领导成员毛德功，以回乡探亲为名，来榜罗毛家老湾等地开展建党工作。经认真考察，接收甄富堂、毛麟章、蒙之廉、常振家等为党员。当年 11 月在毛家湾成立了党支部。甄富堂任支部书记，毛麟章、蒙之廉、常振家、贾天佐（甘谷县人）为支部委员。至 1949 年 8 月解放时已发展党员 134 人。大体上分布在 12 个行政村，24 个自然村庄，其中一部分在榜罗边界的常家河、甘谷县陈家庄一带。毛家湾地下党支部的建立为陇右地下党组织在通渭等地的活动建立了联络点。实践证明：这批地下党员具有坚强的革命意志和必胜的信念。他们之中有甄富堂、张大旗、蒙之廉、毛麟章等为革命胜利献出了青春和宝贵的生命。他们是所有共产党员的光辉榜样，革命精神永垂不朽。同时为解放后通渭的政权建设培养了一批骨干力量。解放初，通渭县人民政府辖平襄、马营、安远、榜罗、襄南、义岗、陇山 7 个区。在榜罗地下党员中选拔区级领导干部参与接管旧政权工作的有 3 个区。榜罗区：区委书记刘汉亮、代区长白明德、副区长蒙之端负责接管了榜罗旧政权的工作；平襄区：区长常振家协助老解放区派来的干部接管了平襄旧政权的工作；义岗区：副区长毛益祥协助老解放区派来的干部接管了义岗旧政权的工作。随后，白明德调任马营区副区长，接着任区长；常振家调襄南区代区委书记兼任副区长。他们和老解放区来的同志一道为巩固新政权的建设认真地开展工作。

解放战争即将胜利的时刻，通渭县旧县政府的政权实力，在榜罗镇被彻底摧毁。县长李志谟在1949年8月解放大军逼近通渭之际，感到末日将临，就带领县政府军政人员，携带大批枪支弹药和无线电台等通讯工具从县城南门仓皇出逃。途经杜家河湾、张家店、庙下湾、太白山、犁家坪、大洞子，西行高庄头，沿穹湾梁、红岘梁、牛孟头梁、岔口下等地进驻党家堡。他们认为红军长征时该堡未克，解放军也难攻克，因而企图在此配合榜罗自卫队坚守党家堡，阻止解放军西进。8月11日，即农历闰7月17日，一野左路军一部分经甘谷县礼辛镇，下午进毛家店。在此休息片刻，继续西行。经沙咀儿、高陈家河、张家沟门、刘家峡口。上洛鹅湾山，取道北后川，晚上大军宿营岔口下一带。侦察部队直达伍家后门，开展侦察敌情的活动。当时已是晚上10点左右，人们正入睡。而敌人的情况探听不到一点，于是鸣枪侦察。当枪声响后，李志谟等乱作一团。原任自卫分队长、时任榜罗镇长的张功成提手枪要贸然还击。国大代表闫文丞立即阻止，说"恐怕是八路军，不敢冒犯"，张即停止行动。当时枪打得越来越凶，堡门顶端楼房上的瓦片被打破碎，房土落到了床头上，陈俊福父亲在堡墙上中弹伤亡。在形势如此紧张之时，张功成又要出动还击。闫文丞再次劝说，"听枪声是八路军，不敢轻举妄动"，张即停止了贸然行动。此时，一外地小商人朱书琴提议在堡墙上喊话对话，协商和谈。经喊话，停止火力攻击。朱书琴自告奋勇，从堡墙上吊下去，和解放军和谈，终于达成协议。次日清晨，即8月12日，农历闰7月18日。李子安、田发荣、尹俊等老人出面迎接解放军进党家堡，并张贴了大量的欢迎标语。解放军进堡之后，即向群众宣传了解放战争胜利的大好形势及解放兰州的重大意义。从而安定了民心，宣告榜罗镇解放。

通渭旧县政府的大批枪支弹药和无线电台等通讯工具在榜罗镇被收缴，县长李志谟等大批军政人员在榜罗镇被打垮。通渭县旧县政府的政权势力在解放战争将要胜利的关键时刻集中到榜罗镇彻底摧毁，榜罗区人民政府成立之后，经减租、土改、镇反等运动，遗留的各类问题都作了合理合法的解决。

历史确认，榜罗镇是具有特殊意义的革命纪念地。有些解放军官兵和红军长征时期的领导干部先后沿红军长征路线来榜罗镇，走访群众，了解生产生活情况，召开各种会议，参观革命文物等，自觉地进行革命传统宣传和教育。

1971年春，陇西驻军一个团沿长征路线来榜罗。团部设在榜罗公社机关，营连住附近各村庄。战士们风餐露宿，体验红军长征战士的艰苦生活。团党委就地召开党委扩大会议，各营长参加，并在红军长征时毛主席召开过连以上军政干部大会的打麦场上举行了全体官兵大会。会上刘政委宣布了新调任的团长的任职令。政委说："这位新到任的老团长是智取华山的战斗英雄，在榜罗宣布任职令有深远的纪念意义……"这个团通过上述活动向全体官兵进行了深刻的革命传统教育。

1976年夏，毛主席长征路上的警卫员，时任武汉军区副参谋长陈昌奉，踏着红军长征足迹，重走榜罗镇，介绍了红军长征经过的全过程。他说："长征路上我一直在毛主席身边，因腿受伤只离开过半天就赶上了。有报道说，红军经过武山草滩来几户人家的小村庄时和敌人交火。作战指挥部如何指挥，说得神乎其神。实际上没作战指挥部，毛主席直接指挥，杨成武、杨得志参与。还有报道说，给毛主席办小灶。长征路上毛主席和其他战士在一个灶上吃饭，有时候为照顾主席的身体，另做一点饭，他知道了还不乐意。实际上没办小灶。"陈副参谋长说，"不光是写红军长征要真实，做任何事情都要实事求是，不按实际情况办事，终究会出大乱子"。他看了文物陈列室收藏的宣传标语之后说：这些标语是毛主席提出来的，也就是毛主席在榜罗经过的物证。还说和主席在一起的有周总理、刘少奇、叶剑英、谢老（谢觉哉）、董老（董必武）、邓颖超、蔡畅等。

1978年6月上旬，当年红一方面军先遣队的领导人，曾任总政治部主任、时任兰州军区政委肖华沿红军长征路线走访榜罗镇。深入到文峰的南街，面对70多岁的老人李正刚，询问生产和生活情况。在榜罗小学门口遇见涧滩几个运化肥的青年，问寒问暖。看了文物陈列室收藏的文物之后说，有些文物是过了草地带回的，有些是否真实，应进行考证，并在文物陈列室门口拍了照片。

肖、陈两位高级领导干部都是红军长征经榜罗镇的见证人。这两位领导干部反复讲：榜罗具有光荣的革命传统，红军长征经过时，榜罗的人民给了很大的支持。务必要把人民的事情办好。两位领导对于收藏和保护革命文物很有兴趣。反复说，这些文物很珍贵，是教育后代人的物证。

第六节　会宁会师

一　会宁会师——长征胜利

1936 年 10 月，中国工农红军第二、四方面军经过规模空前的战略转移后进入甘肃会宁地区，与前来迎接的红一方面军胜利会师，在此结束了艰苦卓绝、举世闻名的长征。这一事件震惊中外，在中国革命史上产生了重大而深远的影响。正像徐向前元帅在《历史的回顾》一书中所说的那样，"三个方面军会宁大会师，胜利结束了长征，在中国革命史上揭开了新的一页"。

1. 会师前的敌我形势

1936 年 6 月，"两广事变"发生后，蒋介石为了应付南方的燃眉之急，不得不把在陕甘"剿共"的主力胡宗南部调往湖南，甘肃南部地区敌人的兵力一时比较薄弱。为了巩固和发展西北抗日根据地，进一步推动抗日民族统一路线的形成和全国性抗日战争的实现，中共中央根据国内时局发生的重大变化，作出了红军三大主力会师的战略决策。

1936 年 7 月，红二、四方面军甘孜会师后，党中央批准成立中共西北局，由张国焘任书记，任弼时任副书记，统一率领红二、四方面军开始向甘肃进军，敌人为了阻止红军北上，在甘肃南部仓促布防。蒋介石坚持"攘外必先安内"的政策，调兵遣将，一心想消灭红军，令国民党政府军王均第三军在文县、武都、天水、西固（今舟曲）一带；毛炳文第三十七军在陇西、定西一带；鲁大昌新编第十四师在岷县、洮州（今临潭）一带企图构成西固至洮州、天水至兰州两道封锁线，但因战线长兵力分散，部署尚未就绪。据此，在红二、四方面军北进到达包座河一带，中共中央电示红四方面军速出甘南攻占岷县，指出："待你们进至甘南适当地点，即令红一方面军与你们配合南北夹击，消灭何柱国、毛炳文等部，取得三个方面军的完全会合，开展西北伟大的局面。"8 月 9 日，红四方面军开始发动"岷洮西战役"，部队分两路北上占领了漳县、临潭、渭源、通渭四座县城及岷县、陇西、临洮、武山；随后，红二方面军又在 9 月中旬发动了"成徽两康战役"，占领了康县、成县、徽县、两当等县城。两次战役的展开，有力地打击了敌人，在甘南地区开辟出一个广阔的战略区域，使红二、四方面军入甘后站稳了脚跟，在战略转移中得到了休整机会。

在此期间，由红一方面军一军团和十五军团为主组成的西方野战军在司令员兼政委彭德怀的率领下，出师甘宁地区，西征作战，巩固和扩大了陕北苏区。8 月底，西方野战军奉党中央命令由西征战役转入南下迎接红二、四方面军的新任务。三个方面军齐聚陇原，形成了南北呼应、夹击敌人的战略态势，为三大主力红军会师奠定了基础。

9 月初，"两广事变"平息后，蒋介石急忙调胡宗南第一军及另外两个师共 21 个团的兵力，由湖南长沙兼程北进赶往西北战场，企图会同毛炳文、王均等部抢占西（安）兰（州）公路的静宁、会宁地区，隔断红军三大主力会师的道路，达到各个击破之目的。针对敌情变化的新情况，9 月 13 日，党中央和中央军委及时发布了《静会战役计划》，要求红一方面军以部分兵力向西兰大道静会段挺进；红四方面军迅速北进，先敌占领静宁、会宁、隆德、定西等地，控制西兰大道，与红一方面军夹击向北推进的胡宗南部；红二方面军在陕甘南部活动，从宝鸡方向牵制和侧击胡宗南部，提前实现三个方面军会师，协同消灭胡宗南部。党中央此时明确提出了三大主力红军要在会宁、静宁地区会师的任务。

会宁北依黄河，东、南面紧靠西兰公路，是红二、四方面军北上的必经之路，战略位置十分重要。县城坐落在祖厉河畔，有邓宝珊新一军十一旅刘宝堂部的 1 个营和县保安中队的 300 多人据守，防备不严，加上县内山大沟深，交通不便，消息闭塞，有利于红军集结和隐蔽活动。根据《静会战役计划》确定的任务，9 月 14 日，红一方面军右路纵队十五军团七十三师进占了靖远县北部的打拉池地区（今平川区共和乡），一部直插会宁县北部的郭城驿、宋家河畔，切断了会宁通往靖远的道路，使驻守两县的敌军失去了联系。9 月 18 日，左纵队一军团一师逼近西兰公路，红一团占领了静宁县的界石铺，以此为中心控制了西兰公路，红一方面军主力部队集结静宁、隆德、海原、靖远一带，在会宁外围形成了一个弧形保护圈，给红二、四方面军北进创造了极为有利的条件，三大主力红军会师的条件和时机完全成熟了。但在此关键时刻，围绕北上和西进的问题党内又出现了分歧意见。9 月 18 日，在中共西北局讨论贯彻党中央北上会师指示精神的岷县三十里铺会议上，张国焘错误地判断形势，畏敌思想严重，提出要红四方面军单独从永靖、循化一带渡过黄河，进占古浪、红城子地区，提前实施打通苏联的计划。朱德、任弼时、陈昌浩等西北局多数成员反对这一意见，主张立即北上静、会地区与红一方面军会合，先夺取宁夏，第二步再进占甘西。会议按照党中央的指示精神，制定了《通（渭）庄（浪）静（宁）会（宁）战役计划》。会后，红四方面军总指挥部发布了向静、会地区进军的命令。而张国焘公然违背集体决议原则，又赶赴漳县红四方面军总指挥部驻地，竭力阻止红四方面军北上，并独断专行令红四方面军先头部队调头向洮州进发。这时，党中央连续急电张国焘明令禁止西渡，指出："我一、四方面军合则力厚，分则力薄。合则宁夏、甘西均可占领，完成国际所示任务，分则两处均难占领，有事实上达不到任务的危险。"在党中央再三敦促和西北局委员们的坚决斗争下，张国焘才被迫放弃了西进计划。9 月 29 日，红四方面军总指挥部重新下达了北进命令，部队分五个纵队开始迅速向会宁、静宁地区挺进。

2. 三大主力红军会师

10 月 2 日凌晨，奉命执行奔袭攻城任务的红一方面军十五军团直属骑兵团，在团长韦杰、政委夏云飞的率领下，一举攻克了会宁城，全歼了守城的县保安中队和刘宝堂部的一个营。接着，红一方面军第一军团政委聂荣臻率领左纵队一军团的一师、二师到达会宁，与右纵队十五军团七十三师会合，击溃了前来"收复"会宁县城的国民党新编第一军十一旅刘宝堂部的两个团，肃清了县城外围的敌人。进占会宁后，红一方面军广大指战员们广泛开展宣传，张贴了标语，扎起了彩门，布置了会场，并筹集粮款、杀猪宰羊、打扫房屋，积极做好迎接红二、四方面军的准备工作。

10 月 7 日，北进的红四方面军先头部队四军十师到达会宁县城。8 日，红四军一部又进到会宁县青江驿一带，分别与红一方面军迎接部队会合，揭开了会师的序幕。10 月 9 日，红四方面军总指挥徐向前、政委陈昌浩率四方面军总指挥部和直属队抵达会宁县城。随后，红军总司令朱德、总政委张国焘率总司令部和总直属队也到达县城。他们均受到红一方面军一军团一师师长陈原、政委杨勇及所属部队的热烈欢迎。10 月 10 日黄昏，红一方面军一军团一师、二师、十五军团七十三师和红四方面军各部队的代表在县城文庙大成殿内举行了隆重的庆祝会师联欢会。会前，两个方面军的负责人在文庙前合影后，各部队代表即进入会场，由于人多会场小，部分战士和县城的老百姓只能坐在庙外的广场上。会场布置得庄重朴素，用门板临时搭起的主席台上，摆着大成殿的供桌，主席台上方挂着红布横幅，上面贴着"庆祝红军会师联欢会"字样，会场周围贴了许多标语。在主席台上就座的有朱德、张国焘、徐向前、陈昌浩、陈赓等领导干部。整个会场充满着团结、欢乐、胜利的气氛。

大会由红四方面军政治部主任李卓然主持，徐向前总指挥首先作了重要讲话。他说："同志们！今天，我们四方面军同一方面军胜利会师了，我们的愿望终于实现了！今天的会合，不论在任何人眼里看起来，都是一个惊人的胜利，它是我军历史上的一个伟大的转折点。参加今天这个大会的同志们一定很高兴，可是，敌人却在那里难过，那么，就让敌人难过去吧，我们不能照顾他们的情绪，我们将来还要彻底地消灭他们呢！……我军经过二万五千里长征，现有人数是较过去少了，但个个都经过了千锤百炼，人人都是中国革命的精萃。从这个意义上讲，我们的战斗力不是削弱了，而是更强了。历史雄辩地证明，中国共产党领导的革命军队，是不可战胜的！……同志们知道，目前我们还存在着许多困难，但长征那样的困难都统统被我们克服了，这点困难算不了什么！……我们的力量团聚了，我们的军事政治经验结合起来了，任何力量都阻挡不了我们前进！阻挡不了我们去抗日！同志们，努力吧！为着民族的利益，为着中国人民不做亡国奴，奋勇向前！蒋介石卖国集团、汉奸走狗和日本帝国主义已经在我们伟大的会合面前发抖了，胜利就在前头！"徐总指挥气势磅礴、鼓舞人心的讲话，深深地打动着每个指战员的心，讲话结束时，会场上响起了雷鸣般的掌声。

接着，陈昌浩、陈赓也作了热情洋溢的讲话。

最后，朱总司令宣读了中国共产党中央委员会、中华苏维埃中央政府、中央革命军事委员会发来的《中央为庆祝一、二、四方面军大会合通电》，并在热烈的掌声中讲了话。他操着浓重的四川口音，不时地挥动有力的手臂说："同志们！我代表党中央，代表中央军委，代表各方面军总部，向同志们问好！"他接着讲道："红军的长征，不仅沉重地打击了敌人，锤炼了自己，而且扩大了党的影响，播下了革命种子。"总司令在讲话中，特别强调了团结，他提高嗓门说："同志们！团结是至关重要的，团结就是力量，只有加强全体红军的团结，才能克服一切困难，才能取得革命事业的胜利！……红军是一家人，是亲兄弟。一、二、四方面军，都是党中央和军委统一领导下的工农红军，各部队都经过了万里长征，都历尽了艰难险阻，我们终于走过来了，今天的会师来之不易啊！这是我们共同奋斗的伟大胜利。"会议还向党中央发了致敬电。

庆祝会师联欢会大约持续两个多小时，会场上始终充满着热情洋溢、亲密团结的气氛，笑声、掌声、欢呼声经久不息，整个会场为之沸腾。

会师后，红四方面军除担任后卫的五军以外，四军、九军、三十一军在会宁城乡集结休整。红一方面军向四方面军广大指战员赠送了红军被服厂赶制的冬装，还有毛衣、毛袜、手套、鞋子等慰问品，有的毛衣、手套上还绣有"欢迎阶级兄弟""会师留念"等字样。由军长程世才、政委李先念率领的红三十军，经过会宁直奔靖远大芦子，作西渡黄河的准备工作。

10月20日，朱德、张国焘率红军总司令部及红四方面军红军大学一部分学员离开会宁县城前往打拉池，此后，各部队陆续向北转移。23日，担任后卫的红五军最后撤离会宁县城。同日，红军总司令部到达打拉池与红一方面军西方野战军司令部及十五军团司令部会合，朱德、张国焘与彭德怀、徐海东、程子华相会，并在打拉池举行了庆祝大会。

红一、四方面军会合后，正在陇南牵制敌人的红二方面军根据中央指示迅速北上，10月9日冒着敌机的轰炸渡过渭河。15日至17日，二方面军总指挥贺龙、政委任弼时、副总指挥肖克、副政委关向应率总指挥部和二军、三十二军陆续由通渭进入会宁县南部的侯家川、谷头岔一带休整。六军在军长陈伯钧、政委王震率领下到达会宁县东部的青江驿与红四方面军九军会师。18日，红二方面军总指挥部和主力部队向会宁县东部的老君坡一带转移，受到红一方面军一军团二师政委肖华率领的红五团和师政治部宣传队及后勤人员的热烈欢迎，把从苏区运来的大批慰问物资送给了红二方面军广大的指战员，两个方面军的代表在老君坡举行了会师联欢活动。10月22日，红二方面军东进到达静宁县东北的兴隆镇和将台堡，同红一方面军一军团司令部会合。至此，中国工农红军第一、二、四方面军在会宁地区胜利实现了大会师，结束了伟大而艰巨的长征。

3. 会师期间的主要活动

红军在会宁县境内停留一个多月，进行了大量的革命活动。比较重要的有：

（1）举行各种会议。10月14日，红军总司令部在县城文庙大成殿前的广场上，召集由红军指战员和城区群众参加的大会，欢迎红四方面军九军到达县城；15日，红军总政治部在县城召开连以上军政干部会议，总政治部主任陈昌浩作报告；16日，红四方面军召开各支部干事扩大会议；17日，中共西北局在县城举行会议，听取《抗日救亡与民主共和国的报告》；同日，红军总司令部召开全体工作人员会议；19日，红四方面军召开政治工作会议；红二方面军第六军在老君坡召开营以上政治干部会议；红二方面军与红一方面军五团的代表在老君坡举行联欢大会，红五团政委郑雄在联欢大会上作《关于陕北苏区情况和反帝统一战线伟大胜利》的报告；20日，红二方面军各部队进行物资给养保障的动员。

（2）积极开展宣传。红军每到一地，立即开展各种宣传，他们书写标语，演文艺节目，找群众谈话、开会，宣传党的抗日救亡政策。红军当时书写的标语主要有"打日本，救中国""打土豪，救穷人""誓死保卫中国""参加红军，北上抗日"等。

（3）建立红色政权。红军到来以后，在县上建立了党的县委和县苏维埃政府。冯青选任县苏维埃政府主席，张武汉任副主席，高鼎一任秘书长，委员有吴占祥、柳连壁、马占山、任福全、王信等。同时，在城关、青江驿、翟家所、张城堡、新添堡、甘沟驿、来家河畔、郭城驿、刘家寨子等较大的集镇也建立了区、乡苏维埃政府或抗日农民协会。这些组织都设有主席、副主席和土地、武装、宣传、工商、青年等委员，群众称"八大委员"。他们在协助红军宣传、筹粮、送信、带路、抬担架等方面，做了大量的工作。

（4）开展爱民活动。红军先头部队每到一地，即在贫苦农民的门上插上小红旗，上写"抗日救国"或"保护穷人"的字样，一方面向劳动人民宣传红军的抗日救国主张，另一方面让后来的部队认真加以保护。红军战士在自己生活十分艰苦的条件下，仍拿出一部分粮款救济穷人。指战员们牢记红军铁的纪律，对群众说话和气，尊老爱幼，不拿群众一针一线，买商人的东西合理付款。驻扎在回民聚居区新添堡的红军，模范地执行党的民族政策。他们贴出布告，要求全体指战员严格遵守回民的风俗习惯，严禁住清真寺，不准讲"猪"字，更不准吃猪肉，受到回民群众的热烈拥护。红军住在群众家里，每天坚持给房东担水、推磨、打扫道路和院子。他们还把从土豪劣绅那里没收来的粮食分给穷苦老百姓。至今，会宁城里还流传着红军战士舍己救人的英雄事迹。有一天，贫民魏鸿儒的儿子魏煜正在街上玩耍，突然敌机飞来轰炸会宁城，有一颗炸弹正好落在魏煜身旁，在炸弹就要爆炸的危急时刻，一名红军战士猛扑过去，用自己的身体护住孩子。魏煜得救了，而红军战士却献出了年轻的生命。为了使后代永远铭记红军的救命之恩，魏鸿儒给三个孙子分别起名叫继征、续征、长征，连起来就是"继续长征"四个字。

（5）扩大红军队伍。广大人民群众在同红军相处中，深感红军是人民的军队，许多青年人踊跃参加红军。据不完全统计，全县400多名青年参加了红军，仅甘沟驿一地参军的青年就有100多人，红军到青江驿以后，曾组织了1支游击队，红军撤离时大多数游击队员都参加了红军。这些参军的青年，他们中间部分人后来因伤因病回乡，大多数人在历次战争中为中国人民的解放事业而光荣献身。有些人幸存下来，在社会主义建设事业中作出了新的贡献。土高山乡的陈国钧当年参加红军后，转战了大半个中国，参加过著名的平型关大战。1972年3月因患癌症逝世，生前曾任江苏省苏州军分区司令员。

（6）进行激烈战斗。三大主力红军会师前后，蒋介石为了阻止红军会师，大量调集兵力企图消灭红军。为掩护主力会师和先头部队西渡黄河，红军在会宁境内同敌人多次进行战斗。其中较大的有6次，即郭城驿红堡子伏击战、攻打会宁城战、范家坡反击战、张城堡高山阻击战、中川乡大墩梁阻击战、河畔乡慢牛坡阻击战等。在这些战斗中有1 000多名红军指战员在会宁的土地上献出了宝贵的生命。10月23日，在中川乡大墩梁阻击战中，红五军副军长罗南辉壮烈牺牲；10月28日，在河畔乡慢牛坡阻击战中，红三十一军九十三师师长柴洪宇壮烈牺牲。

二　会宁会师楼

会宁红军会师楼在会宁县城。会宁古城，城辟四门，东为"东胜门"，西为"西津门"，南为"通宁门"，北为"安静门"。城郭形如凤凰展翅，故有"凤城"之称。旧会宁城城垣已不完整，现仅存城西门（西津门）及南北城墙各 47 米。西津门建于城门底座上，有城楼两层，为清代所建。1936 年 10 月 8 日清晨中国工农红军第一、第二、第四方面军主力胜利会师于此，中国工农红军二万五千里长征，至此胜利结束。当时，中央领导曾在西津门楼上开过会，故于 1958 年将西津楼改建为红军"会师楼"。

为了弘扬红军精神，会宁人民修缮了会师楼，扩建了革命文物陈列馆，并于 1986 年建造了高达 28.78 米，共 11 层的纪念塔，正面雕刻着邓小平题写的"中国工农红军第一、二、四方面军会师纪念塔"18 个大字。塔内还悬有甘肃楹联学会会长安维翰撰写的对联："会一二四方面红军，忆井冈举旗，遵义筹策，大渡桥横，金沙水拍，过草地，爬雪山，除腐恶，斩荆棘，长征途中三军明良遇，将相和，肝胆相照，风云际会；宁千万亿倒悬黔首，顾祖厉激浪，香林放彩，关川穗硕，青江风徐，去郭城，穿韩砭，越沟岔，翻坡寨，枝杨镇上全民箪壶迎，袍泽与，诗文传捷，酒看犒师。"会宁县大墩梁和慢牛坡还修建有红军长征纪念碑。

三　会师纪念馆

红军三大主力会宁会师纪念馆是一座以纪念 1936 年 10 月中国工农红军第一、二、四方面军会宁会师，胜利结束长征这一伟大历史事件为主题的专题性纪念馆。

由徐向前元帅 1986 年亲笔题写馆名的"红军会师革命文物陈列馆"，馆内展出红军长征、会师期间珍贵革命文物百余件；图片、信件、资料 500 余件。

红军会师楼——原为会宁县城西城门楼，名曰"西津门"。始建于明洪武六年（公元 1373 年）。红军长征胜利凯旋门（"长征胜利纪念地"由老将军张爱萍上将题写。红军会师联欢会会址——文庙大成殿，大殿始建于明弘治十三年（公元 1500 年）。1936 年 10 月，中国工农红军第一、二、四方面军在甘肃会宁地区胜利会师。红军三大主力会宁会师是长征胜利结束的标志，是革命力量大团结的典范，是中国革命走向胜利的转折点和里程碑。

会宁是当年各路红军唯一经过全境胜利会师的地方，也是将星一度荟萃的地方，毛泽东、刘少奇、周恩来、任弼时、张闻天、王稼祥、邓小平、李先念、杨尚昆等老一辈无产阶级革命家，朱德、彭德怀、刘伯承、林彪、贺龙、罗荣桓、徐向前、聂荣臻、叶剑英等9位元帅，徐海东、陈赓等8位大将，1955年授衔的宋任穷、杨成武、洪学智、张爱萍等45位上将和136位中将、千余名少将，长征和会师期间都到过会宁。会宁因三军会师、将星荟萃而彪炳史册，成为举世闻名的革命圣地。

坐落在会宁县城中心占地16 000平方米的全国重点文物保护单位，全国首批百个爱国主义教育示范基地——会宁红军会师旧址，是当年三大主力红军在会宁胜利会师、结束长征的历史见证。现保存的会师遗址和纪念建筑群主要有：始建于明代的历史古建筑红军会师楼、红军会师联欢会会址——文庙大成殿及保存较完整的红军领导人朱德、徐向前、贺龙、任弼时、聂荣臻、徐海东、陈赓等当年在会宁生活战斗过的历史遗址等，还有1986年后兴建的红军会师纪念塔、红军会师革命文物陈列馆、红军会师将帅碑林、会师碑林等纪念建筑群。特别是将帅碑林、会师碑林两大碑林建筑群，共石刻展出老一辈无产阶级革命家、元帅、将军、党和国家领导人和中国人民解放军现任将军为纪念红军三大主力会宁会师这一伟大历史事件，专门为会师旧址题写的墨宝200余幅。

为了激励后人，大力弘扬红军长征会师精神，1962年甘肃省人民政府将"会宁红军会师旧址"列为全国重点文物保护单位，1996年国务院将"会宁红军会师旧址"列为全国重点文物保护单位，1997年中宣部将"会宁红军会师旧址"列为全国首批百个爱国主义教育示范基地之一。

近年来，会宁红军会师旧址已先后接待中外游人百余万人次，其中有26个国家和地区的外宾参观了会师旧址，同时，还接待了20多位党和国家领导人，近200位行政职务在副省级以上的各级领导，500多位军职在少将级以上的部队首长和老红军战士。

第七节　红军西征

一　西征决定的形成

党中央率红军一方面军虽然历经千辛万苦到达陕北，与陕北红军会合，确定了中央的落脚点，建立了新的根据地，但危险的局面并没有从根本上得到扭转。

中央红军到达陕北后，红一方面军的实力只有万余人，加上陕北红军，总兵力不足 3 万人，而当时陕北四周的国民党军队总兵力约 20 万人。东面有军阀阎锡山盘踞山西，重点布防于黄河东岸沿线；南面有张学良的东北军、杨虎城的西北军驻洛川、宜川、西安一带；北面有井岳秀、高桂滋、高双城的部队驻扎榆林一带；西南面有蒋介石嫡系胡宗南部的第一军、王均部的第三军及毛炳文部的第十七军驻天水、秦安一带；西面有马鸿逵、马鸿宾的部队驻银川、中宁一带。相比之下，敌我力量的悬殊是显而易见的，形势非常险恶。

在这样一个危机四伏的包围圈内，党中央和中央军委面临一系列亟待解决的问题：如何保存和发展红军这支经过严峻考验，肩负历史使命同时又岌岌可危的革命力量；如何保存、发展和巩固刚刚建立起来的，但还很狭小的陕甘苏区；如何粉碎蒋介石反动军队新的"围剿"；如何保存自己并最终战胜日本侵略者，挽救中华民族于危难之中。党中央将中国革命的大本营放在陕北，蒋介石反动政府的注意力及其"攘外必先安内"的目标也随之转向陕北。蒋介石企图消灭红军的办法也由长征时期的围、追、堵、截，变成集中兵力四面"围剿"，妄想彻底地将中国共产党和红军消灭在陕北。因此，在某种意义上说，党中央和红军面临的局势，比长征途中更危险、更复杂、更困难。在这种情况下，党中央和毛泽东主席审时度势，及时召开了政治局会议，决定采取积极防御的战略行动。毛泽东主席指出：防御的阶段比进攻的阶段更为复杂，更为重要。这个阶段包含着怎样打破"围剿"的许多问题。基本原则是承认积极防御，反对消极防御。并提出了"以发展求巩固"的指导思想。毛泽东认为，对陕甘革命根据地来说，不发展，则不能巩固；要巩固，就必须发展。"以发展求巩固"的方针，是当时毛泽东军事思想的具体体现，也是巩固陕甘革命根据地的唯一出路。

二 西征的开始

1934 年末，在国民党百万大军的围剿压迫下，中国共产党领导的各路红军被迫离开苦心经营的苏区根据地，相继进行战略转移，开始了艰苦卓绝的漫漫长征。全国红军主要分成四路，一路是从江西苏区西征北上的红一方面军，即中央红军；一路是从湘赣苏区北上的红二方面军；一路是从鄂豫皖苏区北上的红四方面军；还有一路是红四方面军的 25 军，作为偏师从鄂豫皖苏区出发单独北上。在差不多整整两年时间里，各路长征红军穿梭强敌，倦旅奔袭，披荆浴血，无日不战，其间几度分合，兄弟阋墙，二涉雪山，三过草地，万里征尘，埋骨路畔，其所遇之艰难困苦，其所为之英勇豪迈，均可至人类超越自身极限之峰巅。

1935 年 9 月，红 25 军首先到达陕北苏区，与刘志丹领导的陕北红军会师，胜利完成长征。1 个月后，毛泽东、彭德怀率红一方面军到达陕北，第二个结束长征。又过了 1 年，红二方面军和红四方面军辗转万里，也到达了陕北。1936 年 10 月，红军一、二、四三大方面军胜利会师，全国规模的红军长征终于结束。

然而，此时的形势依然十分危急。蒋介石见全国红军都集中到了陕北，立即调集大批国民党中央军入陕，配合当地的东北军和西北军，准备发起"通渭会战"，乘红军立足未稳，一举将共产党和红军围歼在陕北狭小的地域里。当时的东北军统帅张学良和西北军将领杨虎城都很同情红军，但又不能违抗蒋介石的命令，只好一面尽量拖延时间，一面速通情报给中共中央，要红军速做定夺。为了求生存，毛泽东和中央军委决意红军向黄河以西的宁夏和甘肃方向发展，力争打通与当时被苏联所控制的新疆之间的"国际交通线"，得到苏联援助的大批武器弹药，再杀回河东。为此，中央军委制订了"宁夏战役计划"，决定由徐向前率领的红四方面军主力和彭德怀率领的红一方面军一部组成西征部队，在 10 月下旬执行打过河西的作战计划。

1936 年 10 月 21 日，在蒋介石的严令下，各路国民党军队向红军发起攻击，蒋介石亲自飞到西安督战。当时红四方面军第 30 军已控制了黄河岸边的靖远渡口，正在抓紧时间造船准备抢渡。国民党中央军集中了 3 个军的兵力，在飞机的配合下，由南向北推进，与红四方面军的后卫部队 4 军、5 军和 31 军发生激战。国民党军在火力上占有很大优势，而战场上又到处是光秃秃的黄土坡，无险可守。红四方面军部队长征方息，弹药缺乏，武器也很差，虽拼死奋战，付出巨大牺牲，但仍然抵挡不住国民党军的进攻，被迫步步后退。

危急关头，10 月 24 日夜，李先念率红 30 军由靖远偷渡黄河成功，经过战斗，打垮了对岸的国民党军，占领了渡河桥头堡。红军立即在河上架设了浮桥，红四方面军总指挥徐向前、政委陈昌浩及前敌指挥部于27日渡过黄河，后续的红9军也于28日渡河成功。按照原定计划，红四方面军的4军、5军和31军应相继在靖远渡河，彭德怀率红一方面军一部在打退南线国民党军的进攻后，应于中卫渡口西渡黄河。然而国民党军的推进速度太快，29日就追至靖远渡口。看守渡口的红5军抵挡不住，只好仓促渡河。国民党军的飞机迅即炸断了渡河浮桥，渡口亦被占领。未来得及渡河的红4军和31军独对强敌，只好退向打拉池一带，与彭德怀的红一方面军会合。

此时，红军如要继续执行"宁夏战役计划"，只有击退国民党军队，重新控制黄河渡口，打通与河西部队的联系。可这时彭德怀却不能统一指挥部队，原因是红四方面军的最高领导人张国焘想保存实力，不想让红四军和31军与强大的国民党军拼消耗。彭德怀指挥不动红四方面军，红一方面军的力量又太单薄，阻挡不住国民党军的进攻。结果国民党军快速推进，相继占领靖远、打拉池和中卫等黄河渡口，截断了宁夏通道，过河的红四方面军主力与河东红军的联系也被隔断。至此，"宁夏战役计划"已无法实行。

11月8日，毛泽东及中央军委电令彭德怀、朱德和张国焘率红四方面军和红一方面军退回陕北，再图发展。已过黄河的红四方面军3个军则组成红军西路军，在河西建立根据地，单独执行打通"国际交通线"的任务。于是，河西红军开始了悲壮的浴血西征。

三 血沃祁连

1. 组建西征军

渡过河西的红军为3个军，其中9军和30军是红四方面军的主力部队，5军则为原来的红一方面军部队。11月10日，西路军正式组成，成立了军政委员会，最高领导为军政委员会主席、红四方面军政委陈昌浩，原红四方面军总指挥徐向前任西路军总指挥。下辖红5军，军长董振堂，政委黄超，有3 000余人，枪1 000余支，平均每枪5发子弹；红9军，军长孙玉清，政委陈海松，有6 500余人，枪2 500支，平均每枪15发子弹；红30军，军长程世才，政委李先念，有7 000人，枪3 200支，平均每枪 25 发子弹。此外，还有骑兵师、妇女独立团及机关人员，全军总数为 21 800 余人。可以看出，西路军的武器只能装备全军一半人马，弹药更是缺乏，此次远征前途多难。西路军总指挥徐向前为黄埔军校一期毕业生，一手创建了鄂豫皖苏区和红四方面军。在担任红四方面军总指挥后，他指挥红军进行了许多次重大战役，作战风格以狠、勇、缠著称，令国民党军非常头疼。蒋介石当年对这个学生并没放在眼里，不料日后竟成了心腹大患。蒋介石出了 10 万大洋买徐向前的人头，价码和毛泽东、朱德的一样。陈昌浩则是留苏学生，当年著名的二十八个半布尔什维克中的一个。此人年轻气盛，作战勇猛，因紧跟中央路线而被任命为红四方面军政委，成为红四方面军中仅次于张国焘之下的人物。

西路军渡过黄河后，即向一条山方向杀去，将挡路的青海军阀马步青的部队杀了个落花流水，前锋直向西进。初战胜利，红军上下充满了乐观情绪，认为马家军不过如此。其实，大错特错了。马家军是指青海和宁夏军阀马步芳、马步青和马鸿逵的部队，都是封建家族世袭统制的军队，其中马步芳被称为"青马"，马鸿逵则被称为"宁马"。西路军所要作战的对象正是马步芳和马步青的青马。青马部队士兵主要来自甘、青两省交界地区信奉伊斯兰教的回族、撒拉族、东乡族人。在上层统治阶级利用宗教观念蒙蔽驱使下，也由于历史上形成的民族隔阂与仇杀，青马士兵在对外族的征战中表现出了很强的内聚力和奋勇精神以及残暴行为。青马军队作起战来极为凶悍顽强，擅长骑兵奔袭与白刃格斗，经常残杀俘虏，臭名远扬。此次红军大举西进，所过之处正是马步芳的地盘，他唯恐红军会占着不走，急忙调集青马军队主力步、骑兵共 7 万余人，大举向红军杀来。

2. 古浪之战

西路军以红 30 军为先头部队出凉州，红 9 军出古浪，红 5 军断后。因为地势和人口稀少的原因，全军呈一字长蛇阵形，一个团与另一个团之间也隔着一天路程。11 月 15 日，红 9 军占领古浪城。古浪为河西走廊的要冲，南北两面临山，只有东西一条狭长的通路。红 9 军以 2 个师驻于古浪城外制高点，军部及机关人员驻于城内。因为对马家军估计不足，红军的战斗情绪松懈了下来。16 日清晨，马家军以 3 个骑兵旅、2 个步兵旅和 4 个民团兵力向古浪发起突袭。马家军骑兵在旷野戈壁上奔驰迅速，闪电而至。9 军仓促迎战，陷于被动之中。马家军武器虽比不上国民党中央军，但比红军可强多了，而且还有山炮助战。城外红军很快被分隔开，许多人被压缩进古浪城中。守卫南山的1个团部队孤军无援，在马家军的反复攻击下几乎全军覆灭。马家军随即向古浪城发动猛攻，古浪城墙残破，多处有缺口，红军阻击火力薄弱，终被马家军突破。马家军骑兵冲入城内，沿街道猛烈砍杀。城内有许多红军机关人员，并没有枪，结果死伤惨重。9军组织反击部队顽强苦战，总算把马家军赶出城去。这时红军又犯了一个错误，竟出城进行追击。不料马家军进退神速，骑兵很快杀回将出城红军截断于旷野之上。经过苦战，这些红军全部战死。马家军又返回攻城，红9军官兵拼死守城，用木棍、大刀片，甚至砖头瓦块与敌血战。危急关头，城外的红9军1个师冲破马家军封锁，向古浪接应而来。马家军不惯夜战，便收兵而去。

古浪之战，红9军损失2 000多人，达全军三分之一，特别是电台及技术人员损失很大，可以说元气大伤。当日夜里，红9军放弃古浪向永昌退去。许多红军重伤员无法带走，只好留在古浪，并留书信希望马家军善待俘虏。第二天马家军进入古浪空城，第一件事就是把红军伤员全部杀光。

古浪一战的失利，已暴露出西路军面临的困境。西路军装备低劣，人数又远少于马家军，从作战态势上就处于下风。而马家军盘踞河西多年，地形熟悉，且多是骑兵作战，机动迅速，战斗力甚至强于国民党中央军。河西地区人烟稀少，物产贫瘠，西路军补充不易，粮弹缺乏，前途不容乐观。

3. 困守山丹

11月19日，中共中央电示西路军，要求他们暂停西进，在永昌、山丹、凉州一线建立根据地。实际上这里地形狭窄，南北都是高山沙漠，村庄零落，居民回汉杂处，实不容易建立根据地。以徐向前为首，西路军高级指挥员都对中央的这个命令很不理解。许多年以后，徐向前才弄明白，当时国民党重兵云集陕北，中共中央和红军主力的情况极为危急。中央此令意在摆出河东红军可能渡河向西与西路军会合的假象，使国民党分兵扼控黄河沿岸，陕北红军主力可借机向东或向南突围。

从11月下旬到12月上旬，西路军苦苦坚守于永昌、山丹、凉州一线。马步芳见红军在自己的地盘里停下不走了，不由大急，连日驱动马家军向西路军发动进攻。红军以劣势疲惫之师顽强抗击马家军的攻击，因弹药不足只好用大刀、木棍拼搏。马家军骑兵众多，忽来忽去，红军困守各个堡垒土围，几乎无日不战，伤亡极大。一直打到12月初，西路军已伤亡达6 000余人，马家军死伤也差不多，双方打得筋疲力尽，战斗渐渐停息。

1936年12月12日，张学良、杨虎城突然发动"兵谏"，扣押了在西安督战剿共的蒋介石，震惊中外的"西安事变"爆发了。在此之前，中共中央已有意发动第二次长征，率陕北的红军主力向南渡过黄河另寻根据地。西安事变的发生，真可以说是绝处逢生。中共中央立即派周恩来前往西安，力促西安事变和平解决。

西安事变的消息传到永昌，西路军将士一片欢腾。对面的马家军也有些傻了眼，一时不知如何是好，停止了向红军的进攻。12月22日，中央电令西路军东返，要营救蒋介石。红军已和东北军、西北军订立三位一体的联盟，准备联手抗击国民党军的进攻。中央令西路军东返，意在从西面牵制国民党军，以策应西安局势。此时河西走廊已是寒冬天气，西路军缺乏补给，伤员病号又多，大军行动非常不便。如果回头向东，面对的将是国民党军和马家军主力，如果再向西走，则只有马家军的拦击。就现时情况而言，向东不如继续向西。然而中央下了命令，西路军只有执行。正在大军集合的时候，中央又来电，说西安事变已和平解决，蒋介石已答应停止内战，一致抗日，西路军仍执行向西打通新疆的任务。中共中央的意思还是希望西路军能建立一块稳固的根据地，因国共谈判还没有结果，万一不行，中央也好有个依靠。

4. 血战高台

12月下旬，西路军以5军开路，9军和指挥部居中，30军断后，顶风冒雪向西开进。1937年1月1日，红5军攻占高台县城。这一带粮食较多，西路军停下来进行短期休整。红军一停下来，马步芳立即调动2万部队围攻过来。1月5日，西路军指挥部各机关和红9军在甘州（今张掖市）西南的甘浚堡遭到马家军骑兵突袭，部队被打散，损失200余人及大部分电台等通讯设备。此后西路军各部队联系不便，严重影响了统一指挥。1月16日，中央来电要求西路军分兵向东。此时西路军人困马乏，损失严重，可说已到危急时刻，中央如何这样要求呢？原来此时蒋介石已回到南京，将张学良扣押，国民党大军兵围西安，局势又紧张起来。中央又有了放弃陕北的打算，想让西路军东进配合。马步芳看清了形势，立即向蒋介石表示效忠，同时集中兵力开始猛攻西路军。1月12日，马家军以一部兵力进攻红9军和30军，主力则绕道向西围住了高台。此时高台城内有军长董振堂在内的红5军3 000余人，5军政委黄超带着5军仅有的一部电台和部分兵力驻守临泽，高台守军遂与西路军总部失去了联系。马家军猛烈进攻高台，红军苦守数日，顽强击退了马家军的一次次进攻，最后枪弹耗尽，开始展开肉搏。军长董振堂一面指挥部队战斗，一面准备突围。不料政委黄超派人送来一信，要求5军死守高台。董振堂长叹一声，这个自宁都起义以来屡建战功的红军著名战将，决心与高台共存亡。1月20日，马家军再次向高台发动猛攻。红军用刺刀、砖瓦与敌拼搏，董振堂手提大刀亲自登上城墙指挥部队战斗。马家军仗着兵力优势一次次轮番进攻，终于攻进城内。红军战士依托城内建筑，逐街逐屋地与敌人展开巷战，城内到处是惊心动魄的浴血拼搏。激战至最后，军长董振堂、军政治部主任杨克明、13师师长叶崇本壮烈牺牲，3 000多红军战士大部战死，少数重伤被俘。马家军不但屠杀了全部俘虏，还残忍地将董振堂和杨克明的头颅割下，送到西宁去向马步芳请功。几十年后，董振堂的遗孀见到了当时拍下的首级照片，泪如泉涌。

西路军总部开始并不知道高台被围的消息，直到1月23日才得讯，急派唯一的骑兵师前去救援。路上遭遇优势的马家军骑兵，经过一场血战，红军骑兵大部伤亡，骑兵师长董俊彦和政委秦道贤也牺牲了。高台既失，临泽的红5军余部转而向西路军主力靠拢。不想路上又遭到马家军骑兵截杀，红5军损失数百人，辎重也大部丢失。幸好红9军政委陈海松带一部人马前来接应，经过苦战，总算将5军剩余部队救出。高台之战后，西路军实力大损，马家军仍穷追不舍。陈昌浩、徐向前等西路军领导决定全军东返，趁实力仍在杀回河东。1月28日，西路军全军集结到了倪家营子，还剩1万多人，其中能战斗的人员只有不到一半。这里是个小村落，稀稀拉拉地分布着几十个土围院落。马家军立即尾随而至，开始发起进攻。每日清晨，马家军以土炮向倪家营子轰击，然后密密麻麻的步兵发起冲锋。红军子弹缺乏，只能以手榴弹阻击一下，然后手持大刀、长矛、木棍等扑上去御敌于营垒之外。双方反复厮杀，从旷野杀进土围内，又从土围内杀回旷野，一直到日落方息。这样的战斗持续了近 10 天，倪家营子内外鲜血已流成了河，很多红军女战士和伤员也加入了拼杀，有的伤员为了不拖累部队，握着手榴弹就扑进敌群与敌人同归于尽。西路军至此已是弹尽粮绝，伤员众多，且又全无补充。马家军有后方供给，源源不断而来，攻势一次比一次猛烈。西路军再在倪家营子坚守下去，只有覆灭一途。这时中央又来电，要求西路军就地坚持。因为西安事变后，蒋介石总算是停止了对陕北红军的围剿，国共谈判正在进行之中，将来要划分防区，西路军如能在河西坚持下去，则等于有了讨价还价的资本。自遵义会议以来，毛泽东指挥红军可以说是调度有方，得心应手。可这次为了顺应瞬息万变的形势，朝令夕改，生生将西路军拖垮了。陈昌浩和徐向前觉得不能再坐等下去，便向中央发电请示行动并要求派红 4 军和 31 军前来接应。2 月 17 日，中央发了一封措辞严厉的电报给西路军，批评他们不听指挥并将之提到了政治上的高度。因为红四方面军在张国焘的领导下曾于1935 年 9 月犯了南下分裂的错误，当时的主要领导人陈昌浩和徐向前也背了严重的政治包袱。这次中央如此电示，将过去的错误与眼下的行动联系在了一起，二人顿感压力沉重，无法动弹。经过西路军委员会开会讨论，明摆着眼下是无法再坚持下去了，大多数人支持东返。2 月 21 日，西路军从倪家营子向东突围，边战边走。2 月 23 日，西路军到达西洞堡。这时马家军又追了上来，红 30 军 88 师在师长熊厚发的带领下，猛烈出击，将追敌 1 个团全部消灭，缴获了相当多的武器弹药和物资。本来这是一件好事，可陈昌浩此时被胜利冲昏了头脑，他提出西路军重返倪家营子，继续建立甘北根据地。徐向前和各军主要领导一齐反对这个建议，认为好不容易冲出来了，只能一鼓作气杀回河东，绝没有再入虎口的道理。然而陈昌浩原来曾反对过中央，这次为了表示回到正确的中央路线上来，不顾实际情况，只是机械地坚持要执行中央要求的就地坚守的命令。陈昌浩是军政委员会主席，是西路军最高领导，有最后决定之权，徐向前等人只好表示服从。2 月底，西路军重返倪家营子，这里已是一片焦土，留在村里的红军伤员全遭马家军杀害。马家军见红军返回，立即又围上来发动进攻。红军缺粮少水，有限的弹药很快又耗尽了，指战员们再次抡起大刀与马家军展开血战。马家军兵力源源而来，轮番围攻，加以炮火轰击，红军有耗无补，伤亡惨重。

5. 血沃祁连

此时陈昌浩也知大势已去，急电中央请求增援。毛泽东得知西路军的惨况后心急如焚，毛泽东急忙致电正与国民党谈判的周恩来，要他出面请求蒋介石下令让马步芳停止进攻西路军。同时电令前方的彭德怀、刘伯承等将领，命立即抽调红军部队组成援西军，以刘伯承为司令员，克日西渡黄河以解西路军之危。可是，蒋介石想消灭红军还来不及，怎么会让自己的部下停手呢？马步芳更是纯粹的地方军阀，他不管是什么军，进入他的地盘就是不行。援西军虽于2月27日组成，可渡河、造船、长途行军都需要时间，起码要1个月才能与西路军会合，无论如何来不及了。西路军在倪家营子日夜血战，牺牲消耗巨大，援军又久盼不至，再也坚持不住了。3月5日，西路军乘夜向祁连山突围。马步芳则严令马家军，务必将红军赶尽杀绝！3月8日，西路军进至了临泽以南的三条流沟地区，马家军尾随而至，残酷的战斗又展开了。红军被马家军分隔包围在三条低洼的古流水沟里，以大刀、木棍顽强拼杀，每天都要承受马家军的数次猛攻。马家军发现红30军人最多，也最能打，就重点向他们进攻。30军将士与马家军苦苦缠斗，无数在雪山草地中都没有倒下去的战士，在这里倒下了。30军政委李先念亲自上阵指挥，最勇的88师师长熊厚发在混战中被打断了左臂。三条流沟里的血战直持续到了3月11日夜里，西路军总部集合各部人马互相接援，杀出重围向祁连山口的梨园口退去。

雄伟的祁连山横穿河西走廊，梨园口则是进入山谷的一个关口。徐向前命红9军政委陈海松带9军余部1 000余人把守关口，掩护西路军总部及伤员向山中转移。马家军很快围攻上来，陈海松带领9军将士冲出阵前，挥舞大刀奋勇御敌。马家军人多势众，骑兵部队往来奔袭，轮番进攻。红军战士精疲力尽，仍苦战不退，最后全部牺牲。陈海松，这位被朱德称为"极有前途和希望"的红军将领也战死沙场，年仅29岁。9军全部伤亡后，30军又冲上来堵住敌军。为了掩护总部和伤员转移，30军将士同样血溅沙场，以无畏的奋勇精神殊死战斗，在打光了全军的2个主力团后，终于击退了马家军。西路军全军陆续会合到了祁连山中的康龙寺地区，妇女独立团在转移路上被马家军截断，全部覆灭。3月12日夜，陈昌浩、徐向前再次向中央告急。中央回电要西路军化整为零，轻装突围。3月13日，马家军追至康龙寺，一场血战后，虽然击退了敌人，但红30

军也终于垮掉了。至此，西路军全军已不到 2 000 人，且大部为伤员病号，枪弹已尽，粮食断绝，已无力再战。3 月 14 日，残余部队来到了一个叫石窝的地方，马家军又追了过来，李先念带 30 军剩余部队掩护全军边打边撤，直至傍晚才摆脱追敌。当日夜，西路军所余高级将领开了一个会，决定陈昌浩和徐向前脱离部队回陕北向中央报告，西路军余部分散打游击，突围出去一个算一个。3 月 16 日夜，徐向前和陈昌浩在一个警卫排的护送下，悄然向东而去。余下西路军分成数股，各自突围。西路军的河西远征至此失败，遗留下了不尽的人间血恨。徐向前、陈昌浩带警卫排走出祁连山后，即分散行动。徐陈一路，走了几日，投宿到一个湖北医生家中，陈昌浩是湖北人，见到老乡分外高兴。第二天再要走时，陈昌浩提出太累，要休息几天。徐向前是山西人，留下来有危险，便单独上路。徐向前化装成羊倌，一路谨小慎微，晓行夜宿，靠讨饭为生，一直走过黄河，总算出了马家军的地盘。其后翻过六盘山进入平凉地区，在这里遇到了红军援西军部队，终于苦尽甘来。徐向前很快被护送回陕北，向中央和毛泽东报告了西路军的血战征程。日后红军改编成八路军，徐向前仍受重用，被任命为以红四方面军组成的八路军 129 师副师长。陈昌浩向中央写了报告，检讨了在西路军的指挥上及红军南下时所犯的错误。然而中央认为他开始时紧跟张国焘，后来又极力洗刷自己，不老实，将他送到苏联接受共产国际的审查。直到 1952 年才回国，被分配到中央马恩列斯著作编译局任副局长。一个曾叱咤风云的红军高级领导人，就这样沉落了。在分散而行的西路军部队中，副总指挥王树声、红 9 军军长孙玉清等人一路，遭遇马家军被打散。王树声靠讨饭走回了陕北，日后成了中国人民解放军大将。孙玉清受伤被俘，坚贞不屈，被马步芳杀害于西宁，年仅 28 岁。

李先念、李卓然等率最大的一股近千人的红军队伍直向西行，沿路躲避马家军的搜查，餐冰饮雪，历尽辛苦，终于走出祁连山。英勇善战的 88 师师长熊厚发，因臂伤严重，不想拖累部队，自愿留下。后被马家军俘获，押到西宁，残忍地绑在炮口上，活活轰死了，年仅 24 岁。在甘肃西部，李先念率部队又遭遇马家军的围攻，且战且走，在戈壁滩中顽强突围，沿途很多人伤亡掉队。直至 1937 年 4 月底，终于到达新疆，只剩420 余人。当时新疆军阀盛世才正与苏联及共产国际结盟，对中共也比较友好，中共中央驻新疆代表陈云亲自将李先念等西路军将士接到了迪化

（今乌鲁木齐）。

西路军 21 800 余名将士中，力战牺牲的超过了一半，被俘的有 6 000
余人。除了被马家军残忍杀害的外，日后国共合作期间被中共中央陆续营
救，加上流落民间通过各种途径返回陕北的共约 6 000 余人。西路军苦战
4 个多月，以巨大的牺牲支援了河东红军的行动，功不可没。然而因为政
治上的原因，西路军的历史在很长时期内被说成是执行了张国焘的逃跑主
义路线，没有得到应有的评价，很多老战士都是带着遗恨离开人世的。直
到 90 年代后，中共中央才为西路军恢复了名誉。徐向前自河西兵败后，
一直想率部队打回去，为牺牲的战友们报仇。1949 年，毛泽东和中央原
本已有意让他带兵解放西北，可是这时徐向前却病倒军中，只好将这个使
命交给了彭德怀。彭德怀率第一野战军挺进甘肃、青海，在兰州战役中痛
歼马家军精锐，终于为西路军的无数英魂一洗前仇。

西路军所属各部队，是经过中国共产党长期教育并在艰苦斗争中锻炼
成长起来的英雄部队。在极端困难的情况下，在同国民党军队进行的殊死
搏斗中，西路军广大干部、战士视死如归，创造了可歌可泣的不朽业绩，
在战略上支援了河东红军主力的斗争。西路军干部、战士所表现出的坚持
革命、不畏艰险的英雄主义气概，为党为人民的英勇献身精神，是永远值
得人们尊敬和纪念的。

红军西征，是中央红军和红二十五军长征到陕北后，与陕北红军一道
发动的一次具有划时代意义的战略战役。西征的胜利，发展和巩固了革命
根据地，实现了三军大会师，整合了革命力量，也坚定了张学良、杨虎城
逼蒋抗日的决心。

四　红军西征纪念园

红军西征纪念馆以大量翔实的历史文献、图片、文物再现红军西征的
伟大胜利和不朽的业绩。展厅共分五大部分。

第一部分：红军西征在同心。主要展现了 1936 年 5 月 14 日，延川太
相寺中共中央扩大会议上，为了贯彻毛泽东"发展中求巩固"的战略方
针，总结东征，决定西征甘肃、宁夏的历史背景，和 1936 年 6 月中旬，
西征红军攻占同心全境，彭德怀率西征总指挥部进驻预旺堡，同心县成为
红军西征大本营这段历史。

重要文献有《总政治部关于回民工作的指示》和毛泽东署名发布的《中华苏维埃中央人民政府对回族人民的宣言》等。经典图片有命名为"抗战之声"的红军小号手、难得一见的彭总马背上的英姿及总指挥部领导人在预旺堡的合影等。以投影和电动沙盘的形式，详细介绍西征红军进入同心的全过程。

第二部分：陕甘宁省豫海县回民自治政府的建立。这是西征红军帮助回族人民在同心建立的一个不朽业绩，开创了我国民族区域自治的先河。

重要文献有中共陕甘宁省委书记李富春为主任的豫海县回民自治政府筹备委员会向党中央、毛主席及全国红军发出的成立豫海县回民自治政府的通电、《红色中华报》的连续报道和自治政府的布告等。重要图片有亲临同心筹建自治政府的李富春和中央组织部长李维汉的留影及马和福的画像等。重要文物有国家一级革命文物豫海县回民自治政府印章和红军赠回族大教主洪寿林"爱民如天"锦幛的复制品等。这两件文物的原件均收入中央军事博物馆。

第三部分：国际友人在同心。美国记者埃德加·斯诺到西征前线同心（时称宁夏预旺县）的访问，成为他后来完成的世界名著《西行漫记》将近三分之一的内容。和斯诺同来的美国医生乔治·海德姆在同心改名马海德，并决定留下来参加中国革命。

重要文献有斯诺在预旺南塬欢迎大会上支持中国革命的演讲词等。重要图片有卢仁灿代表红二师给斯诺送战马，欢迎斯诺、马海德的联欢大会等。

第四部分：红军三大主力胜利会师。以电动图表和文字说明的形式，回顾在继会宁一、四两军会师和将台堡一、二两军会师后，于1936年11月上旬，在同心实现了三军大会师。

重要图表有三军会师时，敌、我双方的战斗序列表等。重要图片有朱德、彭德怀、刘伯承、聂荣臻、贺龙、邓小平、杨尚昆等100多位荟萃同心的高级将领将星图集和三军部分领导人在同心的留影。

第五部分：前延后续。以西征为中轴，前延到大革命时期曾到同心从事过革命活动的早期共产党人，后续到1949年9月12日，同心再次解放。重要图片有钱清泉、刘伯坚、冯玉祥等及解放军十九兵团六十四军解放同心的骑兵团等。

第八节 八路军驻兰州办事处

八路军驻兰州办事处是第二次国共合作时期，我党在蒋统区设立的公开办事机构。1937 年 5 月开始筹建，1943 年 8 月撤销，时间长达 6 年之久。老一辈无产阶级革命家谢觉哉、彭加伦、伍修权等曾在这里领导过"八办"工作。

兰州八路军办事处于 1937 年 8 月 25 日成立，到 1943 年 11 月撤销，总共六年零三个月。办事处刚成立时谢觉哉任中共党代表，指导办事处工作，彭加伦任办事处主任。张文彬、朱良才、伍修权等先后任办事处主任。1937 年 7 月 29 日下午 4 时，谢觉哉乘欧亚航空公司的班机抵达兰州，时任甘肃省政府主席的贺耀祖是毛泽东青年时代的朋友，也是谢觉哉的同乡旧友，为谢觉哉举行了隆重的欢迎宴会。从 1937 年 8 月到 1938 年秋天的一年多时间里，谢觉哉在这里用佳金、无奇、焕南、敦大等笔名写了 60 多篇宣传抗日的文章。

兰州离中苏边境较近，加上当时新疆的盛世才表现出倾向革命的样子，许多同志从延安取道新疆去苏联，往返都要经过这里。1939 年夏到 1940 年春，周恩来去苏联治病时途经兰州，和邓颖超、孙维世都住在这里。在这里先后住过的还有：王稼祥、刘英、任弼时、李先念、程世才、蔡畅、邓发、萧三、陈郁、李天佑、杨至成、谭守述等。1937 年 12 月，贺子珍离开延安去苏联时也曾住在这里。这里还接待过越南共产党领导人胡志明、日本共产党领导人冈野进。办事处还营救流落和关押在张掖等地的西路军战士，找到了 1 000 多名散落在张掖、被迫做苦力的西路军战士。西路军连长蔡光波用米汤写成密信，要求办事处设法营救关押在张掖监狱的 8 名西路军干部，谢觉哉电请朱德、彭德怀以国民革命军第十八集团军正、副司令的名义请求蒋介石下令放人，将 8 名西路军干部营救出来。1937 年底，马步芳将被俘的 1 500 名西路军战士编成"新兵团"，准备交给驻河南的卫立煌，谢觉哉和驻西安八路军办事处的林伯渠联手将他们解救出来送到延安。兰州八路军办事处还承担了援助物资转送的任务，1937 年冬到 1938 年夏，滕代远及盛世才的副官从新疆运来的 12 车高射机枪子弹和西药、高自力带来的 10 车皮衣和军火，都由这里送到边区。

办事处成立后，宣传民族抗日统一战线，开展抗日救亡活动，输送进步人士到延安，指导和创建了一大批进步团体，影响较大的有："甘肃青年抗战团""省外留学生抗战团""妇女慰劳会""西北青年救亡读书会""伊斯兰学会""联合剧团""回民教育促进会"，创办了《西北青年》、《妇女旬刊》、《热血》等进步刊物。《妇女旬刊》是贺耀祖夫人倪斐君发起组织的"妇女慰劳会"在办事处的指导下创办的，宣传妇女解放思想和全民抗战的思想。

1937 年 12 月，国民党第八战区司令长官朱绍良兼任省政府主席，解散进步团体，查禁进步书刊，谢觉哉领导办事处进行了严正的交涉。1938 年夏，伍修权接替彭加伦任办事处主任。同年秋天，谢觉哉回到延安。有"屠夫"之称的谷正伦接任省政府主席，从 1939 年开始，办事处处境日益恶化，"皖南事变"后，1943 年 11 月，兰州八路军办事处被迫撤销。

八路军驻兰州办事处旧址，位于兰州市酒泉路互助巷 2 号（原南滩街 54 号），是一座砖木结构旧式四合院建筑。紧靠大门南屋外间，是办公室兼作会议室、接待室，里间为处长住室，西房为秘书、副官及警卫员住室，东房是厨房和服务员、炊事员住室。"八办"于 1963 年被批准为省级文物保护单位。1978 年在互助巷 2 号的旧址筹建了"兰州八路军办事处纪念馆"，并于 1981 年 1 月正式开放。共有革命文物 150 余件，照片 170 余幅，成为进行爱国主义教育和革命传统教育的重要基地。办事处另一处旧址在今酒泉路 157 号。

第 六 章

建筑文化

第一节　建筑文化

陇右地区遗留下来的古建筑种类和数量众多，这些建筑各具风采，是陇右历史文化的宝贵遗产，不仅具有重要的历史价值、科学价值，而且具有艺术价值和观赏价值，是我国最有魅力的旅游吸引物之一，是重要的人文旅游资源。

一　天水、陇南地区风物名胜与建筑文化

1. 伏羲庙与卦台山

天水伏羲庙——俗称人祖庙，位于天水市西关伏羲路西端，是全国最早最大的伏羲庙宇。建于明弘治三年（1490 年），嘉靖三年（1524 年）重修。相传天水为羲皇故里，伏羲庙便是伏羲皇的祭祠。庙临街而建，坐北朝南，两门三进，自南向北有牌坊、庙宇、月台、碑亭、主殿、古柏等，占地 13 000 平方米，现存面积 6 600 多平方米。殿宇排列对称整齐，布局规则严谨，雕梁画栋，巍峨壮观。带有浓郁的明代建筑风格，庙中的主体建筑——先王殿位于中院开阔的月台之上，重檐斗拱、琉璃筒瓦、龙吻花饰无不印证着整座建筑的古朴与典雅。先王殿东南侧有一六角攒尖顶亭阁，名为鼓乐亭，是伏羲抚琴吟咏之所。来鹤亭与鼓乐亭遥相对望，传说中曾有白鹤来此栖息聆乐。中院太极殿内有伏羲泥塑彩绘像，后院先天殿原祀神农，内塑神农像一尊。伏羲庙中还有苍劲的古柏树群。古柏原按伏羲 64 卦图排列，共计种植了 64 株，然存活至今的，仅有 37 株。传说中，每逢正月十六日羲皇的诞辰，便会有喜神降临人间，为世人排忧解难，广播福缘，全城的老少均会来到落叶最多的喜神树下，祈求伏羲的保

佑，来年安康宁寿。

卦台山——位于天水市北 30 公里处的三阳川境内。山上有伏羲创绘八卦的画卦台。这里山势突兀高耸，呈台状，古柏参天，渭水环流。渭河中心有滩地数处，形似太极图样，滩河交界，有一大石，不方不圆，似柱如笋，傍实中虚，如画太极，名为分心石，与画卦台隔河相望有龙马山，山上有龙马洞，每逢云雾封洞时，给人以龙马出没之感。伏羲为传说中的人类始祖，他以 8 种符号象征天、地、水、火、山、雷、风、泽 8 种自然现象，画成八卦，卦台山由此而得名。明正德十二年（公元 1517 年），从巡按冯时雍奏立庙于州北三阳川卦台山上（《秦州志》），建许多庙宇，以纪念伏羲。现只存山门、戏楼、午门、钟楼、西殿和伏羲大殿三间。大殿正中塑有全身贴金、身着树叶的伏羲大像一尊；右侧塑一振翼欲飞、造型奇特的龙马；左侧有一八卦图，龙马负图自河中出。卦台山已成为秦州名胜，陇上佳景。

2. 仙人崖与双玉兰堂

天水仙人崖——距麦积山石窟 15 公里，由三崖、五峰、六寺所组成。翠峰高耸于崖顶，寺观修建于峰顶或飞崖之间，颇有雅趣。三崖，依其方位，名曰东崖、西崖、南崖。五峰即玉皇峰、宝盖峰、献珠峰、东崖峰和西崖峰。六寺为木莲寺、石莲寺、铁莲寺、花莲寺、水莲寺和灵应寺。"五峰"和罗汉沟群峰众相参差罗列，姿态万千，若揖拜"玉皇峰"，人称"十八罗汉朝玉帝"。自南北朝以来，历代在这里均有建筑和雕塑造像，遗憾的是多被损毁，遗存甚少。据 1953 年中央文化部勘察团鉴定，这里现存的寺宇是经唐、宋、明、清等朝代建筑和重新修缮的，部分泥塑为北魏晚期作品。长期以来，这里是释、道、儒三家共存的风景胜地。仙人崖的寺宇总名叫华严寺，到明永乐十四年，明成祖朱棣把华严寺改名灵应寺，主要是把仙人崖的庙宇，划拨给韩开府（明韩王朱松的府第），变成了韩开府朱家私人家庙了。故一般人把仙人崖和灵应寺往往互称。"仙人送灯"为秦州十景之一。古时，南崖脚下，依崖修建了燃灯阁，是仙人崖的主建筑之一。每当夏秋深夜，天然磷光与阁中的油灯和烛光浮动辉映，人传是神仙携灯往来，故有"仙人送灯"之说。西崖寺宇是经唐、宋、明、清等朝代建筑和修缮的，大佛殿内西北角一个小斜梁架，据专家鉴定，是唐代屋架遗物。东崖有罗汉堂一幢，供奉大佛及十八罗汉，系明代建筑和塑像。南崖燃灯阁虽于清道光年间毁于火灾，但仍残存北魏晚期塑像。石岩洞为明末肃王朱炽宏（韩王朱松第十五代世孙，世袭于肃王）、大剑侠汪士墉、大书法家王了望隐居论道之处。玉皇阁东南侧下的壁岩间，有石窟佛龛，内存唐代壁画。

双玉兰堂——原名太平寺，又名甘泉寺、大寺。位于天水市麦积区南约 15 公里的甘泉镇。创建年代待考，从唐人杜甫流寓秦州的诗篇中可知，其寺在唐肃宗乾元二年（759 年）即已略具规模了。原有正殿三间，东西禅房各五间，四大天王殿三间，还有钟楼、戏楼。原建筑大都已毁坏，现在原址上建有南北侧房各三间；西大厅面阔五间，大厅正中悬挂着国画大师齐白石题写的"双玉兰堂"匾额。厅前有玉兰树两株，高约 25 米，围约 2 米，每至春天，花开满枝，亭亭玉立，游人纷至，流连忘返。

3. 南郭寺与玉泉观

南郭寺——又名妙胜院，俗称四月八山。位于天水市城南两公里处的龙王沟东侧慧音山坳。它依山傍水，气势恢宏。前临藉水，背负幽林，古柏苍翠，巨槐参天，泉水北流，风景秀美，是闻名遐迩的古"秦州八景"之一的"南山古柏"所在地，被誉为天水第一名刹。南郭寺坐南面北，由三座山门自西向东组成西院、中院、东院三个院落。西院是南郭寺的主院，它主要包括山门、钟鼓楼、天王殿、大雄宝殿、东西二配殿、东西二禅林院以及卧佛院。其中，山门前挺拔如盖的"唐槐"和大雄宝殿院内南北横逸斜出的"古柏"，被称为"稀世珍宝"；而东禅林院则为"杜少陵祠"，塑有诗圣杜甫及其二子宗文、宗武像；西禅林院现为南郭寺公园接待处和办公室；卧佛院紧邻西禅林院，建有卧佛殿一座，内供缅甸玉体卧佛一尊，该院内原有七级舍利砖塔一座，已塌毁。中院有关圣殿（也叫财神殿，传说最早曾是南郭寺的藏经楼，毁于大火，清乾隆年间在其旧址改建关圣殿）、月季园、盆景园和花架通道。东院有驰名的"北流泉"和新建的"二妙轩"诗碑长廊以及梅园等。在南郭寺西北侧，还建有"邓宝珊将军纪念亭"，陈列有邓宝珊将军画像及生平业绩展览，现被列为"甘肃省爱国主义教育基地"。其东侧山势险要处，建有观景亭，游人登高远眺，天水市全景尽收眼底。此外，南郭寺背负的山坡之上，有一片在古城天水范围内唯一的天然白杨林，郁郁葱葱，为寺院增添了绿色生机。

天水玉泉观——坐落在天水城北天靖山麓，初称城北寺、崇宁寺、山寺，后因山上有一碧水莹莹、清甜透脑的玉泉，且元代秦州教谕梁公弼建寺时，吟有"卦山寺北郊，名山有玉泉"之佳名而得名，历代为天水市的道教圣地。建于元大德三年（1299）。据《秦州志》《天水县志》记载：元长春真人丘处机的弟子梁志通西行至此，爱其美景，遂筑庵修洞，死葬庵中。现玉泉观还有梁志通于元世祖至元丙子年（公元1281年）所遗寺碑。其主要建筑有老君殿、文殊殿、文昌宫、玉皇阁、神仙洞、碑亭等。从现存"创建玉泉观碑石"得知，最高层建筑老君殿为元大德六年（公元1302年）所建，现存建筑大多为明清时重修。玉泉观内秦州八景之一的"玉泉仙洞"，相传为芦、梁、马三真人坐化埋葬之地。洞西南有一碑亭，内藏元代书法家赵孟頫草书四幅，书五言绝句四首，笔法苍劲圆浑，流朗明丽，质朴豪放，为赵书中别一面目，观者无不为此珍品而赞叹。每年古历正月初九，是玉泉观庙会，当地人称为"朝观"。

4. 秦安兴国寺与武山官寺

秦安兴国寺——位于秦安县城北街，是一组风格古朴，造型奇特，保存较好的元代建筑群。据载创建于元至顺三年（1332年），兴国寺经过600多年的变迁，其他建筑大多坍塌，只有山门、钟楼、鼓楼、般若殿安稳如磐，迄今完好。般若殿坐东向西，面阔三间，通长11.7米，进深两间三椽，单檐歇山顶，上布灰筒板瓦，正脊两端各安一条龙吻，二龙怒目卷尾，张口吞脊，活灵活现。正中部饰以琉璃兽面，上置一火珠，两侧置走兽。垂脊和戗脊上饰兽，戗脊上还置天王、狮、豹、马、狗等。大殿架梁用六根檐柱支撑，当中两根檐柱，浑圆硕大，柱头卷为覆盆状，柱身下用素面圆形柱础，无雕饰，次间额栋札牵雕龙首。殿内无粗大金柱，仅在斜梁和内额下设置直径约15厘米的四根小柱。兴国寺般若殿，整体雄浑协调，轮廓稳定秀美。虽经历代多次重修，但梁架结构、斗拱风格，仍保持了元代建筑的特征。大殿阑额上方悬明嘉靖时期胡缵宗书"般若"木匾，是一件珍贵的书法艺术。

武山官寺——坐落在武山县城内南门西侧，创建年代待考，从建筑结构、斗拱造型的风格上看，应属元代建筑。原建筑规模较大，分上、中、下三院，下院正殿为天王殿，坐南朝北，双龙锁柱，富丽堂皇。内塑三大菩萨，二十四诸天等。东西有三官殿、股肱殿及钟鼓楼等。中院两侧皆为僧房，正殿塑有燃灯古佛。上院主要建筑为十八罗汉殿。现仅存中院古佛殿。大殿坐南向北，面阔三间，建筑宏伟壮观，设计庄严精巧，雕刻装饰精美古朴。殿前后各有檐柱四根，殿内有金柱四根，隔扇直接安装于檐柱之间，顶梁为黄、绿、棕色琉璃砖瓦砌成；中脊巧立佛殿模型，小巧玲珑；四周边脊组成大小金龙图案，或嬉龙抱珠，或浮游腾空，造型各异，惟妙惟肖。两座配殿对称列于正殿两侧，为了突出正殿，降低了配殿之基，自然形成两小扶一大的庄严布局。

5. 礼县祁山武侯祠与成县杜甫草堂

礼县祁山武侯祠——祁山位于甘肃礼县东，西汉水北侧，西起北岈（今平泉大堡子山），东至卤城（今盐官镇），绵延约 25 公里，距离天水市 110 公里。祁山连山秀举，罗峰兢峙，被誉为"九州"之名阻，天下之奇峻，地扼蜀陇咽喉；势控攻守要冲，所以成为三国时魏蜀必争之地。祁山中部峰顶，三国时有城，极为严固，城南三里有诸葛亮故垒，今名祁山堡，距礼县城 25 公里，系祁山南麓、西汉水北侧平川中的一座石质孤山，四周不黏不连，形似龟又似舰，孑然特起，上平如席，西晋伊始，垒上即建武侯祠，四时祭祀。时隔千余年，几经兴废，保存下来的有诸葛殿、关羽殿、起佛殿，一进三院，自成格局。以武侯祠为中心，四周尚有点将台、藏兵湾、九寨、上马石、小祁山、卤城盐井、西县、木门道、铁笼山等十余处古遗址，可供人们参观游览。现在祁山已成了丝绸古道上的一颗璀璨的明珠。祁山堡为宽阔平川上突起的一座孤峰，坐落在西汉水北岸，高数十丈，周围里许，四面如削，高峻奇拔。营堡只西南有门可入城堡，再沿盘折小径，迂回曲转上至山巅。山上平地 3 000 平方米，其下悬崖绝壁，峭崎孤险。

成县杜甫草堂（杜公祠）——坐落在县城东南 3.5 公里处的飞龙峡口。是一组纪念唐代伟大诗人杜甫流寓同谷的祠堂式建筑，也是国内现存三十七处"草堂"中历史最久的一处。唐肃宗乾元二年（公元 759 年）的深秋，安史之乱战火正炽，诗人杜甫从华州弃官西行，经首都长安，到达西北"边郡"秦州。阴历十月间，他又冒着"天寒霜雪繁"，挈妇将雏，为寻找一块没有血与火的"乐土"，辗转来到当时的同谷（即今天的成县）。在同谷的一月多时间内，诗人"亲自负薪采松，拾橡为生，儿女饿殍者数人"。在严峻的生活考验面前，诗人的创作热情没有丝毫减退，仍像一只啼血的杜鹃，唱出了一支支激情饱满、沉郁顿挫的心曲。先后创作了《龙门镇》、《石龛》、《积草岭》、《泥功山》、《凤凰台》、《万丈潭》、《乾元中寓居同谷县作歌七首》、《发同谷县》等十几首诗作。记山水、伤乱离、怀亲友、抒情怀，有深沉的悲愁，有爆发的忧愤，有殷切的期望，有热烈的惶惶。尤以《凤凰台》和《同谷七歌》为最，与"三吏""三别"争辉。同年冬十一月一日，诗人"怵怵去绝境，杳杳更远适"，取道东南由栗亭、木皮岭、自沙渡一线，开始了向"喧然名都会"——成都的艰难跋涉。他不仅给后世留下了金光万丈的诗篇，也给后人树立了做人的楷模。使后来者诵其诗，怀其人，"仰其高风，立祠祀之"。唐懿宗咸通十四年（即公元 872 年），成州刺史赵鸿在五律《杜甫同谷茅茨》中写道："工部栖迟后，邻家大半无。青羌迷道路，白社寄杯盂。大雅何人继，全生此地孤。孤云飞鸟什，空勒旧山隅。"说明当时故居遗迹尚存。宋徽宗宣和五年（即公元 1123 年），"秀才赵惟恭捐地五亩，县令涑水郭慥始立祠。……使来者美其山川，而礼其像，忠其文"，也就是在杜甫故居的遗址上重修了一座祠堂。后来经过宋、明、清，民国年间几次修建和补葺，草堂才逐步美轮美奂，初见规模。现在草堂内还留存有南宋光宗绍熙四年（癸丑）宇文子震刻写的诗碑，明世宗嘉靖九年（庚寅）和十九年（庚子）立的两座诗碑，及明神宗万历四十七年（己未）立的《重修杜少陵祠记》碑石等十多处。

二 陇东地区风物名胜与建筑文化

1. 崆峒山与道教文化

平凉崆峒山位于平凉市西 15 公里处，系六盘山山脉，北倚关山，南望太统，背负笄头，面临泾水，素有"西镇奇观""崆峒山色天下秀"之美誉，为天下道家第一名山，其名取道家空空同同、清净自然之意。崆峒山早在秦汉时期即为僧道聚集之地，秦皇、汉武皆曾登临崆峒。唐宋明清各代，山上均建有道观禅院，开辟丛林。明代时规模甚大，有 8 台、9 宫、12 院、42 座建筑群，共 40 多处名胜古迹，至今犹存，以崆峒宝塔最为著名。崆峒山海拔 2 123 米，面积 30 平方公里。拥有大小山峰数十座。其山势雄伟似鬼斧神工：林海浩瀚，犹如巨浪排空；奇峰、异洞、怪石、流云，苍翠清秀而雄伟。崆峒山得天独厚，前峡泾水萦回，后峡胭脂河湍流，二河交汇于望驾山脚下，形成虎踞龙蟠之势。

山势雄伟，似鬼斧神工；林海浩瀚，如巨浪排空；环境神幽，令人陶醉；奇峰、怪石、云海是其奇景；瑰伟、苍翠、清秀是其特点。既有北方山势之雄，又兼南方山色之秀。有山无水显不出山的气度，有水无山显不出水的精神。崆峒山得天独厚，弹筝峡泾河萦回，后峡胭脂河湍流，交汇环抱于望驾山脚下，形成虎踞龙蟠之势。正如前人所说，"崆峒得泾而势愈雄"，"舍此则无以见其尊"，仙桥虹跨，月石含珠，鹤洞元云等十二奇景及名胜古迹百余处，使崆峒山素负盛名于海内外。

崆峒山以人文初祖轩辕黄帝问道于广成子而闻名于世，秦皇、汉武"慕黄帝事"，"好神仙"西登崆峒，《山海经》、《水经注》、《汉书》均有记载，《封神演义》着意描写，并列为天下十二仙山之一。

2. 现存著名寺塔

崆峒山宝塔——在平凉市崆峒山，建于明万历十三年（1585 年），原为崆峒山舒华寺的建筑，后寺毁塔存。塔高 32.6 米，底周长 38.6 米，为七级八面阁楼式寺塔。第一层面南开券门。从第二层起，四面开门、龛，有仿木围栏、斗拱装饰，各角有砖雕力士像。塔顶为覆斗式。

崇信龙泉寺——又名芮谷寺，在崇信县北凤山南坡。清顺治三年（1647 年）编修《崇信县志》载：寺有太和宫、子孙宫、菩萨庙、山雨楼等建筑，金碧辉煌，后坍毁。近年修复山门、三霄殿、大雄殿等，增建了洗眼泉、芮谷飞龙等，为陇上园林明珠。

西峰市肖金塔——又名金城寺砖塔，位于西峰市肖金镇。这里原有古金城寺，塔建于寺中，今寺院已毁唯塔独存。砖塔为八角形、楼阁式，现存六层，顶部已残，高约 20 米，无台基。一层正东开门，单砖券顶。塔室内壁呈八角形，每面宽 0.94 米。各层塔椽每面斗拱三朵，平坐下斗拱与椽下同，塔身各层各面有真门或刻板门与直棂窗。

正宁县赵氏石坊——位于正宁县罗川乡，因有三座石坊，故又名罗川三座石坊。一坊在东街，两坊在西街。在东者为明代万历四十五年（1617 年）十月赵邦清为其母所建。全以红砂岩石料凿磨镶嵌而成，三开间，高 10 米，上有敕赠山东滕县知县赵应魁"敕赠封太孺人刘氏高氏"等刻字，刻饰飞禽、走兽、花卉、山水、云树、庭舍等，通体雕刻十分华丽，为三坊中较大者。西街两坊是当地名流赵邦清所建。据正宁县志载，赵邦清，字仲一，号乾所，中进士后任山东滕县尹六年，为官清廉，扶困济贫，曾为穷民赐牛千只，储谷十万石，翦除土恶，振兴文教，均平田赋，为善之举不可胜数。后行使吏部主事升本部员外郎。天启二年（1622 年），任四川遵义道监军参议，不幸卒于军中，遗体归葬于故里。

湘乐砖塔——位于宁县湘乐镇湘乐河北岸的台地上，为宋代所建砖塔。塔呈六角形，楼阁式，高七层约 22 米，顶已残缺，上小下大，无台基。内壁六角形塔式，每面宽 1.42 米。第一层北面开券门，施龛室。各层塔椽每面出双抄华拱，每面斗拱五朵，上承替木。第二、三层施有平座，平座下斗拱与檐下相同，增座上施栏杆，栏板为直棂式，上施斗子蜀柱，做八角形柱，柱头有明显卷刹。塔身各层每间隔一面，设有真门或刻板门与直棂窗。真门为圭角形门洞，板门为方形门框、双门半掩，门向各方皆有。砖塔除顶残外，基本完整。

塔儿湾石塔——位于合水县太白乡城关与连家砭公路旁的塔儿湾村。为宋代石质造像塔，以凿磨的红砂岩石条垒砌而成，平面呈八角形，为密檐式建筑。高 13 层，约 12 米，宽 1.4 米，无基座。第一层高 2 米每面雕有石刻造像 5 幅，八面共 40 幅计雕像 600 身。造像内容多为佛说法图。此外还有以罗汉为主的画幅。第二层以上层高递减，二、四层南面各设假门一个。各层有塔檐，檐下出迭涩两层，檐角有仿木转角斗拱，檐下雕出檐椽，檐上雕有筒状瓦栊，塔顶为石刻刹柱，上置宝珠，整个塔身保持完整。

东华池砖塔——位于华池县林镇乡东华池村。此地曾是隋、唐林州华池县治，宋代废县为镇。因其在今华池县之东，故称东华池。砖塔为宋代所建，通体为砖结构，楼阁式，八角形，高七层约 26 米，上小下大，无台基。第一层每面宽 3.29 米，每层塔檐每面有斗拱三朵，檐角有仿木转角斗拱，均为双抄华拱，檐下雕出檐椽，檐上铺有瓦栊。塔顶有葫芦型刹柱，上置宝珠。第一、二、三层檐上施平座，有栏杆，人可通行，平座下斗拱与檐下同。塔室内壁呈八角形，每面宽 0.97 米，直径长 2.40 米。第二层以上每间隔一面设真门或刻板门，每层辟四券门，分层转换方向。真门一律单砖券顶，板门为方门框、门闭，门旁有直棂窗。除塔顶和塔檐有局部损伤外，保存基本完好。

环县砖塔——位于环县县城北部环江东岸的台地上，北距长城 500 余米，为宋代所建。塔为八角形楼阁式，高五层，约 22 米，顶有塔刹。塔身通体用砖建成，表面规整，上小下大，无台基。第一层每面宽 3.13 米，门向南偏东 15 度，单砖券顶，内壁为八角形塔室，各层都有隔板。每层塔身间隔一面设真门或刻板门和直棂窗，分层变换方向。真门单砖券顶，门两侧浮雕莲花纹；板门为方形门框，双门紧闭。各级塔檐上部施平坐，平坐下斗拱与檐下相同，平坐上的栏杆，人可能行。

宁县政平砖塔——位于宁县政平乡马莲河与泾河交汇处，在下平故城垣东侧小河沟东岸的台地上。这里原有寺院，今已毁。塔通体为砖构筑，正方形楼阁式，高五层，约 19 米。第一层正南开门，内为四方体塔室。檐部斗拱每面两朵，一半三升，隐出泥道拱一跳，用普柏枋承担，在拱眼壁上绘有牡丹、莲花、菊花等图案，上承迭色出檐共七层，檐上方椽铺有筒瓦。第二、三层施平坐、栏杆。第四层以上无平坐。塔室各层都用木楼板，今已毁，仅留四层木梁，塔砖全为黄土胶泥砌筑，整个造型与西安大雁塔近似，为唐代所造。

双塔寺造像塔——双塔寺遗址和石造像塔位于华池县林镇乡张岔村双塔沟和豹子川河交汇处的台地上，寺院和两座石造像塔始建于金正隆至大定年间（1156—1189 年），筹建人有寺院住持僧普恩、德敬和保义校尉、华池寨主李世雄等人，当时名为"石塔院"，后于大安年间又更名为"兴教院"。这是一处佛教寺院。寺院历元、明至清乾隆年间废弃。现存寺院遗址主要有"三圣殿""三门殿""伽蓝殿""双音阁""钟楼"等建筑的残墙与基础及两座造像塔。造像塔通体遍雕佛、菩萨、弟子、供养人、伎乐天等造像，还有涅槃等本生故事，全塔造像多达 3 600 余身；二号塔造像较少，全塔 615 身，塔高 13 层 11.98 米。双塔造型秀丽，结构严谨，雕凿细腻，充分显示了我国古代无名工匠精湛的工艺技巧和完善的艺术造型，凝聚了古代劳动人民智慧和艺术的结晶，具有很高的历史、科学和艺术价值。2000 年 5 月至 7 月间对寺院遗址进行了抢救性发掘，出土了石碑、经幢、陶石建筑构件等文物 370 多件，标本 267 件，尤其是许多珍贵的文字铭刻，记录了寺院的名称、始建年代和筹建人等。

三　兰州、定西地区风物名胜与建筑文化

1. 兰州黄河铁桥与白塔山白塔

位于白塔山下的黄河铁桥，俗称"中山桥"，是兰州市历史最悠久，也是黄河上第一座真正意义上的桥梁，素有"天下黄河第一桥"之称。清光绪三十三年，清政府动用国库白银 30.669 万两，由德国人喀佑斯承建，美国人满宝本、德国人德罗作技术指导，建起了长达 233.3 米、宽为 7.5 米的黄河第一桥。1942 年为了纪念国父孙中山先生，改名为中山桥至今。黄河铁桥气势雄伟，是兰州的一大景观。

白塔山白塔矗立在兰州市区之北、山势陡峭的白塔山主峰上。始建于元代，俗传成吉思汗在完成对大元帝国疆域统一的过程中，致书西藏喇嘛教萨迦派法王，法王派了一位著名喇嘛去蒙古谒见成吉思汗，不幸途中病逝于兰州，朝廷下令修建此塔以示纪念。后经明、清两代维修增建。寺内白塔七级八面，高约 17 米，下筑圆基，上有绿顶，各面雕有佛像，檐角有铁马铃。塔的外层通抹白灰，刷白浆，故俗称白塔。塔建成后屡经地震，屹立无损。

2. 兰州庄严寺、五泉山与白衣寺塔

兰州庄严寺——位于兰州市城关区张掖路中段。相传，此寺原是隋末金城郡校尉薛举旧宅，后其与子薛仁杲囚郡县官，发粟赈贫，据陇西全境，举兵反隋，自号"西秦霸王"，都兰州。唐武德二年（619 年），秦王李世民灭薛仁杲后，将薛宅改为佛寺，即庄严寺。寺中原有前、中、后殿三进院落，东、西厢房和钟鼓楼等建筑，寺内正殿佛像为"塑绝"、门额上的"敕大庄严禅院"为"写绝"、后壁观音像为"画绝"，又使其得名"三绝寺"，寺中文物已无存。

兰州市白衣寺塔——位于兰州市城关区白衣寺院内，明代创建，名为多子塔。通高 2.5 米，由塔基、金刚座、覆钵、塔体、塔刹组成。塔横截面为方形，为密檐式 13 级砖砌实心塔体。各级八面佛龛，塑佛像 96 尊，姿态万千；挑檐缀风铃 96 枚。覆钵南开一龛，内塑佛 3 尊，设门两扇，龛额镌太华道人手迹"耸瞻震旦"，两侧镌联："玉柱玲珑通帝座，金城保障永坚固。"

3. 靖远乌兰山与钟鼓楼

靖远乌兰山庙宇——明清时古建筑群，县城南乌兰山上。建筑主要

有：水帘洞、祖师殿、三教洞、三母宫、土地祠、玉皇阁、魁星楼、真武殿等。

靖远钟鼓楼——原名谯楼，位于靖远县城中央，南北向。为砖基三层木楼，基高三丈五尺，周围四十丈，楼三层七楹，高五丈五尺，明正统三年（1438年）房贵建，弘治三年（1490年）曹雄增修。清同治（1892—1874年）年间毁于兵火，仅存砖基，1925年重修。楼基正面拱门楣砖匾上有小篆"瑞丰"二字，背面砖匾上有楷书"天枢"二字。楼上原有巨钟，弘治十四年（1510年）造，现已不存。

4. 渭源五竹寺与灞陵桥

五竹寺——位于渭源县城西南15公里，清源河畔五竹乡秀峰山中。始建年代不详，唐开元时（713—741年）已颇具规模。其中大雄殿内有佛像二十余尊，卧佛塑像长几近四丈，两旁塑十八罗汉，殿后塑倒坐文殊，两壁画有五百阿罗汉事迹图，辉煌异常。明永乐年间，燕王朱棣靖难兵起，大臣郭节随惠帝逃出金陵，后与惠帝离散而流寓渭源，晚年入山寺为僧。相传郭节由南山采集红、黄、白、绿、蓝五色细竹，植于禅院，自号"五竹僧"。后人为表彰其德行节操，遂建"五竹寺"匾额，悬于寺门。现仅存遗迹。

灞陵桥——灞陵桥在渭源县南城门外的清源河上，是一座古典纯木结构卧式悬臂拱桥，俗称"卧桥"。因桥身拱起，宛如长虹，有"渭水长虹""渭河第一桥"之称。灞陵桥始建于明洪武初年，系大将军徐达西击元将李思齐时，为渡渭河而建。初为平桥，传说徐达夜梦受汉武帝爱妃指点，乃以木笼装石为墩修成，桥上配以玉石栏杆，徐达亲题桥名。清同治末年（公元1875年）左宗棠部属梅开泰重建。灞陵桥为南北坐落。全长40米，高15.4米，宽4.8米，曲跨29.5米，共13间，64柱。桥面底部以每排10根粗壮圆木并列11组，从两岸桥墩底部逐次递级，上有屋瓦可遮风雨。桥身高耸，桥面为三道阶梯状通道，中宽边窄，且有扶手栏杆相配，既可远眺，又助攀登。桥两端建有飞檐式廊房，四角抖起，脊耸兽飞，似巨龙凌空而起，颇为壮观。以其独特的建筑结构和艺术风格，闻名全国。桥两端有历代名人的诗、词、联句和题字。清代诗人杨景的"闻眺城边渭水流，长虹一道卧桥头。源探鸟鼠关山月，窟隐蛟龙秦地秋。远举斜阳光射雁，平沙击石浪惊鸥。一帆风顺达千里，东走长安轻荡舟"

更成了千古绝唱。灞陵观潮和君山夕照相映成趣，成为渭源县城的一大旅游胜景。于右任先生曾题写了"大道之行"的匾额。如今灞陵桥已成为甘肃省定西市的旅游标志。

5. 陇西堂与威远楼

陇西堂——建在陇西仁寿山公园的李氏祖宗祠堂，这是目前全球李氏后裔唯一公认的宗族祠堂，也是世界上最大的宗族祠堂，据《重庆商报》最新报道，这个家族分布在全国和世界各地的总人数约为950万人。据各资料显示，分布在全球的名人学者工商巨子比比皆是，遗存着他们的祖宗老子、李世民的聪明才智，闻名全世界，陇西堂是"文革"后由国外新加坡李光耀、居美的李政道、国内香港李嘉诚、台湾李登辉等代表千千万万李氏家族的国际名人重新捐建的，李鹏、李岚清、李长春等人都属于李氏家族，"陇西堂"已是中华文化、历史、人文、侨贤典型的形象工程，是中华人文历史的精粹，也是世界人文历史的精粹。陇西是未出闺阁的"西施"，"浓妆淡抹总相宜"，她又似陇西美女貂蝉的个性，更富有内涵和传奇色彩。

陇西威远楼——一名雄镇楼，俗称钟鼓楼。在陇西县城内十字街中心。建于元世祖中统二年（1261年），元顺帝至正元年（1341年），"设置铜壶滴漏，夜击更鼓"。明洪武元年（1368年）重建，"置五楹，四面朝窗"，悬"巩昌雄镇"匾额（至今存留悬挂于第三层正面）。清康熙五十五年（1716年），废五楹为二十四柱，建砖基三层木楼，座基高11米，楼高15米，通高26米，四面飞檐，雕梁画栋，歇山顶。楼姿雄伟，直插云天，20里外可遥见。

四 临夏、甘南风物名胜与建筑文化

1. 夏河拉卜楞寺

夏河拉卜楞寺——拉卜楞寺位于夏河县城西1公里处，大夏河将龙山、凤山之间冲积成一块盆地，藏族人民称之为聚宝盆，拉卜楞寺就坐落在聚宝盆上。全名为"噶丹夏知布达尔吉扎西伊苏奇委琅"，它与西藏的哲蚌寺、色拉寺、甘丹寺、扎什伦布寺、青海的塔尔寺合称我国藏传佛教格鲁派（黄教）六大寺院。拉卜楞系藏语"拉章"之变音（其意为寺院最高活佛府邸）。寺庙始建于清康熙四十八年（1709年），嘉木祥一世阿旺宗哲创建。在近 300 年间，先后建立了铁桑琅（闻思学院）、居曼巴扎仓（续部下学院）、居多巴扎仓（续部上学院）、曼巴孔仓（医学院）、丁科尔扎仓（时轮学院）、吉多尔扎仓（喜金刚学院）等六大"扎仓"（学院）、四大金座（在拉萨噶丹寺任过赤哇职或有类似地位的活佛）、八大堪布（在哲蚌寺任过堪布职务者）、十八昂欠和众多佛殿、僧舍及其他建筑物。拉卜楞寺还有"拉康"（佛寺）18 处。"拉康"即全寺各扎仓的喇嘛集体念经的聚会之所。其中以寿禧寺规模最大，有 6 层，高 20 余米，内供高约 15 米的释迦牟尼佛像。屋顶金龙蟠绕，墙旁银狮雄踞，外观十分宏伟。人称拉卜楞寺是藏传佛教的高等学府，是当之无愧的。现占地面积 886 万余平方米，建筑面积 40 余万平方米。整个建筑群规模宏大，气势雄伟，成为安多藏区佛教中心之一。解放后多次维修。1985 年"铁桑琅"大经堂失火，焚为灰烬，国家拨巨款予以重建，拉卜楞寺现已开放，列为全国重点文物保护单位。拉卜楞山峦叠嶂，林木荫翳，中有大夏河萦绕东流。翠岭绿野衬出层层叠叠的梵宇佛刹。一年一度的正月毛兰姆、二月尼欠措却、四月娘乃、七月柔扎以及插箭、香浪等一系列宗教民俗活动构成一幅幅民族风情画。

2. 临夏南关清真寺与红园

临夏南关清真寺——位于临夏市解放路，在南门广场南侧，北濒红水河，是临夏穆斯林群众礼拜的宗教活动场所。始建于元代末年，以后随毁随修，相延至今。现存清真寺经 1979 年重修，由前厅和礼拜堂两部分组成。前厅为平台式，台基高 2 米，厅高 8 米，前竖 10 个圆柱。礼拜大殿为砖木结构，坐西向东，是前卷后歇山顶式混合结构，周围回廊由 30 根大型圆柱托起，气势雄伟，庄严肃穆。影壁均饰以水泥浮雕，古朴典雅，别具特色。大殿前部屋顶修有三座圆拱顶绿色尖塔，是"木拿乃"和"望月楼"，高 22 米。望月楼塔顶装有宝瓶和彩月；中间的木拿乃雕刻有古体阿文"清真言"。寺内整个建筑集中国古典建筑艺术与阿拉伯建筑风格于一体，造型别致，气派宏伟，是东西方民族文化交融荟萃的结晶。

临夏红园——位于临夏市区西北隅，北有万寿观峰峦耸峙，红水河由北折南环流而过，南与大拱北清真寺错落毗连。建于 1958 年，1980 年又筹资规划，逐年增修，成为甘肃著名的庭院园林公园。占地约 4 万平方米，建筑面积 4 500 平方米。前后由三院组成，正门为飞椽挑角的牌坊，内有一字亭横断其中，有石桥、彩楼相送。转入地下甬道，进入正院，腹心为人工湖，四周亭廊围合，有迎宾厅、团结厅、月牙亭、水榭亭、湖心亭，象征民族团结的姐妹亭横跨南北，比肩而立。向西为动物园，整个红园具有浓郁地方特色，布局精巧，开合有度，移步换景，绿树掩映，水光迷离，有北方厅廊荟萃之大观，又兼江南水榭玲珑之风姿。

3. 碌曲郎木寺

碌曲郎木寺——法名全称"噶丹协珠皖嘎尔卓委琅"（意"兜率论修白莲解脱洲"）。因寺址处于"德合仓拉姆"（虎穴天女），碌曲县城南 90 公里郎木寺乡，"郎木"为藏语仙女之意，因其山洞中有石岩酷似婷婷玉女，民间谓为仙女所化，故名。郎木寺为藏传佛教寺，早年盛极一时，1969 年被毁现仍在恢复。该寺坐落在甘青川三省交界处西倾山支脉郭尔莽梁北麓的白龙江源头，其对面是四川诺尔盖县的格尔德寺，两者中间是一座伊斯兰教清真寺。3 寺连为一片，藏回汉群众错杂居住。郎木寺自土龙年（1748 年戊辰）由 53 任噶丹赤哇碌曲双岔群科尔岗人坚赞僧格创建起，在历辈赛赤活佛的苦心经营下，规模日盛，实力倍增，形成以甘肃碌曲和四川诺尔盖为基本辖区的政教合一制的统治中心，寺院内设哲学、续部、时轮、医药 4 大学院，建有经堂 4 座、佛殿 26 座、护法殿 1 处、活佛宫邸 19 院、僧舍百余院，其次还有嘛尼经轮房、佛塔、讲经坛、辩经苑等建筑。从印度、尼泊尔、蒙古及汉地用金、银、铜、珊瑚等制作的佛像 4 000 多尊，最高者达 8 米许；供有宗喀巴大师鼻血绘制的卷轴画像 1 幅，收藏刺绣佛像 800 余幅，金银汁书写的《甘珠尔》、《丹珠尔》两套，藏书达上万卷；雕制印版 6 000 多块；建造高度 4.5 米的银质灵塔一座，其他各种材料的大小佛塔、灵塔 70 余座。另外还收藏有达赖等赏赐的封诰、印鉴、器具和历代赛赤活佛的服饰、生前用品等文物。至 1958 年，全寺僧侣 600 余名，转世活佛 23 个系统，法台换届 70 多次，温布（总管）任；下辖子寺十多座。1980 年 9 月 22 日，郎木寺被批准开放，陆续修复起部分殿堂，入寺僧侣 200 多名。

4. 卓尼禅定寺与贡巴寺

卓尼禅定寺——位于卓尼县城北侧的台地上，面对洮水，后靠大山，元成宗元贞元年（1295 年）八思巴应忽必烈之请，进京时途经卓尼，留下其随行的格西萨迦巴喜饶伊西创建。当时仅有一座佛殿。明天顺三年（1459年）由仁钦龙布将原萨迦派改宗为格鲁派。命名"噶丹谢周当增达吉琅"（兜率论修禅定兴隆洲），并任该寺赤哇（法台）。清康熙五十五年（1716年），寺主阿旺赤勒加措被敕封为国师，钦赐"禅定寺"匾额。禅定寺经元、明、清三朝经营，建筑规模宏大，闻名遐迩。20世纪20年代初有大小经堂10座，各种附属建筑172处，僧侣3800名，成为甘、青著名佛寺。1928年以来，几经变乱，屡遭焚掠。1968年"文化大革命"时期，又被夷为平地，历代相传之文物毁坏殆尽。现重建有三座大经堂、一座小经堂与护法神殿。建筑富丽华贵，融汉、藏艺术风格为一体。寺内原有参尼扎仓（显宗哲学院）、居巴扎仓（密宗续部学院）、撒里瓦扎仓（天文历算学院）、欠巴扎仓（法舞学院）。现已恢复重建了前两个扎仓，欠巴扎仓目前虽未修复，但已有学僧在重要法会上表演法舞。该寺原有大藏经《甘珠尔》、《丹珠尔》印经版，所印经卷各藏传佛教大寺都有收藏。1929年毁于战火。

卓尼贡巴寺——贡巴寺在卓尼县城西南67公里的车巴沟中段，寺院背倚巍巍青山，面临清澈见底的车巴河。周围森林茂密，奇花异卉竞相斗艳，长有各种珍贵的药草，芳香四溢；山泉处处，如明珠璀璨夺目，珍禽异兽出没于林间，鸣啭于枝头。因此，这里历来被佛教信徒尊为吉祥宝地。贡巴寺创建于清光绪十四年（1888年），有僧侣107人。当年农历四月十七日，为当朝皇帝和皇太后祝寿，举行了大规模法事，并在原有丁古扎仓的基础上，扩建了参尼扎仓、居巴扎仓和曼巴扎仓。皇帝为该寺颁赐了"当今皇帝万岁万万岁"的长生牌位和"皇太后万岁万万岁"的长生牌位，以及寺院的匾额、金字、旌表和金银五千两，大寺的诰封金册等。当年九月，该寺的上下两院经堂竣工，连同十二个静修院，举行了隆重的"为文殊大皇帝祝寿"的活动。次年三月，建立了单纯的独立仪轨，随之将江车静修院等十二个静僧院合并，时有大经堂、菩萨殿、护法殿、四个扎仓，有活佛6位，成为卓尼境内规模仅次于禅定寺的大寺院。清末，贡巴寺归属夏河拉卜楞寺，从此，由拉卜楞寺任命法台，处理教务。所属教民和教区的政务，仍由卓尼杨土司管理，形成了政教分离的格局。该寺活佛喇嘛噶绕，因在清代带兵捍卫新疆伊犁边境而极具传奇色彩。

第二节　长城文化

　　陇右蕴藏着丰富的古长城遗址，中国古代三个大力修建长城的秦、汉、明王朝所建的长城西端都在陇右境内，屹立于陇右的不同地点。每个朝代长城的修建总是与陇右境内当时的政治决策、变动、军事和经济活动密切相关。随着长城的修建，给陇右带来了政治、军事和经济的变革，从而也促进了陇右古代社会的变化、经济发展、民族融合。

一　略论长城

　　气势雄伟的万里长城，已完成了捍卫中原王朝的历史使命。当我们登临天下第一雄关——嘉峪关，遥望遍布大漠深处的座座烽隧和塞垣遗址时，隐约听见金戈铁马的铿锵，看到牛羊遍野的安谧。文明古国的辉煌与衰落、开放与自守，长城内外黎民百姓的悲欢离合，各民族间的争斗与融合，无不在这堪称世界奇迹的古老建筑上刻下深深的印记……

　　长城是人类历史上最伟大的建筑之一，是我国现存最大的不可移动文物，历朝所修长城的总长度估算达 50 000 公里。长城不仅是中华民族的珍贵文化财富，也是世界文化遗产。中国被称作长城之国，长城成为中国的象征和文化标志。经过新闻媒介的宣传介绍，长城变得家喻户晓，老幼皆知。长城属于军防工程，是战争的产物，大量的证据都表明，长城出现于战国时期。中国现存的长城共有近一万公里，东起河北秦皇岛的山海关，西到嘉峪关，这是明代修筑长城的两个最大关口，北京境内的长城有 600 余公里，比较著名的有八达岭长城、金山岭长城、司马台长城、慕田峪长城、居庸关长城和箭扣长城等。长城，上下三千年，纵横数万里，是人类古代最伟大的工程之一，是中华民族贡献给世界的伟大创举。它集中表现了我们民族的伟大和勤劳，坚忍不拔和忍辱负重，多灾多难和不屈不挠。陇右大地，作为中国古代各个民族斗争和融合的前沿阵地，是长城最早的修筑地之一，因而保存了最古老的长城①。自战国开始修长城到明朝，先后有二十个朝代和诸侯国修筑过长城。其中规模最大、修筑长城超

---

　　①　马建华等，《长城》，敦煌文艺出版社 2004 年版，第 163 页。

过万里的有秦、汉、明三个朝代。秦长城一万余里，汉长城二万余里，明长城一万二千余里，这三个朝代修筑长城的起点都在陇右境内，并保存有完整的段落。

华夏先祖，早在原始社会末期就已发明了筑城技术。在其后四千多年历史中，我们的祖先又以无与伦比的创造精神，把筑城技术发展到了奇、特、绝的程度，并曾运用这些技术修筑了无数坚固而壮丽的"居城"和雄伟而奇特的"塞城"。"居城"成了帝王治国平天下的中心和民众的居住之所，而"塞城"则被作为历代王朝御敌安边的人工屏障。

古代陇右，地处西北边疆，战略地位极为重要，历来是关中的天然屏障，与关中有着唇齿相依的关系。所以古人有言："欲保关中，先固陇右。"（《读史方舆纪要·巩昌府》）然而，作为关中西北天然屏障的古代陇右，对关中的护卫作用实际上是有限的，它并不能确保关中地区不受边疆少数民族的扰掠。为弥补古代陇右这一天然屏障对关中护卫作用的不足，从战国秦昭王时开始，就在这里修筑用于军事防御的长城。此后，秦、汉、明各王朝又相继在此地修筑长城。由于受当地地理条件等因素影响，古代陇右境内的长城形成一种奇特景观。

二　陇右历史上的长城

（一）战国魏长城

此条长城在今陇右东部庆阳市之正宁、宁县、合水县境内，乃战国时魏国为"界秦""界戎"（义渠戎）而筑的长城。一般认为，中国的古长城，始建于战国时期，此条战国魏长城可算是今陇右境内最早的一条长城了。据《史记·秦本纪》载，战国时，秦孝公元年（公元前361年），"楚、魏与秦接界，魏筑长城自郑滨洛以北，有上郡。"《史记正义》对此注云："魏与秦接界，南自华州郑县（今陕西华阴一带），西北过渭水，滨洛水东岸，自北至上郡富州之地，皆筑长城以界秦境"；"魏筑长城自郑滨洛，北达银州（今陕西米脂县西北）"。《史记·魏世家》亦载，魏襄王七年（公元前312年），"魏尽入郡于秦"。《括地志》对此注云："魏筑长城界秦，自华州郑县以北，滨洛至庆州洛源县白於山"（今甘肃庆阳市华池县北，陕西吴旗县境，即今横山）又据《史记·匈奴传》云，韩、赵、魏三家分晋后，"魏有河西、上郡、以与戎界边。其后义渠之戎筑城廓以自守，而秦稍蚕食"。根据这些史载及庆阳市方志记载，此条战国魏长城在今陇右庆阳市的正宁、宁县、合水县过境的遗址。此条战国魏长城在庆阳市正宁、宁县、合水县过境总长约 200 公里，其修筑特点是以依自然地形或河旁、沟边堑削和筑墩台为主，夯筑很少见。这是由当时的生产水平和"界边"的需要而形成的。加之，魏襄王七年，"魏尽入上郡于秦"后，对此条已属自己境内的"界墙"，一律采取"夷去险阻"的态度；特别是秦统一天下后，"隳坏"原六国时国与国之间的城墙，使天下再无阻隔。所以，今之战国魏长城的遗址，就更加难于辨认了。

（二）战国秦长城

此条长城乃战国秦昭王在公元前 272 年灭义渠戎国（其国都在庆阳市宁县西北焦村乡西沟村，即秦北地郡治义渠）之后，秦有了陇西、北地、上郡，"筑长城以拒胡"之长城。此长城在甘肃境内，西起古临洮（今岷县一带），经今之甘肃定西市临洮、渭源、陇西、通渭四县，平凉市的静宁县，然后从宁夏回族自治区的西吉、固原、彭阳三县过后；又经甘肃庆阳市的镇原、环县、华池三县，进入陕北吴旗、靖边等县向东北去，至今内蒙古的十二连城。以往史家将此战国秦昭王就始建的长城，说成是秦始皇所建长城，是不够妥当的。战国时，秦日益强盛，时有争霸的趋势，力图东进，统一天下，所以，在其与东面邻国之间，没有修筑长城的必要。但在秦之西与北境地区，因与戎和匈奴接界，匈奴奴隶主贵族不时南下骚扰，这不仅对秦国内人民生产生活的安定有很大的威胁，而且对其统一天下的雄图亦极为不利。特别是与战国秦北界相邻的义渠戎国，不仅能"筑廓以自守"，而且参与中原诸国与秦合纵连横之争，是西北少数民族中能与强秦抗衡的主要力量，迫使秦国不得不采取"怀柔"策略[1]。在秦昭王三十五年（公元前 272 年，一说 270 年）灭了义渠国之后，立即在原义渠所领之地设北地郡，并把郡治设在原义渠国都所在地义渠。同时，秦昭王乘胜追击，在其西界和北界，修筑防御性的长城。此后，秦再无后顾之忧，就较放心地与东方诸国争雄了。此条西起甘肃临洮，东出今甘肃华池的战国秦长城，修筑方法与战国魏长城大不一样。战国魏长城主要是沿河旁、沟边堑削，而战国秦长城则是沿分水岭修筑，以夯筑为主。

---

① 朱允，《战国秦长城的地理意义》，《天水师范学院学报》2006 年第 6 期。

城墙居高临下，烽墩遥相呼应。视野开阔，气势雄伟。有专家于 1960 年，在今陇西县北部的德兴、福星、云田一带；1966 年，在今镇原县武沟、马渠、三岔一带；1986 年冬，在今环县半个城、城西川、环县城等地，看过战国秦长城的城墙、烽墩等遗址，使人不得不赞叹其工程之宏，匠心之慧。走分水岭地带，易守御而节戍卒，且将一切有利于防御的大小制高点均包括在内侧，既有利于防御，又有利于施工；对内高外低的地形，不用夯筑，巧加堑削，即可成城。足见，此旷世之工程，施工前一定有过精心的地理位置勘察，有规范化的技术要求。

（三）秦长城

1. 秦长城走势、分布及形制特点

秦长城西起临洮县城北三十里墩的洮河边上，向南沿着东峪河翻过关山转为东北方向，经渭源、陇西、通渭、静宁，包六盘山而北走，经宁夏回族自治区的西吉、固原、彭原县，进入陇东的镇原、环县、华池县，再穿越陕西吴旗县，蜿蜒向北而去。以上所经过的，正是秦陇西郡、北地郡、上郡地区，全长 850 公里以上。秦长城修筑于秦昭王之时，现在有长城沿线大量出土的战国菱形纹瓦为证。

保存较好的段落，残高 2—2.5 米不等，底宽 5—8 米，顶宽 3 米左右。板筑夯层清晰，板筑层厚 8—10 厘米。有的地段长城内侧 100—200 米处制高点上有烽墩，相距五公里左右。多数十字交叉的要道处或长城由山梁下山坡进入河谷开阔地带之山头，有三重城、三道壕堑的防御设施，可以居高临下，御扼关键，故为防御重点。秦长城毁坏严重，但也有保存较完好的段落，如彭原县长城原一段，残垣断墩连绵不绝，极目远眺，势若游龙，相当雄壮。长城附近现存遗址的文物，几乎随处可以捡到。秦瓦片有板瓦、筒瓦。瓦片大小不一，有明显的切削边缘，厚者 1.5 厘米，薄者 1 厘米。最小的板瓦，外弧宽 23 厘米，约合秦汉一尺。大的板瓦，宽 37 厘米，长 53 厘米。筒瓦两块合起来，恰好是一个圆筒，直径 15 厘米。板瓦、筒瓦里外均有纹饰，有网纹、粗绳纹、细绳纹等。此外还有战国菱形纹瓦片、细泥加沙灰陶罐等。

根据相关材料及一些地方志的记载，学者们经过实际勘查，确定长城的起点在今临洮三十里墩的洮河边。今临洮县城，为秦西北重镇——陇西郡郡治所在，距洮河右岸，背山面河。洮河自锁林峡入境由南向北流，河谷宽阔，水量丰富。及临近北三十里墩，又被两山束成一小峡谷，地势险要。另一条打碧河自马衔山的石井峡发源，由东向西流至三十里墩汇入洮河。当日筑城时，洮河以西尚为戎狄所有，打碧河以北之马衔山，仍为戎人游牧出没之地，可以说是秦之前沿阵地。长城以此为起点，是扼形势之要。

2. 典型长城遗址

临洮县长城岭秦长城：

长城岭在临洮县八里铺乡的宿郑坪村，南距县城约 10 公里，地处 212 国道东侧，黄土地貌。有简易道路自山脚盘旋而上，陡峭难行。至坪，则豁然开朗，土地平展，良田连片，阡陌纵横，大有天地焕然的感觉。道路穿越村庄，直通岭巅。长城依岭脊随形而筑，曲折断续，或隐或显，蜿蜒于碧峰秀岭之间。

长城岭秦长城呈东西走向，断续长度约为 1 600 米，其中比较完整的大段多在 200—300 米间，残高 2—4 米，顶宽 1—4 米。黄土板筑，夯层 8—11 厘米，以 10 厘米为多见，基底夯层 14—16 厘米。

采集遗瓦十余片，器皿陶数片。瓦可分为三型。Ⅰ 型：瓦背绳纹，纹距 0.5 厘米，瓦面呈菱格网纹，网眼间距 0.5—0.7 厘米。瓦端弦纹，条距 1.3 厘米。瓦宽 20 厘米，厚 1.2 厘米。Ⅱ 型：瓦背绳纹，纹距 0.6 厘米，瓦面为锥纹，窝径 0.3—0.7 厘米，瓦厚 1.8 厘米。Ⅲ 型：瓦背绳纹，纹距 0.5 厘米，光面，厚 1.2 厘米。

渭源县陈家梁秦长城遗址：

陈家梁在渭源县北山，地属七圣乡池坪村，南距县城约 10 公里，沿县乡公路至山岭后，转便道可达长城所在山梁。渭源北山，尽为黄土地，遍山皆农田，长城遗址大部分在田坎位置，多处则为田界，农民扩地，侵蚀长城，年复一年，城垣几被掘灭。

陈家梁长城沿山脊而筑，走向为偏东 40°，残高 0.5—1.3 米，基宽 2.4—3 米，顶部已无平面，田坎处夯层暴露清晰，层高 8—11 厘米，以 10 厘米为多见，比较完整的一段长达 104 米。在池坪村头，有一长城残段，基底为 3.2×3 米，顶面为 1.9×1.8 米，高 2.4 米，可见夯迹 20 余层，清晰可数。该残段正当路口，中分大路为左右道，俨然是竖立村头的史碑。

在坡间捡得遗瓦 20 余片，比较归类，大致可分为四型。最可贵者，有村民献全瓦一片，长 35.5 厘米，大端宽 26 厘米，小端 25 厘米，瓦厚 1.5 厘米，瓦背绳纹，纹距 0.4 厘米，大端有弦线 4 条，间距 1.5—2 厘米，瓦面呈菱格网纹，网眼间距 0.8 厘米。Ⅱ 型：瓦背绳纹，纹距 0.4 厘米，瓦面粗糙无纹饰，瓦厚 1.5 厘米。Ⅲ 型：背、面皆绳文，瓦背纹距 0.4 厘米，瓦面纹距 0.2 厘米，厚 1.5 厘米。Ⅳ 型：瓦背为搓板状弦纹，所得瓦片可见弦线 5—8 条，间距 1.8 厘米，条间显绳纹，光面，厚 1.5 厘米。

陇西县长城梁秦长城遗址：

福星梁纵跨陇西与定西两县，南北 60 公里，定（定西）殪（漳县殪虎桥）公路穿梁而过，长城梁位于沙漠湾公路西侧山岭，地属陇西县福星乡，东南距县城约 30 公里。从沙漠湾上至雷神爷堡，沿山梁至上川，经白家湾到望儿台，全长 2 000 余米，走向为偏东 50°，保存较完好。特别是上川至白家湾一段，墙体笔直，是秦长城中保存最好的一段。连续长度 560 米，残高 2—4.5 米，基宽 4—10 米，顶宽 2—5 米。两侧皆为农田，顶部为人行道。夯层 7—9 厘米，以 8 厘米为多见。

陇西长城梁遗瓦可分为三型。Ⅰ 型：瓦背绳纹，纹距 0.4 厘米，光面，宽 22 厘米，厚 1.1 厘米。Ⅱ 型：瓦背绳纹，纹距 0.2 厘米，瓦面布纹，瓦宽 22 厘米，厚 2 厘米。Ⅲ 型为筒瓦，面背皆绳纹，纹距各为 0.4 厘米，宽 14 厘米，厚 1 厘米。

通渭县长城湾和城墙梁秦长城遗址：

长城湾在县城西南 20 公里处，地属第三铺乡第三铺村。长城横截山脊，沿南北坡顺坡而下，走向为偏东 45°，北坡断续长度约 200 米，墙体较完整，残高 2—3.5 米，顶宽 2—3 米，夯层为 7—9 厘米，以 8 厘米为多见。断层处观察到不甚清晰的夯窝两处，窝径约 6 厘米，为凸底夯杵遗迹。南坡断续长度约 600 米，损毁严重。

城墙梁在通渭县平襄镇史家山，地属大河村，位于县城西北约 10 公里处。走向为偏东 30°，从谷底（大河沟）沿坡面上行约 1 300 米，即被公路横截约 18 米，继而上行至峰顶约 225 米，全长 1 500 余米。峰顶有一望台遗存。公路以上长城，基本已被耕没，大多已为田间不甚明显的地界。残留处，高不盈尺，景象惨然。

从谷底至公路一段，遗存情况较好。连续 1 000 余米。残高 1—3 米，顶宽 0.3—4 米，基宽 2—8 米，夯层 7—9 厘米，以 7 厘米为多见。山顶望台基高 2.1 米，9 米见方，上筑 5 米见方的空心望台，方向为偏东 35°，残高 1.8—2.7 米，夯层 6—9 厘米，以 7 厘米为多见。台墙厚 90 厘米，东墙南端开设进口，宽度为 1.5 米，周围有遗瓦及器皿陶片散落。有一器皿口沿部陶片，呈黑灰色，残宽 12.5 厘米，长 21 厘米。用作图法测得原器口直径为 32 厘米，陶片垂直曲度极小，似为较大型的储水器。从器皿遗片较多并遗有带瓦钉孔筒瓦的现象分析，当年此望台及城垣附近有较正规的建筑，是常年驻兵的重要防守区段。

长城湾遗瓦可归纳为三型。Ⅰ型：瓦背绳纹，纹距 0.5 厘米，瓦面菱格网纹，网眼间距 1.2 厘米，瓦厚 1.3 厘米；Ⅱ型：背、面皆绳纹，纹距各为 0.5 厘米，瓦宽 20 厘米，厚 1.4 厘米；Ⅲ型：瓦背绳纹，纹距 0.5 厘米，光面，厚 1.8 厘米。

城墙梁遗瓦可归纳为四型。Ⅰ型：瓦背绳纹，纹距 0.5 厘米，光面，有条形压痕，瓦宽 19 厘米，厚 1—1.5 厘米，不甚均匀；Ⅱ型：瓦背绳纹，纹距 0.3 厘米，光面，瓦厚 1.8 厘米；Ⅲ型：瓦背绳纹，纹距 0.5 厘米，有弦线横向分格，条距 6.5 厘米，瓦宽 19 厘米，厚 1.2 厘米；Ⅳ型：筒瓦，背、面皆绳纹，纹距各为 0.5 厘米，瓦背有横向弦线分格，条距 5 厘米，瓦宽 14 厘米，厚 1.4 厘米。

3. 秦长城特点

（1）甘肃境内秦长城的遗存规模较大，历经 2 000 多年的风风雨雨，尚有如此规模，实在难得。其文化价值是不言而喻的。

（2）秦长城遗址，继续受到损毁威胁。就以上五段长城的情况来看，皆在农田区，不少区段被两面夹耕，长城与耕地间无任何空隙，城顶成为自然通道。各段长城虽有遗址标牌，有些区段还竖有保护界桩，但少有具体的保护措施。长此以往，后果堪虞。

（3）从形制来看，甘肃境内的秦长城有其一致性，皆为板筑，夯层在 7—10 厘米间，各段遗瓦多有相同类型；同时也存在地域性差别，如临洮、渭源区段内，夯层以 10 厘米为多见，而陇西、通渭区段内，夯层则以 7 或 8 厘米为多见，即同一类型遗瓦，亦有细小差别。

（4）陇右境内的秦长城，是中国西部重要的战略防御线。从长城沿线大量散落遗瓦和器皿陶片的情况来看，是长期驻军的重点防区。遗瓦中不仅有战国时期的秦瓦，也有两汉时期瓦片。可见，上起战国，下至东汉，这段长城一直在实际使用，对巩固中央王朝，促进关陇地区社会经济的发展起过不可低估的作用，在中华民族的发展史上，功不可没。

（四）汉长城

汉长城，主要集中在河西地区。陇右境内的长城自永登渡黄河进入宁夏回族自治区，全长一千余公里，汉长城因地制宜，就地取材。起沙土夯墙，墙外即成护壕，壕内平铺细沙，以检查过境足迹。夯墙时夹以一层层芦苇、红柳、胡杨、梭梭。芦苇等层厚5厘米左右，沙土层厚20厘米左右，粘结非常牢固。今存残垣底宽3—8米不等，高3米以上，有达10米者。虽经两千年风沙侵蚀，有些地段仍坚固完整曲折蜿蜒，气势磅礴。长城内侧高峻处，燧、墩、堡相望，所谓"五里一燧，十里一墩，卅里一堡，百里一城"（《居延汉简》）。燧台以黄土为基，上部用土坯垒砌，高者达十余米，台旁墙坞内有戍卒所居小舍，备弓弩刀剑、石块等武器。燧顶小室为戍卒执勤之处，遇中小之敌，"边郡之士，闻烽举燧燔，皆摄弓而驰，荷兵而至"（《西汉会要》）。遇大敌则因烽燧递传，日达千里而至长安。

（五）隋长城

隋也在陇右筑过长城。据《隋书·高祖记》载，为"备胡"、防突厥、契丹、吐谷浑，多次征发大批劳工修筑长城。隋文帝开皇元年（公元581年）四月，"发稽胡修长城，二旬而罢"。开皇六年，"丁亥，发丁男十一万，修筑长城，二旬而罢"。开皇七年二月，"发丁男十余万修筑长城，二旬而罢"。又据《隋书·突厥列传》云：隋文帝为抵御突厥侵犯武威、天水、安定、金城（今兰州）、弘化（今庆阳）等地，下诏："敕缘边修保障峻长城，以备之。"《隋书·炀帝记》亦有征发丁男修筑长城的记载。但隋修长城，次数虽多，征发劳力也很大，每次仅"二旬（二十天）而罢"。所修长城大多是就原有长城加以修缮，增筑的、新修的很少。较之秦、汉长城的工程，相差甚远。

（六）明长城

陇右境内的明长城一条西起嘉峪关，自东南方向进入景泰县，过黄河于靖远县境内沿黄河南岸向东北延伸，出黑水峡入宁夏。另一条复线自武威黄羊镇以东的东滩从主干线分出，直向南穿古浪峡，越乌鞘岭，沿庄浪河纵贯永登县全境，至河口沿黄河而下，经安宁堡至兰州。再东北行，过桑园峡，经靖远县而进入宁夏，至于同心县之下马关，在陇右全长1 000多公里。墙垣少数为砖墙，大多为黄土夯筑，也有利用自然地形在山背上垒砌石墙或利用险峻山岭，随山顺势由人工劈凿的壁山墙，还有利用地形挖成深沟，放水灌满以代替城墙的边濠。城墙上还有分布不均匀的突出墙外的墙台和敌台，以供士卒瞭望放哨、居住及储存武器之用。现黄土夯筑残垣的夯层厚13—20厘米。有的地段夯土层间夹藏木桩、杂草及沙。残高有达7米者，底厚5—6米，顶宽2米左右。烽火墩紧靠内侧，高10米以上，基方6×6米，顶上垒砌小屋为瞭望所。墩距约5公里，连瞩相望，十分壮观。

总而言之，陇右境内的长城，上自战国，下至明代，时间跨度达十三个朝代，2 400多年。陇右境内的长城，和全国所有长城一样，均系当时的军事防御体系，不是"疆界"或"国界"的标志。但陇右境内的长城，防御对象各不相同。战国魏是"界秦""界戎"长城；战国秦和秦长城是"拒胡"；汉是为"逐匈奴"；隋为防突厥、契丹、吐谷浑；明则是为防蒙古、女真贵族侵犯。从陇右境内长城的总长度上看，战国魏长城200公里，战国秦长城1 000余公里；汉长城不少于1 500公里；明亦不少于2 500公里，共约5 200公里以上，这还未计秦和隋所"缮修"的长城。可见，说陇右境内有万里长城，也毫无夸张之意。如果再从今陇右所辖地域上看，今陇右境内，东、西、南、北、中均有过长城存在，都与长城有不解之缘。

三　汉长城的附设工程"塞天田"

"塞天田"也称"天田"，是古代长城的附设工程。在敦煌和居延地区所出土的简牍资料中，对附设于汉长城的"塞天田"多有反映。

对"天田"，三国苏林作了如下解释：在塞要下，"以沙布其表，且视其迹，以知匈奴来入，一名天田"（《汉书·晁错传》"中周虎落"注）。其意是说，在险关要塞的通行处地面，利用人工铺设一层细沙，以利边防吏卒白天察看匈奴于前一天夜间入侵塞下时所踩足迹，借以判断敌情，此谓之"天田"。这一解释虽然较好地把握住了"塞天田"的本质性内涵，但若从当地所出土简牍资料看，其解释仍然不够完善。

"塞天田"大多修造于长城外侧不远处，也有修造于险关要塞之地的。长城外侧之"塞天田"多呈长条形，走向与长城基本平行。有些地段"塞天田"很长，仅边防吏卒"日迹"（戍边吏卒，每日察看"天田"上敌军人马留下的足迹）时，有的"日迹"23里（E·P·T51：411）、有的"日迹"45.5里80步（敦煌汉简1707）。"塞天田"宽度，似无定制，一般宽约3米。

修造"塞天田"的活动，一般在长城修筑完成之后进行。修造时，先用锄头一类工具，在长城外侧不远处地面，平整出一条走向大体与长城平行、宽约3米的平坦条带，然后在条带上铺上一层细沙（无沙处可以铺上细土），并用"木杖"和"杖"一类工具抹平，至此，某一地段的"塞天田"就算修造完成了。这种修造"塞天田"的活动，因主要使用"钽"，故简文称为"钽治"天田（《流沙》戍役30、敦煌汉简1552等）。

修造"塞天田"，其目的主要是用来察看入侵敌军人马留在"塞天田"上足迹的多少，借此判断敌情，以便采取相应的御敌措施。可是，一旦敌军人马在"塞天田"的某些段落踩上足迹，从此这段"塞天田"便丧失侦迹作用。若要使这段"塞天田"继续发挥侦迹作用，那就要按边防机关的规定，每天派出吏卒进行"日迹"，并用"木杖"等工具，将敌军人马所踩足迹处疏松、抹平，恢复"塞天田"的原貌。

这种活动，简文称之为"画天田"（《居延汉简释文合校》上203·29A、《流沙》戍役30）。

戍防吏卒巡视"塞天田"和"画天田"情况，均按参加人员身份，一律以"月"为时间单位分别记录成册。这种记录"日迹"而形成的簿册，简文称作"日迹簿"（E·P·T53：38、E·P·T58：105、E·P·T58：92）。戍边吏卒每月的"日迹簿"记录稿完成后，要按规定清抄一份，然后将两种"日迹簿"分别进行密封，最后将记录稿保存于本烽燧，而将清抄本报送上级机关备查。据此不仅可以看出，位于河西走廊汉长城沿线的戍边制度的严密，而且可以看出当地长城及其附设工程"塞天田"所独具的特点。

四　长城文化对陇右的影响

两千多年来，对于长城的修筑，褒贬不一。特别是对秦始皇的"万里长城"，更是有褒更有贬。其实，这些或褒或贬，都是指当时有无必要修长城而言的。中华民族发展的历史已经证明，伴随着中华民族历史足迹而出现、而存在的长城及形成的长城文化，不同于那些为某个人或某个帝王而兴建的如"金字塔""秦始皇兵马俑"等奇迹。长城存在的根本价值是为整个中华民族及其根本利益服务，长城的根本属性就是保护先进，保卫和平，反对侵略、反对战争，保障人民的安定生活。由于有长城的存在，破坏生产力的行为，被一次次地防止、减轻、延缓或缓解；由于有长城的存在，中华民族赖以生存、凝聚、发展的核心——中原地区被保护了，从而使中华民族得以日益壮大与繁荣。长城的这种历史光辉，是独有的，是世界古文化"八大奇迹"中独一无二的。所以，长城是中华民族人民用自己的智慧、信念、感情和血肉筑成的，是中华民族文明史上的伟大工程。长城的历史存在，不仅造福历史，而且为我们中华民族的发展已经起到，而且将会继续起到其不可估量的精神上的启迪和意志上的鼓舞作用。

1. 长城对陇右及甘肃建置区划格局形成的影响

东、西、南、北、中都有长城历史存在的陇右建置形成，虽完善于清代，但其行政区划格局的历史渊源，都与长城有不解之缘，早在战国魏为"界秦""界戎"所筑长城就是为了防御和保卫庆阳市及其西境，尚在战国魏长城的外侧的义渠戎。而战国秦发源之地，也属戎狄之地。故就当时周之控制区（即中原地区）来讲，除秦立足之地关中地区外，其北部、西部皆系魏长城外侧的戎狄之地，故无中原行政建置可言。后战国秦在灭了义渠之后，有了陇西、北地、上郡等建置，并"筑长城以拒胡"。这时，原战国魏长城外侧之戎狄之地，成了战国秦长城的内侧，且第一次有了陇西郡、北地郡的建置，这就是今甘肃的庆阳、平凉、陇西、临洮等地区。战国秦长城的建筑将被陇山（六盘山）隔开的陇西、陇东联系在一起，这为甘肃辖陇西、陇东打下了基础。逮至汉，又向秦长城外侧的地域大为扩展，并修了"河西走廊长城"。随之，汉以长城为依托，先置武威、酒泉两郡，后置张掖、敦煌两郡，这河西四郡的建置，使河西走廊与原战国秦长城内侧的陇西、陇东地区不仅都成了汉长城的内侧，而且在军事、政治、经济、文化等方面都连成一气。这样，陇西、陇东与河西四郡，实际上形成了今甘肃省所辖区的雏形。后经隋、唐、宋等朝代的经营，建置名称和辖区虽有小的变化，但由秦、汉两条长城连结一体的基本格局仍相沿未变。加之明代又修了万里长城，更加界定了今甘肃北境。清总其要，于顺治五年（公元1648年）徙甘肃巡抚驻兰州，于是东至庆阳府1 180里，西到安西直隶州2 120里，东西全长3 300里的甘肃省区划建置就基本定形。这就是今甘肃省辖地域及建置因长城的存在而形成的历史渊源。舍此，则怎样能将东西3 300里，南北或200里（甘州）、或1 200里（巩昌）不等的广大地区，在政治、经济、文化等方面，历史地联系在一起？追根问源，皆因长城的历史存在而已。

2. 长城保障了陇右生产力的推进

大致自春秋中叶以后，由于铁制生产工具的运用，使中原地区的农业生产发生了根本性的变化，生产力有了突飞猛进的提高。到战国时期，虽政治上群雄割据，但各国都在各自的国家内竞相"变法"，力图使生产关系与先进的生产力相适应。发展农业、奖励战功，争取成为一个最富强的国家，成了各国霸主的强烈愿望。这客观上对生产力的发展，无疑是一个有力的促进。为保障各自国家的安全，防御侵略、筑界墙、修长城，成了当时的"时髦"。在今甘肃东部，庆阳市的正宁、宁县、合水境内的战国魏的"界秦""界戎"长城，就是在这种"氛围"下筑成的。当战国魏在今庆阳市修"界戎"长城时，其长城外侧的义渠戎，尚处在"能筑廓以自守"的农牧兼有、以牧为主的阶段，与长城内侧的经济，差别还很大。后战国魏"尽纳上郡于秦"，秦灭了义渠，在陇西、北地、上郡之边，"筑长城以拒胡"。此时，战国秦把原戎狄之地，圈入了自己所筑长城的内侧，并大力推进农业经济，推行"书同文、车同轨，行同伦"以及统一货币、统一度量衡等制度，从而使长城内侧的生产能与中原地区相适应。这一点，从今战国秦长城内侧出土的文物可以得到证实。在今镇原县、环县出土的文物中，在此二县战国秦长城的外侧，至今尚未发现战国秦和秦文物的遗留，说明战国时，秦很少涉足长城外侧；在此二县战国秦长城有内侧，现已出土了不少与秦或战国有关的器物，如铜剑、铜戈、铜镞、铜马饰；秦"始皇帝廿六年"铜诏版，铁权、铁叉等。环县城西川马别梁台地还出土一残"车",说明长城内侧,还通行过马车。此地西境的山梁,至今仍名车道梁,有古车道遗迹。这些都说明,秦自商鞅变法至秦始皇时代,对长城内侧广大地区曾有效地大力推行过其制度;也说明,战国秦长城确实在当时保障了先进生产力在今甘肃陇西、陇东的推进。这可说是无可争辩的事实。至汉,"河西走廊长城"的修筑,又保障了汉于此地区推进先进生产力。汉以长城为依托,在长城内侧,移民实边,增开屯田,推广农业生产技术。中原地区的牛耕,铁制农具如犁、锄、铲、镢以及辨土、施肥、田间管理、轮种等都引进到河西。还兴修水利,引黄河水和山界间的水流,修渠灌田,都促进了生产的发展。同时,手工业、商业以及河西城市等都有了很大的发展。正如《汉书·匈奴传赞》所说:"边城宴闭(即边郡城六闭得很晚),牛马布野,三世无犬吠之警,黎庶无干戈之役。"此种盛况,已被近年在河西出土的大量文物所证实。仅武威雷台汉墓出土的堪称国宝的"铜奔马"一件,就可以证明河西走廊在长城的保障下,生产力已达到怎样的水平。

3. 长城屏护了陇右境内"丝绸之路"之发展

丝绸之路和陇右境内的长城一样,横贯陇右东西。陇右境内的丝绸之路,是随长城的产生而产生,随长城的形成而形成,随长城的延伸而延伸。丝绸之路自陇右之东到陇右之西,始终以长城为屏障。得长城之屏障而形成,得长城之屏障而发展。陇右丝绸之路产生之初,并不是由于"交换"或"交流"之需要而产生,而是由于军事防御的需要,即随筑长城的需要而产生。随着长城的建筑,战争的平息,人民的安定,生产的发展,物资的丰富,"交换"的需要就应运而生。原用于修筑与守卫长城的"交通大道",就自然成了互通有无的"交换"之道。"丝绸之路"即在甘肃境内由东向西逐渐形成与接通。同时,也在长城的屏护下发展。战国魏长城是这样,战国秦长城是这样,汉之河西长城更是这样,它们都是"丝绸之路"的屏障。

一般认为,古丝绸之路之东端起点,乃秦之古都咸阳(今西安之西北境)。俗话说,家家都有通长安的路。但丝绸之路是大道,不是"羊肠小道"。如果把"丝绸之路"理解为"羊肠小道",那未免失之偏颇了。丝绸之路产生之初,是由当时的"军用大道",即可通兵车之道而发展起来的。现在公认的丝绸之路,起端有南路、北路之分。南路无多大争议,北路则说法不一。南路即"陇西道"。此条路从古咸阳出发，西经陕西扶风、岐山、凤翔，度陇口（亦称陇关，即通过陇山的关口，汉称大震关）到今甘肃张家川回族自治县的恭门（一说此地为三国时的街亭）。又南下以清水县城，至天水的社棠，再沿渭河上行，经甘谷、武山，陇西至渭源，由渭源翻鸟鼠山到临洮。汉将此路延至今临夏以西，与河西走廊丝路相接。此线上的陇西、武山、临洮等地，原是狄戎活动之地、秦孝公"西斩戎之原王"即在此境。秦昭王时（公元前272年）修筑战国秦长城，保障了此条丝绸之路的畅通。北路，是从古都咸阳北上，经今陕西泾阳、淳化（秦甘泉宫在此）、旬邑，过今甘肃庆阳市的正宁、宁县，西北行至今董志原南部，宁县焦村乡西沟村（义渠戎国国都及秦北地郡治所在地），再沿今西峰市辖区肖金镇、北石窟寺（汉安定郡彭阳县地）北行，经今西峰市彭原乡（东汉北地郡治富平城在此）、庆阳县驿马镇、桐川乡、土桥乡，在董志原北端的野狐沟东过环江，到今庆阳县马岭镇（西汉北地郡治），又沿环江北上，至今环县城（此地即汉关中四关之一的北萧关）。此段北路是因战国时魏筑"界戎"长城，秦灭义渠"筑长城以拒胡"，即筑战国秦长城而形成的。至汉，疆域北扩，汉武帝曾通回中至萧关之道，"遂北出萧关"。出萧关后一则既可北上今宁夏吴忠、银川而到达今内蒙古的古居延（额济纳旗），然后南下今金塔县，再过酒泉而西去；二是可从萧关西经今宁夏同心、海原，甘肃的靖远、永登（古令居）而西去。此北路，唐以来不少史家认为是从今宁夏固原而过的，这是不了解萧关在何处之误。汉建河西走廊长城，使南北两路的丝绸之路合二为一。可见，今河西走廊丝绸之路，其所以经久不衰，其源盖因有长城之屏护。陇右古为丝绸之路的咽喉，今天成为开发大西北的交通要道，其源均是因有长城之屏护而产生、而发展。

4. 长城促成了陇右境内民族的融合

或以为，长城是封闭式的，谈不上促成民族的融合。这是与多年来，人们总习惯地把长城与一部民族斗争史联系起来有关。这种模式观念由于纠缠在不愉快的、永远也说不清的民族斗争史中不能自拔，所以就对长城的出现、演变所反映出来的历史力量和存在价值，看不清或被完全忽视，以致缺乏或不愿作深入的探索。实际上，长城在筑之初与建成之后，都不是封闭式的。"长城内外皆亲人"这句话，就反映了这种情况。似乎可以这样说，长城犹如一条巨大的历史纽带，带动着中华民族团结、融合的历史车轮向前运转，它不仅使长城内侧的人们，由于生产、交换生活、防卫等需要，在同一地域，同一生产方式的新的经济基础上，形成一个有差异但不对立的、逐步凝聚在一起的稳定共同体。从而，使各民族互相融合为一个共同的整体成为可能，这就为中华民族的形成奠定了坚实的基础。这也使长城内外侧的人们，随着长城的存在和延伸，先进生产力的推进，以及长城内外侧长期的经济联系与文化交流，相互通婚、人口的互相迁移等的相互影响，就使接受先进生产与比较先进的文化亦成为可能①。我们知道，在历史的长河中，相互战争总是短暂的，而和平、交流、相互影响总是长期的。这样，长城这个中国大地上的巨大历史纽带，带动了这块共同地域上的人们，在两千多年的历史运动中，"虽有差异，但不对立"，共同生活，共同发展，相互融合，促进了有巨大凝聚力的中华民族整体的形成、发展，并屹立于世界民族之林。可见，说长城是中华民族的骄傲，确是当之无愧的。

长城既是中华民族形成的纽带，不用说更是陇右境内民族融合与发展的促成者。历史的史实正是这样。

先从战国前的戎族说起。戎族，曾在我国历史上有过重大影响。自夏商以来，在今甘肃陇西、陇东一带活动。有鬼戎、乌氏之戎、胸衍之戎、义渠戎、绵诸之戎、锟戎、翟戎、原戎，还有洛川大荔戎等。周先祖不窋，曾自窜于戎狄之间，即今庆阳市庆阳县城，教民稼穑，其孙公刘，曾在今庆阳市宁县城，建豳国国都公刘邑，子孙繁衍共达十二代，直到不窋十二代孙"去豳迁岐"，始贬戎狄之俗，摆脱了戎狄之控制。后，原为西戎之一的秦人，于周宣王时越陇山进入今陕西，因"救周"有功，而有"岐丰之地"。秦人"誓周而逐戎，始国与诸侯通"，"秦文公伐戎"；宁公"伐荡社"；武公"伐彭戏氏"；缪公"伐茅津"。问戎之地形与其兵势；用由余谋，伐戎王，"益国十二，开地千里，遂霸西戎"。秦与戎的斗争，实际上是既斗争又融合的过程。后秦厉公"伐义渠、虏其王"；孝公"西斩戎之原王"（今天水、陇西、临洮、兰州一带为戎原王活动之地）；惠公"县义渠"，"伐取义渠二十五城"，直到秦昭五时，才灭了义

---

① 陶玉坤：《长城与中国文化地理》，《阴山学刊》2005 年第 5 期。

渠，并"筑长城以拒胡"。这样，从表面上看，是秦将大小戎族，都一一吞灭了，实际上是秦与戎融合了，是在同一地域、同一利益上融合了。战国秦长城的修筑，更促进了这种融合的进程。对长城外侧，共同"拒胡"；在长城内侧，加速与巩固融合。这为以秦为代表的秦族与中原各族的融合打下了基础；也为以后汉越过战国秦长城，而与其他族融合创造了条件。

从汉以后，甘肃境内各民族的融合看长城的民族融合。氐族，是甘肃境内的一个古老民族，曾活动于甘肃临渭地区（今清水县与天水北道区之间），世称临渭氐。到十六国时期，氐族成为中国历史上，也是甘肃历史上一支很活跃的政治力量。如前秦苻坚，河西地区的后凉吕光，都是氐族。苻坚于公元386年，在狄道（临洮）自立为帝，东伐姚苌，并以今平凉为基地，攻取长安。后凉吕光，于公元386年，在酒泉建后凉政权，统治区包括河西郡和西域境，所以西域商人、使者和一些百姓，曾大量进入河西，使河西地区的民族成分更加复杂，所谓西域"胡"，在河西居民中占了很重要的地位。同时还有名清水氐的氐人，先后在陇南地区建立了前仇池、后仇池、武都、武兴、阴中等国，这些以陇南为摇篮的氐族，与汉族有着密切的关系。族内提倡汉文化，到南北朝时期，氐、汉的差异越来越少，至隋、唐，氐族就完全融合于汉族和其他民族之中了。再则，秦汉时，游牧于今蒙古东部额尔古纳河以南的鲜卑族，十六国南北朝时期，大量南下，进入甘肃河西与陇右，成为这一时期甘肃的一个主要民族。其中陇西乞伏鲜卑于公元385年，在宛川筑勇士城（今甘肃榆中县大黄川）为都，后迁都金城（今兰州地区西部），又东迁成纪（今甘肃秦安、静宁之间），几年后又迁都今临夏，后被大夏所灭。这样，鲜卑族遂分散于今兰州、临夏之间。另一支鲜卑人秃发部，活动于今永登至青海湖一带，后被乞伏鲜卑所灭。以上两鲜卑，在今兰州和定西地区有数十万众。以后逐渐融合于这些地区其他民族中。至于统治了中国北部的拓跋鲜卑，相继建立过北魏、西魏、北周等政权，其统治范围包括整个陇右。其部分后裔也融合于陇右诸民族之中了。可见，十六国至南北朝约260年间，是陇右民族融合的一个"鼎盛"时期。各族在北部长城的屏护下，斗争、团结、凝聚、融合，一步一步地融入中华民族的大家庭中，成为中华民族"既有差异，又不对立"的一员。使陇右各族人员保留了各自的特色，又使中华民族更加团结、壮大。到了隋、唐以后，隋在今甘肃临洮、临夏等地，有吐谷浑十万人的融入；唐在临洮有两万多羌族人的融入，亦有唐、蕃在清水合盟，划定了唐、蕃在甘肃的界线；宋有夏、吐蕃在陇右的争夺；等等，均反映出陇右境内各民族之间，互有差别，有各自的特色。其间有斗争，但经过斗争，终能达到不对立、相互融合的特征。所以说长城对中华民族的贡献，对陇右民族的贡献，其存在的历史价值，是难以估量的。

5. 长城文化是陇右文化的重要组成部分

陇右，古为伏羲与轩黄文化的发祥地。伏羲氏部族最早活动于今平凉地区静宁县南部地区；轩辕黄帝氏部族最早活动于今庆阳市子午岭（古桥山）地区。如今，在陇右境内全国著名的重大考古发现就达十多处。如属仰韶文化晚期的秦安大地湾遗址；公元前5 000—4 000年的临洮马家窑遗址；距今4 000年的商王朝的广河县齐家坪而得名的齐家文化遗址；还有玉门火烧沟遗址，晚于齐家文化的临洮辛甸文化遗址；属西周时期的临洮寺洼和平凉安国的寺洼遗址；等等。特别是标志中国旧石器时代第一件石核、石片，早在1920年就在今庆阳市华池县上里塬赵家岔柳树湾的"洞洞沟"发现，使中国古人类活动提前了几十万年，轰动了当时的考古界。另外，早在西周之前，周先祖不窋及其孙公刘等十二代人，就在以庆阳市为中心的"戎狄之间"，建立豳国，教民稼穑，创下了丰厚文化业绩。《诗经·豳风·七月》等，就是先周农民在豳地（豳都公刘邑，在今宁县城西一里庙嘴坪）生活的剪影，它留下了我国有关农业生产情景最古老的形象记录，生动地体现了古代劳动人民惊人的智慧和创造力。这些，都说明了在陇右这块土地上，先民们曾给我们创造了古老而辉煌的、博大精深的文化基础。

文化，即人类在社会历史实践中所创造的物质财富和精神财富的总和，长城文化即中华民族在历史实践过程中所创造的物质财富与精神财富的总和，正是由于长城在陇右境内东、南、西、北、中的历史存在，长城文化就与陇右文化结下了不解之缘。长城文化除前列四个方面，即影响建置形成、保障推进先进生产力、屏护丝绸之路、促成民族融合与发展外，还对陇右的历史文化的形成与发展，起了不可忽视的作用。

当人们观赏东方雕塑馆麦积山石窟、炳灵寺石窟、北石窟寺等十多处石窟以及夏河县的黄教六大寺院之一的拉卜楞寺、名扬中外的天水伏羲庙等名刹大庙时；当人们仰览华池双石塔、宁县政平砖塔，以及兰州白塔；登嘉峪关城楼、酒泉鼓楼、陇西威远楼；敲响武威大云寺铜钟、宁县普照寺铜钟、庆阳慈云寺女真文铁钟等名塔古钟时；当人们游览麦积山、崆峒山、兴隆山、莲花山、吐鲁沟、贵清山、五泉山、白塔山、雁滩等名胜风景时，凡此等等，不知人们在观赏赞美时有没有意识到这些陇右境内地面上的文化奇迹，都与长城文化有关。

第三节　陇右民居

住是人类生存和发展的重要条件。住，自古以来就和衣、食、行并列，是人类生存和发展所不可缺少的重要物质条件。今天，住宅问题不仅在中国，在世界范围内也是受到广泛关注的热门话题。

住宅是人类活动的产物，它的形式和内容，有一个发生和发展的过程。住宅是由于人类生存的需要而产生，作为人类文明的一个重要方面，又随着人类的发展而发展变化，并为人类发展和社会进步提供必要条件。住宅是社会生产力发展的一种标志住宅，作为人类生存不可缺少的物质条件，从来就受到社会生产力的制约，同时，也是社会生产力发展水平的明显标志之一。

住宅的式样和功能与家庭的结构相适应。人类从过定居生活开始，就以家庭为单位使用住宅。家庭作为社会的细胞，在社会发展的历史进程中，它的规模、结构和职能是逐渐发展变化的。以家庭为服务对象的住宅，必然要在形式和内容两方面发生变化，以适应家庭规模、结构和职能的发展变化。

我国历史悠久，疆域辽阔，自然环境多种多样，社会经济环境亦不尽相同。在漫长的历史发展过程中，逐步形成了各地不同的民居建筑形式，这种传统的民居建筑深深地打上了地理环境的烙印，生动地反映了人与自然的关系[1]。

中国疆域辽阔，历史悠远，各地自然和人文环境不尽相同，因而中国民居的多样性在世界建筑史也较为罕见。中华民族是一个历史悠久、民族

---

[1]　马瑞亚：《我国传统民居的南北差异》，《山西建筑》2008 年第 13 期。

众多、幅员广大的国家，在几千年的历史文化进程中积累了丰富多彩的民居建筑的经验，在漫长的农业社会中，生产力的水平比较落后，人们为了获得比较理想的栖息环境，以朴素的生态观，顺应自然和以最简便的手法创造了宜人的居住环境。中国民居具有结合自然、结合气候、因地制宜、丰富的心理效应和超凡的审美意境的特点①。

居住建筑是最基本的建筑类型，出现最早，分布最广，数量最多。由于中国各地区的自然环境和人文情况不同，各地民居也显现出多样化的面貌。

陇右汉族地区传统民居的主流是规整式住宅，以采取中轴对称方式布局的四合院为典型代表。四合院分前后两院，居中的正房最为尊崇，是举行家庭礼仪、接见尊贵宾客的地方，各幢房屋朝向院内，以游廊相连接。四合院虽是中国封建社会宗法观念和家庭制度在居住建筑上的具体表现，但庭院方阔，尺度合宜，宁静亲切，花木井然，是十分理想的室外生活空间。民宅是历史上最早出现的建筑类型。民宅建筑景观的形成和发展主要受自然因素和社会因素的影响。陇右大院建筑气势威严、高大华贵、粗犷中不失细腻，平面而又立体的表现形式，彰显出四平八稳的姿态，处处是以礼为本的建筑特色。

一　窑洞

在很久很久以前，风从遥远的北方把黄土带到中国的西北高原，日复一日，年复一年，于是就形成了面积广阔、土层绵厚的黄土地。在这片土地上，自从有了人，便有了窑洞。这些窑洞正是黄帝子孙繁衍、生息、创造灿烂文化的地方。

位于黄河中游、属黄土高原丘陵沟壑区的陇右地区，窑洞是人们最主要的居住形式。人类的居室大都因地制宜而营造，在黄土高原表现得尤为突出。黄土高原的土崖畔上，正是开掘洞窟的天然地形。土窑洞省工省力，冬暖夏凉，十分适宜居住生活。早在新石器时代，黄河中游的氏族部落就在以黄土层为壁体的土穴上，用木架和草泥建造简单的穴居和浅穴居，并逐渐形成聚落。

---

① 王光峰：《中国民居的特点及发展》，《济宁师范专科学校学报》2006 年第 4 期。

窑洞是黄土高原的产物，在这里，沉积了古老的黄土地深层文化，人民创造了窑洞艺术（民间艺术）。过去，一位农民辛勤劳作一生，最基本的愿望就是修建几孔窑洞。有了窑娶了妻才算成了家立了业。男人在黄土地上刨挖，女人则在土窑洞里操持家务、生儿育女。小小窑洞浓缩了黄土地的别样风情。

山塬村落大抵是窑洞庄基，其分布大都按血缘家族关系，以族为村，亲族为户，一户一宅，多沿向阳塬边或依山凿窑，因势起屋，成村而建。旧时，窑洞的勘定需请阴阳先生看风水、定方位，"封符立桩"，选"黄道吉日"，方可破土动工。坐北面南庄基的窑洞布置一般都是厨灶居中，主座偏旁，客屋居左，畜圈居右，通道正出。

1. 窑洞的结构

窑洞一般修在朝南的山坡上，向阳，背靠山，面朝开阔地带，少有树木遮挡，十分适宜居住生活。一院窑洞一般修3孔或5孔，中窑为正窑，有的分前后窑，有的1进3开，从外面看4孔要各开门户，走到里面可以发现它们有隧道式小门互通，顶部呈半圆形，这样窑洞就会空间增大。窑洞一般窑壁用石灰涂抹，显得白晃晃的，干爽亮堂。为了美化居室，不少人家在炕围子上作画。

一般窑洞都有两个灶台，只有热天才在室外烧火做饭。窑洞纵深靠墙处有一个大炕，有的窑洞内在靠窗的地方称为前炕。无论掌炕还是前炕，在炕的一头都连着一个三孔灶台，平时便在这里烧火做饭。由于灶火的烟道通过炕底，所以冬天炕上十分暖和。灶台上方的墙上有个凹进去的洞，里面放着油盐酱醋等物，室内一侧墙边立一排高低不一的粗瓷缸，用于贮水、装粮食和咸菜等物。此外，室内还有一个大红色的带花纹的柜子，里面存放衣物，上面摆放着一些简单的饰物。四周墙壁上贴着各式各样的挂历、年画。特别是在炕周围的三面墙上约1米宽的地方，贴着一些绘有图案的纸和由各种烟盒纸拼贴的画，十分好看，俗称炕围子。

炕围子是一种实用性的装饰，它们可以避免炕上的被褥与粗糙的墙壁直接接触摩擦，还可以保持清洁。为了美化居室，不少人家在炕围子上作画。窑洞的窗户也许是整个窑洞中最讲究、最美观的部分。拱形的洞口由木格拼成各种美丽的图案。窗户分天窗、斜窗、炕窗、门窗四大部分。黄土高原沟壑纵横，色彩单调，为了美化生活，窑洞的主人们以剪纸装饰窑洞。他们根据窗户的格局，把窗花布置得美观而又得体。窑洞的窗户是窑洞内光线的主要来源，窗花贴在窗外，从外看颜色鲜艳，内观则明快舒坦，从而产生一种独特的光、色、调相融合的形式美。窑顶花造型各异、式样丰富、美观生动，有十二属相、龙凤呈祥、花篮、蝴蝶等。

深达一二百米、极难渗水、直立性很强的黄土，为窑洞提供了很好的发展前提。同时，气候干燥少雨、冬季寒冷、木材较少等自然状况，也为冬暖夏凉、十分经济、不需木材的窑洞，创造了发展和延续的契机。由于自然环境、地貌特征和地方风土的影响，窑洞形成各式各样的形式。但从建筑的布局结构形式上划分，可归纳为靠崖式、下沉式和独立式三种形式。

2. 窑洞的类型

陇右窑洞，其中夹杂着窑洞式平顶房。窑洞是自然图景和生活图景的有机结合，渗透着人们对黄土地的热爱和眷恋之情。

窑洞式住宅是黄土高原地区较为普遍的民居形式。分为靠崖窑、地坑窑和砖石窑等。窑洞有靠山土窑、石料接口土窑、平地石砌窑多种，一般是土窑或石料接口土窑。窑洞以靠山窑为最典型。它们是在天然土壁内开凿横洞，往往数洞相连，或上下数层，有的在洞内加砌砖券或石券，以防止泥土崩溃，或在洞外砌砖墙，以保护崖面。规模较大的在崖外建房屋，组成院落，成为靠崖窑院。地坑窑是在土层中挖掘深坑，造成人工崖面再在其上开挖窑洞。砖石窑是在地面上用砖、石或土坯建造一层或两层的拱券式房屋。

靠崖式窑洞（崖窑）

靠崖式窑洞有靠山式和沿沟式，窑洞常呈现曲线或折线型排列，有和谐美观的建筑艺术效果。在山坡高度允许的情况下，有时布置几层台梯式窑洞，类似楼房。

下沉式窑洞（地窑）

下沉式窑洞就是地下窑洞，主要分布在黄土塬区没有山坡、沟壁可利用的地区。这种窑洞的做法是：先就地挖下一个方形地坑，然后再向四壁挖掘窑洞，形成一个四合院。人在平地，只能看见地院树梢，不见房屋。

独立式窑洞（箍窑）

独立式窑洞是一种掩土的拱形房屋，有土墼土坯拱窑洞，也有砖拱石拱窑洞。这种窑洞无须靠山依崖，能自身独立，又不失窑洞的优点。可为单层，也可建成为楼。若上层也是箍窑即称"窑上窑"；若上层是木结构房屋则称"窑上房"。

土窑是靠着山坡挖成的黄土窑洞，这种窑洞冬暖夏凉，保温隔音效果最好。石窑和砖窑是先用石块或砖砌成拱形洞，然后在上面盖上厚厚的黄土，又坚固又美观。选择挖窑洞地方的土质十分重要，必须是黏土。窑洞要向阳，背靠山，面朝开阔地带。

黄土高原区气候较干旱，且黄土质地均一，具有胶结和直立性好的特性，土质疏松易于挖掘，故当地人民因地制宜创造性地挖洞而居，不仅节省建筑材料，而且具有冬暖夏凉的优越性。由于地坑式窑洞难于防御洪水的侵袭，且随着经济条件的改善，近年来，一些地方已经放弃了地坑式窑洞的修造，并陆续在地面上营建砖木结构房屋而居。

塬区以地坑庄居多，大多呈正方形或长方形，深约5—10米，面积约200多平方米，四周开孔凿窑，一般凿5—7孔，也有多达十几孔的，但都为单数，这个数目与当地的长幼主次的风俗有关。中间多作老人长辈的居室，左面一般作灶房或长子的居室。有些人不修地坑庄，而是打土基子在地面上箍成窑洞（俗称箍窑）。有的直接用石头砌庄面，砖头箍窑，那就更为优美了。

山区的人多依山选好地形，修成崖面，在上面凿窑，然后安上铁门窗，以前则是用土基子封窑，木门木窗，稀泥抹墙。山区的窑都比塬区的窑大。俗称"土窑崖庄，锅头连炕，烟囱朝上"，这是山区人民最理想的居室。

窑洞防火，防噪声，冬暖夏凉，节省土地，经济省工，将自然图景和生活图景有机结合，是因地制宜的完美建筑形式，渗透着人们对黄土地的热爱和眷恋。

二　四合院

在中国建筑发展史上，把宫殿、衙署、寺观以外的居住建筑统称为民居，也就是量大面广的民间住宅。我国幅员辽阔，民族众多，自然地理环境不同，经济、社会发展水平也不同，因而，物质、文化生活习惯也不一样。这些差别也必然在住宅建筑上反映出来，使不同地区的民居各具特色。中国传统民居是中华民族建筑文化的一块瑰宝，体现了中华民族在生态、形态和情态上的融合统一①。

1. 文化内涵

中国传统民居的形态内涵是因地制宜地将建筑环境、空间、造型上的内与外、虚与实、动与静、奇与正、简与繁、秘密与公开等做到对立统一，强调韵律美、和谐美。中国传统民居的情态内涵是人与建筑、环境相互交流着感情，使人产生归宿感、聚合感、安全感、亲切感、秩序感、私密感和领域感等等。

四合院又称"四合房"，是中国传统木构架房屋组成的庭院式住宅的一种主要形式。这种住宅的布局，通常在南北向纵轴线上建正房，在正房前面东西向横轴线上建对峙的厢房，形成主次分明的格局。大门内迎面建一影壁，使人从外面看不到宅内的活动。二门建在纵轴线上，常为华丽的垂花门。进二门为内院，即主要的庭院，是住宅的核心部分。

四合院的"四"字，表示的是东南西北四面；"合"是围在一起的意思。也就是说，四合院是由四面的房屋或围墙圈成的。里面的建筑布局，在封建宗法礼教的支配下，按着南北中轴线对称地布置房屋和院落。四合院是个统称，由于建筑面积的大小以及方位的不同，从空间组合来讲有大四合院、小四合院、三合院之分。

四合院中除大门与外界相通之外，一般都不对外开窗户，即使开窗户也只有南房为了采光，在南墙上离地很高的地方开小窗。因此，只要关上大门，四合院内便形成一个封闭式的小环境。住在四合院里的人不常与周围的邻居来往。在小院里，一家人过着日子，与世无争。

2. 形制规格

正规四合院一般依东西向的胡同而坐北朝南，基本形制是分居四面的北房（正房）、南房（倒座房）和东、西厢房，四周再围以高墙形成四合，开一个门。大门辟于宅院东南角"巽"位。房间总数一般是北房3正2耳5间，东、西房各3间，南屋不算大门4间，连大门洞、垂花门共17间。如以每间11—12平方米计算，全部面积约200平方米。四合院中间是庭院，院落宽敞，庭院中植树栽花，备缸饲养金鱼，是四合院布局的

---

① 葛朝晖：《简述中国传统民居》，《科教文汇（中旬刊）》2008年第4期。

中心，也是人们穿行、采光、通风、纳凉、休息、家务劳动的场所。

四合院虽有一定的规制，但规模大小却有不等，大致可分为大四合、中四合、小四合三种：

小四合院一般是北房三间，一明两暗或者两明一暗，东西厢房各两间，南房三间。卧砖到顶，起脊瓦房。可居一家三辈，祖辈居正房，晚辈居厢房，南房用作书房或客厅。院内铺砖墁甬道，连接各处房门，各屋前均有台阶。大门两扇，黑漆油饰，门上有黄铜门钹一对，两侧贴有对联。

中四合院比小四合院宽敞，一般是北房5间，3正2耳，东、西厢房各3间，房前有廊以避风雨。另以院墙隔为前院（外院）、后院（内院），院墙以月亮门相崐通。前院进深浅显，以一二间房屋以作门房，后院为居住房，建筑讲究，层内方砖崐墁地，青石作阶。

大四合院习惯上称作"大宅门"，房屋设置可为5南5北、7南7北，甚至还有9间或者11间大正房，一般是复式四合院，即由多个四合院向纵深相连而成。院落极多，有前院、后院、东院、西院、正院、偏院、跨院、书房院、围房院、马号、一进、二进、三进……等等。院内均有抄手游廊连接各处，占地面积极大。如果可供建筑的地面狭小，或者经济能力无法承受的话，四合院又可改盖为三合院，不建南房。

中型和小型四合院一般是普通居民的住所，大四合则是府邸、官衙用房。

3. 建筑结构

北京四合院属砖木结构建筑，房架子檩、柱、梁（柁）、槛、椽以及门窗、隔崐扇等等均为木制，木制房架子周围则以砖砌墙。梁柱门窗及檐口椽头都要油漆彩画，虽然没有宫廷苑囿那样金碧辉煌，但也是色彩缤纷。墙习惯用磨砖、碎砖垒墙。屋瓦大多用青板瓦，正反互扣，檐前装滴水，或者不铺瓦，全用青灰抹顶，称"灰棚"。

四合院的大门一般占一间房的面积，其零配件相当复杂，仅营造名称就有门楼、门洞、大门（门扇）、门框、腰枋、塞余板、走马板、门枕、连槛、门槛、门簪、大边、抹头、穿带、门心板、门钹、闩管、兽面、门钉、门联等，四合院的大门崐就由这些零部件组成。大门一般是油黑大门，可加红油黑字的对联。进了大门还有垂花门、月亮门等。垂花门是四合院内最华丽的装饰门，称"垂花"是因此门外檐用牌楼做法，作用是分隔里外院，门外是客厅、门房、车房马号等"外宅"，门内是主要起居的卧室"内宅"。没有垂花门则可用月亮门分隔内外宅。前檐正面中心锦纹、花崐卉、博古等，两边倒垂的垂莲柱头根据所雕花纹更是油漆得五彩缤纷。四合院的雕饰图案以各种吉祥图案为主，如以蝙蝠、寿字组成的"福寿双全"，以插月季的崐花瓶寓意"四季平安"，还有"子孙万代""岁寒三友""玉棠富贵""福禄寿喜"等，展示对美好生活的向往。

窗户和槛墙都嵌在上槛（无下槛）及左右抱柱中间的大框子里，上扇都可支起，下扇一般固定。冬季糊窗多用高丽纸或者玻璃纸，自内视外则明，自外视内则暗，既防止寒气内侵，又能保持室内光线充足。夏季糊窗用纱或冷布，似布而又非布，可透风透气，解除室内暑热。冷布外面加幅纸，白天卷起，夜晚放下，因此又称"卷窗"。有的人家则采用上支下摘的窗户。

冬季和春季风沙较多，居民住宅多用门帘。一般人家，冬季要挂有夹板的棉门帘，春、秋要挂有夹板的夹门帘，夏季要挂有夹板的竹门帘。贫苦人家则可用稻草帘或破毡帘。门帘可吊起，上、中、下三部分装夹板的目的是为增加重量，以免得被风掀起。后来，门帘被风门所取代，但夏天仍然用竹帘，凉快透亮而实用。

四合院的顶棚都是用高粱秆作架子，外面糊纸。糊顶棚是一门技术，四合院内，由顶棚到墙壁、窗帘、窗户全部用白纸裱糊，称之"四白到底"。普通人家几年裱一次，有钱人家则是"一年四易"。

冬季非常寒冷，四合院内的居民均睡火炕，炕前一个陷入地下的煤炉，炉中生火。土炕内空，火进入炕洞，炕床便被烤热，人睡热炕上，顿觉暖融融的。烧炕用煤有生煤和煤末的区别，煤末与黄土摇成煤球，供烧炕或做饭使用。

室内取暖多用火炉，火炉以质地可分为泥、铁、铜三种，泥炉以锅盔木制造，透热力极强，轻而易搬，富贵之家常常备有几个炉子。一般人家常用炕崐前炉火做饭煮菜，不另烧火灶，所谓"锅台连着炉"，生活起居很难分开[①]。炉子可将火封住，因此常常是经年不熄，以备不时之需。如

---

① 陈從周、潘洪萱、路秉傑：《中国民居》，《学林出版社》1997年出版，第162页。

果熄灭，则以干柴、木炭燃之，家庭主妇每天早晨起床就将炉子提至屋外（为防煤气中毒）生火。

四合院讲究绿化，院内种树种花，确是花木扶疏，幽雅宜人。种的花有丁香、海棠、榆叶梅、山桃花等，树多是枣树、槐树。花草除栽种外，还可盆栽、水养。盆栽花木最常见的是石榴树、夹竹桃、金桂、银桂、杜鹃、栀子等，种石榴取石榴"多子"之兆。至于阶前花圃中的草茉莉、凤仙花、牵牛花、扁豆花，更是四合院的家常美景了。清代有句俗语形容四合院内的生活："天棚、鱼缸、石榴树，老爷、小姐、胖丫头"，可以说是四合院生活比较典型的写照。

三　羌族建筑

1. 民居

羌民一般是十几户至二三十户聚居一处，"众皆依山居止""垒石为室"，故称为山寨。寨房外观呈方形，用石块、石板混合泥浆砌成。通常为三层，也有二层及四层者。用木楼梯上下，下层圈养牲畜，中层住人，上层贮放粮食、杂物。屋多靠山，后墙较其他三边高几尺，面向东、西或南。房系平顶，用木棒、树枝、茅草加泥土覆盖。在房顶后墙正中处，砌有高约二尺的石塔，羌语称"如机格"，上供三五块白石。近代羌民的石砌房屋逐渐被木结构房屋取代。屋顶呈人字形，盖小青瓦或薄石板或杉板，四周为木板墙壁或下砌石墙上装木板，开有小窗，窗户为木制花格窗或牛肋窗。房梁两端各悬挂一尾木刻的鱼。寨房多随地形修造为吊脚楼（或称虚脚楼），共为三层：傍山为一楼一底；临山边侧屋为三层，二楼与正屋底层齐平，共为居室；上层堆放粮食、杂物，下层低于宅基六尺许，作圈养牲畜之用。位于平坦处者一般为两层，人居楼下，物贮楼上；牲畜圈舍另建在宅旁。羌民的住宅中均有一个火塘（有的地方称"锅庄"，有的地方称火炉）。其上置一个五六十斤的铁三脚架，或悬吊一个用梭筒和木钩制作、可以上下滑动的火钩，置挂鼎锅或茶壶用以炊食和烧水。

2. 碉楼

羌族建筑以碉楼、石砌房、索桥、栈道和水利筑堰等最著名。羌语称碉楼为"邛笼"。早在2 000年前《后汉书·西南夷传》就有：冉駹人，"依山居止，累石为室，高者至十余丈"的记载。碉楼多建于村寨住房旁，高度在 10 至 30 米之间，用以御敌和贮存粮食柴草。碉楼有四角、六角、八角几种形式。有的高达十三四层。建筑材料是石片和黄泥土。墙基深 1.35 米，以石片砌成。石墙内侧与地面垂直，外侧由下而上稍倾斜。修建时不绘图、吊线、柱架支撑，全凭高超的技艺与经验。建筑稳固牢靠，经久不衰。

（1）居住碉房。羌寨一般坐落于高山或半山台地上，一片完整的台地往往为一个山寨所据，少数则分布于河谷地带。居住碉房呈方形，比较矮小，石片砌成，平顶，一般分三层，每层高约 3 米。底层为厕所或做圈养牲畜、堆草沤粪用。二层一般为堂屋及卧室，有些寨子将畜圈建在主体建筑旁、单独设出入口时，则底层中部设堂屋，在适中的位置砌一方形烧火用的矮台，木材常年不息地燃烧着。矮台中立一称作锅状的三角金属架，大者直径 1 米，做饭时置锅，烧火时有遮挡作用，并作为传家宝世代相传。或堂上方为神龛，供祭祀祖宗、家神、财神等。平时全家聚会、饮食、节日歌舞、接待客人以及祭祀祖先，都在火堂四周举行。碉房各层均留二三个窗洞。窗呈方形、十字形，内大外小，面积 0.3—0.5 平方米，用石板或木板于内镶成，不加窗格，可防风防盗，但光线不足是其缺点。碉房各层以独木砍削成锯齿形为梯供上下。房顶为平台，平台上留尺许方孔以通风透光（即天窗），下雨时用石板盖上。平台用途甚广，是羌人室外活动的主要场地，晒粮、脱粒、老人散步、妇女针织、儿童游戏皆于其上进行。碉房相互依借，使屋顶平台连成一片，高差处则置木梯互通往来，成为连通相邻各户和沟通人们交往的第二通道。平台四周砌有矮墙，以防坠险。平台后方通常盖一排小屋做贮藏室，台上还置有放玉米的粮架，以四根木柱围以细竹成小屋形。屋顶后部一角或四角有一堆小石垒成的小塔，塔顶立有一块白石，每逢年节供奉祭祀。住宅旁多建有高达数丈的碉楼，用于防御敌患和贮存粮食、柴草。

（2）防御碉房。这类碉房分布于聚落中心或村寨附近，一般有六七层，每层枪孔纵横，平时可住人、存货、圈畜，战时做抵挡敌方侵扰的屏障。驻守者登高瞭望，一旦发现敌情即用预定信号向各村寨报信，起烽火台和瞭望哨的作用。若外敌入侵，老幼妇孺可入内躲避，青壮男子又可凭借居高临下的优势，杀伤敌人。一般每个村寨有几座。

（3）战事碉房。这类碉房专用于战事，碉身高大，一般有六七层，距村落很远。高耸于雄关险道，兼瞭望和传递信息的作用。羌族人民大多聚居于高山或半山地带，每寨三五家至十家不等，但三五十户为一寨的居多。羌族民居为石片砌成的平顶房，呈方形，多数为3层，每层高3米余。房顶平台的最下面是木板或石板，伸出墙外成屋檐。木板或石板上密覆树丫或竹枝，再压盖黄土和鸡粪夯实，厚约0.35米，有洞槽引水，不漏雨雪，冬暖夏凉。房顶平台是脱粒、晒粮、做针线活及孩子老人游戏休歇的场地。有些楼间修有过街楼（骑楼），以便往来。房屋用乱石碎片砌成。石块之间不用石灰，只用泥土粘连，墙间不用木柱，砌得平直整齐，外形很美观。其就地取材的土石墙面，与本色的木质材料相配合，与周围的青山绿树相映衬，给人以古朴、素雅的美感。

羌族群众热衷于将白色石块作灰色住居醒目的装饰物，这与羌族源远流长的尚白心理不无关系，在洁白的石块上面赋予崇高的神性加以崇拜并形成普遍信仰，这又与广泛流传于羌族中的《羌戈大战》史诗大有关系。《羌戈大战》是一部描述羌族初期形态的英雄史诗，是中国少数民族民间文学宝库中不可多得的瑰宝。史诗以神奇的色彩、高昂的格调描述了有人和神共同参与的羌人与戈基人大战的始末，赞美了羌族祖先的英雄形象及光辉业绩。羌族传统民居建筑上面摆置的象征天神阿爸木比达的白石，实际也就是白石图腾崇拜的一种遗迹。

羌族地区山高水险，为便利交通，1 400多年前羌族创造了索桥（绳桥）。两岸建石砌的洞门，门内立石础或大木柱，础与柱上拴胳膊般粗的竹绳，多则数十根。竹索上铺木板，两旁设高出桥面1米多的竹索扶手。栈道有木栈与石栈两种。木栈建于密林，铺木为路，杂以土石；石栈道施于绝壁悬崖，缘岩凿孔，插木为桥。羌族民间石匠农闲时常外出做工。举世闻名的四川灌县都江堰工程，至今已有2 000多年的历史，仍在造福利民，其中就凝聚有古代羌人的血汗和智慧。

四 保安族、裕固族建筑

1. 保安族建筑

保安族主要生活在积石山麓和黄河两岸，他们一般都选择山腰或沿川一带平坦而向阳的地方安家落户，多与回族、东乡族、撒拉族杂居。保安族一般住平房泥屋，四周围以土墙，一家一院，称为"庄廓"。庄廓一般都由堂屋、灶房、客厅、圈舍四部分组成，整个院落结构紧凑，设施齐备，整洁而宽敞①，表现出他们对居室住宅极为讲究的文化特点。

保安族民居善于因地制宜，有"半边楼""全楼"和"四合院"之分。

"半边楼"一般为五柱三间，两头附建偏厦，或一头偏厦，或一头偏厦前伸建厢房。大门多在屋头上层屋场偏厦间。此种建筑多为红瑶所建。

"全楼"相对"半边楼"而称；一般建于沿河一带或半山较平坦的一层地基上。规模及附属建筑与"半边楼"同。花瑶、盘瑶多居"全楼"。

"四合院"在较平坦的地面上连接修建四幢"全楼"合成的房屋，中间有一小块方形空地庭院，故称"四合院"。这种建筑仅为沿河一带红瑶富裕人家所居。

2. 裕固族建筑

裕固族地区的民居建筑，在风格和类型上，受到周围汉民族文化较多的影响，从建材的选择到结构样式，基本上与邻近汉族地区相同。但各户人家一般都相距一两千米甚至几十千米。故在院落布局上有一定的民族特点②，如堂屋多为东向且两侧多有厢房，院门一般也向东开。在紧靠院落的两侧又有畜圈（包括有篷和无篷的羊圈、牛圈）、草圈（用来储备冬季饲草）等。

裕固族住的是帐篷。这种帐篷是用牦牛毛编织的毛毡做成的。一般长约5米，宽3米，高2米，四周用牛毛绳拉紧固定。坐在帐篷里似乎能看见星星点点的天空，但却不漏雨，且能遮风。帐篷内左侧是用原木搭成的贴地板床，大约占帐篷的一半，上面铺着厚厚的毛毡，这是全家人安睡、谈天、用餐之处，也是会客厅。帐篷的右侧就是厨房。他们烧的是干牛粪，这种燃料火力挺大。既没有什么怪味，也没有那种呛人的浓烟。

3. 东乡族建筑

东乡族的居住盖房叫打庄窠。庄窠多半依山而筑，屋外有一丈多高的土墙围住，内有空地，有的四面盖屋，有的三面盖屋，有的朝南朝西向阳

---

① 杜鲜、彭清深：《保安族（甘肃积石山县大墩村调查）》，云南大学出版社2004年版，第97页。

② 郑筱筠、高子厚：《裕固族（甘肃肃南县大草滩村调查）》，云南大学出版社2004年版，第125页。

面盖横折的两面房，也有的只盖一排房，多为土木结构的两面房。房屋的建筑除了门、窗以及梁檩椽用木制以外，其余都用泥土砌成。

东乡族人盖房打庄窠，一般没有择地看风水的讲究。但受汉族影响，立木时，用红布包梁。盖房打庄窠，除了请少量木匠以外，打墙、泥水活，都由家族邻里和亲戚朋友帮工。先打庄窠墙，尔后盖房，立木上梁的那一天，东家须宰一只羊请帮工的人会餐。上梁时，家庭主妇拿出红布和金银首饰之类（家境贫困者也要放几枚铜元或麻钱代之），包在大梁上，用几束散麻扎住。之后，不解不取，任其久远。红布包梁仅限于盖上房和大房子。东乡族把房子称作"格"，"富个格"，意大房子，即上房，是长辈的住房，一般由爷爷奶奶住。家境富裕者，如若长辈谢世了，一般把长辈住过的上房空着，打扫干净接待贵客。

上房一般坐北朝南，3间，里径八九尺左右，一明两暗，讲究"包沙"，"沙"指屋檐下的台地，两边窗下面的台地都要包进屋里，形成"凹"字形。门窗连接处都镶壁板，没镶壁板的简陋上房也很普遍。屋里窗榻下盘有通间炕。一般地说，上房的屋内设备比其他各屋好一些，除了长辈住的上房之外，家中其他人住的叫"乔也格"。"乔也格"比上房简陋。以两间为多，家中人口多的则将"乔也格"隔成单间，砌有泥炕。东乡属大西北山区，一年四季都烧暖炕，炕洞都在屋外，燃料主要是牛、羊、驴粪，也有利用扫来的野坡草屑和枯树叶作添炕燃料的。厨房设在上房与乔也格相连的角落里，与住房分开。厨房除了做饭用之外，一般还可作为洗大净的澡堂。伊斯兰教严格规定，夫妻夜间房事之后，须在黎明前洗净全身，除去污秽，否则做的饭食都不干净。东乡族是虔诚的穆斯林民族，对大小净的习俗是恪守不改的。牛羊圈和厕所多盖在门道的窝角里。有的则放在低矮的拦羊墙围成的小石园里，远离日常起居的卧室。厕所设在屋后，三堵墙围成一个露天的坑，便后盖上白土，有的另砌一个小屋作厕所。

第七章

石窟雕塑壁画艺术

第一节　陇右石窟及其分布

西汉末年汉武帝为了寻求能够联合抗击北方匈奴的盟友，派遣张骞出使西域，张骞到达西域后，未能实现汉武帝的这一愿望，却建立了一条中原与西域的连结通道，最后发展成为著名的连结欧亚大陆的丝绸之路。东汉末年，盛行于古印度的佛教沿着丝绸之路传入我国，随后与希腊雕塑艺术相结合的犍陀罗佛教雕塑艺术开始东传，公元三世纪河西地区出现印式石窟，十六国后秦高祖姚兴在位时（394—416 年），大倡佛教，南北朝时佛教石窟已遍布陇塬大地，形成了一条长约 3 500 公里的石窟艺术长廊，敦煌千佛洞、天梯山石窟、永靖炳灵寺石窟、天水麦积山石窟、庆阳北石窟寺。这些石窟犹如一颗颗璀璨的明珠镶嵌在漫漫丝路之上，光彩夺目，为后世留下了丰富宝贵的文化精神财富。

位于丝绸之路东端的陇右地区地理位置十分重要，是西域进入中原的必经之地，丝绸之路上的石窟文化长廊由此开始向全国辐射传播。佛教石窟艺术在由西域向中原的传播过程中逐步脱离对印式造像的模仿，与当地的秦汉文化相融合，形成了独具特色的石窟艺术，为后世留下了不朽的艺术遗产[①]。石窟的开凿往往多在州郡或人口集中的地方，因此，陇右石窟主要分布在黄河两岸和河东地区的渭河流域、泾河流域，主要有永靖炳灵寺石窟、天水麦积山石窟、庆阳北石窟寺，在这些石窟的周围分布着大大小小 20 余座中小石窟，其中国家级五座，省级五座。这些石窟为陇右地的宗教、文化、经济的发展起到了重要的作用。

---

① 　陈丽萍、王妍慧：《中国石窟艺术》，时代文艺出版社 2007 年版，第 93 页。

一　黄河两岸石窟

炳灵寺石窟　炳灵寺石窟位于甘肃永靖县之西偏北约 30 公里的小积石山大寺河西侧的崖壁上。"炳灵"是藏语"十万佛"的音译，意译则相当于汉语的"千佛山""万佛洞"。炳灵寺石窟大约开凿在公元三世纪前期的西晋初年，正式营造开始于西秦，历北魏、北周、隋、唐，不断进行开凿，元、明时期做了修妆绘饰。炳灵寺石窟现有窟龛 195 个，其中属于十六国的西秦窟 2 个，北朝窟 7 个，龛 30 个，隋代窟龛 5 个，唐代窟龛 134 个，明代 4 个。炳灵寺石窟的山岩地质结构为细黄砂岩，石质硬度近似云冈石窟，易于开凿雕造，但不耐风化、潮解，好在该地气候干燥，加之立于峭壁的高处，岩层往往突出如屋檐，窟龛造像经千数百年的岁月，至今还得以保存下来，还因为地处偏僻，交通不便，除了受自然力的影响风化崩塌而外，不曾受到过多的人为破坏。然而，炳灵寺所在的地理位置，在古代却并非人迹罕至之地，据考证，它地处古代中西交通要道"丝绸之路"陇西段的一条支线上。

法泉寺石窟　位于靖远县东湾乡杨梢沟口，石窟在红黏土山崖的断面上开凿而成。共残存 36 个洞窟。从 29—33 号洞窟来看，最早开凿于北魏。在"千佛洞"内，有跏趺坐石刻佛像一尊，龛顶还有少量经变石刻。现唯一仅存的泥塑像，为达摩洞窟内达摩佛像一尊，跏趺坐状，秃顶卷发，旁边二侍者天真活泼。

沿寺石窟　又名五佛寺千佛洞，景泰县级文物保护单位。约建于北魏时期，位于景泰县五佛乡兴水村西南 1 公里黄河边沿。坐西向东，背山面河。因石窟内塑有五尊大佛像和千余小佛像而得名。窟内有隋唐时期造像两尊，西夏泥塑两尊。南北两壁为模制泥塑 7—9 排，足有千余个。

寺儿湾石窟　位于靖远县北湾乡寺儿湾村，石窟开凿于黄河西北岸红砂沉积岩崖上，坐东向西，背山面河。始建于唐代，后历经多次重修。窟北侧崖面上，紧靠阁楼北壁有一侧龛，距地面高 2.03 米，内有浮雕残痕，为北魏所凿。

红山寺石窟　原名开元寺。坐落于白银市平川区共和乡政府所在地面约 300 米的红山上。石窟开凿于明弘治年间，万历年间扩建。该窟傍红山，坐北向南。目前窟内泥塑及窟前附加木建筑均已破坏，主窟及左右佛龛则保存较好。

二 渭河流域石窟

麦积山石窟 石窟位于距天水市东南 45 公里的小陇山林海之中。因状如农家积麦之垛，故名"麦积山"。随着东汉以来佛教文化传入中国，于北朝时期开始，中华民族的能工巧匠、佛教信徒、官民各阶层共同在这座险峻挺拔的山上开窟造像、绘制壁画。历经后秦、北魏、西魏、隋、唐、五代、宋、元、明、清共 1 500 多年的历史，完成了这座恢宏壮丽的人间奇观。由于她在中国文化史上的独特价值和作用，1961 年被国务院公布命名为第一批全国重点文物保护单位，并被中外专家学者誉为"东方雕塑陈列馆"，与敦煌莫高窟、洛阳龙门石窟、大同云冈石窟并称为中国"四大石窟"。

麦积山崖壁上凿有大小洞窟和摩崖雕刻 194 处，其中东崖 54 处，西崖 140 处。在全部洞窟中，后秦至西秦开凿 7 个，多集中在西崖中下部，为简单的摩崖龛或方楣平顶窟；北魏至西魏开凿 104 个，洞窟中出现藻井结构、仿木建筑和屋形窟，内部雕人字披、木椽、横枋、大叉手等；北周和隋代开凿 52 个，外部雕殿堂形状，内部是与木建筑相同的大殿形式，殿前有游廊、廊柱、斗拱结构。另外 31 个因地震、自然风化及后代重修，开凿时代已无从辨考。形式有崖阁、摩崖龛、方楣棱锥顶型窟、拱楣穹顶型窟、方楣平顶型窟、方楣覆斗藻井窟、人字披顶窟、摩崖阁等。

麦积山全山塑像、石雕像 7 200 余尊。由于麦积山石质属沙砾岩，粗松易风化，难精雕细凿，故窟内佛像以泥塑和石胎塑为主。泥塑是在木条或秸秆（个别还用铁条）扎成的骨架上，涂以素泥（1953 年文化部勘察团测定素泥用土、麻、鸡蛋清、米汁和水按一定比例制成），再加工塑造、彩绘。石胎泥塑先在山体岩石上凿出塑像轮廓，后用素泥塑造、彩绘。现存的两组摩崖大佛，西崖 3 尊（编号 098，其中右边一尊只残留架桩）北魏作，中佛高 13.88 米；东崖 3 尊（编号 013）隋代作，中间坐佛高 15.28 米，是麦积山最大佛像。塑像表面经长期风吹日晒和雨淋，已钙化如隐瓷，虽经千余载，岿然如故。麦积山石窟最具代表性的石窟有七佛阁、牛儿堂、无名窟、万佛堂、天堂洞等。

七佛阁（004 窟） 在东崖，又名散花楼，距山脚约 50 米。阁宽

31.7 米，高 15 米，残深 13 米。是全山最大洞窟，也是国内现存石窟中凿有窟廊的建筑形式中最大洞窟。北周秦州大都督李允信为王父（即祖父）"乞求冥福"开凿，仿木结构，雕工精细。上凿单檐庑殿式大顶，前开面宽 7 间 8 柱廊檐，后凿一字并排 7 个方形四角攒尖佛帐式大龛。前廊两侧上部各开一个外凿拱门，内开伞状顶十二边形小龛。每龛内，除 1 佛 8 菩萨或 1 佛 2 弟子 6 菩萨塑像外，在龛壁上部紧接窟顶处有影塑千佛 3 排，100 余身。各龛间和边龛两侧分别为浮塑天王像；柱廊两侧，各塑 4.5 米高金刚力士，其上两龛内，左塑维摩诘居士，右塑文殊师利菩萨，并各有协侍弟子和菩萨 4 身。现存造像中除影塑千佛为北周原作外，83 身塑像均为五代、宋、元、明、清重修，其中第六龛菩萨和金刚、天王塑像最佳。

佛龛外龛楣上部，有 7 幅大型飞天壁画，每幅绘飞天 4 身，其中 5 幅（每幅约 30 平方米）画面是用细泥塑的"薄肉塑"壁画，其脸面、胸腹、上肢，凡裸露部分，均薄塑彩画，极富立体感，为北周原作。前廊上部平顶上面，现残存 4 幅佛传故事壁画，亦为北周原作。其中右侧偏东的骑乘人物画至今色彩艳丽，制作者运用散点和交点透视的构图方法，加之人在仰视中的错觉关系，从不同的位置和角度观看，图中人有不同的走向和动势，神韵自如，惟妙惟肖。

牛儿堂（005 窟）　在七佛阁西 3.5 米处，穿过"小有洞天"石隧即到。距山脚约 80 米，与七佛阁同为位置最高者。隋代开凿，唐初完工。属仿木结构崖阁式洞窟，廊长 15.9 米，窟高 8 米，残深 7 米。廊顶与七佛阁同为平基式，佛龛 3 间。中龛较大，为拱门穹窿顶，内为隋代塑 1 佛 2 弟子 4 菩萨。两侧为圆拱形深龛，各有初唐塑 1 佛 2 菩萨。中龛与左龛间 1 尊高 4 米天王塑像，威武雄飒，足下踏"金蹄银角牛犊儿"雕像，故称"牛儿堂"。

无名窟（127 窟）　在西崖西端顶层。北魏晚期开凿，高 4.42 米，宽 8.63 米，深 4.85 米。窟内正壁石刻 1 佛 2 菩萨，佛与背光为整块石料凿成。背光两侧凿 12 身浮雕伎乐天人，左右 6 组对称环绕。窟内壁画丰富，正壁佛传故事，有菩提树下成道、说法、涅槃及八王争舍利等场面；前壁上部绘 7 佛，左壁绘善报，右壁绘恶报；左壁上部绘文殊和维摩诘；右壁上部绘西方净土变。画中莲池、楼阁、弹奏舞乐隐约可见，为国内经变画中年代较早和规模最大者。窟顶中央绘东王公遨游太空图；左、右坡绘萨埵那太子舍身饲虎图；前坡绘睒子本生故事，长7.2米，高1.4米。全图分朝臣送行、观猎、误射睒子、睒子倾诉、国王告知盲父母、国王背领盲父母出看睒子、盲父母哭尸8个画面，为传统长卷式，是麦积山西魏画中保存最完整、内容最丰富者。

万佛堂（133窟）　又称碑洞，在西崖中部。为崖墓式大型洞窟，宽14.94米，深11.58米，高5.97米。北魏晚期开凿，五代及宋、元重修。洞窟建筑结构特殊，窟内复室叠龛，窟顶呈不规则多边凸凹形。窟内有较完整的泥塑（包括后修的）27身，石刻造像碑18块，还刻有千佛、飞天、佛弟子等3 400余身，为所有洞窟中造像最多者。石刻造像碑中，第1号碑高1.87米，宽0.59米，上刻1 337身佛像；第10号碑高1.36米，宽0.73米，造像分上、中、下3层，用浮雕连环画形式刻画出佛传故事，以释迦牟尼在忉利天发愿为中心，有燃灯受戒、乘象入胎、树下诞生、九龙灌顶、剃度、降魔至涅槃等14幅画面，在全国造像碑中也属精品。

天堂洞（135窟）　在西崖最高处东端，崖前距地面52米。北魏晚期开凿，高5米，宽8.88米，深4.29米，平顶横长方形大窟。前壁上部开3个方形明窗，窟内通风、干燥、塑像、壁画保存完好。窟内正壁3龛及左右壁龛内各塑1佛2菩萨，多北魏原作，部分宋代重修。壁西侧有"战骑图"壁画，画面人物构图疏朗，线条流畅。

水帘洞石窟　位于武山县榆盘乡钟楼湾村东南2公里处。2001年6月，被国务院公布为第五批全国重点文物保护单位。石窟始建于十六国后秦，经北魏、北周、隋、唐、五代至宋、元、明、清各代增建重修，现存水帘洞、拉梢寺、千佛洞、显圣池古迹四处。

拉梢寺因有摩崖高浮雕大佛，又称大佛崖，据传建造时自崖脚积木至巅，功毕逐次拆木而下，故名。处峡谷北岸，南与水帘洞相距500米，一峰自峡底崛起，直插云天，在面积3 600平方米摩崖浮雕石胎泥塑1佛2菩萨，兼绘壁画和高塑小佛像，坐西向东。大佛浮雕约占总面积的50%，高40余米，结跏趺坐于莲台上，双手掌心向上重叠做禅定样，圆脸胖身着通肩袈裟，菩萨胁侍两旁，头戴花蔓冠，项戴条带式珠璎珞，手执莲花，安详宁静，佛座呈仰俯莲瓣形，上列雕塑动物图案，有狮、鹿、象等，布局规整，形象逼真。莲台上部正中凿一人字顶浅龛，内高悬塑一佛两菩萨，为唐宋塑像精品。

水帘洞居峡南岸，是石窟群中心地带，与拉稍寺隔沟相望。整座山体像朵即开的莲花，组组瓣纹清晰可见，石窟隐藏莲瓣之间，坐西面东，酷似花蕊。每当雨季，水自山巅向崖檐滴下，状若水帘，故名。千佛洞在水帘洞西北 500 米，因山沟尽头西崖壁上壁影塑千佛而得名，又因原摩崖、悬塑七佛故名七佛沟。造像、壁画崖面 500 平方米，被木桩栈道均分为上下两部分。上部崖面直接高塑、影塑三世佛、二弟子、二胁侍菩萨及一佛两菩萨。造像风格，与炳灵寺石窟西秦建弘元年（420 年）塑像风格略同。菩萨身短腿粗，躯体轮廓比例不均匀，阴刻单线衣纹的做法既具国内早期技法，又具地方特色。下部正中残大佛像呈低平肉髻，面相方圆，含有西魏遗风，亦具北周特点。千佛洞壁画虽多为中唐、五代作品，亦有典型的北周飞天壁画，给人以满壁风动之感。

显圣池在水帘洞东南侧，为一天然崖窟。面积 150 平方米，现存北魏壁画 25 平方米，悬塑残桩二尊，因年久风化剥蚀，几乎散尽。

木梯寺石窟　位于县城西南 30 公里马力乡杨坪村西柏林山上。2001年 6 月，国务院公布第五批"国保"单位时，将其作为水帘洞石窟一个单元，升格为全国重点文物保护单位。石窟四周为悬崖峭壁，旧传寺庙因无路可入，在今山门东侧绝壁上，安一木梯，攀登入寺，故名。从部分窟形造像及出土瓦当，认证具有北魏遗风。

寺内现存窟龛 18 个，殿堂四座，历代造像 80 余身，壁画 230 幅2 100平方米。以五号、七号、十六号窟规模大，保存较好，未失原作风格。窟龛均分布在数十米高的悬崖上，较大石窟有木构遮檐，窟形有崖窟、摩崖龛、走廊、自然窟等，窟顶形状有方形平顶、穹窿顶等。造像大多为石胎泥塑，以宋代作品为全寺精华。

大像山石窟　位于甘谷县城西南 2.5 公里处，属城关镇辖区，海拔1 516米。以其风景、石窟、古建筑及佛事活动闻名遐迩。

石窟及古建筑均建于岗峦起伏、苍翠叠嶂的文旗山悬崖峭壁上。大像山之得名，则是因山巅修凿大佛像而来。大像山石窟中的大佛殿，位于窟群中部的山崖之巅，是一个平面作长方形的圆拱形大殿，殿宽 14 米，底深 4.5 米，高约 34 米。殿内石胎泥塑大佛高 23.3 米，肩宽 9.5 米。大佛的整个身躯为半圆雕，面相庄严，躯体厚重，静穆慈祥，嘴大唇厚，上唇有蝌蚪状短须，双耳垂肩，腮部饱满，腰系一带，于胸前打结，外着圆领下垂袈裟。左手抚膝，右手举起，作施拨济众生印，善跏趺坐于方形须弥座上，袒胸赤足，脚踩莲台，显得庄重肃穆，含蓄深沉，是大型石窟造像中为数不多的珍贵文物。据造像特点分析，大佛像开凿于北魏，泥装于盛唐，历经宋、明、清各代重修。大佛殿四周有小龛七十余个，每龛前原有后代重作泥装悬塑像，主要有供养菩萨、伎乐飞天、罗汉、天王、力士、夜叉、人面鸟、莲叶、卷云等。现留存下来的有一金刚、白鹤童儿、人面鸟、卷云，悬于窟壁小龛之前，似凌空飞舞。

　　大像山石窟除大像窟外，还有窟龛 22 个，多数凿于离地面约 200 米的崖壁间，主要分布于大像窟的东、西两侧，形制多为方形、平顶，窟内正壁设高坛基，并凿大龛，龛内造像。每个佛窟内都有僧侣们修行习禅的禅房。这种在窟内置僧房的佛堂，在内地的其他石窟中较为罕见。现窟内造像及壁画均遭到彻底破坏而不复存在，但这些带有僧房的禅窟也为我们研究石窟寺窟龛的发展和演变提供了极有价值的实物资料。

　　禅殿寺石窟　位于武山县城西南 40 公里的马力乡定荒山南麓，现存建筑祖师殿，始建于清康熙六十一年（1722 年）。存塑像 60 多尊，多系明清作品，明万历六年（1578 年）重建大石林古迹禅祠的琉璃碑一通，和近 2 米高的琉璃观音像一尊。

　　鲁班山石窟　位于武山县榆盘乡鲁班山，有北魏时期的 8 个石窟。

　　铁笼山石窟　位于武山县高楼乡铁笼山，有 4 个洞窟和石马槽等遗物。

　　八峰崖石窟　位于西和县城东南 32 公里处，因八峰突起飞崖凌空而得名。山腰有一天然石洞，洞窟内原有殿宇 14 间，造像 200 余尊，现存90 余尊造像及部分壁画。

　　法镜寺石窟　位于西和县城北 12 公里处石堡乡。石窟始建于北魏太和年间，现存 31 窟，有造像 13 尊，16 窟中有保存完好的"寒山笑世佛"。

三　泾河流域石窟

北石窟寺　坐落在庆阳县董志乡罗杭村，位于寺沟川蒲河与茹河交汇处的东岸覆钟山石岩上，东北距西峰镇 25 公里，是陇东地区规模最大、内容最丰富、创建年代较早和延续时间较长的重要石窟。1985 年确定为全国重点文物保护单位。

北石窟寺窟群包括今寺沟南面 1.5 公里处的石道坡、花鸦崖、石崖东台和北面 1.5 公里处的楼底村的一个窟等几个部分。其中以覆钟山窟龛最为集中，现存窟龛 282 个，再加上石道坡的 6 个龛，花鸦崖的 3 个龛，石崖东台 4 个龛，总计达 295 个窟龛。

北石窟寺窟群，开窟在高 20 米、长 120 米的覆钟山岩壁之上，大小造像有 2 126 身。窟龛上下密集，宛如蜂房。165 号窟高达 14 米，小龛只有 20 厘米，石质为早白垩纪黄砂岩，质地均匀，胶结性能好，可进行雕凿，所以造像均为石雕。据史书记载，此窟开创于北魏宣武帝永平二年（公元 509 年），为泾川刺史奚康生所建，石窟造像不仅数量多，而且雕作技巧达到了很高的水平，再经过北周、隋、唐各个朝代增开窟龛，形成了独具特色的风格。开凿于北魏时的 165 号窟，方形，覆斗式顶，宽达 21.7 米，高 14 米，进深 15.7 米，规模宏大，全国罕见。造像以七世佛为主体，再配以胁侍菩萨、弥勒菩萨、普贤菩萨、阿修罗等塑像。佛高 8 米，菩萨高 4 米。窟顶有千佛、飞天、伎乐人以及佛本生故事为题材的彩绘浮雕，是不多见的北魏石窟艺术佳作。

32 号窟，为唐代大周如意年（公元 692 年）泾州临泾县令杨元裕所创。内雕菩萨造像面形丰满，细眉大眼，衣薄透体，体态健壮，神情潇洒而大方，其技巧造诣之深，令人感叹。

另外，在北石窟寺北部相距 10 公里的蒲河西岸石岩上，有一座闻名陕甘两省的"万佛洞"石窟。清代石碑记载，是明代嘉靖年间修建。所供佛多为石雕，其规模之大、造像之多、保存之好，均超过北石窟寺。惜在 1958 年因巴家嘴水库拦坝淤泥，河床上升，石窟全部被淤泥淹没。

南石窟寺　国家重点文物保护单位。在全国众多石窟中别具一格，为佛教石窟艺术遗存之精华。位于泾川县城关镇蒋家村红砂岩壁上，北魏永平三年（510 年）泾州刺史奚康生所建。1 号窟为主窟，高 13 米，宽 17 米，深 14 米。呈长方形，窟顶为覆斗形。东、北、西三面沿窟壁高 90 厘米的石阶上，雕有 7 尊立佛、10 尊胁侍菩萨。立佛身高均为 7 米，造型基本一致。体态敦厚，神情肃穆，作施无畏印。胁侍菩萨高约 3 米，体型修长，婀娜多姿，与佛的庄重威严形成对照。窟顶残存浮雕佛传故事，有"树下诞生""夜半逾城""宫中游戏"等。窟门两旁内壁分别雕有文殊、普贤两大菩萨，外壁雕天王两身。5 号窟面积约 5 平方米，正中为泥塑文殊、普贤和大势至菩萨，为晚清风格。两旁分排高浮雕泥塑 16 罗汉、8 菩萨、6 力士造像，为唐代风格。

王母宫石窟　位于泾川县城西 0.5 公里的回中山下，开凿于北魏太和年间（477—499 年）。窟表遗存为清代四层木结构凌云飞阁。窟内为中心塔柱结构，呈"回"字形。窟深 10 米，高 11 米，宽 12 米，中间是 6 米见方高及窟顶的塔柱。底为方形，中部为八棱形，塔柱四面和窟内三壁分三层，雕有大小造像 200 余尊。佛像最高为 3 米，最小的不到 0.3 米。石窟设计宏大而精微，显示了古代劳动人民精湛的艺术才能。

罗汉洞石窟　位于罗汉洞乡罗汉洞村红砂岩壁上，有上下两层。在长约 600 米的地段遗存 40 余个窟龛。石窟入口处遗存北魏立佛石像一尊，高 6 米。主窟遗存为宋代风格，东西两窟壁残存泥塑彩绘壁画约 10 平方米。其余窟龛有的无造像，有的残存清代和民国时期的墨色壁画、诗文、题记等。

石拱寺石窟　位于华亭县城以南 23 公里处上关乡半川村。窟群范围较大，东西长约 120 米，高约 20 米，创凿于北魏（386—534 年）晚期。现存 14 窟，窟中有百尊雕像。窟内雕像多为圆雕和浮雕，佛像、菩萨、金刚、比丘、护法力士高在 1 米以上，飞天次之，供养人较小。佛像面目慈祥，神态生动，飞天面相清秀优美，动态鲜明，镌刻刀笔流畅，遒劲有力，是研究我国古代文化艺术的宝贵实物资料。

河西建沟石佛群　位于华亭县城西约 30 公里的河西乡建沟村。石佛群分别置于建沟村易家沟和刘家沟，两地相距约 3 公里。共有石刻佛像 18 尊，属北宋晚期，现集中于飞凤山庙内。这些佛像雕刻精美、造型生动逼真。罗汉最小者仅高 55 厘米，雕凿精美。

张家沟门石窟　位于合水县葫芦河支流平定川李家庄的张家沟门西岸石岩上，东距乡政府 22 公里。石窟开凿在红砂岩崖面上，岩高 6 米，长 11 米。这里残存 8 个龛，共有造像 31 身，其中 4 龛保存较好，其余因自然和人为因素伤损严重。此窟根据铭文记载，建造于北魏，即公元 491 年至 496 年，因早年被毁，现存造像不多，且保存不完整。但有开窟铭文，为北魏石窟分期断代提供了确凿的资料。

保全寺石窟 位于合水县太白乡葫芦河支流平定川玻璃庄东南，距太白乡30公里。石窟建在平定川西岸红砂石崖面上，南北长约40米，共开龛30余个。除中心部分的3、4、6等窟较大外，余为圆拱形浅龛。龛高一般1米左右，雕凿题材为北魏的佛教徒崇敬的一佛二菩萨、一交脚菩萨两胁侍菩萨、释迦多宝并坐说法、千佛等。由于砂岩本身较疏松，千百年来风雨剥蚀，加之人为的破坏，目前大部分造像漫漶模糊，完整的已不多。

万山寺石窟 坐落在庆阳县太白梁乡马原子杨东坡村，东北距县城约90公里。石窟位于大黑河东岸窟洼山下的红砂岩上，南北长34米，有窟洞3处，造像28身。从窟龛形制和造像题材风格看，似为唐代雕凿。

玉山寺石窟 石窟建在镇原县彭阳乡西2公里处的茹水北岸砂岩崖上，西距县城40公里。此窟共有5个窟龛，石雕造像82身。据造像风格，此石窟属宋金时期开凿。

千佛砭石窟 石窟坐落在合水县太白乡葫芦河行政村阳巷自然村，位于葫芦河北岸石岩上，东南距乡政府25公里。按其造像风格，此窟建于北魏。佛像建在高2米、长6.5米的岩面上。岩面从上到下，自左至右，浅浮雕成排成列的摩崖造像。

石空寺石窟 石窟坐落在镇原县东川，距县城3公里的茹河南岸石崖上。石崖东西长约300米，高约8米。石窟有两个大佛龛，石雕塑像13尊，佛龛依岩势而就，呈长方形，长约12米，高约8米。2号龛东边有题记，据题记和雕塑风格，此窟开创于宋，建成于明，清代加以修饰。

莲花寺石窟 石窟坐落在合水县太白乡葫芦河北岸平定川口红砂岩面上。东南距乡政府15公里。石窟保存了唐到宋中叶的石刻造像。特别是在起伏不平的崖面上，满布造像，无一空隙，既要使每身造像各具姿态，又要布局统一互相照应，确实表现了我国古代匠师的精湛技能。惜造像雕刻在红砂岩上，目前不少造像眉目不清，有的仅留残迹。

石嘴石窟 石嘴石窟位于庆阳县肖金镇石嘴行政村左家嘴村。西北距西峰镇36公里，距肖金镇10公里。此窟处在蒲河支流左岸石岩崖面上，距河床高约5米。现存3个窟龛，造像15身。造像因年久失修，风化严重。

第二节　陇右石窟的艺术特色

陇右石窟艺术主要体现在石窟造像和石窟壁画两个方面。

一　石窟造像

中国的佛教石窟开凿与印度佛窟有直接关系，首先因佛祖释迦牟尼是在幽静的山洞修道成佛的，为了纪念他，也为了便于信徒出家修行，故多在僻静的山区开凿洞窟，并雕塑佛像，以供为信徒们礼拜修行之所。陇右地区的石窟由于地质条件所限制，难于雕刻石像，因此造像多用石胎泥塑、彩绘，并在窟壁绘满壁画，因此这一带的石窟显得绚丽多彩。这种塑造艺术和秦汉时期俑像雕塑有着传统关系，难得的是未经过窑烧的泥塑经过特殊的配方调制竟能保存一千多年而不被朽坏。由于材料和传统泥塑手段的发挥，陇右地区的石窟造像逐步摆脱了印式犍陀罗样式的影响，创造了符合中华民族传统的道德观念和审美标准的雕塑艺术[①]。如果说新疆石窟和河西石窟的佛教艺术还留有浓厚的西域色彩和外来风格的话，那么以麦积山石窟为代表的陇右石窟佛教艺术正好体现了这种文化艺术的转型特征。尽管早期的佛和菩萨像从形貌到衣着，都还带有一定的西域和印度风格，但更多的则是北魏西魏造像秀骨清像、长颈削肩、褒衣博带的特点和魏晋时代士大夫阶层所崇尚的魏晋风度完全一致。隋唐造像表现的丰满圆润、博大安祥与隋唐时代的美学取向完全一致。彻底世俗化和浓厚的生活情趣是陇右地区石窟艺术的另一个显著特征[②]。造像中的佛、菩萨弟子，从脸型、神情、身段，甚至服饰，都是活脱脱的中国人，或者说，就是一个个地地道道的西北汉子或山间村姑。面对他们，我们既感到佛国的庄严肃穆，又深深被现实生活的多姿多彩所感染。在麦积山石窟里第44窟的佛像俯首下视、面容娟秀、体态端庄、慈祥智慧和蔼可亲，就像一位美丽善良的母亲形象。第23窟的主佛，头上虽无平顶冕流帝王冠，然而那种

---

① 天水麦积山石窟艺术研究所．中国石窟天水麦积山（精）．文物出版社 1998 年版，第54 页。

② 张怀记：《中国佛教石窟造像题材的演变》，《美与时代（上半月）》2008 年第 4 期。

宽袍大袖、褒衣博带的装束以及气宇轩昂的架势，则完全像一个不可一世的世俗帝王。这里许多塑像都一反过去那种虔恭持重神情，或做成正在交头接耳、窃窃私语的样子（121 窟）或作眉开眼笑、向人招手致意的形象（133 窟）。在第 127 窟左壁龛内的那身供养菩萨，侧转身躯，一手托供品，一手前伸示意，似乎正在让人们品赏他手中的佳肴。他们的形体是那样的俊俏，神情又是那样的生动活泼，尽管他们所代表的都是"天堂""佛国"里的神，但却表达了当时人们美好的理想和愿望，他们是美的化身，是善良的代表。在这中间最让人难忘的是 123 窟的那对童男童女，他们虽出自 1 400 多年前西魏人的手笔，却使我们明显地感到宛如现实生活中的孩子。还有 123 窟的第 9 龛里的那个阿难，当时的制作者，以极其概括而细腻的手法，真实地塑造了一个既聪慧又虔诚的少年，憨厚而略带稚气的神韵，以及深深刻印在嘴角上永远会心的微笑，使人强烈感到，这不是一身泥塑，而是一个为人们所喜爱的天真活泼的儿童。当我们面对着他的时候，似乎可以听到他的笑声，令人情不自禁地跟随他一起欢笑起来。

二　壁画艺术

陇右石窟艺术由于当地的地理因素影响是以雕塑、壁画及建筑三位一体的表现形式，直观地释译那些抽象的不易被人们理解的佛教经典，弘扬其教义的。陇右石窟壁画遗存尽管为数不多，但早期部分壁画却弥足珍贵，它们反映出了北魏、西魏、北周、隋唐等不同时期的艺术风格和时代特征，表现手法和艺术风格上都有其独创性，具有明显的地域特征和强烈的民族化、世俗化倾向，其历史、艺术价值极高，是研究石窟早期壁画艺术的珍贵资料①。

在麦积山石窟 127 洞窟中存有北魏时期规模较大的壁画，且保存较为完整，其中的"西方净土变""维摩诘变"是目前我国石窟寺中保存最早的大型经变画，而"萨埵那舍身饲虎""睒子本生"故事则以生动概括的表现手法绘出了故事的主要内容。其中"睒子本生图"堪称中国山水画

---

① 王旭东：《西北地区石窟与土建筑遗址保护研究的现状与任务》，《敦煌研究》2007 年第 5 期。

运用"平远"法最早的范例，此图凸显出来的艺术手法，使我们对中国山水画空间表现法则成熟时间有了一个重新认识的线索。在五六世纪之交的北魏后期，在中国的北方地区，可以看到山水画从表意性符号到视错觉空间的发展探索，已取得了决定性的突破。在该图中，摆脱古拙粗放或流动华丽的装饰图案遗痕，注重视觉感受与理性认识，趋向自然写实的迹象多有表现。如图中的山水环境形势，与天水一带所见实际地貌相似，山脉、河川、坡梁与丘石溪涧陂池相间（从麦积山石窟栈阁上南眺会得到同一印象），画中树木多做摇曳状，充分体现了西北多风的气候特点，许多树木的种属也具有鲜明的地域特点。

在第4、26、27窟中存有较多的北周时期的壁画。最具代表性的有"出行图""诸天普乘""涅槃变""释迦多宝说法图"等，无一不在内容题材和表现手法上开创了时代先河，造型简练、形体饱满、面形丰腴、神情生动，一洗"西魏"的清秀俏健、潇洒飘逸的审美意趣。

纵观众麦积山石窟壁画，在表现形式上有其独有的艺术特征。首先在画面构成上采用点、线、面相结合的手法构成画面描绘形象，这与其他石窟的以线造型，再用色彩渲染的手法是完全不同的。第76窟顶的北魏飞天壁画就采用线面结合的手法绘制，画面构成严密，生动感人，第4石窟顶的"普天同乘""出行图"更是应用平面的剪影式的造型构成画面，人物、车马各不相同，仅凭形象的外轮廓就能感受人物的气质特点。"涅槃图""说法图""睒子本生图"所体现出的复杂的点、线、面构成关系，更是达到了至高的境地。其次在色彩应用方面也体现了平面的构成关系，非常注重色彩在外形分布上的对比，呼应关系，又因表现内容的不同而呈现出不同的色调和对比关系。这种具有现代平面构成和色彩构成特征的表现形式，在隋唐以后没有被很好地利用，发扬光大，但对于我们现代人来说，却是一份丰厚、难得的遗产，它所透射出的地域性的高水准的表现形式，是我们发展、创造陇右当代绘画的重要传统依托。

陇右石窟壁画中还有一种特殊的表现形式——浅浮雕彩绘壁画。在麦积山石窟第4窟佛龛外楣上部，有7幅大型飞天壁画，每幅绘飞天4身，其中5幅画面是用细泥塑的"薄肉塑"壁画，分别绘供养飞天、伎乐飞天、散花飞天。所谓"薄肉塑"即在人物脸面、胸腹、上肢，凡裸落部分，均薄塑彩画，极富立体感，衣衫裙带绘以色彩，使人物突出醒目，达到传神表意的效果。另外在武山水帘洞拉稍寺大佛崖，近 3 000 平方米的崖面上，也采用了雕绘结合的表现手法，绘制大佛。这种绘塑结合的表现形式是其他石窟寺未有的，其制作技艺之独特为世所罕见。

第 八 章

民族宗教文化

第一节 民族文化

陇右自古就是多民族聚居区。先秦时期，陇右就是戎、羌、氐等古老民族的故乡。秦统一中国后，以华夏族为核心融合其他少数民族形成汉族。两汉时期，陇右氐、羌遍布。东汉，羌人发动了三次大规模的起义，一些著名的战事即发生在陇右。魏晋南北朝时期，周边少数民族不断内迁，陇右民族成分更加复杂，除原有的氐、羌之外，匈奴、鲜卑、吐谷浑民族均有分布。其中清水氐杨氏建立仇池国、鲜卑乞伏国仁建立西秦。本地的氐族迁徙他方，略阳氐吕光建立前凉，临渭氐苻洪建立前秦，略阳巴氐李雄建立成汉。各民族间互相渗透、相互影响，使陇右一带成为民族大融合的舞台[①]。隋唐宋时期，吐蕃、回鹘、党项等民族迁入陇右。唐蕃时战时合，吐蕃曾一度完全占有陇右。回鹘亡国之后，一部分部众迁居秦州等地，党项族先居于今青海南部，唐中后期，迁至庆州等地，成为建立西夏的主体民族。元明清时期，蒙古族进入陇右，回、东乡等族形成。尤其是回族作为外来民族和本土民族的混合体，在明代正式形成，陇右河州、兰州、秦州等地成为回族的主要聚居地。此外，满、保安、撒拉等族进入陇右。中华人民共和国成立后，彻底根除了民族压迫制度，各民族交往日益密切。加之"三线"工厂内迁、干部交流等因素，陇右民族成分大幅度增加。

---

① 喜饶尼玛、石竣淏：《中国少数民族文化研究》，中央民族大学出版社 2005 年版，第 48 页。

一 回族

（一）来源与分布

回族是回回民族的简称，其来源形成比较特殊。从 7 世纪以来不断有阿拉伯、波斯及中亚等国及西域多种穆斯林民族来中国经商、做工和进行文化交流，这些群体在伊斯兰教这一纽带的联系下，经漫长岁月演进，并融合其他一些民族，如汉族、维吾尔族、蒙古族等成分，大体于元末明初之际形成了回族。河西、陇右是丝绸之路的必经之地，自元以来就是回族的主要聚居地。《明史·撒马尔干传》言："元明回回遍天下，乃是居甘肃者居多。"此时陇右的回族不但聚族而居，而且有了自己的宗教活动场所——礼拜堂和清真寺。据《天水县志·民族志》，元顺帝至正年间（1341—1368 年），秦州北关即建有规模宏大的清真大寺，"其殿五楹，琉璃碧瓦，丹楹刻桷"。这也是甘肃有史可证的最早的清真寺。

明朝统治者对回族与伊斯兰教的政策是限制利用与保护并行。明太祖洪武五年（1372 年）曾下过一道诏令："蒙古色目人现居中国，许与中国人结婚姻，不许与本类自相嫁娶。"限制的结果，却为回汉通婚创造了条件，促成陇右的回族数量大增。清朝前期，陇右回族相对比较集中的是甘、凉、肃三州。此外，河州、兰州、巩昌、秦州、秦安之莲花、清水之张家川、徽县、礼县之盐官、平凉等地回汉杂处，并出现了许多万户以上的居民点。清咸丰十一年至同治十二年（1861—1873 年）。陕甘回民大起义，波及西北各省，起义失败之后，清廷对陇右回族进行了大规模的强制性迁徙和重新安置。首先是将流落甘肃的陕西回民及土著的甘肃回民先后安插于兰州、平凉、静宁、会宁、清水等地贫脊之区，使之远离城镇，并与汉民居住区保持一定距离。其次是将河西劫后余生的回民安插于兰州以东的榆中、定西一带，结束了河西回民最为集中的历史。河州本为回民聚居区，因回族首领马占鳌降清，损失较小，且因此未被强行迁徙，故河州就成为甘肃回族最集中的地区。河州而外，秦州所属清水之张家川因陕西及平凉等地回民的大量迁入，逐渐成为甘肃仅次于河州的又一个回族主要聚居区。

（二）回民反清起义

米喇印、丁国栋起义。清顺治五年（1648 年）三月，甘州回籍副总兵米喇印打出反清复明的旗号发动起义。起义之后立即挥师东进，连克凉州、兰州、岷州、洮州、河州，直逼巩昌，各地回民纷纷响应，一时关陇大震。清陕甘总督孟乔芳指挥各路清军反扑，起义军向西败退，米喇印在永昌西水泉战死，余部由丁国栋率领继续西撤，先守甘州，城破后再奔肃州。顺治六年十一月，肃州城破，丁国栋等被俘杀。起义在坚持了近两年后失败。

苏四十三起义。对待回民，甘肃的地方官一贯是歧视加迫害，于教派之间的纷争处理之时更是有意制造矛盾，最后终于激成苏四十三的起义。清乾隆四十六年（1781 年），苏四十三在循化（今青海循化撒拉族自治县，时属甘肃）领导撒拉族、回族信仰哲赫忍耶学派（时称新教）的穆斯林群众举行反清起义。随后攻破河州，进围兰州。官府将囚禁的新教首领马明心杀害于城头，更加激发了起义群众的义愤，猛攻兰州城。清政府非常惊恐，乾隆皇帝传旨调齐周边军队合力镇压，起义军寡不敌众，退守兰州西关外的九尾山、华林山。坚持战斗三个多月，最终全军覆灭，无一降者，英勇悲壮。

田五起义。苏四十三起义失败，清政府肆无忌惮镇压新教，严格限制宗教活动，并将新教礼拜寺全部毁弃。乾隆四十九年（1784 年），哲赫忍耶教派马明心的弟子田五在盐茶厅（今宁夏海原县，时属甘肃）起事。事件迅速扩及宁夏、陇东、定西、秦安一带。田五身亡后，起义军由其妻侄张文庆带领继续战斗。最后退守通渭北部的石峰堡，弹尽粮绝，全部被清军屠杀。

甘肃回民大起义。同治元年（1862 年）受陕西回民大起义的影响，甘肃回民在平凉等地起义，并迅速波及甘肃全省，河州、洮州、岷州、静宁、秦州等地的回民一时并起，向官府进攻，陇右一片混乱，河州及秦安之莲花城、清水之张家川、礼县之盐官、静宁、平凉等地成为起义中心。同治八年，陕甘总督左宗棠率师自秦入陇，坐镇平凉，分兵三路，对起义军全面进攻。至同治十年，陇右各地战争渐次平息。这次起义在陇右一带历时十余年，时间长，涉及范围大，参加人数多，对清廷的打击沉重，影响深远。多年战乱，先后死难各族群众达数十万，社会经济遭到极大破坏。"平、庆、泾、固之间，千里荒芜，弥望白骨黄茅，炊烟断绝，被祸之惨，实为天下所无"。

（三）生活习俗

卫生习惯。居住讲究简单朴素，平净整洁。庭院植果树、花卉。忌在饮用水源洗澡、洗衣、倒污水，忌用污染的水。盥洗、沐浴分大小净，礼拜沐浴必须用流动水。清真寺有沐浴的水房，一般家庭都备有沐浴用的吊罐，经济条件好的备有浴室。礼拜用衣要洗干净，饭前、大小便后自觉洗手。

饮食习俗和禁忌。每逢喜庆节日、悼念日或接待客人，习惯制作各种油炸面点，常见的有油香、馓子、花型面果子。待客通常用"三泡台""八宝茶"，即盖碗茶。忌食凶猛野兽，如虎、豹、狼等；忌食凶禽，如鹰、鹞、雕等；忌食死浮水面的鱼类；所食用兽类动物，必须是吃草的、反刍的、有四蹄的、性驯善的，如牛、羊、驼、鹿、兔等。所食禽类动物必须是有囊的、似鸡喙的，如鸡、鸭、鹅、鸽等。严禁养猪和食用猪肉，忌食动物血液，忌食未履行宗教仪式下刀或弃死自死及非穆斯林宰杀的畜禽，于畜禽忌言"杀"，只能说"宰"。平常待客或喜庆婚宴忌用烟酒。

婚姻习俗。实行严格的内婚制，外族若要和回族通婚必须加入伊斯兰教。程式基本上是提亲、订婚、迎亲、婚宴等，和汉族相似。但不讲究黄道吉日，反对占卜问卦和撮合生辰八字，除星期二（阿拉伯语称为"斜扇拜"，认为不吉祥）其余日期均可。婚前"大净"（盥漱沐浴）更换新衣。新娘进门后，请阿訇念"尼卡哈"（证婚词）。而后由阿訇向新郎新娘身上撒核桃、红枣表示吉庆。婚后新娘辫子盘起，戴上白帽，表示姑娘变成媳妇。孩子降生后，一般都要请阿訇起经名，多取《古兰经》里圣哲先贤的名字。

丧葬礼俗。实行土葬。病故前自己或请阿訇念"讨白"（忏悔词）；向积怨者或未尽手续者讨口唤，以求得宽恕。归真称"无常"，忌称"死"。埋体（尸体）大净，白布裹尸。葬不择时，滞留不过三日。送葬者由指定的阿訇率领肃立默诵《古兰经》有关章节。不施跪拜叩头礼，不用棺木，不带随葬品。葬毕阿訇向参加葬礼者散发"海的耶"（"人情"，即酬金）。

服饰。大体和汉族相同，特点主要表现在头部的装饰，成年男子重视留胡须，通常多戴黑色无沿"号帽"，这也成为识别回族的外部特征之一。妇女都披戴丝、绸或"乔其纱"（棉麻交织品，有空隙花纹）等细料制成的盖头，老年妇女习惯用白色，中年妇女用青色，姑娘和新婚妇女用绿色。中华人民共和国成立后，除少数中老年妇女尚戴盖头外，多数妇女都改戴白色圆顶帽和护士卫生帽。

（四）节日活动

开斋节。阿拉伯语称"尔德·菲图尔"。时在伊斯兰教历（希吉勒历）每年十月一日。九月是斋戒的月份，阿拉伯语叫"莱麦丹"，俗称"斋月"。本月，"封斋"的教民们白天不进饮食，满一个月后，举行开斋庆祝活动，俗称"开斋节"。凡 12 岁以上男教民都要在清真寺做礼拜，俗称"会礼"。信教群众炸油香、馓子、宰鸡、宰羊招待客人，互相祝贺。

古尔邦节。又称宰牲节或忠孝节，阿拉伯语称"尔德·艾祖哈"。开斋后第 70 天举行，即伊斯兰教历的十二月十日，教民置办节日礼品，欢度佳节。赴阿拉伯朝觐者也在这天要进行一系列朝觐活动。

圣纪（忌）节。穆罕默德诞生和逝世的纪念节日。据伊斯兰教历历史记载，穆罕默德降生在伊斯兰教历三月十二日，逝世是伊斯兰教历三月十三日。格底目和哲赫忍耶都很重视这个节日，在坊寺举行庆典（一般都移到斋月举行）。

三大节日外，格底目、哲赫忍耶还过"阿术拉"节，节在伊斯兰教历元月十日举行。"阿术拉"意为"第十天"。据传，远古时期洪水漫世，奴海以方舟载人类避难。洪水退后方舟靠岸，第十日奴海以杂豆救人类之饥饿。所以现在教民以各色杂豆煮粥，称为杂豆粥，以表示不忘人祖之艰辛。

（五）河州花儿

陇右的"花儿"（一种民歌）在明代即已普遍流传。从整体上可分为两大体系——洮岷花儿和河州花儿，其中河州花儿是以河州（临夏）为中心，流行于大通河、湟水、大夏河流域的花儿，创作者都是以回族为主的信仰伊斯兰教的少数民族保安、撒拉、东乡等族及长期生活在这一地区的汉族。花儿所反映的社会内容十分广泛，以情歌所占的比重最大，文学水平也最高。

河州花儿的唱词一般都采用比兴手法，以大家熟知的人、事、物做引子，引出要表达的内容，朴实无华，形象生动。花儿的歌词都是押韵的，或句句押韵，或隔句押韵，或一韵到底，读起来朗朗上口，唱起来回味悠长。生活琐事、男女情爱、向往追求等思想感情在花儿中都得以集中体现。由于河州一带的回族群众历来都有出外经商谋生的传统，以花儿表达思念家乡、思念亲人的心情就成了最常用的方式，因此花儿也被称作"出门人的歌"，如：

> 一卖了鞭子二卖了马，三卖了梅花镫了。
> 一想娘老子二想家，三想了连心的肉了。

> 走罢凉州走甘州，嘉峪关靠的是肃州。
> 挣上些钱了回家去，心上的尕妹（啦）看走。

> 半圆的锅锅里烙馍馍，蓝烟儿把庄子罩了。
> 搓着个面手送哥哥，清眼泪把腔子泡了。

因长久流行，河州花儿自然而然形成了许多固定的调子，称之为"令"。据统计唱花儿时所用的"令"有一百多种，最常用的有四十多种，如《白牡丹令》、《河州令》、《尕马儿空令》、《大眼睛令》、《脚户令》等。演唱方式有单唱、对唱、集体唱等多种形式，一般以单唱居多。

张家川回族自治县是陇右除临夏之外另一个回族聚居区，因为宗教的和民族的关系，在文化习俗上许多地方和临夏相通，表现在民歌上，张家川的民歌继承了临夏花儿热情奔放、富于想象的特点，别具风味。如：

> （男）大豌豆开花一只船，我去年缠你到今年。
> 　　　把你死了变成羊，把我死了变成狼。
> 　　　东山赶到西山上，不为吃肉为鸳鸯。
> （女）前半夜想你满院转，后半夜想你做针线。
> 　　　想哩想哩心邪了，扎花针也折断了。
> 　　　想到天亮你没来，眼泪淌了两窗台。

河州花儿在甘宁青地区广为流传，它很好地体现了以回族为主的信仰伊斯兰教各民族的心声，表现了他们对生活的体验，成为他们生命中最欢乐的、不可或缺的乐章。

花儿本是心上的语，不唱是由不得自家。

刀刀拿来（是）头割下，不死还是这个唱法。

二　藏族

（一）来源及分布

总的来说，藏族源于唐代兴起的吐蕃，其来源主要包括三部分：其一，8 世纪 60 年代吐蕃占据陇右时进入本地的吐蕃部落；其二，吐蕃统治时受其政治及藏传佛教影响逐渐改变生活习惯而成为藏族人的当地土著各族，包括一部汉族；其三，吐蕃人与当地土著各族经过姻亲关系等逐渐形成的藏族人。

五代、两宋时期是陇右吐蕃和其他各族大融合时代，经过几百年的发展，秦凤、泾原，即今天水、庆阳等地的吐蕃族均成为"熟户"融于汉族。到了元代，吐蕃逐渐被称为藏族，其生活地域主要在临洮、巩昌、洮州、河州、岷州一带。明清时期，这种分布格局基本未变。以现在的行政区别对照，其主要聚居地为今甘南藏族自治州的舟曲（藏语白龙江之意）、卓尼、临潭、玛曲（藏语黄河之意）、碌曲（藏语洮河之意）、夏河（藏语习惯称拉卜楞）。另外，陇南市的武都、宕昌、文县以及定西市的岷县也是藏族的世居之地，是为陇右一带除甘南之外的另一个藏族聚居区。陇南藏族的氐羌成分很重，如白马藏人即是氐族后裔。

（二）土司制度

元代始，藏区大多实行和部落制结合的政教合一的土司制度。设有土司衙门，配置有管理事务的大小头目，均以直系亲属承袭。明代，在甘南、陇南藏区设大小土司数十人，其中以卓尼杨土司辖地最广、属民最多。明清两代，几度改土归流，而土司制度的实质并未改变。兹对清代洮州、岷州、河州有影响的土司简介如下：

洮州卓尼杨土司。卓尼土司的始祖是吐蕃赞普赤祖德赞大臣噶·伊西达吉的后裔，几经迁徙，定居卓尼。明永乐二年（1404 年）其首领些地收服迭部十八族，并得到明王朝信赖。永乐十四年（1416 年），些地进朝贡马，受封正千户，并授以世袭指挥佥事兼武德将军，成为卓尼一世土司。明正德三年（1508 年），五世土司旺秀进朝觐见，赐姓名曰杨洪，从此以杨为姓。至清代，卓尼土司多次受封，在甘青各土司中势力最大。至清末，其辖区包括卓尼、迭部、临潭、舟曲及岷县部分地区，有属民 13 750 户，人口 62 750 人。民国二十六年（1937 年）卓尼设治局成立，卓尼土司撤销。前后传 19 世，历 500 余年。

洮州昝土司。始祖南秀节系洮州底古藏族首领，明洪武十一年（1378 年）率部归明，洪武十九年因军功授洮州卫世袭中千户所百户之职。永乐三年（1405 年），明王朝赐南秀节之子卜尔吉昝姓。正德五年（1510 年），授土司昝诚世袭副千户职。万历三年（1715 年），授土司昝震世袭指挥佥事。清光绪年间，昝土司辖 7 旗 76 族。

洮州小杨土司。始祖永鲁答剌肖在明永乐年间授百户之职。嘉靖时小杨土司授世袭副千户。清代小杨土司管辖 7 族，约 30 余户。

岷州赵土司。居岷州城南多纳。始祖卓思觉在明宣德年间授世袭副千户，并赐赵姓。康熙十四年（1675 年）因助清军吴三桂之乱，收复洮岷有功，仍授世袭副千户。管辖中马番族 43 族，把守隘口 57 处。

岷州后土司。世居岷州攒都沟。始祖原为元宁夏守将，明洪武二年（1369 年）率众归附，赐姓后氏。洪武十年，授岷州卫指挥使。明成化年间封世袭土百户。清代，管辖藏族 41 村 440 户。额设土兵 190 名，守隘口 4 处。

岷州闾井后土司。始祖后祥古子在明洪武二十八年（1395 年）授土官百户。明清共传 17 世。清光绪初年，后土司改任土把总，管辖藏族 80 户。

临洮赵土司。其始祖是宋代唃厮啰的后裔，唃厮啰河湟政权灭亡后，其孙巴毡角降宋，赐名赵醇忠，为岷州吐蕃部大首领，历元、明、清，世为土官，至清末管辖藏族 439 户，但大部分已汉化。民国初年，废土司之职。

河州何土司。始祖锁南普在明洪武初年授河州卫指挥同知，并赐何姓。明清共传 21 代。至清末，管辖藏族 48 户。

（三）部落制度

藏语称部落为"措哇"，也称"族"。明清时期，广大的藏族牧区主要实行的就是千百户部落制度。其组织形式大致是：一个大的部落下辖若干个小部落即"措哇"，"措哇"之下分若干"德哇"，"德哇"之下又分若干"日科"。"日科"是由数户乃至数十户有亲属血缘关系或关系较好的牧户在自愿基础上组成的，成员可以自由进出。部落头人也称土官，藏语谓之"洪布""郭哇"，是全部落的最高统治者，有行政、司法、军事大权。大部落的土官、头人一般都是世袭的。大部落一般设"扎呼尔"（文书一类）1人，由土官头人指派，负责办理部落日常事务，同时设"德黑娘""切红"两个世袭官职。此外，部落的其他小头目也是由土官头人指派，一般任期 3 年，可连任。部落头人和"日科"头人组成的"格尔岗哦"是全部落的最高权力机构。凡部落的重大事情均由"格尔岗哦"会议决定，然后由"日科"头人传达执行。

以上所言是一般情形，而藏区各地的部落制度各具特色，存有差异。据 20 世纪 40 年代的统计，在今甘南藏族自治州，夏河有较大部落 30 多个，碌曲有 3 大部落 56 小部落，玛曲有 6 大部落。

（四）风情习俗

服饰。男女均穿右衽藏袍，腰间系带，头戴礼帽或皮帽，脚蹬长筒皮靴。男女均梳发辫，佩戴耳环、项链等饰品。当然，这是一般情形，具体而言，各地藏族服饰都存在地域差别，如藏族牧区的服饰以玛曲、碌曲、夏河为代表，藏袍右衽、交领，袍长至脚面。其中女式藏袍装饰繁杂，色彩艳丽。妇女发式也较独特，多系"碎辫子"型，脑门处垂至左右两侧的"碎辫子"多至上百条。舟曲气候较为温暖，本地藏民多以农、林为业，其服装面料多以布、麻为主，因常走山间小路，男女均有裹腿的习惯。

饮食。在农区主食一般是青稞炒面制成的糌粑，兼食牛羊肉和奶制品。牧区则以牛羊肉类和奶制品为主，兼食糌粑及面食。无论是农区还是牧区，饮茶是必不可少的，人人爱喝茶，天天不离茶，特别喜用茯砖茶。还有两种特殊的茶饮品——奶茶和酥油茶。此外，藏族还喜饮酒，其传统佳酿就是农户、牧户自制的青稞酒。

婚嫁丧葬。婚姻比较自由，正式婚嫁须征得家长同意。婚嫁大致分订亲、送亲、迎亲、婚礼四个阶段进行。婚礼气氛热烈，载歌载舞，通宵达旦。宴席间要有选定的人朗诵"祝婚词"，要有歌手唱"祝福歌""敬酒

歌"，边唱边轮番向宾客敬酒，宾客也要对歌，唱"祝酒歌"，形式高雅
有趣。入赘是常见的一种婚姻形式，一般而言长子娶妻、幼女招赘。陇右
一带藏族丧葬习俗不一，各地差别较大。葬法有天葬、火葬、土葬、水葬
等多种，以天葬、火葬较为普遍。一般牧区和半农区实行天葬，即人死
后，举行完一系列仪式，置之于较高的平台上或高山上，任鹰鹫等啄食。
舟曲、迭部、卓尼洮河沿岸及陇南的藏族多用火葬。

（五）文化艺术

藏族说唱艺术，历史悠久，内容丰富，著名的英雄史诗《格萨尔王
传》在甘南藏区广为传唱。藏族能歌善舞，歌舞在其生活中占有很重要
的位置，凡有集会必有歌舞，歌曲高亢嘹亮、舞蹈粗犷强劲。藏戏穿插歌
舞，曲调高昂，伴以打击乐器和帮腔，堪称表演艺术的奇葩。另一个绝活
就是酥油塑，俗称"酥油花"，以酥油捏塑人物、建筑、花草和神话故事
等，色彩华丽，栩栩如生。

（六）传统节日

洛萨节。"洛萨"，藏语意为"新年"，洛萨节就是过藏历年，时间与
汉族春节基本相同。节前打扫住所，张贴年画，置办食品等，过节时要向
长辈拜年。整个藏年期间（初一到十五）每年都要请左邻右舍、至亲好
友喝年茶、吃年饭、饮酒唱歌。村村还要举行赛马会、赛牛、射箭等比赛
活动。

四月佛月节。也称"娘乃"节，是纪念佛教始祖释迦牟尼的节日。
每到四月十五日，信教群众少食，不说话，全体斋戒，表示哀念。当月要
朝佛念经，磕长头，禁杀生，以积功德。

香浪节。亦称"浪山节"，一般在农历六月举行，是半农半牧区的一
种群众性的游山活动。盛行甘南一带。届时家家户户带上美酒佳肴，选择
环境优美的草地或山顶支起帐篷，野餐露宿，尽情娱乐，有的数日始返。
香浪节也是男女青年谈情说爱的大好时机。

燃灯节。纪念藏传佛教格鲁派创始人宗喀巴圆寂的节日，当日藏区各
寺院和僧俗群众都在屋顶点燃酥油灯，以纪念宗喀巴。

另外还有一些地域性很强的藏族节日，如舟曲博峪藏族的采花节、舟
曲西部和迭部地区藏族的朝水节、文县铁楼白马藏族的迎火把节等。

三　东乡族和保安族

（一）东乡族的族源和居地

东乡族是因其绝大多数成员世居河州东乡而得名。关于东乡族的族源，大致有三种说法：

其一，蒙古族说。理由是东乡语言与现代蒙古族的语言同属于阿尔泰语系的蒙古语族。民国时的一些著作甚至称东乡是"蒙古回回""东乡蒙古人"。

其二，三族混合说。认为东乡族是以河州东乡当地回族为主，融合了汉人和蒙古人而形成的新的民族共同体。

其三，回回色目人西来说。认为东乡族的主体是元代从中亚迁来的信仰伊斯兰教的色目人。

以上三种意见长期争执，20 世纪 80 年代以来，有学者以东乡族民间传说为主要依据，指出东乡族的祖先是中亚的撒尔塔人[①]。此说得到越来越多人的赞同。其论点主要有四：

第一，东乡族历来自称"撒尔塔"，且有先祖来自中亚撒尔塔的传说。同时对"撒尔塔"特别敬重，如起誓时即用"我用撒尔塔名义起誓……"东乡族聚居区有不少地名如阿里麻木、乌户等在现代东乡语中没有任何意义，却分别与中亚地区的阿里马图（位于伊塞湖畔）、乌浒水（阿姆河别称）等地名对应，此乃撒尔塔人东迁的活证据。

第二，在体态方面，东乡人与撒尔塔人具有高鼻、深目、多须、眼球较浅、发色淡黄等共同特征。

第三，在生产经营与文化传承方面，东乡族和撒尔塔有诸多相同或相似之处，如银、铁器加工同是东乡族和中亚地区的传统手工业，且使用的工具也很相似。

第四，东乡族的多半词汇与蒙古语相同或相似，这是因为东乡族形成过程中蒙古族长期处于统治地位造成的。事实上，东乡语特别是日常用语中还保留着许多突厥语词汇，而撒尔塔人正是操突厥语的民族。

---

① 秦臻、马国忠：《东乡族（甘肃东乡县韩则岭村调查）》，云南大学出版社 2004 年版，第 95 页。

至于撒尔塔人到达东乡地区的时间，一般认为是 13 世纪成吉思汗西征中亚东归之时，据史籍记载，成吉思汗在中亚强征各种工匠编入军中服务，同时征集大量壮丁编入部队，称"签军"。东归之时，这些人大部分迁来中国内地，其中不少人随蒙古军征战西宁、河州等地时，屯驻今东乡一带。蒙古军所到之处，均建立管理驿马事务的站赤制度，称为"扎木赤"。东乡濒临黄河的一片地方，至今仍称扎木赤村，可见当时东乡境内曾设有许多驿站。屯驻东乡的"探马赤军"，战时参战，平时放牧屯垦，其中不少是撒尔塔人，尤以各种工匠为多。对撒尔塔工匠，又按行业分别集中到一些地方居住，并根据工匠行业给其住地命名，一些与工匠有关的地名一直沿用至今，如东乡的"兔古赤"乡，是银匠的意思；"阿娄赤"村，是编织匠的意思；"托木赤"村，是铁匠的意思。在东乡地名中，还有"他木赤"，系"探马赤"的转音；"巴素地""沙黑赤""达鲁花赤"则都是"镇守者"的意思，所不同的是"巴素"系突厥语，"沙儿黑"是波斯语，"达鲁花"是蒙古语。这些均表明，东乡是当时"探马赤军"屯守地区。其中有不少的撒尔塔工匠在此定居，并成为土著，后来融合当地的一些民族成分而形成的新的民族共同体，即东乡族。

吸收各种说法的合理因素，于东乡族的形成可得出这样一个基本认识："东乡族是 13 世纪以后，以从中亚东迁的回回色目人，具体来讲即中亚东迁的撒尔塔人为主体，在东乡地区长期的社会生活中，融合了部分蒙古族、回族、汉族、藏族而形成的一个新的民族共同体。东乡族的形成基本上与回族同步同时，比较确切的时间应为元代后期。"

在东乡族的形成过程中，伊斯兰教起了重要的纽带作用。信仰伊斯兰教的撒尔塔人迁移来东乡地区后，始终保持原有的宗教信仰，且用信仰影响并融合了当地的一些民族成分。

明清两代，东乡族集中聚居在河州之东乡。清代以后陆续有东乡族迁至毗邻地区和新疆地。如今积石山保安族东乡族撒拉族自治县的东乡族就是清朝中后期和民国时期因灾荒等原因从东乡迁入的。据民国时期的统计，20 世纪 40 年代，甘肃东乡族约 12.8 万人，聚居在东乡地区的约 7.8 万余人。中华人民共和国成立后，1950 年 10 月党和政府根据当地群众的意愿以"东乡族"命名其族，现大多数人口居于临夏州东乡族自治县以及积石山保安族东乡族撒拉族自治县、临夏县、和政县、广河县。1990

年，甘肃有东乡族 311 457 人，临夏州为 307 876 万人。

（二）保安族的族源和居地

保安族的祖辈是元代屯垦的士兵，成为编民后，聚居今青海的同仁地区。明洪武四年（1371 年）设置保安营，并建保安堡，属河州卫，置都指挥管理同仁十二部族。当时的保安人主要居住在隆务河畔的保安城，与下庄、尕撒尔三处，称保安三庄。周围的土族、藏族称之为"黑黑"（即回回）。大约在清咸丰末年、同治初年，保安人举族迁徙，进入今临夏境内。迁徙的具体原因说法较多，而归结起来，主要因素还是种族的和宗教的，因为在信仰伊斯兰教的保安族周围居住的绝大多数是信仰喇嘛教的藏族，隔阂和冲突总在所难免。据说藏族的上层欲强制保安人改信喇嘛教，保安人被迫迁走他乡。举族迁徙的保安人，先到循化，在撒拉族世居的街子工、查家工、苏只工、查汗大寺工暂居，其后又移居今积石山下的大河家居住。到达新地方之后，依然按照在同仁时的居住习俗聚族而居，原居下庄者新居甘河滩，原居保安城者新居梅坡，原居尕撒尔的新居大墩，形成新保安三庄。因保安族都信仰伊斯兰教，长期被称作"保安回"。1952 年 3 月，经国务院批准，按保安群众的意愿，正式定名保安族。

保安族的族源和形成，学术界众说纷纭。主要有：

其一，蒙古人为主说。认为保安族是以居住在保安的蒙古人为主体，长期与藏、汉、土、回等族交往而形成的。

其二，回族人为主说。认为保安族是以移居保安地区的回族人为主体，融合其他民族而形成的。

其三，色目人为主说。认为保安族是以移居保安地区信仰伊斯兰教的色目人为主体，融合其他民族而形成的。

以上三种说法各有侧重，其共同点是，都不否认保安族的形成系色目人与蒙、回、汉、土、藏等族共融的事实。分歧的焦点是保安族在形成过程中到底是以什么人为主的。大体而言，色目人为主得到越来越多人的重视。基本线索是，1225 年成吉思汗由西征中亚东返，收编的以中亚青壮年人为主的"探马赤军"及随军服务的工匠也随之东来，留牧西北等地。这些人包括哈刺里、康里等多种民族成分，大部分人信仰伊斯兰教，通称色目人，蒙古军队攻灭西夏之后，占有同仁在内的河州，因为同仁重要的军事地理位置，于是就派蒙古军队中色目人组成的"探马赤军"和"各色技术营"屯守此地，亦兵亦农，并在此成家立业，成为保安先民。元朝第二代安西王阿难答信奉伊斯兰教，受其影响，在领地和所辖同仁一带蒙古军中伊斯兰教广为传播，促使蒙古人与原来中亚诸国东来的信奉伊斯兰教的色目人更加接近，也由此而影响了同仁一带的部分藏、土、汉族人，从而促进了这一地区保安族的形成。由此看来，保安族族源同信仰伊斯兰教的色目人有关，是信仰伊斯兰教的色目人与蒙古、藏、回、土等民族长期交往，自然融合而成的。

现保安族的主要居住地是积石山保安族东乡族撒拉族自治县，分布于大河家乡、刘集乡、四堡乡等地。1990年，甘肃有保安族 11 069 人，积石山县为 10 565 人。

（三）民族文化

东乡族和保安族全民信仰伊斯兰教，他们的生活习俗多和回族相同。不过，"一方水土养一方人"，由于地理及历史的因素，他们的民族文化也各具特色。

以节日为例，东乡族正月十五的火把节，保安族五月五日的浪山节，就是其独有的习俗。关于其文化，以下列举几种他们有特色的文化活动或对其工艺品作简略叙述。

东乡雕刻。分木雕、石雕、砖雕。由回、汉匠人传入，后为东乡族雕刻工匠所掌握，且融入本民族喜欢的内容，形成自己的风格。产品广泛用于清真寺、拱北及大户人家的庄园建筑上，技艺精湛，深受欢迎。

东乡饮食。东乡族像回族一样善于烹饪，其别具风味的菜品如东乡白菜、东乡土豆、东乡手抓等已走向全国。

保安腰刀。保安族的先祖从元代就开始制作一种皮鞘刀。后来迁居积石山大河家一带后，将制作腰刀的手艺发扬光大，除了自卫和日常所用之外，主要用于交换其他各族牧民的羊只或农区的其他商品。腰刀刀身选用优质钢材，用传统的锻打与淬火法打造磨制而成。刀柄多用梅花牛角，选压红铜、黄铜等金属制作，并锉磨出锥金迭银的纹样。刀鞘外裹黄铜或红铜，饰以各种图案，并安以环扣，以便佩带。腰刀本身长约 2—5 寸，一刀一鞘或一刀两鞘。因工艺考究、刀刃锐利、样式美观、经久耐用而成为名牌、品牌商品，声名远扬。品种大约有 20 余种，其中最漂亮的是"什样锦"，最著名的是"波日季"。

民族体育。东乡族和保安族喜爱体育运动，一些体育运动军事色彩颇浓，也非常有特色。如东乡族的"当尕打"，内容近似武打比赛，参加人数不限，一般先由儿童发起，青壮年人甚至老年人也积极参加，由村内到村外，由一两个村扩大到几十个村对打。有时双方聚集百十人呐喊助威，场面壮观。对打项目是土块仗还是拳头仗，要事先约定。打土块仗（以土块远距离掷击）时严禁用石块、利器和暗器。再如保安族的射箭、甩抛尕（以两根绳子和盛石子的布窝子组成投掷工具，准者远者胜），打五枪（200 米内，在急驰的马背上连续五次往土枪中装药，引火并进行射击）、抹旗（在马上进行，要求在 100 米内连续做完五次抹旗、挥旗动作）、抱腰等。这些活动一般都在冬季举行，简单易行，引人入胜，具有广泛的群众基础。

花儿。是东乡族和保安族表达自己情感的最主要的民歌形式。东乡族称唱花儿为"端斗拉"，曲词、格式与河州花儿基本一致。保安族的"花儿"也属河州花儿，但和河州花儿相比有两方面的特点：第一，保安花儿声调和衬词突出，故称"保安令"，花儿主词用的是通俗口语化的河州方言，而衬词却使用的是本民族语和撒拉语、藏语等民族的语言词汇；第二，"保安令"颇受蒙古族、藏族民歌影响，主调音域宽广、曲调高亢。不论是东乡族还是保安族，其花儿都以苦歌和情歌居多。即兴而歌的花儿歌手众多，著名的花儿歌手颇受敬重。

四　撒拉族

（一）历史由来

撒拉族是古代西突厥乌古斯部撒鲁尔的后裔，唐代时住在中国境内，后西迁中亚。元代 13 世纪取道撒马尔罕，经长途跋涉迁徙到青海省东部，定居循化地区，与周围汉、藏、回、蒙古等族融合，逐渐形成了一个民族。撒拉族在元代时称"撒拉""撒拉儿"，明时称"沙剌""沙剌簇""撒拉儿"等。

宗教文化。伊斯兰教是撒拉族的全民信仰。各村子里都有礼拜寺。民间文学丰富多彩，民间流传许多传说、故事、神话、寓言等口头文学，歌曲有撒拉曲、宴席曲、"花儿"等。刺绣艺术、建筑艺术也很有名。主要节日有和回族一样的开斋节、古尔邦节、圣纪节三大节日。此外，还有一些撒拉族自己的节日，如轻"拜拉特夜"节、"法蒂玛"节、"盖德尔"节等。

习俗及社会。家家都有果菜园，有中亚风格。同一家族的人都住在同一地域。撒拉族男子头戴无檐白色或黑色六牙帽或小圆帽，外套"白布汗褡青夹夹"，腰系红布带或红绸带，短衣略为宽短，长衣较为狭窄。冬天穿光板羊皮袄或羊毛织缟子，脚着布鞋或用牛皮制成的"洛提"（撒拉语，是一种用牛皮制成的鞋，里面装草取暖）。妇女喜欢色泽艳丽的大襟花衣服，外套黑色坎肩，喜欢佩戴长串耳环、戒指、手镯、串珠等首饰。受伊斯兰教的影响，妇女普遍戴"盖头"。

撒拉族的经济以农业为主，园艺业发达，多数人家都有大小不等的果园。以种小麦、青稞为主，还种荞麦、玉米、马铃薯和各种蔬菜、瓜豆，辣椒和花椒是撒拉族主要聚居区的特产之一。

撒拉族男儿，多以上山伐木、下河扳筏为生。此外，养蜂是撒拉人最喜爱的副业生产，园艺也是他们的特长。

习俗。撒拉族的禁忌有：忌食猪肉、狗肉、驴肉、骡肉和死的畜禽肉及动物的血；严禁在清真寺内及其附近吐痰或携带污浊之物进入清真寺；作礼拜时，他人不得从面前走过；忌在水井、水塘附近洗涤衣物；与人谈话时忌咳嗽和擤鼻涕；在老人面前不能有失礼的行为。

婚俗。在新娘上路之前，女方的家长要用做好的比利买海和上好的茶水招待迎送新娘的客人。看望妇女坐月子，都要带上比利买海，请产妇滋补身体。孩子出满月，主人要拿出核桃、大枣和把薄面片切成正方形或菱形小块，油炸成一种名为"古古麻麻"的食品，散发给来祝贺的客人。撒拉族十分敬重"舅亲"，认为"铁出炉家，人出舅家"。撒拉族男孩到七八岁时，便要接受"割礼"。女孩到八九岁时，就要戴上"盖头"，以示进入成年。完成这两项仪式之后，成年男女便要担负起宗教义务。与此同时，家长们都开始为自己的子女物色对象。到十五六岁时，便都结婚成亲，生儿育女。

撒拉族青年男女婚姻的缔结一般分四个步骤：首先要提亲。男家看中某家闺女时，就请媒人（一般是男的）1—2人向女家致意，如女方父母同意后，再征得闺女本人及亲房叔伯的同意；其次是纳定。获女家同意后，男家择定日期，仍请原媒人向女方家送"定茶"，一般送耳坠一对，衣料一件，茯茶两封，女家接受了定茶即表示正式应允，不再另许别人。早期，女方父母应允后，还要请亲房叔伯们同媒人共吃"油搅团"，吃毕，媒人还要带回一些回复男家，以示永无异论；再次为送彩礼，撒拉语叫"玛勒艾恩得尔"。男方通过媒人，按事先双方言定的数目送，其彩礼的多寡，视男家的经济情况而定。最后是迎娶，由男女双方择定吉日（大都是伊斯兰教的聚礼日，即星期五"主麻日"），请阿訇念"尼卡海"，致结婚训词，婚姻始得正式承认。

婚礼一般在隆冬的黄昏举行。开始新郎及伴郎一行到女家念"尼卡海"时，一般不入家门，只环坐于门外野地或广场上，女方长辈要迎出来给新郎戴上新帽，系上绣花腰带，再由已婚的至亲陪伴，跪在阿訇面前，新娘在房内炕角跪听。念毕，撒核桃、红枣一盘给众人，并散发"古古麻麻"（油炸小面食），女家还要设宴招待迎娶者，迎娶者先回，次日由女方至亲中已婚的两位女眷和其他亲朋好友送新娘至男家。送新娘前，女家要派十多个青年男子，向男家送去陪嫁和妆奁。此时，左邻右舍的男女老少，纷纷赶来，围坐新娘四周，边看姑嫂们给新娘修面整容，梳妆打扮，边听新娘哭"撒赫斯"（相当于其他民族的哭婚调）。至掌灯时分，男方牵来一匹马或骡迎娶新娘，新娘在阿舅和叔伯们的搀扶下，一边退行，一边低头弓腰，哭吟"撒赫斯"，缓缓走出大门，从左至右，绕乘骑一周，并徐徐撒完一把粮食（象征家中五谷丰登，到婆家后生根发芽），从右扶上坐骑，由至亲中已婚的两位妇女陪伴，其他亲朋好友簇拥，浩浩荡荡送去男家。沿途的"女乡"们（与新娘同村而出嫁到别村的）要端出"比粒麻亥"（油搅团）和清茶，热情迎送。至男家门口时，鸣放礼炮，送亲男眷簇拥新娘强行骑马夺门而入，男方则闭门索礼，还要让新娘下马步行入门，你堵我冲，以此一争"胜负"。这一"挤门"习俗，至今还很盛行。进门后，"婿家女眷捧奶茶四杯，同送亲女眷对拜三拜，送亲女眷饮少许，乃同新娘进房，在灶门前应立"片刻，后送入洞房。当晚成亲，次日鸡鸣而起，新婚夫妇各依伊斯兰教进行沐浴，并盛装出门，拜见公婆和长辈，新郎赴女家拜岳父母道安。对送亲者，先以茶食招待，路途远的，当晚分别请到本"阿格乃""孔木散"家去住宿，次日，始摆宴席款待。宴席毕，还要分送"肉份子"，凡女方的至亲远房，不论老少都要分送煮熟的牛、羊肉一份；给新娘的父母至亲要送钱或衣料。随即，由女方一老者说几段"吾热赫苏孜"（婚礼赞词），祝愿新婚夫妇相亲相爱，白头偕老，嘱托亲家对"羽毛未丰、年幼无知"的新娘多加爱护，言传身教。在隆重的婚礼仪式中，女方还要开箱"摆针线"，新娘要给男方家人和叔伯至亲送鞋袜、枕头等。

早先，撒拉人举行婚礼时，还盛行表演"对盖奥依纳"（骆驼戏）的游戏。这种游戏多在庭院月光下进行，它既是一个热闹的文娱节目，同时又借此追溯其先民从中亚迁来的历史。

撒拉族的葬礼，因撒拉族群众信仰伊斯兰教，其葬礼一般按伊斯兰教规定进行，习惯速葬，一律土葬，不用棺椁。当病人危殆时，禁止各种噪声，除至亲骨肉外，他人不得入病房，唯有深明教义者亲侍病人身旁，病人"口唤"（亡故）后，由家人瞑其目，合其颏，理其发须，顺其手足，然后把遗体安放在公用尸盒上，家人围尸哭泣。同时，派人告知远近亲友及本村清真寺阿訇，亲友等至丧家后，向丧主吊唁，进行悲切的"哭丧"，撒拉语叫"牙斯牙格拉"。其内容都是怀念亡人，讲亡人在世时如何勤劳持家，如何待人接物，又如何为人效劳而又赢得大家的尊敬，等等。边哭边说，使送葬的人无不感动得潸然泪下。给亡者净身，撒拉语"苏土特"（抓水），用白布裹其身，谓之"穿开凡"。穿毕，由丧家男亲抬到清真寺或墓地转"非提日"站"知那改"，替亡人祈祷。将"埋依体"轻轻放进坟内偏洞中，用土坯砌好偏洞口，再用土填平其墓，墓穴上砌以若干石块，作为识别的标志。同时，阿訇开始念《古兰经》有关章节，其间，视丧家之条件，施散钱、茶叶、食盐、大柴等实物，参加送葬的人，无论老少都要散到。葬后第三天，丧家要宰羊煮"麦仁饭"，撒拉语叫"高吉尕依纳特"，请亲友和本村老幼共餐，并给他们分送油饼、肉份子。来客则送亡人家若干茯茶、现金等表示慰问，称"宽心"。"麦仁饭"一般在响礼后吃，吃前派几个儿童到村头某一高地或站在房顶或上清真寺唤礼塔去高声呼唤"来吃麦仁饭啊！"闻声处，全村老少都拿着碗筷陆续到丧家，吃毕，还可盛满餐具带回家中，让不能来的人吃，最后，还要派人专门给附近至亲好友送一些。此俗现在仍盛行。亡人生前穿过的衣服、用过的被褥，必须送给舅舅家一份，其余施舍给贫困者，也有送给阿訇的，不能留在家里。亡人"口唤"后的头七、二七、三七、四十天和百天，家人均请阿訇上坟，念"海庭"。撒拉人不但重视老人和成年人的葬仪，而且对小孩或初生婴儿的葬仪也很重视。

撒拉族的民间禁忌大都是从他们所信仰的伊斯兰教来的。概括起来有以下几点：第一，禁食猪肉和自死的动物肉，禁食驴、马、骡、猫等动物肉，禁饮动物的血。不食有病之物和不带"大净"之人宰杀之物。第二，禁忌喝酒、吸烟。第三，严禁无大、小净者手摸《古兰经》或其他经卷。第四，禁止求神问卜、相面算命，严禁赌咒和相信咒语咒术。第五，禁止与三代以内的亲属子女结婚，严禁遗弃子女、虐待妻子。第六，严禁在村子里或家中或男女众人场合唱"花儿""玉尔"等情歌。第七，穆斯林去世不能说"吾力"（死），而说"吾常吾力"或"口唤吾力"；宰牛宰羊，不能说"吾力得尔"（杀），而说"加热"或"则卜海艾提"；穆斯林的遗体，不能说"吾力干克西"（死人），而说"埋依体"或"思尼黑"；"唱歌"不能说"玉尔拉"，而说"唱那"或"奥哈"；等等。

食俗。撒拉族习惯于日食三餐（农忙时根据情况适当加餐），主食以面粉为主。家常品种有花卷、馍馍、馒头、烙饼、面片、拉面、擀面、散饭、搅团等。在一年一度的斋月里，一般都只食早、晚两餐，饭菜比平时丰盛一些。按照伊斯兰教义，撒拉族严禁饮酒，一般在撒拉族的筵席上不备酒，平时更无饮酒的习惯。日常饮料除清茶、奶茶和盖碗茶以外，还常饮麦茶和果叶茶。制作麦茶时，将麦粒炒焙半焦捣碎后，加盐和其他配料，以陶罐熬成，味道酷似咖啡，香甜可口；果叶茶是用晒干后炒成半焦的果树叶子制成，饮用别具风味。典型食品：比粒麻亥，又称"油搅团"，撒拉族传统风味食品，用植物油、面粉制成。

节庆。撒拉人信奉伊斯兰教。主要节日有开斋节、古尔邦节等。最大的传统节日为古尔邦节，每当节日来临，撒拉族都要宴请宾客，煮手抓羊肉，炖鸡肉，做糖包、油炸蛋糕、炸馓子，做"比粒麻亥"（油搅团）、"木丝日"（一种以油、熟面等为馅的包子）和各种烩菜。在民间，婚丧嫁娶都要炸油香、煮麦仁饭，其间凡参与炸油香、煮麦仁饭的妇女必须要"乎斯里"（即沐浴过），未经沐浴或经期妇女，不允许参与这项工作，也不允许到油锅附近去。

袖筒里捏价。袖筒里捏价是撒拉人做买卖时秘密讨价还价的一种方式。在撒拉族地区，做买卖的人并不把物品价格标出来，而是双方都看了货以后，在袖筒里定价格，而且物价可在一定的数字之内浮动。这种不用语言而在袖筒里捏指头谈价钱的做法，其目的是加强隐秘性，以免旁人听见。撒拉人袖筒里捏价，一般捏住食指表示一、十、一百、一千、一万；捏住食、中二指，表示二、二十、二百、二千、二万；再加无名指表示三、三十、三百、三千、三万；再加上小指表示四、四十、四万、四千、四万；捏住五指表示五、五十、五百、五千、五万；捏住拇指与小指表示六、六十、六百、六千、六万；捏住拇指、食指与中指表示七、七十、七百、七千、七万；拇指与食指展开表示八、八十、八百、八千、八万；食指捏弯表示九、九十、九百、九千、九万。双方讨价还价时，往往手在袖筒里活动，而嘴中只说："这个价，怎么样？"直捏到双方合适为止。若双方捏的数字差距较大，就各自作罢，另觅交易对象。过去，撒拉人冬穿皮袄，夏穿"衤冬"（长衫），袖子长且宽，在袖筒里讨价比较方便。随着经济生活的发展，撒拉人的穿着逐渐改为制服或西服。即使有人穿传统的皮袄，其袖子也不是太宽了。所以，今天不少撒拉人捏价改在及襟、羊皮袄下，如专事羊皮买卖的，将羊皮往手上一盖，即进行交易。这种较古老的捏价方式，在青海省的几个民族及西北一些地区还非常流行。

饶有趣味的踢毽子。撒拉族民间体育活动很多，踢毽子是其中之一，为男女青少年普遍喜爱。撒拉族的毽子做法是：先准备一枚清代铜钱，然后用一块布片裹住铜钱，将布头从钱孔中翻穿上来，再拿几根鸡毛穿在钱孔中，用布头包好，拿线捆紧即可。还有一种做法是：将一块铜钱大小的石头用布包好，再剪一些鸡尾上的羽毛根，长约 0.5 厘米，把一头拆开，将其牢牢缝在包有石块的布中间，然后在另一头塞满鸡毛，公鸡毛最好，但忌用鸡腰子上的毛。民间传说用了以后家里的锅底会穿孔。撒拉族踢毽子的方式很多，难度大。最有代表性的是一种技巧踢法。届时，先用猜手背的方法分开甲乙两队，然后各队施展各种技巧踢毽，按踢的时间长短分胜负。撒拉人踢毽子的技巧令人叹服，有的在大腿上踢，有的用脚向里摆或向外摆踢，有的是用左右脚分别从身子的后面踢上来。在林边空地上，打麦场，闲暇时到处都可以见到撒拉族男女青少年踢毽子，女孩尤喜此游戏。它可以锻炼身体各部的灵活性，舒展肌肉，活动腿脚，既像舞蹈，又似技巧表演。

民间乐器——"口细"和"宰靠"。"口细"是撒拉族保存至今的民间乐器，长不到 0.5 厘米，重不到 0.05 克，小巧玲珑，在各种乐器中可能是体积最小的一种。"口细"的制作并不复杂：将一火柴杆粗的细铜（或白银）制成马蹄形状，中嵌一片极薄极细的黄铜片，尖端弯曲。含入口中靠舌尖拨动或夹在牙缝用指弹拨发音，以收敛嘴唇的大小和吹气的强弱调节音量、掌握音符。其音量极弱，即使隔门都很难听见。音符起伏、跳动也不太大，但听起来却十分悠扬缠绵，如泣如诉，动人心弦。"口细"是撒拉族人民十分喜爱的一种乐器。尤其是妇女更是爱不释手。在过去，由于封建礼教的禁锢，撒拉人特别是妇女弹唱歌舞被视为非法，唯独吹弹"口细"不受任何制约，并颂其美。民间对此有着这样的传说：相传，先知穆罕默德的外孙哈三、胡才，双双阵亡于沙场，其母法蒂玛（先知的独生女）悲伤至极，哭得嗓子哑了，泪水干了，便以"口细"代替，倾诉失子之痛。所以，撒拉人吹弹"口细"非但不忌，反当"圣行"而遵行。过去，撒拉族男人们常因徭役支差、扳筏经商、从戎出征而远离家乡，妇女们牵肠挂肚，惦念不已。每当深夜人静，妇女们便三五成群，不约而同相聚一起，尽情吹弹"口细"，使满腔的忧愁、焦虑、思念一泻而出。随着岁月的推移，"口细"成为人们随身携带，聊以自慰的伴侣。它以其悦耳动听的音质，倾诉着撒拉人的喜怒哀乐。今天，"口细"还是青年男女们倾吐爱慕之情的主要媒介之一。"宰靠"（笛子）在撒拉族地区称"敲尔"。其制作方法是：用一把黏性强的红泥土捏成两块喇叭花状的凹片黏在一起。再在合缝处掏一小孔，用以吹气，两边各掏几个按指音符的小眼，晾干即可吹奏。"宰靠"音量大，不亚于竹笛，音质高亢、嘹亮、悠扬、清脆，多为男青少年所吹奏。特别是在野外牧羊、田间劳作休息时，高昂嘹亮的"宰靠"声往往使人浮想联翩，精神为之一振。今天，撒拉族人民用这别具风格的民间乐器歌颂幸福的生活和未来。

优美动听的撒拉曲。撒拉曲是撒拉族民间演唱的主要艺术形式，多用本民族语言演唱，亦有用汉语演唱的。撒拉曲格调优美、旋律动人、节奏明快、比喻贴切，有着深隽的意境及和谐的声韵，深为广大撒拉族人民喜闻乐见。

"玉尔"（情歌）是撒拉曲的一种，实际上是撒拉人用本民族语言演唱的一种传统情歌。从前，由于封建礼教的禁锢，"玉尔"只能在田间、野外、磨房等背人处唱，"玉尔"集中地反映了撒拉族青年男女对婚姻自由和幸福生活的追求，其表现手法中，大量运用了民歌中的比兴。借物咏情，借物喻人。"玉尔"又多以四、六、八句较多，每句又以五字居多，外加衬词，其节奏短促而明快，旋律奔放且激昂。在语言上，"玉尔"歌词优美，寓意深刻。"玉尔"中影响较大的有《巴西古溜溜》、《撒拉赛巴祭》、《皇上阿吾尔》及《艳姑居固毛》等。撒拉"花儿"是撒拉曲中的又一朵奇葩，它吸取了回族宴席曲、藏族民歌、汉族俚歌小曲的精华，形成了自己独特的风格。其特点是：音调高昂嘹亮，婉转悠扬，长于抒情。节奏自由而不松散，再加上用撒拉语作衬句，更显得独树一帜，别有韵味，成了撒拉族文学艺术的主要组成部分。"哈依勒"（号子）是撒拉曲的又一种形式。它是撒拉族人民集体劳动时喊唱的劳动号子。其语言朴素简单，旋律顿挫明快，节奏感较强，撒拉族人民进行拔草、打碾、打墙、伐木、运木、打场等集体劳动时，都有各自的号子。抒发了撒拉族人民热爱劳动、热爱生活的激情，起到了鼓干劲、助兴致、提高劳动效率的作用。较为著名的有《伐木号子》、《打场号子》、《打墙号子》等。撒拉族热情好客，讲究礼节，彼此之间，要互道"色兰"（安宁的意思）问安。

文艺与宗教。撒拉族有丰富多彩、独具一格的文学艺术。民间流传着许多传说、故事、神话、寓言等口头文学，以及撒拉曲、宴席曲、"花儿"等歌曲。中华人民共和国成立以来，已对这些宝贵的民族文化进行发掘整理。撒拉族人民信仰伊斯兰教。宗教对他们的风俗习惯和文化有很大影响。中华人民共和国成立前，教派较多，虽然曾有老教、老新教、新教、新新教之分，但是在基本信仰上并无不同，只是对教义、教律有不同解释或仅礼仪细节稍有差异。封建统治阶级常利用这些不同教派，挑起不同教派群众间的纠纷以至械斗，给劳动人民造成了很大灾难。

节日、礼仪食俗。撒拉族最大的传统节日为古尔邦节，每当节日来临，撒拉族都要宴请宾客，煮手抓羊肉、炖鸡肉、做糖包、油炸蛋糕、炸馓子，做"比粒麻亥"（油搅团）、"木丝日"（一种以油、熟面等为馅的包子）和各种烩菜。在民间，婚丧嫁娶都要炸油香、煮麦仁饭，其间凡参与炸油香、煮麦仁饭的妇女必须要"乎斯里"（即沐浴过），未经沐浴或经期妇女，不允许参与这项工作，也不允许到油锅附近去。孩子出满月，主人要拿出核桃、大枣和把薄面片切成正方形或菱形小块油炸成一种名为"古古麻麻"的食品，散发给来祝贺的客人。亲友之间往来，一般要相互馈赠锅馍、酥盘（一种类似大馒头的蒸馍）、比利买海等。尤其看望妇女坐月子，都要带上比利买海，请产妇滋补身体。在新娘上路之前，女方的家长要用做好的比利买海和上好的茶水招待迎送新娘的客人。有些地方吃比利买海的方法与维吾尔族吃抓饭的方法一样，用三个手指捏拢抓食。一般在为亡人祈祷时煮麦仁饭。即先将小麦去皮，然后同羊（或牛）杂碎及少许的豌豆、蚕豆放入大锅里长时间地熬煮，熟后再拌一些面粉，调以盐、花椒粉等各种调味品，成为一种像粥似的饭。在食用前，要请全村的男女老少自带碗筷而来，先男人，后妇女，席地而坐，随来随吃，因故不能来的也可让别人带回去。

第二节　宗教文化

陇右地区是宗教文化发达的地区，佛教、道教、伊斯兰教、基督教、天主教都有广泛传播。其中佛教、道教、伊斯兰教影响最大。

一　佛教

佛教是在两汉之际经西域传入中国的，东汉末年，传播速度加快。

《后汉书·朱穆传》描述汉末吏治腐败情形是："……公赋既重，私敛又深。牧守长吏，多非德选；贪聚无厌，遇人如虏。或绝命于箠楚之下，或自贼于迫切之求。"与此同时，水旱虫蝗风雹等自然灾害接连不断，"百姓荒馑，流离道路"，"饥死者，什四五，至有灭亡者"，甚至"人相食"。

这种社会现实给宗教发展提供了土壤，尤其是东汉末年的黄巾大起义被镇压，出现军阀割据混战局面以后。初平元年（公元 190 年），关东州郡起兵讨伐董卓，董卓挟天子迁都长安，强迫"洛阳人数百万口"同行，一路上"步骑驱蹙，更相蹈藉，饥饿寇掠，积尸盈路……悉烧宫庙官府居家，二百里内无复孑遗"（《后汉书·董卓传》）。人祸横流，伴之以天灾迭起。兴平元年（公元 194 年）地震，三辅大旱，"是岁谷一斛五十万，豆麦一斛二十万，人相食"；建安二年（公元 197 年），发生蝗灾，汉水泛滥，"是岁饥，江淮间民相食"；建安二十二年（公元 217 年），发生世界历史上有名的大瘟疫。曹植《说疫气》"建安二十二年疠气流行，家家有僵尸之痛，室室有号泣之哀，或阖门而殪，或复族而丧，……夫罹此者，悉被褐茹藿之子，荆室蓬户之人耳；若夫殿处鼎食之家，重貂累蓐之门，若是者鲜焉"（《全三国文》卷十八）。

　　就是这样一个多灾多难的战乱时代，为佛教传播提供了良好条件。佛教关于人生无常、充满痛苦的说教和因果报应的宿命论理论，适应了人们的悲观情绪；而且佛教在精神领域内的所谓彼岸世界光明自在的境界，为人们在现实苦难中苟延残喘地生活下去提供一种精神慰藉。因此，许多人被佛教宣传所吸引，成为佛教信徒。另外，儒家统治地位的动摇和思想文化的活跃，使佛教思想的传播有了空隙。南北朝隋唐时期是佛教中国化的时期。

　　由于佛教最早是从西域传入中国，经丝绸之路进入内地的，陇右地区是丝路上的重要通道，所以陇右地区是最早接触佛教和信仰、传播佛教的地区。十六国时期，后赵政权的统治者石虎奢侈残暴，严刑酷法，滥杀无辜。正如《晋书》所说："穷骄极侈，劳役繁兴，畚锸相寻，干戈不息，刑政严酷，动见诛夷，慄慄遗黎，求哀无地……"（《石季龙载记》）使社会生产遭到极大破坏，引起人民的反抗。咸康三年（337 年），安定（今甘肃泾川北）人侯子光，"自称佛太子，从大秦国来，当王小秦国"（《晋书》卷 106《石季龙载记》），可见佛教在陇右地区已有一定的影响。北朝时期佛教在陇右的发展速度相当快，这种势头一直延续到唐代。唐朝以后，虽然情况有所变化，但它依然继续发展。

　　陇右地区的甘谷县，东汉末年，佛教已经传入。新兴镇头甲村汉墓中发现的东汉佛教圣树扶桑为传教信物。北魏时佛教已得到发展，大象山出土的北魏早期石刻佛像两尊、西魏石刻佛像两尊，就是佛教兴盛的见证。至唐代，佛事活动更盛。北宋嘉祐三年（1058 年）重修大象山佛像。经宋、元、明数百年的传播，佛教活动已遍及全县，境内寺院多达 100 余座，大部分寺院内有住持。明天启七年（1627 年），陕西西安府乾州人冉效仲在秦州兰峪寺出家，法名真五，后在伏羌县显庆寺造刻版，印施《金刚》《弥陀》《观音》《孔雀》《地藏》《三官》等经六种，清同治二年（1863 年）经版移于蔡家寺藏经楼。清代信徒多集中于报恩寺。康熙十三年（1674 年），寺内僧人临济正宗十三世紫光和尚圆寂于大象山。道光三十年（1850 年），亮江寺僧人李遁正，精勤佛事，熟读经典，曾先后于亮江寺和磐安报恩寺放戒两次，后坐化。民国初年，伏羌县城有东西两禅院，是当时佛教集中活动点。

庆阳市在历史上曾一度寺院林立，刹钟互闻，香火缭绕，僧徒云集，诵经念佛，极为兴盛。十六国后赵时期佛教就逐渐传入。从北魏时起，区内陆续修起了一些禅院、寺院，开凿了石窟，雕凿了石质佛像。较大的石窟有庆阳县董志乡北石窟寺、合水保全寺等。在《庆阳县志》中留下了"历代一百二十寺，多少楼台烟雨中"的记述。华池县有各代修建的寺庙百余处，宁县、镇原、合水、环县、正宁也有众多的佛寺。到了明清之际，逐渐转衰。寺院中佛门弟子的佛事活动主要有忏法、水陆法会、盂兰盆会、瑜伽焰口等。

佛教在北魏时期已经传入泾川。泾河两岸的南石窟、王母宫石窟，罗汉洞乡丈八寺、罗汉洞石窟，泾明乡太山寺石窟，均建于北魏时期。高峰寺、水泉寺、东高寺、白马寺、哈家寺，居住尼姑的东庵、袁家庵等，均建于北魏和唐宋年间。其中南石窟寺在全国众多石窟中别具一格，为佛教石窟艺术遗存之精华。

北道境内东晋时期佛教已有发展。东晋元帝司马睿（317—322年）赐名今麦积山瑞应寺为"无忧寺"，有僧人居住。北魏前后，佛教大兴，著名高僧昙弘、玄高在麦积山弘扬佛法，有徒300多名，长安及陇右名僧慕名云集山寺。西魏文帝元宝炬皇后乙弗氏出家后亦到秦州。后佛寺时兴时废，但信仰者连续不断。明清时，境内修建不少佛寺，住有和尚（又称大僧）、尼姑（又称二僧）、比丘、沙弥等。但大多数教徒分布在乡村，农耕为业，称居士。每逢释迦牟尼出家（二月初八）、释迦牟尼诞辰（四月初八）之日，聚集诵经。

二　道教

道教是中国本土的宗教，约与佛教同时，但道教的发展始终没能赶上佛教，即使在唐朝统治者特别恩宠的情况下，唐代道教的信徒人数和天下道观的数量也只有佛教的二十分之一。由于汉末黄巾大起义打过道教的旗帜，起义失败后，统治阶层心存戒心，很长时期对道教不信任。南北朝时期，北朝道教经过寇谦之的改造，南朝道教经过葛洪、陆修静、陶弘景的改造，得到当时帝王贵族统治者的支持，跻身社会上层。道教徒为了迎合帝王和世袭特权贵族阶层精神生活和肉体生活的需求，向他们推销养生、服食、炼丹、房中等内容。唐朝统治者大力推崇道教。北宋从真宗开始崇奉道教，用道教麻痹人民，陶醉自己，借以遮盖北方强邻压境造成的耻辱①。明代中叶，帝王迷信道教，妄图成仙。明中叶以后，国力衰竭，内忧外患，朝廷自顾不暇，对道教不能从财力上支持。而清朝统治者承袭了萨满教传统，对道教不感兴趣。道教发展在上层社会受阻，势力转入民间，转变成秘密宗教团体。

陇右地区在曹魏统治时期，由于割据汉中的道教的一支、五斗米道首领张鲁投降曹操，汉中信奉五斗米道的百姓大量北迁，"内徙者亦万余家，散居陇右诸郡及三辅、宏农"。十六国时期，由于统治者大多信奉佛教，陇右道教并没有太多发展。到南北朝时期，由于北朝统治者对道教的信仰和扶持，道教在北方发展起来，陇右地区的道教也发展很快。唐宋时期，更是陇右道教发展的黄金时期。

泾川道教历史悠久。坐落在县城西面的王母宫，相传建于西汉元封年间，历代多次扩建，成为著名的道教圣地。每年夏历三月二十日前后，全县道人聚集，焚香念经，各方游方道士也慕名而来。丰台、玉都道教徒，于贞观年间就在平凉崆峒修建问道宫。

庆阳市北魏时期就有道教传播。北魏太武帝拓跋焘奉道教为国教，兴道灭佛，在北方大力推行道教，一时道教盛行。历经西魏、北周、隋朝，从唐代至明中叶，区内道教宫观众多，香火旺盛。主要有建于唐开元二十三年（735 年）的正宁县罗川通圣观，宋真宗时改为承天观。庆阳县建有佑德观；镇原县建天庆观，城东建东岳庙，城西建王母宫。明代环县兴隆山建有真武庙；庆阳建有玄武庙、孙真人祠；宁县建有梁公祠。清代宁县有著名的道人乔真人。道教宫观、庙宇中的道士、道徒的宗教活动有整理《道藏》，念诵《道德经》、《玉皇经》、《清静经》等道家经书，修炼道功、道术，科仪斋醮，符箓禁咒，禳灾求福，做道场和研究部分医学等活动；以给民间做度亡道场和宫观"香火"以及庙产、香会、布施为主要生活来源，少数游方道士以行医治病，卖草药或卜筮观相维持生计。

道教在甘谷兴起较早，到元代已很兴盛。至正元年（1341 年）兴建黑潭寺、尖山寺。明万历四十八年（1620 年）兴建伏羲殿、无量殿、财

---

① 王元海、黎美洋、陶华举：《旅游宗教文化》，四川大学出版社 2005 年版，152 页。

神庙（城内北街，已毁），均为道教活动中心。

传说东汉道教创立时，麦积石门山就有云游道士居住。又传仙人崖也早有道徒，并得道"成仙"，故称仙人崖。由于道教以其较神秘的神仙方术、古代巫术及阴阳五行等作为传教内容，入教者要具备一定学识，大多数人可望而不可即，故境内教徒不多。明、清时，建成一批宫观，多有道士居住，赖庙产生活。出家的，属教派中全真道。另一派正一道在家"修行"，多在民间办所谓"超度亡魂"等活动。现活动方式多在所敬奉偶像诞辰日进行，如逢玉皇大帝诞辰（正月初九）、丘真人诞辰（正月十九）、太上老君诞辰（二月十五）、王母娘娘诞辰（三月初三）、张天师诞辰（三月十五）均集会念经，平时在乡间也搞"驱病消灾"等活动。

三　伊斯兰教

伊斯兰教是随着大食人及信奉该教的波斯等中亚人在唐朝时期进入中国的。唐末五代时期，由于黄河流域战事频仍，伊斯兰教的重心南移。宋代，中国伊斯兰教有了初步发展，它的载体彻底摆脱了侨民宗教的属性。中国西部地区、中原一带、沿海城市以及海南岛等地都有数量可观的穆斯林集居。元代中国伊斯兰教已有了专职教务人员阶层。中国内地伊斯兰教同阿拉伯和中亚地区伊斯兰教发生直接关系，连成一线。伊斯兰教呈现出空前的辉煌。由于蒙古军队先后灭掉了西辽、西夏和金，中国西部边界完全处于开放状态，同中亚伊斯兰世界联成一片。许多阿拉伯人和信仰伊斯兰教的中亚人纷纷东来中国。西北的沙州（敦煌）、肃州（酒泉）、甘州（张掖）、凉州（武威）等地，均有大量的穆斯林居住。明代中国穆斯林同外界，特别是同伊斯兰世界的联系切断，中国伊斯兰教处于孤立发展中，使其更具有中国特色。也就是在这种历史背景中，回回民族形成了。由于回族的形成，中国伊斯兰教在内地有了一个坚实的社会性的载体，在中国大社会中出现了一个穆斯林小社会。清代中国伊斯兰教义学形成。陇右地区是回族聚居的地区，也是信仰伊斯兰教发达的地区。

公元七世纪中叶，伊斯兰教传入甘肃，元明时期，大批穆斯林进入甘肃，当时伏羌有回民2万多人，信奉伊斯兰教，分布伏羌全县，回汉杂居，城区有清真寺多处，是回民传教和学习阿文经典的中心。清乾隆五年（1740年）及道光二十九年（1849年），有回民聚众讲经、礼拜之事。至清代后期，回民多次起义均失败，尔后，全部迁徙外地，甘谷县再无伊斯兰教活动。

回族全民信仰伊斯兰教，故回族进入张家川之初，即伊斯兰教传入张家川之始。据《陇州续志》（清乾隆版）载："北宋仁宗时（1023—1063年），西域回鹘人中，就有因与汉人贸易而迁入秦陇山区者。"这时，秦陇山区已有信仰伊斯兰教的大食、维吾尔等商人活动的足迹。自蒙古太祖以后，大批信仰伊斯兰教的中亚、波斯和阿拉伯人被征调东迁，形成了元时回族遍天下，留甘肃省者居多的局面。随着蒙古军西征，东西方交通开通，许多伊斯兰教商人也来中国经商。陆深在《溪山余话》中说："迄明末清初，西起瓜（安西）、沙（敦煌），东至环、庆，北抵银、夏，南及洮（临潭）、岷（岷县），所谓甘回及东干回之踪迹，已无处无之。"元明时期，各地商贾，包括波斯、阿拉伯人，在陇南各地经商，多有留居不归者，冠汉姓，娶汉女，成家落户，成为信仰伊斯兰教的回族。从这时起，伊斯兰教传入张家川，与此同时，形成了一整套教坊制度。明清时，教坊制度趋于完善，成为内地格底目主要宗教制度之一。教坊是以清真寺为中心建立的互不隶属的地域性宗教组织，凡有十几户、几十户或数百户穆斯林的居住区，即可建立清真寺，择聘阿訇主持教务。在寺内从事宗教活动的教徒，要尽义务，受管制。清穆宗同治年间（1862—1874年），西北回民反清起义失败后，左宗棠把回民军约4.5万人安置到张家川地区，成为陇右穆斯林主要聚居区之一。穆斯林经堂教育随之发展起来。民国时期，张家川地区的伊斯兰教比较兴盛，经堂教育发展较快，从事宗教职业者较多，重建和新建的清真寺达300余处。讲经论道的学术气氛浓厚，培养造就了一批著名阿訇。

庆阳市在元代就逐渐传入伊斯兰教。清代和民国时期在今庆阳县西峰和镇原、宁县、环县、正宁等地居住有上千名信仰伊斯兰教的回族教徒。区内清真寺一般为礼拜堂、经堂、净身沐浴的水堂"三堂合一"的组合建筑。伊斯兰教徒在清真寺举行宗教活动，传授宗教知识，也开展一些其他社会活动。清真寺开设有经堂，招收满拉，主讲伊斯兰经籍，培养宗教职业者，协商和解决一坊事务，调节民事纠纷等。

元末明初，有零星回族居民迁入麦积境内。由于回族居民都信仰伊斯兰教，故为传入之始。后至明末，秦州城（今秦州区）一批回族居民迁马跑泉南巷子，境内始有较集中居住的伊斯兰教徒。清乾隆三年（1738年），马跑泉建清真寺。同治年间（1862—1874年），秦州城一批回族居民为避战乱，迁往利桥，光绪十三年（1887年）建清真寺。光绪十七年（1891年），马跑泉重建清真寺，分前后两院，其中有中式大礼拜教堂。清末，党川、吴砦也从张家川等地迁入回族居民。

甘肃泾川在清朝同治以前，回民很少，信奉伊斯兰教。同治九年（1870年）西北回族反清斗争失败以后，有89户陕籍回民来泾落户。朱家湾、寨子洼两个清真寺建于同治年间。

四　基督教、天主教

唐太宗贞观九年（635年），基督教的一支聂斯托里派即景教从波斯传入中国，这是基督教传入中国的开端。由于唐太宗、唐高宗的提倡，景教在全国传播开来，可谓盛极一时。但景教的盛况仅昙花一现，到唐朝晚期，它的地位急转直下。唐武宗会昌五年（845年），下令废止佛教，勒令僧尼还俗。景教是外来宗教，也受到牵连，景教寺院被废弃，教士2 000余人被逐。直到元朝建立后，基督教才再次入华。当时，人们把在华的基督教各派统称为"也里可温教"。也里可温教信徒多半是蒙古人和迁居内地的中亚人，随着元朝政权的倾覆，基督教在中国的传播中断。在中断两个世纪后的明末清初，基督教在我国第三次传播。

1245年4月，教皇英诺森四世派遣方济各会教士柏朗嘉宾来华。1246年夏，他到达和林，企图劝说蒙古大汗皈依天主教。1294年（至元三十一年），罗马教皇又派特使来到元朝首都汗八里（即今北京），不久，获准在北京传教，先后建教堂3座。当时，在北京受洗入天主教者达6 000人之多，元朝政府还专门成立了管理基督教事务的机构——"钱福司"。明朝末年，宫廷贵族中受洗入教者多达500人左右，在全国各阶层中已有天主教徒3万多人。清兵入关后，天主教势力仍继续发展。顺治七年（1650年），皇帝赐金千两，在北京宣武门内建立天主堂1座。康熙年间，天主教在我国已初具规模，最盛时教徒人数发展到30万人左右。

乾隆二十二年，清廷实行闭关政策。从此时起直至鸦片战争的一个世纪间，清朝对洋教一般采取严格取缔的方针，所以基督教在中国的传播又一度进入衰落时期。鸦片战争以后，在不平等条约牵制下，清政府被迫取消传教禁令，洋教士蜂拥而入，教会势力迅速膨胀起来，基督教在中国的传播进入了第四个时期。

基督教和天主教在陇右地区的传播是在清朝末年出现的。清光绪二十一年（1895年）基督教传入泾川县。先来布教的是澳大利亚牧师克林柏及瑞典女教士林维贞、唐紫贞。后有挪威籍牧师吉立德，瑞典籍牧师王伦峰、传教士周有年，美籍特使葛留编夫妇，在县城西关创办传教点，加入者有孙正林一家5人。光绪三十一年至民国四年（1905至1915年），在县城学院街修建礼拜堂1处，房屋100多间，并开办男女初级小学各1处。民国八年（1919年）后，相继在荔堡、窑店、高平等地建立分堂7处。庆阳市在民国元年（1912年），美国传教士皮安礼（女）、美国牧师齐德、瑞典传教士魏树楼（女）来西峰传教并发展教徒，于民国八年（1919年）开始建了西峰基督教堂，有教徒300多人，以后又逐步扩建。清光绪二十一年（1895年），西北基督教内地会派戴、刘二教士来伏羌传教。二十五年（1899年），在城内东街购买土地，建造"福音堂"。二十七年（1901年），成立了西北基督教联合会伏羌教会。三十二年（1906年），英国传教士任守谦来伏羌传教，建教堂，发展教徒，选送教徒吴杰天、卢恒山、巩守仁、刘基赴兰入华英中学（教会办）读书，继而到博德恩医院学习西医，民国十八年（1929年）毕业后回县。他们以师带徒，行医传教，教徒随之增多。麦积在清光绪年间，秦州北乡张家石滩（今渭南乡柳滩、马营村）张尊三结识英国传教士马殿成（臣），并加入基督教。接着，张尊三在本村及邻近的吴家庄发展教徒30多人。光绪二十六年（1900年），吴家庄教徒捐土地、木料和砖瓦，自建教堂4间。教堂由长老主持，长老由教徒推选。其后，马殿成及英国、美国牧师常到吴家庄传教。光绪三十二年，英国牧师李春雷（一说为美国牧师）到街子发展教徒。民国二年（1913年），英国牧师丁炳乾到甘泉寺传教，典租民房作活动点，民国七年又在甘泉寺下街购1处院落、15间瓦房为教堂。民国八年，吴家庄教堂扩建，教徒捐木料，烧砖瓦，投劳力，次年建起6间大厅，可容200名教徒活动。民国十一年，吴家庄教堂兴办初级小学校，办学经费或教会支持，或教徒捐助（民国三十一年村办小学开学后停办）。

天主教于清光绪二十一年（1895年）由在庆阳三十里铺、麻岭传教的比利时人杨森、施德麦、黛开传入。以后陆续传教的有德籍传教士德范，西班牙传教士贾得胜、苏我民、卫理化、洪理林、曹治广、薛乐达、梁奇峰、姚大舟、王远志（甘肃徽县人）、李菁雷（陕西宝鸡人）等。最初，他们购买 30 间房子作教堂。民国时期又扩建房屋 80 多间，并在玉都、丰台、党原和丰台五冢庙、泾明井沟门等地建立分堂，在县城开办初级小学、孤儿院、公教诊疗所各 1 处，在玉都镇开办初级小学、公教诊疗所各 1 处。解放前夕，全县有教徒 580 人。1798 年，镇原县慕惠受洗为天主教徒，天主教开始流传庆阳市。清同治三年（1864 年）比利时神父在庆阳广福镇建起了区内第一座天主教堂。清光绪十年（1884 年），甘谷县人赵发昌、张发荣、黄洋洋 3 人在兰州天主教总堂洗礼入教。随后 3 人和外国神父周洪道（荷兰）、罗默尔（荷兰）来到伏羌，来往于城乡各地，讲经布道，发展教徒 70 余人。光绪二十四年（1899 年）至民国七年（1918 年），先后在北关山货市购买土地兴建教堂。后有周洪道、罗默尔、胡默尔（比利时）等神父相继负责伏羌天主教事务。此后，各乡镇分堂开始建立。光绪三十年（1904 年），成立磐安镇天主堂，韩清真为神父。光绪三十二年（1906 年），成立安远镇天主教堂，赵经农为神父。民国三年（1914 年），马维乾、陈惠民为陇南教区神父，常来伏羌传教。民国十一年（1922 年），继由方济各会的德籍神父牧默德、薄理格、严秉惠，美籍神父卢多福和克泰，奥地利籍神父德达尔和四位修女往返伏羌传教。民国十二年（1923 年），成立渭阳镇天主堂，牧默德为神父。民国十六年（1927 年）至民国十八年（1929 年），分别成立杨家沟天主堂、土桥天主堂和金山天主堂，由陈惠民全盘负责 3 个分堂事务，并兼理山货市天主堂房舍和礼拜堂的修建。民国二十二年（1933 年），陈出国游学，由严秉惠负责甘谷天主堂事务。民国二十六年（1937 年），陈游学回国，复来甘谷。民国三十五年（1946 年），成立谢家坪天主堂，耿光伯为神父。至此，甘谷天主堂有常住神父 2 人，全县教徒 400 余人。新中国成立前夕，清水神父刘清杰，陕西扶风神父周维道等曾来甘谷天主教堂主持事务。修女赵明德（成县人）、盛玉德（秦安人）主管医药部，备有进口常用药物，面向大众，治疗疾病，不论教徒与否，一视同仁，特别困难者免费。麦积在清光绪二十九年（1903 年），武威籍神父马维乾，比利时神父方慎行先后到北乡熊集寨（今渭南镇）传教，方慎行还典租民房作教堂，境

内始有天主教。后渐扩及甘泉寺、马跑泉、石佛、沿河城（今新阳乡）
等地。宣统二年（1910年），比利时另一神父高方力在甘泉寺兴建教堂。
民国二年（1913年），比利时神父杜依克主持在熊集寨建简易教堂。民国
九年大地震，熊集寨、甘泉寺教堂曾出资赈济。民国十年，高方力主持扩
建甘泉寺教堂，建成教堂5间、经堂等房舍数十间。民国十二年，美国神
父艾嘉道在熊集寨建新教堂。民国十四年，德国神父李保灵在熊集寨再筹
建大教堂，两年后建成8间大教堂及5院30余间房子。此外，民国十四
年在沿河城，民国二十年在石佛镇，民国二十四年在马跑泉亦建起教堂。
以马跑泉教堂最大，有42间房屋，为德国神父和开泰主持修建。5个教
堂均隶设在县城（今秦州区）的总教堂，共有教徒2 000余人，其中马跑
泉教堂1 000余人，甘泉寺教堂357人，其余3处各100—200人。教堂均
住外国或国内神父，或者修女。每逢星期日，教徒齐聚教堂读《圣经》，
唱圣歌，听神父讲道。圣诞节（12月25日）、复活节（春分节后月圆第
一个星期日）、神圣降灵日（复活节后50天）、圣母升天节（8月15日）
举行较大活动。为便于教徒活动，马跑泉教堂在北道埠、社棠镇、二十里
铺、吴砦，熊集寨教堂在张家石滩、牛家村，甘泉寺教堂在崖湾、屈家
坪、阳湾、孟家山、贾家河、街子镇、伯阳，石佛教堂在杨家岘设分堂。
各教堂设小学，由教堂出资创办，主要招收当地教徒家庭儿童入学，讲授
自然常识等。马跑泉、甘泉寺教堂还设公教诊所，用西药治病。民国十八
年，境内发生饥荒时，教堂曾赈济饥民。熊集寨教堂还引进新品种苹果、
葡萄、杏等果树在教堂园子栽植。

　　各种宗教在陇右地区的发展与各个时期中国宗教的发展相始终，共
兴衰。当然，宗教发展的原因是复杂多样的。既有统治阶级的提倡，又
有民间群众的信仰，还有宗教教义自身因素，更有国际关系变化的影
响。如佛教在汉末进入中国，正好迎合了当时广大的老百姓身受种种苦
难，急需解脱这样一种精神需求。而它在南北朝隋唐时期的发展，又与
统治阶级的大力提倡分不开。道教之所以在统治阶级上层得到发展，是
由于它的教义、信仰方式适应了统治者求长生、享富贵的愿望。基督
教、天主教在鸦片战争以后进入中国，体现出这个时期中国在国际关系
中的弱势地位。就陇右地区的宗教而言，它发展的地域色彩也是相当明
显的。如佛教，它从印度传入中国，就当时的交通条件来说，必然是沿

着丝绸之路进来，所以陇右地区就成为传入较早的地区之一。道教是三国魏时期随着道教徒从四川、汉中迁徙而进入陇右的。伊斯兰教也是随着回族的迁移进入陇右地区。

第 九 章

古文化

第一节 远古文化

陇右处于我国腹心地带，在远古的旧石器、新石器时代及铜石并用时代，河谷纵横交错，气候温暖湿润，非常适于人类生存与繁衍。在优越的自然条件下，陇右远古土著居民创造并取得了具有较高发展水平和鲜明地域特色的文化成就，如石器制造、彩陶艺术、建筑技艺以及农业培植等，其中许多方面代表了中华远古文明的发展方向，因而在中国原始文化史和早期文明史上占有重要的地位。

一 陇右文化的起源

就目前所知资料，陇右至少在十多万年前就有人类进行生产活动。有了人类，就开始有了文化。旧石器时代的陇右土著居民，主要经营着狩猎和采集经济，社会组织逐渐向血缘婚姻家庭过渡，父母子女之间的婚姻关系已逐渐被禁止，而实行按辈数区分的、只限于同辈兄弟姊妹之间的婚姻关系。这种婚姻关系适合了当时社会组织和生产力的发展趋势，因而旧石器时代的陇右与中华大地上其他远古文化一样，也留下了丰富的文化遗存，取得了多彩的文化成就。

陇右旧石器时代的文化遗址主要在庆阳市，新发现的有镇原县姜家湾、寺沟口、黑土梁、环县楼房子、刘家岔，庆阳县巨家原，泾川县的南峪沟、桃山嘴，庄浪的南湖双堡子、朱家店等处。这些遗址的发掘，初步体现了陇右远古居民所创造的文化成就。

首先，学会了制造和使用石器，掌握了制造石器的方法。在早期，距今约20万年的镇原姜家湾和寺沟口两处遗存就出土了丰富的生活和生产器物，如砍砸器、刮削器、尖状器、球形石、石核石片及有敲砸痕迹的砾石。石器制造方法以锤击法为主，也采用了砸击法。所有石器第一步加工都较粗糙，虽较原始，但呈多样化，且表明以狩猎经济为主。到晚期，人们有了更丰富的劳动经验和技能，劳动工具得到进步。改进了打击和修制石器的方法，如在环县楼房子和庆阳县巨家原遗址中，就发现了三件能突出反映当时文化特征的尖状器，都是由石片的劈裂面向背部用石锤直接修琢的。

其次，学会了使用和管理火。在环县楼房子文化层底部发现了有火燃烧过的木炭屑，一部分化石深黑色、松脆，是人类活动留下来的。火的使用提高和丰富了当时人们的生活水平和生活内容，增强了体质，提高了征服大自然的能力。

陇右旧石器时代多处和多种文化遗存的发现，表明了当时陇右文化起源之早，其繁荣之盛也不亚于其他地区。尤值一提的是在武山县鸳鸯镇大沟发现了一枚男性青年人头骨化石，距今约3.8万年。陇右旧石器时代的文化与其他文化既有延续继承，又有交流发展。庆阳各旧石器时代晚期遗址出土的旧石器的制作方法，不仅继续沿用了北京猿人打制石片石器常用的锤击法和砸击法以及相似于北京猿人的单面打制法，而且还较普遍地使用了交互打击的方法，制作出各种供砍砸用的石器和刮削器。陇右又是关中通往河套的中间地带，距闻名于世的陕西蓝田、山西丁村、宁夏水洞沟旧石器时代遗址都不很远。现发现的陇右旧石器都有很多类似之处。如以石片石器为主，加工方法以单向反面修理和石锤直接打琢为主，呈现出我国旧石器文化的共同特征。

对于石器时代的文化遗存，人们总要据其文化特征进行分类归属，但是"至于甘肃镇原寺沟口和姜家湾等处的石器，从总体特征看很难归入某一系统，但与许家窑石器较接近而与丁村石器相差甚远"。也就是说陇右旧石器文化在与华北古文化和西北地区其他古文化同时进步的时候，也很早就呈地方性发展的趋向，从而在中华文明起源和发展的多元格局中占有重要地位。

二　陇右远古文化的兆兴

进入新石器时代，在温暖适宜的自然环境中，陇右远古文化空前兴

盛。首先以 1978 年至 1982 年在秦安县发掘的闻名于世的大地湾文化遗址
为代表。大地湾文化遗址分五个文化期，其中第一期文化，过去称老官台
文化。近年随着考古发掘和研究，又多称大地湾文化，又因它比以西安半
坡遗址为代表的仰韶文化早 1 000 年，又称前仰韶文化，碳测年代距今约
7 800—7 300 年，属于新石器早期文化。天水西山坪和师赵村一、二期文
化也处于同一时期，文化面貌基本相同。近年来，此类遗存在渭河、西汉
水流域，包括大地湾已发现 8 处，西达武山，南至嘉陵江流域的徽县，范
围较广。

　　大地湾一期社会制度处于原始母系氏族早期阶段，氏族成员共同劳
动，平均分配产品，定居生活，从事以农业为主兼及狩猎的经济生活。房
址为圆形半地穴式建筑。墓葬均为长方形竖穴土坑墓，较为分散，为单人
仰身直肢葬，有的两手交叉于胸上。这种葬式是黄河中、上游的新石器时
代早期遗址中普遍流行的葬式，各类随葬器物大致均匀，仅限于生活使用
品，反映了人们原始的迷信思想和宗教信仰。生产工具中石器主要是打制
的，以斧、刀、铲为主，还有其他刮削器、敲砸器，与骨器一样，数量不
多，且加工粗糙。还发现了用陶片打磨成的纺轮坯，表明已有了原始的纺
织技术。

　　当时生活用器主要是陶器，纯系手制，质地以夹细砂褐陶为主，陶色
不匀；器形以三足、圈足、环底器等为显著特征，如三足钵、三足罐、直
筒罐、圈足碗、环底杯等；从用途上看，有盛食器、储藏器、饮器等。陶
器表面流行规整的交错绳纹。钵形器口沿内外常饰紫红色彩带，虽谈不上
什么图案，却是我国目前所见时代最早的彩陶，为仰韶文化绚丽多彩的彩
陶开创了先河。不仅如此，在钵形器内壁上还发现有↑、＋等十多种有记
事意义的彩绘符号，有的和半坡陶器上的类似。大地湾一期成批彩陶的发
现以不容置疑的事实说明，中国彩陶并不是受西方彩陶的影响而发生的，
而是起源于西北黄土高原地区。

　　在农业考古文化方面，大地湾文化的人们已掌握了谷物的栽培技术。
大地湾一期发现了炭化稷的植物种粒，是国内同类标本中时代最早的，它
与国外最早的希腊阿尔基萨前陶器地层中出土的标本相近。此外，从考古
发现判定，中国北方旱作农业的第一品种是黍，随后才是粟的推广。文明
的产生与农业的发展息息相关，所以陇右不仅是中国文明的发祥地，也是

世界上农业出现最早的地区之一。

大地湾一期不仅是陇右，而且是西北地区迄今为止考古发现中最早的新石器文化，其发端在 7 000—8 000 年前，同陕西关中地区同步，但同类遗存大地湾资料要比陕西丰富。大地湾一期文化特征鲜明，在文化面貌和内涵上与中原文化不同，具有陇右地区的地域性文化特征，从而确凿地表明陇右是中华文明的发祥地之一。

三　繁荣的陇右仰韶文化

大地湾二、三期是仰韶文化时代，从早期到晚期经历了 1 000 年左右的发展过程。大地湾仰韶文化早期经历了距今约 6 500—5 900 年，与关中一带的半坡中晚期文化面貌大体相同；大地湾仰韶文化中期相当于豫晋陕交界区的庙底沟期，距今约 5 900—5 500 年，遗迹遗物丰富程度不及二、四期；大地湾仰韶文化晚期距今约 5 500—4 900 年，文化面貌与关中一带的半坡晚期接近，但具有较强的地方色彩，是遗址中内涵最为丰富覆盖面积最广的遗存。大地湾仰韶文化经历了母系氏族社会到父系氏族社会的演变过渡。三期文化遗址出土的生产工具、生活用具、墓葬、房址等遗物都反映了大地湾仰韶文化的繁荣。

生产工具中石骨器数量早期较多，有石斧、石锛、石铲、石刀、石凿、石纺轮，谷物加工工具如碾磨石、研磨器等，多为打制而成，但也有磨制而成的；骨质工具有骨锥、角锥、骨镞等，还出现了玉锛、玉凿。中、晚期时石骨器减少，尤其晚期时石器种类更为复杂，磨制更精细，穿孔工具增多，代表性器物是大型的角锥。

经过大地湾一期的初步酝酿，到仰韶文化时期，大地湾彩陶文化达到了兴盛。这主要是由于定居和原始农业的开始，陶器被人们用来适应生产和满足日常炊饪、饮食、取水、储藏等生活需要，这样陶器制造业随之发展起来。

陇右仰韶文化早期的陶器，一般以泥质红陶为主，夹砂红陶次之，制法一般以泥条盘筑为主。陶器典型器物有直口钵、叠唇盆、侈口垂腹罐、葫芦瓶等。纹饰以绳纹为主，出现大量彩陶，色彩多为黑彩，个别为红彩。彩绘图案有宽带、直边三角、平行线和折线，其中写实和图案化鱼纹最具特色，而代表性的史前艺术珍品是鱼纹圆底盆。还有一件同样珍贵的艺术佳作是人头形器口彩陶瓶，将造型、雕塑、彩陶艺术和谐地结合在一起。

陇右仰韶文化中期的陶器，除细泥、夹砂红陶外，灰陶比早期增多，较多使用陶轮制作。典型陶器有敛口钵、曲腹盆、双唇口尖底瓶、曲腹瓮等。纹样仍以绳纹为主，彩陶发达，以黑彩为主，偶见红、白彩，图案绚丽精美，线条生动活泼，以弧线形线条构成的各类几何形图案为其特色，比早期图案更加流畅生动且富于变化。陶质生产工具如陶刀、陶纺轮更为规整多样，数量有所增加，装饰品陶环类别较前复杂。这时期的陶器，从色彩、器形和花纹等诸多方面看，都达到了成熟的境地，不仅反映了仰韶彩陶的兴盛，也是仰韶文化最繁荣的阶段。

到仰韶文化晚期，砖红色陶器大为减少，新出现了加沙泥质灰陶。泥质灰陶表面磨光，成为这一时期陶器的鲜明特点。陶器种类复杂，大型器物增多，主要有敛口钵、圈足碗、尖底瓶、盆、罐、鼎、缸等，陶纹以绳纹、附加堆纹较多。但此时彩陶与前相比，大为减少，呈衰落趋势。彩陶以黑彩为主，内彩器比中期增多。花纹除几何形图案外，并有极生动的两兽相扑的写实花纹和变体蛙纹。还出现了一定数量的容易脱落的彩绘陶，是仰韶晚期的新品种。陇右仰韶晚期陶器与西王村仰韶晚期、半坡上层、泉护二期陶器有许多相似之处，但敛口罐、尊形器、假圈足碗以及其彩陶图案中的变体蛙纹、三方连续旋纹、内彩器及红、白彩绘陶等，都是甘肃东部仰韶晚期文化的特点。

陇右仰韶文化中的彩陶文化与关中、豫、晋、陕交界地区的仰韶文化，既有相近似之处，但又存在较大差异，在文化面貌上属同一文化区，又有其鲜明的地方特色。彩陶是中国艺术史上的奇葩，陇右大地湾彩陶文化不仅在中国而且在世界文化史上都占有十分重要的地位。同时陇右大地湾仰韶文化中的房址建筑和聚落文化，与彩陶文化一样，在中华文明史上也占有十分重要的地位。

大地湾房址建筑特点是以平面形状近方形和长方形为主，结构分为地面、墙壁、房柱、门道、灶坑等，且早、中期多是半地穴式建筑，到晚期房址则有飞跃性的进步，以平地起建为主，结构更为复杂合理。房屋布局讲究中轴对称，门和灶址沿中轴线布列，柱洞左右对称。结构上以室内大柱和边墙柱组成支撑屋顶的整体构架，墙体主要承担封闭和隔断作用。晚期房址地面大多为料姜石或白灰面,其中以轻骨料、砂石、料姜石粉混凝而成的类似现代水泥地面,工艺最为精湛。大地湾仰韶文化房址既有公共建筑与生活居室的区别,又有首领住室、家族长、一般成员住室的不同用途。这些特点构成了后世中国传统建筑、宫殿建筑的基本特点,是大地湾仰韶文化对中国传统(地域)文化的一大贡献。

在房址建筑的基础上,仰韶时期的人们也形成了聚落。大地湾聚落以二期Ⅰ段最为完整清晰,布局特点是聚落由近圆形壕沟环绕,中心是广场和墓地,西北部是首领住宅和公共活动中心,中小型房址呈扇形多层分布。这类向心力极强的环壕聚落也见于西安半坡、临潼姜寨遗址。到二期Ⅱ段聚落发生了重要变化,一个中心分裂为多个中心,向心式格局被社会的发展完全打破,这种变化是同期其他遗址未见的。

城市是社会文明要素之一,距今 5 000 年前是中国"古城"形成的重要时期。大地湾四期聚落既不是一般村落又非城市,处在其间的过渡状态。作为聚落中心的 F901 房址布局规整,中轴对称,前后呼应,主次分明,是由前堂、后室和东西两个厢房构成的多间复合式建筑,最为宏伟壮观。所以,这是座举行大型宗教、祭祀以及其他公共活动的会堂式建筑,堪称仰韶后期的原始殿堂。其动力是政治性的和精神性的,是其周围数里范围内几个氏族或部落的中心聚落。大地湾聚落在第一期文化时是散点式的,演进到第二期文化则为环壕式的,继而发展为第四期文化的中心聚落,恰恰提供了一般聚落分化、文明要素的不断成长之过程,这正是大地湾聚落文化在中华文明史上的重要价值所在。

在大地湾仰韶文化遗址中,还发现不少作为储藏物品用的灰坑和窖穴。早期灰坑较小较浅,晚期较宽较大,呈碗圆口锅底形或大袋形。坑内包含物较丰富,除木炭和红烧土块外,还有残破或完整的陶、石片和一部分陶器、石刀、骨锥等,反映了到仰韶文化晚期定居农业的发展和生产品的增多。晚期的灰坑中还堆放大量猪骨,总数达几十头之多,还有鹿、羚羊和小齿类动物的兽骨,也有河蚌的残壳片等。猪骨在遗址地层中的普遍发现,反映了原始饲养业在农业发展基础上的兴起,其他兽骨说明狩猎经济则是当时的一种辅助经济。

在墓葬方面,大地湾遗址的形制多为长方形竖穴土坑墓,有单人仰身直肢葬、单人二次葬和瓮棺葬等几种葬式。一般均有随葬品,殉葬器物组合基本以环底钵、彩陶盆、陶罐、壶、瓶等为主，数目一般是 6 至 8 件不等。埋葬是男女分别，二次葬有仰身曲肢和直肢葬式，瓮棺葬与半坡发现的小孩瓮棺葬相类似。合葬墓为母子合葬及成年同性双人合葬。

在意识形态领域里，甘肃东部和仰韶文化陶器上也出现了类似大地湾一期彩绘刻画符号。大地湾仰韶文化陶器上刻画有水、1、V、↑、D、↓、T、I、一等共十多种符号。据研究，大地湾一期的彩绘符号和大地湾仰韶早期及半坡、姜寨等遗址的刻画符号非常接近。它的作用可能是记事符号。这些符号，刻画简单，纹迹规整，而其所在部位、形态和大小，还有一定规律。所以，这种彩绘刻画符号反映了以泾、渭流域为中心（包括广阔的关中地区）的仰韶氏族共同使用过并经历了长期发展而形成的一种社会意识形态。大地湾一期彩绘符号多绘在陶钵内，而仰韶文化刻画符号多是在环底钵口沿外面那道黑色纹彩中。带有这种刻画符号的陶器发现较多，所以，它是当时所普遍使用的并代表一定意义的符号。

另外，在大地湾仰韶文化晚期 F411 室内有一幅目前我国最早的用炭黑绘制的原始地画。据 C^{14} 测定，地画距今约有 5 000 多年的历史了，是新石器时代中十分罕见的地画艺术。两个神秘人物及类似动物的图案，其含义较为复杂，或谓祖先崇拜，或为当时人们施行巫术仪式的纪录，或为一幅"狩猎图"等，极富艺术魅力。

总之，陇右地区的仰韶文化是我国新石器时代中很有影响的一支文化，它的发展与扩大，与邻近几种原始文化相互影响、融合，共同向前发展，共同创造了中华民族的远古文化。

四 彩陶之冠

受大地湾仰韶晚期文化和师赵村四期文化影响，以石岭类型文化为过渡，陇右又形成了一支地方性代表的原始文化遗存——马家窑文化，包括马家窑、半山、马厂三种类型，从距今 5 000 年前开始到 4 000 年左右结束，经历了原始母系氏族社会到父权制社会的转变，并在其晚期进入铜石并用时代。

体现马家窑、半山、马厂三个类型文化内涵的主要标志是陶器，繁盛的彩陶文化在中华文明史上占有十分突出的地位，被学术界称为"中国的彩陶之冠"。马家窑文化的显著特点是绚丽灿烂的彩陶广泛分布，数量上较前有了大量的增加，造型多变，图案精美，风格独特。色彩从马家窑的黑色单彩演变为黑红二色相间的彩饰，彩陶形制从马家窑后期的侈口瓮、小口高颈壶、大口长腹罐、敛口长腹瓮等演变为半山、马厂类型常见的小口高颈深腹瓮、敛口细颈深腹罐、侈口浅腹壶以及平底瓶、碗、盆、钵、盂等。豆形器、束腰带耳罐和敛口带鋬瓮是马家窑类型新颖而特殊的陶器，是我国彩陶艺术中难得的珍品。半山的瓮、壶、罐器的腹部多呈球形，马厂的瓮、壶、罐的腹部多呈蛋形，但当时二者又很相似，难以区分。

在彩陶器的纹饰布局和花纹图案方面，马家窑陶器的花纹母体均为圆点纹、弧线三角纹、平行条纹和圆圈纹等；盆、碗常施以内彩，多数碗盆内壁饰满彩绘花纹；彩绘繁富规整，笔画粗细均匀，画面多以河流波旋和线网为题材；彩陶多为遍体绘满花纹，有四脚齐全的蛙纹、波浪纹、同心圆圈纹、五人连臂舞蹈纹等，这些花纹为其他类型所不见或少见，较引人注目的是鸟纹趋于图案画。

马厂、半山也是很近似。一般说来，马家窑彩陶以曲线图案为主，到了半山类型，增加了大量直线构成的图案。半山类型彩陶的花纹比较整洁简练，图案布局匀称规矩。彩绘一般绘在器物的最大腹径以上部位，颜色变为以红黑相间彩为主，一般是在两道带齿的黑彩中间夹一道红彩，以此为花纹母体再组成二方连续的旋涡纹、葫芦形纹、网纹、大菱形格纹、大圆圈纹、棋盘格纹等丰富多彩的图案。这种由红黑相间的锯齿纹带组成的彩绘，艺术上给人一种缤纷灿烂的感觉，为半山彩陶的显著特征，是我国古代的珍品。

半山、马厂彩陶多半以红色陶衣为地，其上再用黑彩绘出花纹。但二者在器形、纹饰的继承演变方面发展线索还是很清整的。马厂早期虽也有部分红黑相间彩，但其黑彩多无锯齿，中间的红彩亦多以紫红色为主。所以，马厂类型的彩陶在继承半山彩陶艺术的基础上，花纹图案显得较为粗犷豪放。这时期的彩陶图案以四大圆圈纹、波折纹、拟蛙纹、小菱形网纹等为主，其中以直线构成的各种纹样特别发达，年代越晚，这个特点表现得越突出。马厂前期，彩陶还处于鼎盛时代，此后，日趋衰落，到了晚期，彩陶数量大为减少，图案单调，绘制潦草。不仅彩陶如此，其他陶器也都制作得非常粗糙，造型简单。这些都反映了一个历史时期的行将结束。

马家窑、半山、马厂三类型在房屋遗址和墓葬方面的文化内涵也有不少近似之处。马家窑、半山类型在房子形制方面是小型方形的房屋，马厂类型房址中发现了多元的套间房子。葬式上有仰式直肢、侧身曲肢和二次葬，随葬品中彩陶数量较多，差别在于男性墓随葬品多见石刀、石斧，女性墓常见纺轮，反映男耕女织的社会分工，男性在重要经济部门——农业生产中主导地位的加强。其中在马厂类型中小孩多以成人礼仪埋葬，随葬品的数量和成人相同，且在其晚期发现了成年男女合葬，而且均属一次葬，可能是父系家长制下妇女为男系家长的殉葬，反映了父系家长对妻妾、奴仆压迫的情景，揭示了当时人与人不平等的状况。这是由母权制向父权制过渡的产物，已表明马厂类型晚期父权制的建立，男性居统治支配的地位，女性则处于屈从被奴役的状态。

此外，在马家窑、半山、马厂类型遗址也出土了各种生产工具，石质为主，种类增多，多为磨制，加工精细规整。遗址中常见猪、羊的骨骸。这些情况说明，当时人们仍以农业经济为主，同时畜牧业得到进一步发展。更为重要的是在马家窑和马厂类型的晚期遗址中，都发现过铜刀，表明在其晚期进入了铜石并用时代，预告着文明社会将要到来的信息。

大地湾第五期文化即为常山下层文化，因发掘于镇原县常山而得名，距今大约 4 900—4 800 年，属于一种过渡型文化，上承仰韶文化的遗风，下启齐家文化。

能代表常山文化内涵的器物是陶器群。陶质分泥质和夹砂两种，前者略多于后者；陶色以橙黄色为主，红褐色次之，砖红色和灰色较少；用泥条盘筑法做成；纹饰以绳纹为多，蓝纹次之，"素面"和附加堆纹较常见，此外还有方格纹、指甲纹、划纹、锥刺纹、锯齿状凹沟；有极少量的彩陶，彩陶和彩绘均为棕红色。彩纹所用颜色粗糙而且调和浓度大，纹理大多裸露在器表上。少数陶器施有一层黄色或红色或白色的陶衣。陶器形制以平底器为主，有罐、鬲、盉、豆、盆、碗、瓮等及少量尖底瓶。

将"常山下层文化"陶器与大地湾晚期陶器比较，有许多类似之处。而且在五营河上游张家川回族自治县属于"常山下层文化"的连柯遗址中，发现了白灰面房址。这些常山下层文化特征表明了与仰韶文化晚期文化的继承关系。

齐家文化是 1924 年首先在甘肃省广河县齐家坪发现而得名，距今约 4 000 年前，陇右是其分布的主要地区，处于铜石并用时代向青铜时代过渡的父权制社会阶段。

在生产工具方面仍使用石骨器。农业工具中有石斧、石铲、骨铲、石锄及石刀、石镰，加工粮食的工具是石杵和石磨盘，便于手握的大砾石盘状器是齐家文化富于特点的工具。齐家文化的房址、灰坑及墓葬中，都发现了粟，表明齐家文化居民的经济，仍是以种植谷子的旱地农业为主。同时，齐家文化的饲养业也比较发达，除猪外，马、牛、羊、驴都已被饲养，用猪、羊的头骨或颌骨随葬是比较普遍的现象。

在产业中，冶铜业的出现并获得重大发展，是齐家文化在中国文明史中最突出的成就。在各地齐家文化遗址中普遍发现了铜器，有红铜器、铅铜器和青铜器；铜器种类有斧、刀、凿、镜等。铜器已进入当时人们物质生活中的许多领域，铜器生产经历了一个从红铜到青铜这样的过程。在夏纪年之前，齐家文化已发现的铜器不仅品种多，而且数量已远远超过同时期中国境内的任何一种考古学文化；同时，在制作方法方面，不仅早已掌握了冷锻技术，还掌握了单范，甚至合范铸造技术。可以肯定这时当早已脱离早期金石并用时代，已进入金石并用时代的发展阶段与青铜器的伊始阶段。

陶器制作在齐家文化中也很重要，质地以泥质红陶为主[①]。陶器制作比较精细，均经过轮修。泥质陶表皮均打磨光滑，表面施有各种不同形式的装饰，有的绘红彩，图案均是由直线组成的几何形，如同心三角、蝶形纹、错置三角纹、横形人字纹及菱形纹等。但这时期的彩陶，已进入衰落阶段，因而数量极少，这种陶质的器形表皮，多作素面，其次为篮纹，还有少量弦纹。夹砂陶器器皮，多施绳纹，同时，也有不少素面者。器形以平底器为主，次为三足器。带耳是齐家文化陶器的显著特点。其中常见的胎薄、表面磨光或着彩的高领折肩双大耳罐、双耳壶、双耳高领罐及夹砂双耳罐，是齐家文化的代表性器形，是其突出的文化特点。

在墓葬方面有氏族公共墓地，葬具是比较特殊的独木棺，葬式有单人葬与合葬两种。成年男女二人合葬墓中的特点也比较典型，即男性为仰身

---

① 宋兆麟、冯莉：《中国远古文化》，宁波出版社 2004 年版，第 251 页。

直肢，女性或左或右作侧身曲肢面向男子，显出女性屈从和依附于男性的状态。从墓葬情况表明了齐家文化父权制空前发展到极致，"齐家文化的居民，已把自己所处的社会制度，推进到了恩格斯所说的罗马式的父权制阶段"。

和马家窑类型的房屋相比，居民的住房，齐家文化有自己的特点。房址基本上是长方形的半地穴式建筑，有单间和吕字形双间两种，中间有圆形灶（火堂），一方有突出的出入口即房门。而房屋建筑上最显著的改进，是房内居住面和墙壁下部多抹有一层白灰，通常称作"白灰面住室"。白灰面平整光滑、坚固，又有隔湿防潮的作用，是改善居住条件方面的一个重要创造。

齐家文化的宗教也已发展到一个新阶段。占卜已成为这时期的经常活动，遗址中常发现大量的卜骨。这时期卜骨未加钻、凿，只有灼痕，基本上都是用羊肩胛骨做成的。齐家文化遗址还出了数量较多，品质好，制造精致的装饰品，表明当时人们精神生活的进步和丰富。当然还出现了表明贫富分化和有财产发展的玉器，为进入文明时代打下了基础。

五 商周时期的陇右文化遗存

发展到父系氏族社会末期，陇右远古文化先后被夏文化和商文化所代替，进入奴隶制社会，跨入了文明时代。

1. 辛店文化

辛店文化，是因 1924 年首先在甘肃省临洮县辛甸（店）镇发现而得名。根据发掘资料所做出的 C^{14} 测定，辛店文化的相对年代相当于西周时期；同时，在地层上它又是晚于齐家文化的一种地方文化。它主要分布在兰州以西黄河上游及其支流——洮河、大夏河、湟水、庄浪河等地区，渭水流域的陇西、渭源县境，有它的少量遗存，邻接甘肃的陕西宝鸡一带也有其分布。

辛店文化的陶器，在制作上比较粗糙，陶质一般以夹砂红褐陶为主，泥质红陶次之，泥质灰陶更为少见。陶器的纹饰多为绳纹和附加堆纹，彩陶占有相当的比例，大多施以黑彩，红黑二彩并用的也不少。常见的花纹有宽带纹、曲折纹、双钩纹、回纹等，有的画面还绘有发光的太阳和狗、鹿等动物。陶器种类主要有杯、罐、瓮、盘、豆、鬲等，其中以大口双耳小罐、高颈大双耳罐、高颈腹耳大罐为典型器物。辛店文化虽然已使用了铜器，但多为手工工具和装饰品；石质骨质工具还占相当地位。手工业工具有石凿、骨锥、纺轮、骨针、铜削、铜凿、铜锥等。

在农业方面，生产工具主要是石斧、石刀、石铲、骨铲，表明农业生产占有主要的地位；但生产水平并不高，与齐家文化相比较，辛店文化的水平可能还要低一些。畜牧业在辛店文化时期有了较大的进展，出土动物骨骼包括牛、马、羊、狗，而且数量较大。陶器的彩绘中也常有鹿、狗的形象。骨镞出土较多，说明经营农业、畜牧业的同时，还经营狩猎经济。

冶金技术也有相当的发展，出土有铜质工具和铜泡、铜珠、铜铃等装饰品，还有金耳环、金贝等。铜器多为青铜器，说明辛店文化已进入青铜时代。铜泡和金贝的样式，类似商周器物，反映了辛店文化与中原西周文化有较密切的关系。

在墓葬方面，从形制看，有大墓、小墓的差异。规模较大的墓有木棺，殉葬品也较丰富，为富人墓葬。一般小墓为竖穴土坑，无棺，随葬品仅有一壶一罐，也有仅葬一件陶器者，但未见人殉墓。

此外，在辛店文化中的遗址中还发现了海贝、石贝、金贝、玛瑙珠和松绿石等贵重装饰品。这些在西北少见的贵重物品应是通过交换而获得的，从而表明当时的陇右与外界发展经济联系的商品交换也发展起来。

从所发现的考古遗存可以看出，处于青铜时代早期的陇右辛店文化，已明显地接受了中原商周文化的深刻影响，顺应了时代发展的大趋势。

2. 寺洼文化

寺洼文化是以在甘肃临洮县寺洼山首先发现而得名，包括典型寺洼类型和安国类型。前者主要分布在陇山东西两面，洮河流域为其中心区，渭水上游也有它的遗存；后者主要分布在泾水、渭水、白龙江、西汉水诸流域。平凉、庆阳、合水发现的还有与周文化共存的现象。典型寺洼文化的时代上限要早于西周，安国类型大致与西周同时，它们是先后发展的两个阶段。其陶器的特征主要为马鞍口双耳罐。寺洼文化中也发现了铜器，属于青铜文化。

寺洼文化的陶器除以马鞍口形为其特征外，还有平口罐。典型寺洼文化多以罐、鼎、豆等为组合，并有陶铃、陶纺轮等。安国类型以口耳部均呈马鞍口为特征，以罐、鬲、豆、盂、簋、瓮、杯等为组合，不见鼎器。

少数陶器还用红色或黑白色彩绘，或刻有指甲纹、凹弦纹、"＋"字形或"人字形""个"形。这些区别，可能是发展过程中地域和时代的差异，但刻画符号类似殷周文化中的数字符号。

在墓葬方面，以庄浪县徐家碾发掘的 104 座寺洼文化墓葬为代表，均为土坑竖穴墓，墓室构造类似岐山县贺家村西周墓和安阳殷墟商墓。葬具为木棺或木。据残存灰末痕迹，可知木棺呈"I"形。这种形式的木棺，在西周墓葬中也常有发现。各墓随葬品多少不均，少数墓随葬有松绿石珠或玛瑙珠等饰物，以及牛、羊、马等牲畜，有的墓殉葬有青铜兵器、用器和装饰品，包括镞、戈、矛、刀、泡等，显然不是一般人的墓葬。其中还有七座殉人墓，类似商代墓和西周墓。从平凉安国镇、庄浪柳家村和徐家碾、武都、舟曲等地发现的寺洼文化墓葬、遗址和各类文物，可以清楚地看到寺洼文化与周文化有很密切的关系，至少在商末周初，陇右寺洼文化的社会发展已进入奴隶制社会。

在商周时期，陇右所表现出来的古代文化特征与周围川、陕地区具有某些共同的特征和属性，这既表明与殷周文化有密切关系，又表明与古籍中所记载的氐、羌族早期文化和活动地区有十分密切的关系。所以，辛店文化和寺洼文化遗存一方面可能是先周文化的主要来源；另一方面也可能是史料记载氐、羌等西戎部族的文化反映。

陇右灿烂的史前各种发明创造和文化活动无疑开启了中华民族的文明之船，而且在古史传说中，陇右又是中华民族人文始祖伏羲、女娲和黄帝的诞生地，从而更进一步印证了陇右是中华文明的发源地，是多元起源中心中非常重要的一支，有其他文化中心不可比拟的优越性。何况周、秦崛起秦陇之间，尤其是春秋战国时期秦文化的形成，则更进一步为中华古文化的繁荣与传承书写了辉煌的篇章。所以，陇右远古文化对中华民族历史的文明发展，乃至世界文明发展，都作出了巨大贡献。

第二节　伏羲文化

位于三皇之首的中华人文始祖——伏羲，相传出生于陇右成纪。因而在陇右留下了关于伏羲的种种传说和神话，正是这些神话和传说清晰地折射出了先祖伏羲在奔向文明之途所创立的光辉业绩。伏羲及其部族在与大自然搏斗的过程中所作的一系列的发明创造，如演八卦、取火种、兴嫁娶、教渔猎、造书契、创历法等，探索了新的生产方式和生活方法，推动了人类文明的步伐。[①]

伏羲文化是人类由蒙昧跨入文明门槛的过程中，伏羲及伏羲部族一系列的发明创造，即伏羲对中华文明的贡献。现代意义上的伏羲文化内涵更加广泛，凡和伏羲有关的事或物，诸如祠庙遗迹、民情风俗、逸闻传说、史籍记录、文物遗存等都属于伏羲文化范畴。

一　传说中的伏羲

位居三皇之首的伏羲，是中华民族敬仰的人文始祖。唐代史学家司马贞总结综合各类史籍作《三皇本纪》，比较完整地勾画了伏羲的事迹功绩。"太暤包牺氏，风姓，伏燧人氏继天而王。母曰华胥，履大人迹于雷泽，而生庖牺于成纪。蛇身人首。有圣德。仰则观象于天，俯则察法于地，旁观鸟兽之文与地之宜，近取诸身，远取诸物，始画八卦，以通神明之德，以类万物之情。造易契以代结绳之政，于是始制嫁娶，以俪皮为礼，结网罟以教佃渔，故曰宓牺氏，养牺牲以供庖牺。有龙瑞，以龙记官，号曰龙师。作三十五弦之瑟。木德王，注春令，故《易》称'帝出乎震'。《月令》孟春，其帝太暤是也。其都于陈，东封太山，立一百十一年崩。其后裔，当春秋时，有任、须、勾、颛顼，皆风姓之胤也"。这一段记述，表明伏羲已脱离神，而成为一位曾经存在于人间的人，但他不是普通人，而是超乎普通人之上的人。《三皇本纪》关于伏羲的严肃记述向后世之人揭示了很多真相的历史文化。

伏羲的事迹看似神话和传说，但绝不是凭空编造。伏羲的事迹和功绩被传说所掩盖，通过传说我们隐隐约约可以看到原始的历史事实。现代学者研究表明：伏羲的形象应该是原始社会一位伟大部落首领形象的夸大。伏羲的众多的发明创造，是原始文明的曲折反映。在很大意义上，伏羲是一个历史时期的文化象征，折射着失去的文明，伏羲及其事迹具有特定的文化内涵。

---

① 蓝深：《寻找伏羲的器具》，敦煌文艺出版社 2006 年版，第 38 页。

二 伏羲生活的时代背景

相当多的学者认为伏羲生活的时代距今 7 000 年左右。也有学者认为伏羲作为人文始祖、创世英雄，他所生活的时代应该和中华文明的肇启时代相一致。根据苏秉绮先生《中国文明起源新探》，中国历史的基本国情就是"超百万年的文化根系，上万年的文明起步，五千年的古国，两千年的中华一统实体"，伏羲生活的时代应在距今一万年左右。古天文学家伊世同以河南濮阳发现的古天文图为立论点，通过对古天象的研究，得出结论："可证伏羲时代，起码有着万年以前的星象背景；伏羲和女娲，也就是两仪。"并进一步推断："伏羲时代，理应比太极既判的萌始年稍迟，也该比中国传承星象体系初成的年代更早，即伏羲应该是 20 000—10 000年前的人物。"根据苏先生的考古学结论、伊先生的天文学证据，伏羲的生活时代应该距今约 10 000 年。王大有先生在《上古中华文明》一书中将中华文明起源界定为 10 000—8 000 年前，而这一判定的下限也正好和"羲皇故里"天水秦安大地湾一期文化的开始年代吻合，可旁证伏羲时代始于距今约 10 000 年。

三 伏羲文化的传承与演变

上古神话或传说是原始时代人类社会生活历程的自然流露，也是人类童年心理体验与心理需要的真实反映。在虚实真假混杂的神话传说世界中，透视出人类思维的历程，在这个意义上，神话或传说就成了各种文化形成和发展的源头。

伏羲一画开天，以非凡业绩赢得后世永久的尊崇，其事迹、传说，口传心授，世世代代流传于九州万方、华夏大地。在春秋战国之时已经见诸史籍，如《周易》、《管子》、《左传》、《庄子》、《尸子》、《荀子》、《列子》、《战国策》、《山海经》、《世本》等都直接或间接地对伏羲的事迹做了描述或记载，其中以《周易·系辞下传》最为系统，直接将伏羲和先天八卦联系在了一起。

秦汉以降，伏羲开天辟地第一帝的地位确立，其事迹及相应的文化通过三个层面传播、弘扬。

第一，史籍传承。自秦至于清，经、史、子、集各类典籍代不绝书，如东西两汉的《礼记》《说文解字》，魏晋南北朝的《抱朴子》《帝王世纪》《拾遗记》，隋唐时期的《北堂书抄》、宋元时期的《太平御览》、明清时期的《大明一统表》《大清一统志》等。就这些典籍记述观之，唐宋之时伏羲传说事迹完全定型，古史系统中的崇高地位不可动摇。

第二，图像传承。早在殷商之时，伏羲女娲的原始形象即已出现在装饰图案中，秦汉以后，伏羲女娲交尾像的形式被广泛采用，频频出现在墓室雕刻、建筑物彩绘、艺术品加工等各种艺术形式中。这种遗风直至明清依旧连绵不绝。就现在考古发现统计，有伏羲女娲交尾图案的画像石、画像砖、石刻、壁画等达八十余件，而类似的文物仍在不断涌现。以朝代论，以西汉和东汉最为集中。

第三，祭祀。对伏羲的祭祀起自秦人。秦文公十年（前756年），秦设鄜畤，据闻一多先生考证，鄜即伏，就是祭祀伏羲之祠。西汉将伏羲当东方青帝祭祀。汉之后，伏羲一直被奉作三皇之首，或作五帝（对应五行）之青帝，历代无不举祀。唐朝开始，更是在京师建奉祀三皇专庙。元代登峰造极，通令全国各州县通祀三皇。直到清代，伏羲依旧被奉祀于历代帝王庙，至于民间，则凡有伏羲遗迹的地方都有伏羲庙。

通过以上三方面的传承，就形成了内容丰富、博大绵延的伏羲文化。而其形象、事迹、祭典又深深扎根于社会生活中，几千年来，成为信仰习俗中最具生命力的部分。

四　伏羲文化的基本内涵及精神实质

1. 中华人文始祖——伏羲氏

历史上的"三皇"有五说，第一，《礼·含文嘉》为伏羲、燧人、神农；第二，《春秋运斗枢》为伏羲、女娲、神农；第三，《礼·号谥记》为伏羲、祝融、神农；第四，《白虎通》为伏羲、神农、共工；第五，《世经》以为伏羲、神农、黄帝。排比这五种"三皇说"即可得出两点结论：不论是哪一种"三皇说"，其中都有伏羲；不论是哪一种"三皇说"，伏羲都位居第一，居三皇之首。

追根溯源，以伏羲为三皇之首、百王之先，是伏羲非凡的功绩使然，特殊的贡献使然。伏羲画八卦，结网罟，兴嫁娶，造书契……一系列的发明创造犹如永不熄灭的明灯，照亮了中国几千年的历史。尽管学术界对伏羲是人、是神以及功业如何等众说纷纭，但有一点是有共识的——那就是伏羲代表了一个时代，尽管对伏羲时代的定位也是众说纷纭，但有一点是有共识的——那就是伏羲时代是中华文明的肇启时代。退一步说，即使伏羲本身就是神话，但有一点不能否认，那就是——伏羲的神话是最早的神话。王剑先生在《论中华民族共同祖先的确认》一文中指出："因此，对中华民族先祖的认识，也应该采取这样的态度。他在历史上未必确有其人，可能是一个神话人物，甚至可能只是来源于一个观念，但他的身上却蕴含着丰富的历史内涵和文化基因。他是人们在漫长的历史发展过程中选择和确立起来的一个民族文化的象征，在他身上体现着一个民族血缘和民族文化观念的形成过程。"本此，伏羲正是中华民族在漫长的历史发展过程中选择和确立的民族文化的象征，是文明战胜愚昧的标志，其人文初祖的地位不容置疑，正是《汉书·古今人表》所谓"上上圣人"，也就是民间俗称的人宗爷或人祖爷。李燕杰先生在《伏羲人祖礼赞》中言："伏羲氏作为人祖，是神话？是传说？还是历史？如果是神话，这种神话，显示了中华民族卓越的智慧。如果是传说，这种传说，留下口头相传中最美好的篇章。如果是历史，这段历史，更记录了我们先祖的光辉业绩。从神话、传说、历史中，我们深深感到伏羲氏是人文之祖，智慧之灵，教化之圣，铸魂之师。"

2. 中华民族象征——龙

伏羲是人祖，伏羲的形象始终和龙紧密相关。如战国楚帛书就有"故有龙雹戏（即伏羲），出自雷……"说法，再如《太平御览》引《帝系谱》说："伏羲人头蛇身（即龙身），以十月四日人定时生。"此类记述包含着一条远古文化信息——即伏羲部族是以龙为图腾的。三皇五帝之中，也只有伏羲是人首蛇（龙）身的，其实质便是伏羲就是中华祖龙。20世纪80年代以来，在黄河流域、辽河流域等许多地方的原始文化遗址都发现了龙文物，如河南濮阳的蚌塑龙、红山文化遗址的碧玉龙和黄玉龙，这些文物可将崇拜龙的历史推进到6 000年以前。更有学者声称，民间藏有8 000年前的龙文物。从而可映证，龙是中华民族最古老的图腾神，华夏先民在从蒙昧走向文明的进程中，龙图腾始终是最显亮的旗帜。天水市之武山、甘谷古文化遗址各出土一件人面鲵鱼身彩陶瓶，恰似伏羲人首龙身的漫画像。可证龙的原始形象就是鲵鱼。可以想见，随着伏羲部族的流动迁徙，原始部族之间交流、融合，其原始的鲵鱼图腾融入了其他部族的马、牛、狗、鹿等图腾，因而形成多图腾组合的综合圈腾——龙。

伏羲而下，炎帝神话，勾芒、共工、颛顼、祝融、轩辕黄帝等远古文化英雄都继承了龙图腾。三皇五帝一脉相承，他们创造的文化与龙文化也是一脉相承的。从而龙也就成为中华文化内涵博大、最富有魅力的形象。正如闻一多先生《伏羲考》所言："龙族的诸夏文化才是我们真正的本位文化，所以数千年来我们自称'华夏'，历代帝王都说是龙的化身，而以龙的其符应，他们的旗章、宫室、舆服、器用，一切都刻着龙文。总之，龙是我们立国的象征。"其实，从更大的范围而言，从物质世界到精神天地，从上层文化到民间习尚，龙无所不在，中华大地几乎是龙的世界。随着封建制度的消亡，龙完完全全走入了普通百姓的生活，其形象威武雄壮，团结强大，成为中华文化最伟大的标志。在中华民族的心灵深处，龙有着不可替代的牢固地位。无论何时何地，"龙的传人"这一口号始终是海内外华夏儿女团结奋进的"黏合剂"。

3. 中华文化灵魂——八卦

在赞颂伏羲的匾联上，"一画开天"是使用频率最高的匾联之一，所谓"一画开天"，其实质，即伏羲在质朴、简易、无框框条条局限的原始思维状态不断探索，在凡人俗事背后找到了一个思维的制高点，对人与自然的关系深层次考察，从而感悟到天地万物运动变化的最基本规律，从具体的事物中抽象出"阴"和"阳"两个最基本的元素，并用八卦这种特殊语言表达出来，从而打开人们认识客观世界的新天地。以八卦的基础，另一圣人周文王将其两两相叠推演成六十四卦，又得三百八十四爻，卦卦相通，爻爻相应，至大无外，至小无内，涵容了宇宙万物的真理，奠定了天、地、人三才大道的完整系统，从而构筑了博大精深的《周易》。《周易》历来被奉为六经之首，是中华传统文化的支柱，众多哲人学者推演说解就形成了易学，成为国人修、齐、治、平、格、致、诚、正的最高标准。总之，以八卦为基础的易学，深刻影响了中华民族的思维方式，是中华文化的灵魂。

伏羲文化的精神实质可表述为：敢为人先的创造精神；兼容并包的协作精神；百折不挠的奋斗精神。人们对伏羲永生永世的尊崇，实际是对文明和进步的礼赞，是对劳动和创造的尊重。这与开创富强、文明新时代的精神是一致的。因此，我们研究伏羲文化，弘扬伏羲文化，具有历史意义，也有现实意义。一可展示伏羲文化亘古不衰的魅力，追寻中华文化精神及其发展源泉，丰富中华古文化，以增强民族凝聚力，提高民族自豪感，激发爱国主义情怀。二可展示"羲皇故里"深厚的历史文化底蕴，激发故土情结，提高民众热爱家乡、建设家乡的感情与认识，从而提高文化素质。

五 成纪和伏羲

成纪伏羲的事迹息息相关。相传伏羲的母亲华胥氏外出，在雷泽水边无意中看到了一只特大的脚印，出于好奇，华胥用自己的纤足丈量了这只巨足，不知不觉感应受孕，怀胎十二年后，伟大的伏羲氏降生了。这则传说在陇右一带长久流传，于是汉初就在伏羲传说的中心地域设置了成纪县。因为伏羲是孕育十二年而生，而十二年正好是一纪，成纪者，成一纪之元也。《史记·文帝本纪》言："文帝十五年，黄龙现成纪。"伏羲是龙的化身，"黄龙现成纪"一语将黄龙和成纪联系在一起，其实是暗示伏羲的生地就在成纪。晋代皇甫谧在《帝王世纪》中更加明确地说："太昊帝庖牺氏，风姓也。母曰华胥，燧人之世，有巨人迹出于雷泽，华胥以足履之，有娠，生伏羲，长于成纪。"

成纪究竟在何处？成纪县自汉初设置，至明洪武二年（1369 年）撤销，前后经历了三次大的治所迁移，学术界分别称之为汉成纪、北周成纪、北宋成纪。汉成纪治所在今秦安县西北，所辖地域包括今秦安县之大部分，北魏时废。北周时在汉显亲故地复置成纪，其治所在今秦安西北的叶堡川。北宋太平兴国初年（约 976 年），成纪又迁至秦州之上邽镇，治所在今天水市区。县治在迁移的同时，还伴随着一个很有趣的现象——成纪始终和伏羲事迹密切关联。于汉成纪县，《水经注》说"……故渎东经成纪县东，故帝太皞庖牺所生之地也。汉以为天水郡"。于北周成纪，《隋书·地理志》说："成纪，旧废，后周置。有龙马城，仙人峡。"所谓"龙马城"显然是因"龙马负图，伏羲则而画卦"而得名，仙人峡之"仙人"指的就是伏羲。于北宋成纪，《金史·地理志》说："成纪，倚。有龙马泉。"这里的"龙马泉"还是和"龙马峡"一样是因"龙马负图，伏羲则而画卦"而得名。这就充分说明成纪是伏羲的诞生地。尽管成纪三迁其所，而其治所或辖地始终在今甘肃天水市境内，因此天水自古就有"羲皇故里"之称。

上古部族富于流动，所谓成纪是一片广阔的地域（即古成纪），古成纪和后世的成纪是否在同一地理位置？关于古成纪的范围，陈守忠先生在《成纪再迁与陇西李氏》一文中指出："传说中的古成纪，指的就是陇中黄土高原偏西，由东贴近大陇山静宁、庄浪、清水等县，向西包括秦安、通渭、天水、甘谷而至朱圉山为止的地方。"所以，古成纪这一定位的中心地域恰好就是天水市所辖二区五县的范围内。天水是"羲皇故里"的命题成立。

除文献记载之外，还有具体的实物为伏羲出生在成纪提供了佐证。今天水所辖甘谷县、武山县在新中国成立后各出土一件人面鲵鱼身彩陶瓶，彩绘图案和伏羲"人首蛇身"的传说惊人相似，其实就是伏羲人面蛇身的漫画像。人面鲵鱼身的彩陶文物，目前全国只此两件，而恰恰就发现在伏羲传说最集中的天水市境内，进一步说明天水是"羲皇故里"的命题成立。

六　羲皇遗址

正因为天水是"羲皇故里"，所以古往今来，遗留有大量的羲皇遗迹。

1. 卦台山

卦台山又名画卦台，相传为伏羲氏仰观天，俯察地，始画八卦的地方，位于三阳川西北端，现辖于麦积区渭南乡，距天水市约十五余公里。卦台山如一巨龙从群峦中探出头来，翠拥庙阁，渭水环流，钟灵毓秀，气象不凡。登临卦台山顶，俯瞰三阳川，人们不难发现，古老的渭河从东向西弯曲成一个"S"形，把椭圆形的三阳川盆地一分为二，画成了一个天然的太极图。明胡缵宗《卦台记》云"朝阳启明，其台光荧；太阳中天，其台宣朗；夕阳返照，其台腾射"。一日之内，三阳殊不同景，颇为灵异。与卦台山隔河相望处，有一龙马洞，洞深泉淙，幽幽泠泠，每逢大雾，云雾封洞，给人以龙马出没之感。卦台山东麓渭河中心，有滩地数处，形似太极图样。滩河交界处，有一大石，宽约丈有五尺，高约丈有八尺，傍实中虚，非圆非方，似柱似笋，宛如龙马真图，又如太极本图。每遇水涨，急流冲石，石隐迹匿，水花漩溅，哗哗作响；水降之际，渭水缓缓，石浮河面，夕阳斜照，五彩光现。这就是著名的分心石奇观。相传龙马负图水中出，与渺渺渭河中分心石太极图交相映衬，伏羲不禁灵机触动，因画八卦。秋清气爽时，听台下渭水秋声，眺一川山形水脉，思羲皇隆德圣心，颇能启人发古往今来、天地悠悠之感怀。台湾中华六经学术研究会张渊量会长长期考察了全国的山川地理，又用最先进的仪器对画卦台及周围的山形水势进行了仔细的勘查和研究之后，盛赞三阳川是"太极无双地"，画卦台是"华夏第一山"。

从考古上说，卦台上有 7 000—5 000 年的仰韶文化遗迹，至迟在北宋卦台山已有伏羲庙存在，台上残存的有"成纪"字样的碑首篆额可证。元代，卦台山专设庙，一年两祭成为定制，确立了伏羲祭祀中心的地位。伏羲画卦不仅限于对自然的观察，更重要的是理性的思考，抑或说是一种特有的思维层次，不一定是具体的台或山。不过，卦台山的山川风水天然造化，与伏羲八卦完全吻合，因此，被台湾著名易学家张渊量先生誉为"天心山"，认为伏羲立天地之心于卦台山，仰观俯察，乃作八卦。卦台山是名副其实的。明胡缵宗《卦台记》说"三阳云者：朝阳启明，其台光荧；太阳中天，其台宣朗；夕阳返照，其台腾射"，"羲皇遗台天下奇，四山环合耸独危"。有伏羲画卦传说附着，卦台山永远是神圣的，也是神秘的。

2. 伏羲庙

俗称人祖庙，位于天水市西关伏羲路西端，是全国最大最早的伏羲庙。建于明弘治三年（1490 年），嘉靖三年（1524 年）重修。相传天水为羲皇故里，伏羲庙便是伏羲皇的祭祠。庙临街而建，坐北朝南，两门三进，自南向北有牌坊、庙宇、月台、碑亭、主殿、古柏等，占地 3 700亩。殿宇排列对称整齐，布局规则严谨，雕梁画栋，巍峨壮观。带有浓郁的明代建筑风格，庙中的主体建筑——先王殿位于中院开阔的月台之上，重檐斗拱、琉璃筒瓦、龙吻花饰无不反映着整座建筑的古朴与典雅。先王殿东南侧有一六角攒尖顶亭阁，名为鼓乐亭，是伏羲抚琴吟咏之所。来鹤亭与鼓乐亭遥相对望，传说中，曾有白鹤来此栖息聆乐。中院太极殿内有伏羲泥塑彩绘像，后院先天殿原祀神农，内塑神农像一尊。伏羲庙中还有苍劲的古柏树群。古柏原按伏羲 64 卦图排列，共计种植了 64 株，然存活至今的，仅有37株。传说中，每逢正月十六日羲皇的诞辰，便会有喜神降临人间，为世人排忧解难，广播福缘，而全城的老少均会来到落叶最多的喜神树下，祈求伏羲的保佑，来年安康宁寿。

元代在全国普及三皇（伏羲、神农、黄帝）祭祀，县县都有三皇庙。明太祖朱元璋登基，认为随便祭祀三皇是对上古圣人的大不敬，悉令废止，只有三皇陵所在地才有祭祀特权。卦台山被确认为另一处伏羲陵所在，以伏羲为主要祭祀对象的三皇庙顽强地保存了下来。当时全国只有两处伏羲的纪念地：秦州的卦台山和河南陈州的伏羲陵。明正德十一年（1516年），《明史·礼志》出现一条这样的记事"正德十一年，立伏羲庙于秦州。秦州，古成纪地"。这是非同小可的事，在严格控制祭祀三皇资格的时候，特批秦州建庙，等于是认定秦州古成纪的地位及其"羲皇故里"的地位。正德十六年，鉴于卦台山远离州治，官祭不便，明廷又特批将伏羲庙改建于秦州城。三年之后的嘉靖二年（1523年），一座规模宏大的宫殿式建筑群在秦州西关建起来了。随之，小西关城也被命名为伏羲城。立庙的同时完整的祭祀制度建立了，朝廷为体现重视，专门由礼部向秦州颁发《太昊伏羲庙祭文》作为官祭时的标准祝辞，代表朝廷致祭。秦州成了全国性的伏羲祭祀中心。明嘉靖十三年（1533年），陕西监察御史张鹏、秦州知州黄仕隆主持改进乐舞，表演的乐舞生就达518人，乐舞器166件，盛况空前。

如今的伏羲庙是光绪十一至十三年（1885—1887年）重修后的遗存。由南向北，戏楼、牌坊、大门、仪门、先天殿、太极殿沿中轴线依次排列，层层推进，庄严雄伟；院落重重相套，三进四院，高深幽远；而朝房、碑廊、钟鼓楼沿横轴分布，规整划一。由于伏羲被尊为古史中的第一代帝王，庙宇呈宫殿式建筑模式，庄严肃穆，气度不凡。所谓古柏苍翠，殿宇雄伟。就形制规格而言，全国第一。它不仅是天水悠久历史的见证，也是现代人的精神守望之地，祭祀伏羲已成为天水城乡人民必不可少的文娱活动。

3. 女娲庙

女娲庙地处天水秦安县城北45公里的陇城镇，相传为女娲出生地，"女娲，风姓，生于城纪，长于风台，是伏羲的妹妹，母系氏族社会的首领"，据《水经注》记载：秦安县城北面，北有女娲洞，此地有以"风"

命名的风沟、风谷、风台、风莹等地名，还有娲皇、凤尾、龙泉等。传说女娲生于风沟，长于风台，葬于风莹。在风沟悬崖上至今还有一处深不见底的女娲洞，城北门外有一口大井，也称龙泉，据传是女娲抟土造人用水之泉。镇南门有一座气宇轩昂、画栋雕梁的女娲庙，大殿正中有女娲氏塑像，生动地再现了女娲"炼石补天""抟土造人"的情景。现陇城女娲庙为海内外华人"寻根访祖"旅游线上的重要景点之一。

第三节　秦早期文化

中国传统（地域）文化以历史悠久、博大精深而著称。秦早期是中国传统（地域）文化的萌芽时期，而秦早期的地域文化是中国传统（地域）文化"多元一体"特征形成的基础。秦早期的中国传统（地域）文化始终处于发展进步之中，她是通过各种类型的文化相互砥砺、相互渗透而发展的，也是通过各地域文化的相互交汇、融合而进步的。从地域文化的角度看，秦早期各地域文化在发展过程中，既有其独立性，又有相互融合性。周初大分封，各诸侯国的纷纷建立，成为地域文化形成的前提条件。西周以降，随着各诸侯国成为相对独立的政治集团，文化发展的地域性特征逐渐加强。降至秦汉，中国传统（地域）文化的发展以秦早期地域文化为基础，完成了第一阶段的整合。

所谓秦文化是指产生并形成于秦人的发祥之地陇右天水一带，经春秋战国时期的发展壮大，最终因秦国统一中国而上升为波及华夏、统治中国的文化。秦人在陇右一带有长达三百多年的发展进程，秦文化在中华民族和华夏文化发展史上都产生过巨大影响。伴随着秦人的兴起和建国，秦文化产生和形成。因此，陇右地区就是秦人、秦族、秦文化的发祥地。任何一种文化，不论它后来的发展和趋向如何，这一文化的基本内核和特征，无不与其渊源和最初面貌有着无法割断的密切关系，也与生成这一文化的最初环境存在千丝万缕的联系。[①] 陇右秦文化作为秦文化发展的活水源头和最初阶段，由于秦人历史的独特性及其生存环境的复杂性，其产生和发展演变，既有显著的民族特点，又有鲜明的地域特色。

---

① 赵吉惠：《三秦文化》，山西教育出版社 2006 年版，第 87 页。

一　陇右秦文化的形成

秦人族出东夷，以少昊苗裔、伯益之后自居，其始祖是卵生神话中的女修。秦人的始祖女修是少昊支系颛顼的裔孙，她与少昊后裔通婚而生子大业；大业又娶中原黄帝族后裔女华为妻生子大费。秦人始祖向后人揭示了三方面的信息：第一，秦人始祖女修因吞玄鸟即燕子卵而生子，则揭示了秦人以燕子为图腾的来源；第二，大业的父族和母族都是少昊后裔，因而秦人奉少昊为先祖；第三，大费与女华的通婚，标志着东夷部落的秦人与炎黄部族已开始交往与融合，说明秦人很早就已与华夏族有了血缘关系和文化交往。

大业又称皋陶，大费又叫伯益，父子二人都曾辅佐帝舜与大禹，并屡建功勋而享有很高的威望。他们在舜禹时代显赫的地位，便利和推动了秦人的发展。后伯益在与夏启争夺王权的斗争中失败被杀，秦人的发展因此受到削弱，秦人部落也被迫分化与迁徙。

从女修至商周之际的秦人，其历史尚处于传说与历史相混杂的阶段。其间，秦人经历了两次兴衰起落和三次西迁。舜禹时代，秦人获姓嬴氏，地位日显，这促成秦人的初步兴起，但至夏初，伯益被杀，秦人第一次受到打击而衰落。夏末，秦人叛夏归商，其"子孙或在中国，或在夷狄。……自太戊以下，中衍之后，遂世有功，以佐殷国，故嬴姓多显，遂为诸侯"。秦人重新崛起并得到空前的发展。周人灭商过程中，秦人作为商朝的坚定追随者和反周势力而遭到周人的残酷镇压，嬴氏部族被迫离散、迁徙，而且秦人也失姓灭国沦为周人的部族奴隶而长期受到压制和排挤。秦人的第一次西迁发生于商初，在商人灭夏的战争中，属于东夷族的"九夷"部族中的畎夷，曾进军关中扫灭夏朝残余势力，战争之后即居留陕甘一带，部分秦人随畎夷而西迁。文献中留下的有关山东曹县、河南永城县、陕西兴平县和甘肃天水都有"犬丘"一名的记载，正是上古地名随部族而迁移的反映。秦人的第二次西迁出现于商末，其时，秦人首领胥轩、中潏奉命西迁陇右，"在西戎，保西垂"。周初，周公东征，曾灭嬴姓十七国，部分嬴姓部族被迫西迁至陇右一带，与前次西迁的秦人会合，这就是秦人的第三次迁移。

秦人的两次起落、三次西迁经历了由夏初到商末周初长达千年的漫长过程，秦人与夏商及中原各族广泛、频繁而密切的交往，一方面促进了秦人自身的发展和文明进步，秦人不仅以培植水稻、发展农业而著称，也以驯化鸟兽、发展畜牧和善御而见长；另一方面秦人及其文化也完全汇入华夏民族与华夏文化。所以，秦人西迁陇右之前，已经是华夏民族与华夏文化的一部分，秦人、秦文化的原始发祥地在东方。

商末，中潏在西戎、保西垂入居陇右地区，秦人进入了世系清楚、有史可证的信史时代，也开始了秦人长达300多年的部族发展和文化创造活动。周初秦人遭到失姓灭国、被迫迁徙和沦为部族奴隶的沉重打击，周公东征后一部分西迁的嬴姓族人也入居陇右和中潏子孙会合，从而形成秦人部族的主体。他们肩负起复兴本族的历史使命，承受失姓之辱和亡国灭族之恨的巨大创伤，面对残酷现实，无怨无悔迎接新的挑战，去主动适应完全陌生的新的生存环境，以重新振兴秦族和实现秦文化的再生。

秦人在陇右地区的重新兴起和文化创造，是在一种极为险恶的生存环境中起步的。陇右天水一带东隔陇山与周室王畿之地相邻，其西、北两面广布戎、狄，西垂正处于周人与戎狄的夹缝之中。西北戎狄部族长期以来一直威胁着周王室的西部边界，现在秦人在群戎包围的形势下要定居下来并争取生存空间，困难重重。与此同时，陇右地区群山溪谷、山原广布和林茂草丰的自然环境，也与秦人原本在中原的环境相差甚远，这同样是一种新的挑战。不过，秦人历经变故和磨难，又有农牧兼长的生产经验，在新的生存环境中，一面主动与西戎友好交往、虚心学习并通婚融合，开创了与西戎和睦相处的新局面，从而使秦人广泛吸收了戎狄文化的异质养料，为秦文化的再生注入了活力与新鲜血液；也使秦人赢得西戎的认可，在西垂站稳了脚跟；而且秦人也通过戎人的周旋与周王室改善了关系。另一方面，秦人因地制宜，趋利避害，发挥农牧兼长的优势，披荆斩棘发展生产，种植黍、粟和养马牧畜均获得成功，出现农牧两旺的景象，为秦人的兴起和文化创造奠定了基本的物质基础。天水市毛家坪与董家坪发现的西周时期秦墓遗址文化层表明，秦人屈肢葬、西首墓等葬俗，明显受西戎文化的影响，而农业定居与随葬礼仪等又是秦人生活"周式化"的反映。自中潏至非子八代秦人在陇右地区艰苦卓绝的创业活动，终于使秦人开始摆脱困境、走向复兴，而陇右秦文化也由此产生。

也有学者对秦文化渊源概括为"源于东而兴于西"，指出"所谓'源于东'者，是讲秦人、秦文化的原始发祥地在东方；而'兴于西'者，是讲秦人、秦文化的复兴之地在西方。换言之，就是说秦文化有两个'源'：一曰'始发之源'，一曰'复兴之源'。由于秦人经历了一个漫长的由东而西的迁居过程，在迁居之后，深受西方戎人文化的影响，乃至被戎化，这样其复兴就不是以原有文化为基础，而是在'戎化'这一全新的起点上开始的。这种几乎是从零开始的复兴，使秦文化成为一个特殊的变例——它在西方的复兴具有某种始发或曰再次起源的性质"。秦文化的"再次起源"正是在非子受封之前完成的，所谓秦文化的"戎化"过程也主要是这一阶段出现的。

公元前872年，周孝王封非子为附庸，这是秦人发展史上的里程碑，也是秦和西戎、周王室关系发生变化的转折点。秦人从此恢复嬴姓，也拥有了新的族号——秦，史家习称的秦人、秦族、秦文化也即由此而来。以非子受封为标志，秦文化的发展又由"戎化"进程转而向华夏文化回归。与此同时，受封又是秦人在周室政治地位上升的起点，从此秦人与西戎友好和睦的关系被兵戎相见所代替，周秦关系则由以前的受周王室的压迫、疏远转为协同一致，共同反戎。秦与西戎、周人关系的这一转换，既有现实利益的需要，更有深层的文化背景和民族心理因素。秦人虽然西迁陇右后才开始稳定下来并走向复兴，但他们始终没有忘记失姓亡国之耻，因而有着强烈的回归故土、回归华夏进而重新崛起建国的愿望，此志代代相传而不移。要实现这一夙愿，得到周王室的认可，改善双方关系就成为不可超越的前提。一旦秦人在群戎包围的环境中立足已稳，则弃戎亲周就成为必然之举。而秦人扩充势力，又必然要从戎人手中争夺生存空间，因而，秦人和周人在对待西戎上利益一致，利害共同，只不过秦人又以反击西戎保卫西周西部安全为代价，需要周王室不断提高其地位作为补偿，借以壮大自身，崛起建国。

从非子至襄公六代秦人百余年间，是秦人迅速发展的阶段，他们不惜失地亡君，惨淡经营，勉力抗击西戎，誓死保卫西周西部的安全，终于由附庸而大夫，由大夫而西垂大夫，进而位列诸侯，始建秦国，并得到周平王允许东进关中的许诺。在此阶段，秦人在文化发展上也是突飞猛进，秦仲时已"始有车马礼乐侍御之好"，襄公始国，更有一番从政治、军事、经济到制度、宗教、礼仪等各方面的文化建设，使秦人在物质文明和精神文明诸方面，都取得不亚于关东诸国的文明成就。尽管如此，秦文化中的"戎化"因素和自身特点，仍被中原文化视为"戎狄之教"而往往受到歧视；加之秦人长期与西戎作战，既无力制服西戎，又常常遭受战争失利的打击，进一步促使秦人更加自强不息、发奋图强。经过文公迁都关中至穆公的百余年发展，秦人终于拓地广境、称霸西戎，位列春秋五霸之一，成为东方诸国不敢轻视的诸侯大国，四百多年后，最终统一了中国。

二 早期秦文化的基本特点

秦人的起源与发展经历了中原——陇右——关中的运动轨迹，与之相适应的文化发展也有一个华夏化——戎化——回归华夏的转换升华的进程。所以，秦人西迁陇右，在秦人发展史上，既是其重新兴起进而崛起建国的关键时期，也是其文化再生和升华发展的主要阶段。就秦人的崛起和文化特点而言，陇右才是秦人、秦族、秦文化的真正发祥地。因而，陇右秦文化既是秦人重新崛起强大过程中走向文明的文化结晶，也是秦人建立霸业、统一中国的文化优势所在。无疑，秦文化具有不少显著的特点和潜在价值。

首先，陇右秦文化具有强烈的兼容性和开放性。陇右地区是中华文明的起源地之一，以距今 8 300 年前的大地湾文化为代表，包括西山坪和师赵村古遗址所揭示的文化信息表明，当地原始先民创造了堪称发达的史前文明；而古史传说系统中那些文化英雄如伏羲、女娲、黄帝亦出自这块神奇的土地。至于与中原仰韶、龙山文化前后相当的马家窑文化、齐家文化则是中原文化在甘陇一带的地域文化。这说明，在中华文明肇启之际，陇右一带已是一个各族交错、文明交汇和农牧文化相互兼容碰撞之地。秦人迁入这块具有深厚文化土壤与多元文化背景的土地上，无疑不可避免地要受到当地人文环境的熏染和塑造。面对空前的生存压力，怀着强烈的复国回归心理的秦人，毫不犹豫地选择了兼容开放的文化政策，在固有华夏文化传统的基础上，入乡随俗，兼收并蓄西戎文化中对其有用的异质养料，也不断从周文化中吸取精华，从而迅速实现了摆脱困境、站稳脚跟而复兴再生的初衷；也使秦人在群戎环峙中由弱到强、脱颖而出。传统所谓陇右秦文化的"戎化"倾向和"周式化"风格，实际上正是秦文化具有兼容性特点的最好注解；兼容性特点又促成秦文化产生开放、进取的价值观念，这对于秦人及其秦文化的发展壮大与文化优势的积淀都至关重要。

其次，陇右秦文化具有鲜明的功利色彩和进取精神。秦人西迁陇右，是在亡国失姓、遭受打击的情况下完成的，其回归故土振兴旧业的愿望始终不坠；而中原诸国与华夏文化对秦人的歧视与排挤，更是激起秦人奋起直追、后来居上的跃进意识，并且一以贯之。秦人不惜失地亡君和血的代价，世代与西戎争战，以求得周室的重视和提携；秦人在祭祀、丧葬乃至礼乐制度等方面不断僭越礼制名分的大胆之举，还有多神崇拜的宗教信仰，无不是这个后起的民族功利心理的集中展现。这一切既是秦人力图崛起、建立霸业、入主中原政治抱负的体现，也是他们跻身华夏、回归中原文化心理渴求的反映。功利心理的强化和延续，孕育了其致力强大的进取精神。正是这种进取精神，不断推动和塑造了秦人不畏艰难、百折不挠实现理想与目标的坚定信念，并支撑秦人取得自身发展和文化勃兴的辉煌业绩。

再次，陇右秦文化具有典型的尚武精神。秦人入居陇右，与长于游猎骑射、强健勇猛的戎狄部落为伍，高原旷野、山林野兽出没和放牧驰骋的环境，特别是与戎狄部族旷日持久的对峙与血战，炼就了秦人轻死重义、果敢勇猛、粗犷悍厉的民族气质和洋溢着不怕困难、积极向上、开拓进取的乐观精神。秦人文化中像《石鼓文》和《秦风》等文学作品，多以歌颂本民族车马田狩和赳赳武夫的内容为主。秦人正是挟持这种大无畏的文化优势，走向强大、建立霸业进而扫灭六合，一统天下。而且影响所及，直至两汉魏晋，秦人故地西北地区仍然名将辈出，雄风不减，六郡良家子、十二郡骑士金戈铁马、驰骋疆场，关东出相、关西出将常为人们津津乐道。所谓"山西陇右、陇西、安定、北地处势迫近羌胡，民俗修习战备，高上勇力，鞍马骑射。故秦诗曰：'王于兴师，修我甲兵，与子偕行。'其风声气俗，自古而然，今之歌谣慷慨，风流犹存耳"，正是对陇右秦文化尚武精神的极好概括。

第四，陇右秦文化具有质朴无华的风格。秦人那种兼容开放的文化政策和功利主义的价值取向的长期推行，在民众习俗中又形成了质朴豪爽、诚朴现实的文化风格。在秦人的领地，既少周文化中的宗法等级约束，亦无齐鲁之邦崇厚礼教的传统。秦人不仅没有实行嫡长子继承制，而且缺乏严格的礼仪道德修养，他们重视和追求的是现世世俗生活。如在宗教信仰上，他们对山川、人物、动物、植物乃至星宿都可祭祀崇拜，这种多神崇拜和鬼神观念更表现出直观、质朴的世俗特色，"天""上帝"均与世间事物对称，而且与道德伦理无关，没有理论的上升。在音乐上，那种敲击瓦器、呜呜快耳的"秦声"，正是秦人久居地老天荒的西北高原而产生那种苍凉粗犷、古朴厚重、雄奇激越的民俗文化的生动写照。

三 陇右秦文化的重要影响

从秦人兴起壮大的艰难足迹中不难发现，秦人在陇右的文化建树，既内涵丰富，又独树一帜，其文明成就和文化水平都达到相当的高度。由于这种文化包含着不少戎狄游牧文化的因素，是一种以华戎交汇、农牧并举为特征，具有秦人、秦地特色的新文化，与中原农耕文明及其文化自有不同，差别明显。无论周人还是中原诸侯，从自身政治需要和价值观念、文化标准出发，斥秦人及秦文化为"戎狄之教"，与野蛮、落后等同，显然是有失公允的偏见与歧视。如秦人贵族中就不乏精通诗书礼乐修养之人，秦穆公以秦国拥有"中国诗书礼乐法度为政"自居，出口成章、滔滔不绝，就是一个典型例子。从科学的立场出发，排除传统观念的干扰与限制，揭开秦人早期兴起发展的神秘面纱，展现在我们面前的陇右秦文化，是一派生机勃勃、洋溢着青春活力而充满希望的景象。它有"胡风汉俗共相融""华姓夷种共一家"的气度，开放进取、兼容质朴；富有刚健雄奇、尚武重利的特色和积极向上、开拓进取的精神风格。虽然秦人入关之后，由于地域的变化和发展、统一的需要，秦人文化中农耕文明的成分不断上升，但积淀于秦人民族心灵深处的固有特质和文化内核，却永葆活力、威力不衰。正是秦人所特有的民族气质、价值追求和文化优势，奠定了其铁骑东向，扫灭六合统一中国的文化基础，并最终完成了一统天下的大业。此后，秦人那种"同书文字、匡饬易俗"吞纳六国文化精萃、儒法互补、尚武轻文和皇帝极权的文化模式对以后中国产生了深远影响，还有那"秦汉雄风"的形成，究其渊源，无不与陇右秦文化具有水乳交融的联系。秦人入居陇右所创造和发展的陇右秦文化，后来一统天下，最终升华为中国主体文化的重要组成部分。

三 陇右秦文化遗址

1. 大堡子山遗址及墓群

大堡子山遗址及墓群位于礼县城东约 13 公里处的西汉水北岸，这正是先秦方国都邑与祖陵的通常距离。这是一座很不起眼的土山包，西汉水从山脚下缓缓流过，由陇右徐家店到礼县的公路，飘带一样盘绕在山腰。以往谁也未曾想到，被历史积尘掩埋了两千七八百年的西垂秦陵，就坐落在这个山包顶部南面的缓坡上，秦始皇的几位远祖，就长眠在这里的黄土中，大堡子山深深隐藏着一段失落了的历史。

大堡子山遗址及墓群是西周（公元前 11 世纪—公元前 771 年）至春秋（公元前 770 年—公元前 476 年）时期的遗址。墓群总面积 18 平方公里，包括大堡子山、赵坪圆顶山等几个墓区，已清理墓葬 14 座，车马坑 2 座。其中"中"字形大墓两座，应属于秦国国君级墓葬。中型墓数座，为东西向的土坑竖穴墓。陵墓坐西向东，墓主头西脚东，与雍城陵园、芷阳陵园、始皇陵园完全一样，而长达 100 多米的"中"字形墓葬也显示出秦人好建巨陵大墓的特点。这些墓葬中还出土了大量的青铜器和金、玉器，有的青铜器上铸有"秦公作铸用鼎""秦公作宝用簋"等铭文。大堡子山墓群尤其是大型秦墓的发现，确证这一带是西周至春秋中期以前秦国的中心，它对研究两周时期的秦国乃至周代墓葬制度、秦国始封地和西周封邦建国制度、秦人的迁徙及其社会特征等具有很高学术价值。

大堡子山遗址及墓群，即秦国早期秦公墓地。墓地分大堡子山、赵坪、圆顶山等几个墓区。墓区的中心是大堡子山墓区，它以 2 号墓、3 号墓为主，周围有规律地间距 5—7 米东西向排列中小型墓，面积约 6 万多平方米。2 号、3 号墓均为中字形大墓，墓向东向，基本呈南北平行排列。南侧有从葬的车马坑 2 座，亦东向。2 号、3 号墓墓室均呈斗状，东、西两个墓道，内设二层台，仰身直肢葬，头向东。2 号墓全长 88 米，东、北、南二层台上共殉葬七人，葬具为木椁、漆棺，墓底有腰坑，内置殉犬、玉琮各一。西墓道填土中殉奴 12 人及殉犬 1 只，出土石磬 5 件，其余随葬品均被盗掘。3 号墓全长 115 米，墓室结构及殉人情况与 2 号墓略同。中小型墓均为竖穴土坑墓，其规模、随葬品等较两座大墓简单。该墓区曾遭严重盗掘，随葬品多被劫掠一空。

圆顶山3座墓均为长方形竖穴土坑墓，墓向均向东，二层台上均有殉人。出土随葬品较为丰富，其中青铜器以礼器为主，主要器物组合为鼎、簋、壶、尊等，青铜兵器有戈、剑、镞等。陶器有喇叭口罐、鬲、壶、仿铜陶鼎，玉器主要有环、圭等。其2号墓使用了七鼎六簋，并出土有铜柄铁剑和鎏金铜柄铁剑。

2. 西垂

春秋八百诸侯，霸者有五；百家争鸣，儒法尤盛；战国七雄争胜，终为大秦荡平。秦统一了疆域，统一了政治，统一了文化。秦王朝最雄壮的故事写在关中平原，最悲惨的故事刻在了长城脚下。然而，秦人发祥之地却在清水。

> 大陇西来万岭横，秦亭何处觅荒荆。
> 非子考牧方分土，陇右山川尽姓嬴。

从秦非子到秦庄公，秦人先后有五代首领以"秦"为根据地惨淡经营，致力农牧，在同西戎的对峙交战中求得生存和发展，在这里居住生息了三百余年。这个"秦"就是后来的秦亭之"秦"，秦帝国之"秦"。秦始皇统一中国，置郡、县、乡、亭。也许是出于追根溯源的缘故，在其先人的发祥地清水首置上邽县，设秦亭。

秦人本为东夷集团嬴姓的一支，其始祖可追溯到东夷集团鸟图腾部族首领少昊，以及五帝之二的高阳氏颛顼。秦人在何时、为何而西迁至甘肃东部，学界尚有不同认识，但至迟在商代后期，秦人已经生活在西汉水中上游一带了。《史记·秦本纪》言秦人首领中潏"在西戎，保西垂"，也就是说，那时秦人已在戎族遍布的陇山以西，建立了一个以西垂为中心的城邦性质的小方国。"西垂"是个具体城邑名，是秦人最早的都邑邦基，是秦人的发祥之地。据考证，西垂本名"西"，历史极其悠久，早在五帝时代末期，即被确定为部落联盟在西方的祭日、测日标位点，因曾长期被犬戎族占据，故又名"犬丘"或"西犬丘"。它也就是秦汉时代陇西郡名县西县的县治所在，也就是当年诸葛亮北伐初出祁山，因街亭受挫而仓促撤兵时顺手"拔"掉的西城。据雍际春教授结合古文献考察，西垂地望应即后世州、县方志所屡言今礼县城东20公里处的"天嘉古郡"故址，大致方位可能就在今永兴乡捷地村及红土嘴附近。由南北流的古建安水（今西和河）在此与由东西流的西汉水交汇，形成了一片土壤肥美的小盆地。西麓陡峭、东麓坡缓而临水的大堡子山守其西，以盛产井盐而闻名遐迩的盐官镇（古卤城）扼其东，曾被魏文帝视作全国三大军事要塞之一的祁山高耸其中。域内地形开阔，山川交错，河谷纵横，气候温润，物产丰饶，农畜两宜，确是古代部族建邦立邑的理想地带。从宏观位置上说，这里东依高峻的秦岭，西望连绵的岷山，北连渭域，南接巴蜀，实为陇山以西的重要交通枢纽，也是联系、控制西部戎狄的战略要地。从这里出发，秦人披荆斩棘，开辟了一条走向关中，走向中原，最后统一神州大地的胜利之路。20 世纪 90 年代大堡子山秦陵和圆顶山秦人墓地的发现，坐实了礼县为秦人崛起地的那段壮阔历史，也为秦都西垂大方位的确定提供了可靠依据，早期秦史和秦文化研究，由此翻开了崭新的一页。

第四节　三国文化

三国是中国历史上一个夺目的时代，不仅在于其政治、军事上的纵横捭阖。在军阀割据、连年混战的社会背景下，也酝酿出了富有时代特色的三国文化。三国时期也给后世留下了妇孺皆知的文化，评书、戏曲、小说、影视、游戏等，三国都是一个很重要的主题。三国文化早在中国封建社会时期，就流传到了国外，尤其是东亚、东南亚一带，影响力之大，在世界文化史上，实属罕见。人们研究三国、探讨三国，从中发现经验教训，汲取精华，来指导自己的行为。

一　"三国文化"概念

近年来，随着三国史研究的逐步深入和《三国演义》研究的长足进展，人们开始频繁地使用"三国文化"一词。然而，对"三国文化"这一概念的内涵与外延，却并未予以明确的界定。有的史学家站在传统史学的角度，认为"三国文化"即历史上的三国时期的文化。但是如果立足大文化的广阔背景，"三国文化"是一个宽泛的概念，它并不仅仅等同于"三国时期的文化"，而是指以三国时期的历史文化为源，以三国故事的传播演变为流，以《三国演义》及其诸多衍生现象为重要内容的综合性文化。①

对"三国文化"这一概念可以作三个层次的理解和诠释，下面略加论述。

第一个层次是历史学的"三国文化"观（或曰狭义的"三国文化"观），认为"三国文化"就是历史上的三国时期的精神文化。历史学的"三国文化"观是有其科学内涵和科学价值的。历史上的三国时期（通常包括从184年黄巾起义到220年曹丕代汉的东汉末期或"前三国时期"），在文化上充满了变革与创新，可谓英才鳞集，俊士云蒸，成为中国文化史上一个辉煌的时期。哲学方面，由于天下大乱，王纲解纽，封建秩序遭到严重破坏，自西汉形成的儒学独尊的一统天下已被冲破，出现了继春秋、战国时期百家争鸣之后哲学思想最为活跃的局面。道学创立，佛学传播，玄学勃兴，各种理论、各种学派互相争辩，此消彼长，其深度和广度虽然不及春秋、战国时期的几大学说，也没有出现老子、孔子、孟子、荀子、庄子、韩非子那样杰出的思想家，但仍具有强大的震撼力，带来了思想的解放、人性的觉醒和社会风气的改变，对后世产生了极其深刻的影响。文学方面，建安诗歌响遏行云，佳作迭出，三曹七子比肩而立，气势文采各见其长。曹操的《蒿里行》《短歌行》《步出夏门行》，曹丕的《燕歌行》，曹植的《赠白马王彪》《野田黄雀行》，王粲的《七哀诗》，陈琳的《饮马长城窟行》，刘桢的《赠从弟三首》，均系广为传诵的名篇；蔡琰的《悲愤诗》摧肝裂肺，民间叙事诗《孔雀东南飞》情韵深远，感动了一代又一代读者。这一时期的散文以通俗质朴为胜，曹操的《自明本志令》直言不讳，诸葛亮的《出师表》情辞恳切，均可见其性情。这一时期的赋则以抒情小赋见长，王粲的《登楼赋》、祢衡的《鹦鹉赋》、曹植的《洛神赋》、向秀的《思旧赋》等，均为情真意切的上乘之作。这一时期的文学理论也有较大发展，曹丕的《典论·论文》被公认为我国古代最早的文学批评专著。特别是深深植根于现实的"建安风骨"（或称"建安风力"），更是倍受推崇，享誉千载，成为后世现实主义文学的一面旗帜。艺术方面，这一时期的书法、绘画、音乐、舞蹈等艺术都有了长足

---

① 马强：《论三国文化的内涵特征及现代嬗变》，《成都大学学报（社会科学版）》2004年第2期。

进步，钟繇的楷书艺术，曹丕的人物画像，蔡琰、嵇康的琴曲等，都名垂千古。史学方面，随着官府对史学垄断的打破和人们思想的解放，私家著史之风盛极一时，修史的态度、方法都有所变革，出现了荀悦、鱼豢、谢承、韦昭等一大批著名史学家，为后来的《三国志》《后汉书》等名著提供了坚实的基础。科技方面，这一时期也有一定的发展，华佗的针灸术和麻沸散、马钧的指南车和翻车、诸葛亮的木牛流马等，均堪称千古奇迹。上述种种，人们已经作了多方面的研究，这里不再赘述。可以肯定，历史学意义的"三国文化"具有永恒的研究价值。

第二个层次是历史文化学的"三国文化"观（或曰扩展义的"三国文化"观），认为"三国文化"就是历史上的三国时期的物质文明与精神文明的总和，包括政治、军事、经济、文化等领域。政治方面，这一时期是中国历史上一个重要的承先启后的阶段，阶级关系、民族关系和政治制度都发生了深刻的变化。在各个政治集团之间纷纭复杂的斗争中，涌现出一批杰出的政治家，魏、蜀、吴三国的开创者曹操、刘备、孙权及诸葛亮尤为其中的佼佼者。他们在审时度势、内政外交、识才用才等方面，对后人极富启迪意义。在制度建设上，这一时期确立的三省制、州郡县三级政区制、九品中正制等，对后世影响极大。军事方面，这一时期的"三大战役"（官渡之战、赤壁之战、夷陵之战）乃是中国军事史上的杰出范例。诸葛亮平定南方之举、邓艾灭蜀之役、西晋灭吴之战，亦各见其妙。瞬息万变的征战杀伐，孕育了一批杰出的军事家。他们的军事理论、战略战术、韬略计谋，一直被后人效法和吸取。实战的需要，使军队编制、人员装备、军事技术等有了新的进步。经济方面，在三国鼎立形成以后，曾经遭受严重破坏的经济逐步得到恢复和发展，农业、纺织、冶金、盐业、交通、航运等，或取得新的经验，或有了较大发展。曹魏的屯田制、蜀汉对丝绸业的振兴、孙吴对江南地区的开发，都取得了相当大的成功。生产力的发展，既是消除分裂、实现重新统一的内在要求，又为重新统一提供了最基本的历史条件。上述种种，有的已经得到了深入的研究，有的还存在若干空白，尚待人们认识和发掘。毋庸置疑，历史文化学意义的"三国文化"概念也可以成立，同样具有永恒的研究价值。

第三个层次是大文化的"三国文化"观（或曰广义的"三国文化"观），是指以三国时期的历史文化为源，以三国故事的传播演变为流，以

《三国演义》及其诸多衍生现象为重要内容的综合性文化。比之前面两个层次的"三国文化"观,广义的"三国文化"观具有更大的涵盖性和更广的适应性,更便于认知和解释很多复杂的精神文化现象。

从风行海内外的"关羽崇拜"现象可以解释这种现象。历史上的关羽,号称"万人敌",确是一员虎将、勇将或名将;然而,他还算不上军事家。就历史功绩而言,历代超过他的名将比比皆是,如唐代平定"安史之乱"的主要统帅郭子仪,功劳就比他大得多。但是,在后人的心目中,关羽的地位却凌驾于所有武将之上,在清代还高于诸葛亮,甚至高于"万世师表"孔子。其原因,除了历代统治者的层层褒扬和极力抬高之外,《三国演义》和民间三国传说故事的美化与渲染起了很大作用(一般人印象中的关羽的赫赫战功,相当大一部分,如"温酒斩华雄""诛文丑""过五关斩六将""斩蔡阳"等,都是《三国演义》虚构的),而根据《三国演义》改编的戏曲、曲艺等艺术品种,又不断地强化关羽的超人形象,各种宗教也根据自己的需要来神化关羽。正是多种社会因素的合力,把关羽推上了神的高位,让芸芸众生顶礼膜拜。这样一个关羽形象,与历史人物关羽实在相去甚远,只能用大文化的观点来诠释。

三国文化的宽泛性,也表现在众多的三国遗迹上。据统计,全国至少有二十个省、市、自治区留存有三国遗迹,总数多达几百处。这些遗迹大体上可以分为四类:第一类,少数由三国时期遗存至今的古迹,如许昌的曹魏故城遗址、南京的石头城遗址和成都的刘备惠陵等墓葬。第二类,虽然出自三国历史,或与三国史实大致相符,但或多或少渗入了《三国演义》和民间三国传说的内容。比如大名鼎鼎的成都武侯祠,被公认为最有影响的三国遗迹,但它并非三国时期的旧物,而是始建于公元四世纪的成汉时期的纪念性祠庙,以后历代又迭经兴革补充,我们今天看到的则是清代康熙年间所重修;祠中人物塑像的设置介绍和有关陈列虽然基本上依据三国历史,但人物的造型、服饰、兵器则显然受到《三国演义》和三国戏曲的影响。这类遗迹,在全部三国遗迹中占了很大比重。第三类,虽有一点历史的因子,却因《三国演义》和民间三国传说的影响而与史实大相径庭,甚至面目全非。如四川广元被称为"汉将军关索夫人"的"鲍三娘墓",经考古鉴定,确系东汉晚期墓葬,但关索和鲍三娘却是民间三国传说虚构的人物,这种张冠李戴的现象就很有代表性。第四类,出

自对史实的附会，或者纯系《三国演义》和民间三国传说的产物。例如
江苏镇江的甘露寺始建于唐代，却因《三国演义》中"甘露寺相亲"的
动人情节而被视为有名的"三国遗迹"；又如历史上的诸葛亮南征时并未
进入永昌郡（治所不韦县，即今云南保山市），但当地却长期流传有关诸
葛亮南征的故事，早在唐代就建起了武侯祠，一千多年来屡毁屡建，至今
犹存。四川、陕西、湖北、云南等省，因《三国演义》和民间三国传说
而形成的"三国遗迹"，随处可见。所以，我们通常所说的"三国遗迹"，
大部分并非严格意义上的"三国时期的遗迹"，而是在漫长的历史过程中
逐步形成的"与三国有关的名胜古迹"。尽管它们不能与三国历史画等
号，但却寄托了历代人民对三国史事和三国人物的追慕和缅怀，表现了人
们的爱憎、理想和愿望；它们的形成演变本身，也已成为历史，从一个侧
面反映了我们民族心灵变迁的历程，具有丰富的文化内涵和巨大的研究
价值。

　　因此，从大文化的广阔视野进行观照，人们所说的"三国文化"实
际上是一种世代累积型的文化，它是漫长历史时期中民众心理的结晶，对
中华民族的精神生活和民族性格产生了十分深远的影响，在世界各地也广
泛传播。

　　上述三个层次的"三国文化"观，每一个都可以分别进行宏观研究
和微观研究。但相对而言，我们不妨把它们之间的关系看作微观研究、中
观研究和宏观研究的关系。正因为这样，这三种概念并非截然对立，而是
如同一组同心圆，围绕着同一个圆心，层递扩大其范畴。这个圆心，就是
三国时期文化的基本内核；层递扩大的范畴，就是其发展、演变、吸纳、
衍生的方方面面。这里当然不存在简单的什么重要什么不重要的问题，就
像江河的源与流。万里长江，其源头只是几条纤细的小溪，但没有这源头
便没有万里长江；然而，仅仅靠这几条小溪，而不融汇百川，也绝不会形
成浩浩长江，奔腾到海！所以，三个层次的"三国文化"观，其实共同
承担着阐说和研究三国文化的任务。如果对这种辩证关系缺乏清醒的认
识，过于拘守传统的史学角度，否定和排斥各种衍生文化现象，实际上是
作茧自缚，在许多问题上难以自圆其说。

　　三国文化决不仅仅是一种历史现象，直到今天，它仍然富有活力，仍
然影响着我们的现实生活，流淌于我们的血脉之中。今天的电视连续剧

《三国演义》、广播连续剧《三国演义》、三国文化之旅、三国故事新编等，不仅是三国文化的载体，而且是对三国文化的丰富和补充。人们对三国文化的种种诠释、研究和应用，同样也延续和发展着三国文化。作为中华民族文化的有机组成部分，它将伴随我们走向未来，再创辉煌。

二　陇右——三国历史的重要载体

东汉末年，魏、蜀、吴三国割据称雄，因陇右战略地位的重要，一些杰出的帝王将相、军事首领在这里演出了一幕幕威武雄壮的历史活剧。它像一首史诗，赋予了陇右经久不息的神秘魅力，为后人烙下了不朽的辉煌图案。诸葛亮六出祁山、失街亭、天水关、收姜维等世人有口皆碑、如数家珍的故事，都发生在陇右。祁山堡、街亭、诸葛军垒、木门道、姜维墓等遗存烁然俱在，昭示着文明。

1. 诸葛武侯点军之祁山堡

祁山堡是三国时蜀国臣相诸葛亮统帅三军，挥师北上，进攻曹魏的扎营之地。位于天水市西75公里。因诸葛亮"六出祁山"而闻名于世。公元228年，诸葛亮第一次率师出祁山伐魏，占领祁山后，天水、南安、安定三郡立即叛魏降蜀，关中响震，因街亭一战，蜀军溃败，退还汉中，之后诸葛亮六出祁山，都无功而返。杜甫为此曾发出"出师未捷身先死，常使英雄泪满襟"的感叹。后人为纪念这位杰出的政治家、军事家，在堡内建诸葛武侯祠，有20余间房，殿内有孔明、关羽等人塑像，有壁画、匾额、楹联、碑刻数十方，形态生动、字迹劲秀，概述了诸葛亮毕生事迹和功业。

2. 诸葛亮千虑一失之街亭

街亭位于天水市秦州区东北100公里处的陇城镇，是历史上一个重要的军事关隘。诸葛亮第一次出祁山，魏派大将军张郃率军西援抗蜀，双方争夺的焦点即街亭。但因镇守街亭的马谡自以为是，结果街亭失守，造成蜀军退守无据的局面，诸葛亮被迫退回汉中，杀马谡以谢天下，自己也自贬三级以示惩处。

现今龙山脚下的陇城镇即为当年的街亭。陇城镇位于距秦安县城东北40公里的一条宽约2公里、长达5公里左右的川道北段开阔处。由于镇西河谷中雄峙八方的龙山，山高谷深，形势险要，又有清水河挡道，关陇往来只有通过固关峡，翻越陇板，沿马鹿—龙山—陇城镇一线行走，是由长安到天水唯一一条较坦荡的路径。汉时就是著名的丝绸之路南大道。历代兵家均视其为进可攻，退能守的军事要冲，成为群雄角逐的古战场。今日陇城镇，古街亭的遗迹已难找寻，昔日当街的街泉亭，泉在亭毁。只有西北2.5公里的薛李川中，发现的一张铸有"蜀"字的弩机，现存甘肃省博物馆内。当年马谡驻扎的拔地方圆数千平方米，顶部能容万人，形似农家麦草堆的麦积崖，仍郁郁葱葱地屹立在陇城镇南面，成为当年战事的见证。

3. 诸葛军垒

相传蜀军行军打仗时每人身上背着一个"乡土袋"，袋中装着家乡的泥土，到了异乡饮水或吃饭时，在饮食中撒入一小撮家乡的泥土，可防止水土不服。在诸葛大军攻下天水城后，发现这里的水质很好，不用乡土袋中的泥土也没有一个士兵不服水土的。再者，在天水境内将是一场恶战，乡土袋变成累赘。于是，士兵们在天水城东门外，解下身上的"乡土袋"，把袋中的泥土倒在一起，形成了一个丈八高的大土墩。

天水城东门外地势开阔平坦，是练兵演阵的理想之地，诸葛亮正好利用了这个土墩。他经常站在高高的土墩上指挥训练军队，整顿军纪，布兵点将。后来，这里成为人们凭吊诸葛亮的胜地，取名为"诸葛军垒"。

"诸葛军垒"为古秦州八景之一，在秦州区城东岷山路南。原为底大顶平的圆锥形土墩，高丈余，墩前有碑亭，碑若房门，广植苍松翠柏，郁郁葱葱，肃穆幽雅。每当正午，艳阳高照，诸葛军垒上没有投影，当地乡民又称"无影墩"。《天水县志》对此也有明确记载。

历代诗人游客为诸葛军垒写下不少赞美诗章。罗家伦赋诗赞曰："一树横挡天水关，相传故垒仰攻难。渭河浪卷英雄去，剩有寒云自往还。"不幸的是，诸葛军垒在20世纪五十年代末期遭到破坏。但年长者清晰记得原貌，成都武侯祠保存着四十年前拍摄的"诸葛军垒"的照片。现在，诸葛军垒仅存遗迹，在遗迹处新立石碑。

4. 姜维故里

距甘谷县城5公里，便是姜维故里姜家庄。沿着弯弯曲曲的小石子道，上得山坡，姜公祠便近在眼前，只见祠大院，松柏林立，院西屹立着"姜维故里"的石碑。祠内姜公塑像，身材魁梧，双眼凝视渭川。穿过姜公祠，马沟两旁，山峰层峦叠嶂，将军岭气势磅礴。据说姜维小时候十分爱哭，他母亲日夜愁眉不展，一天对面山上一只锦鸡在飞跑，他母亲取下挂在石洞上的弓箭，拉弓一射，"嗖"的一声，锦鸡中箭倒下，恰在这时，姜维就不哭了，他母亲又喜又惊，于是每当姜维一哭，她就射箭。当姜维长到四五岁时，姜母就领姜维在将军岭上，教他学文练武。姜维墓分为上下两层，从下层走向上层，要穿过九台石阶，取九伐中原之意，石阶中心，衬砌着两颗篆形大字——"远志"。说到远志，这里还蕴藏着一个鲜为人知的故事：相传姜维被诸葛亮智收归蜀后，曹魏将其母作为人质，并令劝降姜维，姜母便致信姜维，叫他寄一服中药"当归"来，姜维接信后立即寄来一服中药"远志"，并在信上说，蜀地只有"远志"，没有"当归"，表明了"良田百顷，不在一亩，但有远志，不在当归"的信心和决心，姜母接信后激动地说："知我者，伯约也。"姜维墓地松柏掩映，一片肃静，墓前竖立着一块墓碑，上面写着"蜀汉大将军姜维之墓"。墓碑后就是高大的墓，整个墓地与姜维的生平相吻合。墓高3.5米，寓意姜维35岁时就在诸葛亮手下担任重要职务，并屡立战功；墓地直径6.2米，表示姜维享年62岁，举义复蜀，事业未成而含恨九泉，石台高1.2米。寓意姜维12岁时就聪明勇敢，结发从军。意味深长的姜维墓，象征着这位精忠报国、驰骋疆场、血染蜀地的三国名将的一生。

5. 祁山武侯祠

三国时期著名政治家，军事家诸葛亮"六出祁山"的事迹，早已为我国人民所称道。他为统一事业表现的百折不挠、鞠躬尽瘁的精神，亦早已成为中华民族优秀传统的一部分。"六出祁山"是诸葛亮晚年西线北伐战略行动的代称，也是人生为理想执着追求奋斗、不达目的誓不罢休的毅力与意志的象征。祁山位于甘肃礼县东，西汉水北侧，西起北岈（今平泉大堡子山），东至卤城（今盐官镇），绵延约25公里，距离天水市110公里。祁山连山秀举，罗峰竞峙，被誉为"九州"之名阻，天下之奇峻，地扼蜀陇咽喉，势控攻守要冲，所以成为三国时魏蜀必争之地。建兴五年（公元227年）三月，诸葛亮于成都向后主刘禅上《出师表》后，进入汉中设临时丞相府。建兴六年（公元228年）四月，亲率主力首次北伐（一出祁山），陇右的天水等三郡降蜀。由于先锋马谡失街亭，情势急转直下，诸葛亮只得拨西县千余家退还汉中。是年冬，诸葛又率大军二次北伐，出散关（宝鸡西南），围陈仓（宝鸡市东），后因粮草不济而退兵。建兴七年（公元229年）开始第三次北伐，亮派陈式占领了魏之武都（今成县）、阴平（今文县）二郡，亮本人曾到达建威城（今西和县城附近，距祁山仅20公里）。建兴八年（公元230年）四次北伐，诸葛亮派魏延西入羌中（今天水、陇南一带），"抚和"氐羌民族，郭淮截阻魏延于祁山一带，被延击败。建兴九年（公元231年）二月，诸葛亮亲自进行第五次北伐，以木牛运输粮草，再出祁山，六月破上圭（今天水市西）。由于李严假传退兵旨令，亮在退保祁山途中射杀张郃于木门道（今礼县罗家堡附近）。建兴十二年（公元234年），诸葛亮亲率十万大军从汉中乐城（今城固县北）出发，进行了最后一次北伐，杀出斜谷口，据武功五丈原（今陕西眉县西南），始以流马运送粮草，八月卒于军中。六役中，诸葛亮北伐直接出祁山两次，间接出祁山二次，（一次是亮到祁山南的建威（今西和），一次是魏延与郭淮战于祁山一带），还有两次未经祁山，总称"六出"，是泛指其西线北伐战略行动的整体而已。

祁山中部峰顶，三国时有城，极为严固，城南三里有亮故垒，今名祁山堡，距礼县城25公里，系祁山南麓、西汉水北侧平川中的一座石质孤山，四周不黏不连，形似龟又似舰，孑然特起，上平如席。西晋伊始，垒上即建武侯祠，四时祭祀。时隔千余年，几经兴废，保存下来的有诸葛殿、关羽殿、起佛殿，一进三院，自成格局。当地政府对祠宇、塑像、壁画进行了维修粉饰，新植了花木，拓宽了道路，接通了水电，增设了服务性设施，成立了管理机构。祁山武侯祠已对外开放，慕名旅游者络绎不绝。以武侯祠为中心，四周尚有点将台、藏兵湾、九寨、上马石、小祁山、卤城盐井、西县、木门道、铁笼山等十余处古遗址，可供人们参观游览。现在祁山已成了丝绸古道上的一颗璀璨的明珠。祁山堡为宽阔平川上突起的一座孤峰，坐落在西汉水北岸，高数十丈，周围里许，四面如削，高峻奇拔。营堡只西南有门可入城堡，再沿盘折小径，迂回曲转上至山巅。山上平地三千平方米，其下悬崖绝壁，峭崎孤险。

南北朝时期，为纪念诸葛亮，在堡内建有武侯祠，历有修复。现存武侯祠殿宇为三间硬山顶神厅，后连接三间悬山顶大殿，内塑高大的孔明像，手执羽扇，端坐正视。祠堂左右有月门可入关羽殿院，院后为起佛殿院。祁山堡已成为三国之旅的重要景点。

第 十 章

民俗文化

民俗作为一种社会文化现象，往往以最初始、最广泛的形态，具体而深刻地反映社会的物质生产水平、生活方式和思想意识、精神心理状况。①

陇右地区作为黄河流域华夏文明的发源地之一，在迈入人类文明门槛的时候，地域文化就以其鲜明的风格和较高的水准而兴起，并在中国早期文化史上占有一席之地。在华夏文化发展成为汉文化的漫长历史进程中，陇右文化始终伴随汉文化的扩散吸引而趋同，又因人口流动、民族迁移统一与分裂的波动而趋异。陇右文化依赖地域之便，东与属于中原文化的三秦文化唇齿相依，使汉文化得以流传发展，加快了陇右文明的进程，西处中西交通的要道，与属于沙漠、草原类型的西域文化毗邻，少数民族文化、外来文化在这里得以与汉文化碰撞、交流、融合。

陇右地区是黄河上游一个相对独立的地域，这里多民族聚居，而且作为中西交往要道的特殊的地理位置，使陇右地区的民俗文化呈现出独具风格的文化特征，尤其表现在人生仪礼习俗、消费习俗、岁时节日习俗等方面。

第一节 人生仪礼习俗

一 诞生礼

陇右地区传统的生育习俗是无节制生育，越多越好，一般生儿育女多在四五个以上，且以早婚早生为荣。人们受生子留后、多子多福观念的长期影响。计划生育政策实行之后，旧有的生育观念有所改变，晚生晚育、

① 王衍军：《中国民俗文化》，暨南大学出版社 2008 年版，第 245 页。

"双女户"、独生子女较多见，但人们仍然重视生子留后。

旧时，民间生育习俗较为繁杂，主要有：

1. 推测胎儿性别

民间推测胎儿性别的习俗相沿已久，方法很多。比较特殊的一种方法是在庄院高处挖两个小洞，分别标上"男窝"和"女窝"，孕妇和家人在闲暇时用石块或土块，从低处向洞中投掷，若投进"男窝"就表示怀的是儿子，投进"女窝"表示怀的是女儿。

2. 报喜

婴儿出生，第一胎要给娘家报喜。返回时，娘家要送两个干馍，母亲吃了娘家的馍等于给孩子带奶要粮。产后第三日，娘家来看望产妇和婴儿，称为"做三日"。

3. 产期风俗

旧时，农村孕妇生产多由乡间接生婆助产。分娩时忌娘家人在场，据说，如果娘家人在场，孕妇会难产。倘遇难产等，则向"送生娘娘""催生娘娘"等烧香祈祷。产后三天行"落脐灸囟"礼仪，即用艾叶、花椒等热汤洗婴，以驱疫避瘟。新中国成立前，家长为了使孩子健康成长，故有佩项圈、银锁之习。孕妇分娩后，在产房前挂笤儿或一小红布条，表示忌男性长辈和生人进产房。婴儿的胎衣要收藏埋在自家院内或大门门槛下，不能乱扔或让其他动物吃掉。民间认为如不埋胎衣或胎衣让野兽吃掉，孩子长大后会缺衣少穿，终身受穷。护理侍候产妇、喂养婴儿一般多由婆婆负责。产妇多喝小米稀饭，忌食腥荤和辛辣刺激的食物。若产妇缺奶，一般炖猪蹄汤，连肉带汤让产妇吃后催奶。有的要讨七姓人家的面做饭给产妇吃，有的则多处讨米面，做"百家饭"给产妇吃，俗称"讨奶"。满月后，产妇若外出回家时在路上拾个小土块，民间称此为"拾奶"。生了男孩之后，有些人家要讨七个寡妇的碎布做布兜或衣服给婴儿穿；有的则不限寡妇，亦不限家数，在乡邻中多处讨要小块布条，为婴儿缝制"百家衣"，称此为"讨衣"，认为这样可以使婴儿吉利平安。

4. 满月

婴儿满月要剃去头发，有"胎毛不剃，终身不利"之说。剃下的头发扔在房顶上。凡第一胎婴儿，满月后要择日庆贺，俗称"过满月"、"做出月"或"送出月"。

5. 百岁

婴儿百日，俗称"百岁"。这一天要为婴儿剃头，并在脑后留一撮头发，俗称"长寿发"。第一胎婴儿要庆"百岁"。届时，产妇娘家亲友携衣帽、鞋袜、花布等物至婴儿家祝贺，主人则摆上酒菜款待。产妇及婴儿着新衣，由亲友陪同出门，或去寺庙拜祭，祈求菩萨保佑，或至舅家，让婴儿始识舅家。出门时一般要给婴儿额间点锅灰。现在婴儿过百岁时已无上述繁俗，多照相留影纪念。

6. 周岁

旧时婴儿一岁时，都要进行庆贺。第一胎孩子则更隆重。书香门第有"抓周试"之俗，即在婴儿周围摆放多种玩具及生活用品，如文房四宝、书箱、秤斗、刀剪、彩缎花朵、女红针线、应用物件等，任其抓取，由此卜测婴儿的前途、志向与兴趣。

7. 驱邪消灾习俗

旧时由于医疗条件差，婴儿死亡率高，因而民间有许多驱邪消灾的习俗。常见的有在农历二月二给孩子戴小桃木刀、柳木棒锤等，传说可以给小孩壮胆、避邪。在正月耍社火时，家长抱着孩子，让装扮关公或天官的扮演者拿起大刀从小儿头上来回闪过，并用演员脸上的红色油彩抹于孩子眉心，认为这样可以免除七灾八难，让孩子健康成长。有些人家为祈求神灵保佑孩子少生病，在婴儿"百岁"或周岁时举行"上保状"的迷信活动，请阴阳先生给某个"神位"或家中"灶神"诵经，疏"保状文"，缝在衣背上，直到孩子12岁时向所保之神退保状，也叫"割保状"，农村一些地方至今仍有此俗。

二　婚礼

陇右地区是中华文明最早的发源地之一，因而和全国各地一样，其婚姻程序都遵循传统的"六礼"——"纳采、问名、纳吉、纳征、请期、亲迎"这六种从议婚至合卺过程的礼节。民国时，多为四礼。

旧时，以"父母之命、媒妁之言"为定规，绝少恋爱情事，否则视为不恭不孝，受到舆论责骂嘲笑。媒人一般受男方父母的委托，根据其家境贫富和求婚者人品，男方的才貌，物色门当户对的女子，从中牵线搭桥，合议彩礼，商定迎娶。在联姻中，一般同姓不娶，近亲的女子不娶，己亲中不同辈的女子不娶。成姻类型有包办、买卖、指腹婚、换头亲、童养媳、上门婿等。传统的婚姻制度到民国时期没有显著变化，仍以包办、买卖婚姻为主。

1. 提亲

也叫提访、上门、传红。一般由父母相中女方后，央媒到女家提起婚事。去时，凡带什么物都为双数，一般送白酒两瓶，糕点两付。女方留礼物几天后，如觉诸事顺利，则将酒倒出，以米粒少许置酒瓶中，交给媒人。如将原物退回，则表示不同意。

2. 订亲

旧称"磕头""磕小头儿""喝酒""下聘"等。媒人带领男方家属等人，提酒点心等四色礼，衣料、首饰到女家。女家设宴招待，席间双方互认亲戚，媒人向女方家长交代彩礼，席将终了，女子来磕头，男方家长要给磕头钱。席毕，媒人领女婿给岳父、岳母及其他亲属敬酒。

3. 纳礼

旧时纳礼陈规十分烦琐。男方要给女方送"三程礼"，即头程二程三程。每程都有布匹、衣物、钱币。

4. 提话

也叫"磕大头"或"送朱衣"。男方到女方家商量结婚日期并送礼物。旧时，富裕家庭用食盆抬"件子饭"，送生肥猪、羊、面粉、衣料、首饰、妆奁及各色日用品。并送结婚礼服一件，一般叫"朱衣"，红盖头一顶，也可临时租借。有因婚礼商量不谐而结婚延期以至解除婚约的，有送足财物又临时变卦索取的。

5. 迎亲

在提话商定的吉日里，男方亲往女家迎亲。在此之前，男方事先须"下帖"请客，一般亲友可口头相请，但新郎父亲舅家和母亲娘家，必须登门去请。旧时，男方家里张灯结彩，宾朋满座，所有门户一律贴上朱红楹联。富裕人家则扎彩门，请乐队，举行新婚大典。女方邻里友好也前来赠送东西，俗称"添箱"。

洞房花烛之夜，新郎揭去新娘的"盖头"。伴娘脱去"朱衣"，并开始给新娘梳妆。先由新郎梳几梳之后，再由梳妆者给新娘梳起高髻，俗称"纂纂""挽头"或"上头"。

6. 安房

到了晚上，举行"安房"礼，由"福命双全"的夫妇二人主持，新娘新郎相向而跪行"合卺"之礼，即吃交杯酒。此时，闹房者有意嬉逗。"闹洞房"不拘礼节，各地花样繁多。

从婚姻形式上说，陇右地区传统的联姻还有合婚、入赘、换亲、童养媳、娃娃亲、站年汉等几种形式。

三　寿礼

庆寿在陇右地区普遍盛行。庆寿有增寿、敬老之意，人们通过祝寿的活动，密切亲友之间、家庭之间的关系。①

1. 庆寿岁额

陇右传统习俗，男女满 50 岁才开始庆寿。男人一般到九即庆，即 49 岁时贺 50，59 岁贺 60。女子以十为整数作寿。俗称"男过九，女过十"。十年一大贺，五年一小庆，60、70、80 为大寿。寿龄越高，祝贺越隆重。一般寿辰，备酒菜、擀长面，嫡亲挚友携礼祝贺。殷实之家备几桌寿席，款待亲朋好友，父母兄长健在，不能给自己庆寿，有的在娶孙媳妇时，给爷爷或奶奶同时庆寿。父母年龄相差二三年时，可以一次同贺，俗称贺双喜。

2. 寿礼

亲朋好友要送寿联、寿幛；儿女要蒸制寿桃、寿花、"佛手"、"松鹤"等象征长寿的寿品敬献。寿桃多以面粉捏成桃形，里面包入豆沙、枣泥、红糖等馅料，蒸熟后在顶端点成桃花色。女婿、外甥多送寿桃、酒、鸡、衣物等。富裕人家或有名望者，还敬送寿屏、寿匾。寿屏多与寿者功名事迹、道德声望相关。

3. 礼仪

庆寿日，晚辈要铺设寿堂拜寿。可单个磕头跪拜，亦可男女分开、辈次分开集体叩头拜庆。亲朋也要向寿星拜寿祝福。庆寿多为子孙成名夸富，宴宾三天，显示荣耀，贫寒人家多不大操大办。现今，寿礼较简，不请远客，只和儿孙、女儿、女婿等设席庆贺，祝愿健康长寿。城镇居民庆

---

① 　张昀：《人生仪礼与习俗化探源》，《新疆大学学报（社会科学版）》2001 年第 1 期。

寿时光吃寿糕。

四 丧葬

1. 寿衣

俗称"老衣"。陇右地区有老人健康时及早缝制寿衣的习俗。寿终之日，讲究穿戴、铺盖里外三新。宜用绸、棉、麻面料，忌讳缎子（谐音"断子"）面料，忌穿短裤、背心和心织物。寿衣为中式大襟或对襟上衣（无领）及大裆裤。

2. 棺木

俗称"老房"。一般称材木，以柏木为上等，有的地方榆木为佳，俗称"金钱木"，松、楸、桐次之，杨木为下等料。忌用开花树木头和柳木做棺。

3. 丧俗

停灵。死者弥留之际，须净身，修剪指甲、梳鬓发，换上寿衣。待咽气后，停放于正房灵床。

报丧。即向死者亲友发讣告，请人通知丧期和葬日。对舅家等嫡亲必须派专人报丧。如是女丧，首先要派老成持重者偕孝子去"请娘家"（报丧），并送去做孝服的白布。在丧事期间孝子穿白戴孝在灵堂守灵，俗称"坐草"。

吊丧。开吊前一夜，门前挂台纸。开吊时，死者生前至亲好友及邻里前往灵前吊唁，丧家备饭菜招待吊客。吊客吊唁多送挽联、挽幛，也有送纸和花圈的。

入丧第二天，要为亡人领羊。女婿敬献羯羊，于灵前祈祷，在羊身上洒水，羊发抖时寓意亡人愿领，随之屠宰，入厨烹调，次日待客。

入丧第三天，各方亲友为亡人吊唁。至亲吊丧者行至门外，身穿孝服恸哭，孝子闻声出迎，搀扶陪哭至灵前，叩头、烧纸、哭悼，并为五服内的外人及至亲普发扎头发的孝布。在秦安地区，人死后第三天晚上，灶停烟火，孝子向"灶神爷"馨香祷祝，迷信说亡人要换灶。

选茔修墓。人死后即请阴阳先生看风水，选茔地。墓穴在明代以前有深3至6米的，现在一般宽1米，长2.5米，深3米，墓穴正前打小窑洞，俗称穿堂，与墓穴同宽，深3米，富人提前修砖石墓。给修墓人须送上等饭菜，忌送豆腐。按民间说法，给打墓人吃了豆腐，主人将来要生豆渣秃子。所送饭菜要吃完，忌把剩饭带回。

入殓。又称殓棺，先让儿子将褥子铺入棺底，再将遗体装入棺内，四周用干柏树糜和叶子包成小包垫实。由女儿盖好被子，合盖后，停在初殓的地方。

出"殃"。在庆阳的正宁、宁县、镇原等地对夭折及非正常死亡的人都要出"殃"。出"殃"一般在下葬前进行，具体时辰由阴阳先生算定。迷信认为，"殃"是一种看不见的东西，若入人畜之体，人畜即死；若入草木，草木枯萎。出"殃"时，屋门洞开，众人都得躲避，为"殃"让路。阴阳先生用大铁勺盛入醋，将烧红的石头放入醋内，醋香四溢，气味弥漫，端至各窑喷洒。出"殃"后，众人才可自由走动。

出殡。送葬一般为丧期的第三天下午或第四天凌晨，也有的是阴阳先生算定的日子出殡。送葬有"八抬"和"四抬"之分。出殡前参与送葬者喝半碗米汤，称"发丧饭"。抬棺前，一般由长子用灵柩前烧纸碗（盆）猛击棺头，摔碎而归，随之众人抬棺出门，孝子手挂哭丧棒牵灵，长孙或幼子执"灵幡"于灵前呼其亡亲而行，一路边走边撒纸钱，吊唁者皆随赴坟地。沿途经嫡亲好友家门，其家行"路祭"，孝子磕头还礼。有些送葬时，抬起棺材要快跑，认为这样灵魂便能升天。棺至墓穴，先由死者子女将"倒头饭""酿浆罐""长明灯"搁入墓穴洞内，然后道士念经，罗盘定位，择时下棺。下葬时，长子背向填三锨土，然后由送葬者轮换掩埋，堆土成坟。孝子再烧纸、献祭品、举哀致祭。殡葬后，孝子要磕头致谢送殡的邻里亲友。当灵柩出门后，家中打扫，撕去所有挽联、挽幛，清除室内的垃圾，连同铺草烧毁，俗称"净宅"。送葬人返回时，家里人在门外燃一堆火，放一盆水，内置一把菜刀，让送葬者跨越火堆，拂尘洗手。送葬者洗去尘土进入丧主家，主人举席招待吊孝送葬者。

葬后祭祀。死者安葬后，孝子必于当日下午日落后，着孝服端茶水，沿原送葬之途烧纸币奠茶水。葬后三日，亲人到坟前祭奠，俗称"攒三"。以后每七日为一期到坟上祭奠，直到"七期"为止。庆阳、兰州等地，每隔七日，家人晚上到门外烧纸。在庆阳的西峰等地，逢七晚上从家门口烧纸，一直烧到坟地。烧纸时要哭。到第五十日将灵请回，设灵牌香案，做灵亭，女婿、外甥来吊。然后将灵牌送到坟上，烧纸焚香，哭拜致悼。亡后百日，孝子上坟祭奠。也有将亡灵请回家中祭奠的。百日内，孝子孙服孝，不能剃头，剃胡须，也不准赴宴饮酒、娱乐。称"百日祭"。其后逢周年都要祭祀。三周年最为隆重。

对非正常死亡的年轻男女，一般实行火化。死者无嗣，不入祖坟。在外死亡者，其灵柩不得进入家门。

第二节　生活消费

一　服饰

陇右地区，自古以来由于自给自足的自然经济所限，一般群众衣料较为粗糙，服饰简单。明、清时，多由妇女自己纺织纯白色或彩色花格土布，或采用各种植物汁和矿物染料土法制成深蓝、青蓝、黑色、灰色、黄色和花色，缝制衣服，少数富豪人家也有穿绫罗绸缎的。民国时期，始有机制黑粗布、贡呢、花哔叽、白洋布等。民间衣服颜色多以蓝黑、青色为主，妇女儿童穿花衣服。礼服、嫁衣、寿衣有部分绸缎衣袍，平常衣帽鞋袜用棉织土布制作。新中国成立以后，机制兰丝布、哔叽、卡叽、贡呢、花达呢、斜布、机织平布相继上市流行。其中条绒、灯芯绒、花达呢为上等布料。土布因纺织费工费时、质量差、不美观而被淘汰。进入80年代，人们的穿着由结实、耐用向美观漂亮转变；花色品种多样，质量好，式样新颖别致。穿补丁衣服者已很少见到。如今，只有在偏远地区及部分老人那里，还保留一些旧有的服饰习俗。

1. 帽

清代，官宦人家夏季戴红缨帽，冬天戴袭帽，富商绅士多戴瓜皮帽。普通百姓男子戴一种小帽，用青绸、缎子或青布做成，有八棱、六棱之分，顶端用红线或红布缀成纥哒；有"缎小帽子红纥哒，绸袍褂子缎夹夹"之说。女子冬季包棉头巾，男子戴毛绒或绣制的棉耳套。民国时期，政府官员和部分教员戴礼帽。另外戴棉布暖帽、毡帽（用羊毛擀制的一种圆帽）、火车头绒帽（用狐、兔、羊羔等皮制作的暖帽，前有护额，左右有护耳）较普遍。儿童常戴狗头帽、莲花帽，因形而得名，多为手工缝制。婴儿戴"姑姑子"帽，上绣花卉，饰银质吉祥物。妇女多包头巾或戴羊毛线纺织的帽子，梳有发髻的戴黑丝网帽。平凉庄浪一带的妇女，冬季也有戴黑色盆帽或一种类似葫芦瓢式的黑棉帽的。中年妇女多戴"卫生帽"（其质料、形状一如医院医护人员所用）。新中国成立后，男性多戴解放帽、八角帽。70年代，流行黄军帽。80年代，流行鸭舌帽、太阳帽、旅游帽。

在丧事期间，男子戴孝帽（用白布或白纱缝制的帽子）。

在天水秦安、张家川等地，用麦秸秆掐辫制作的草帽是传统的帽冠，而且作为家庭自制的名特土产销往全国各地。

2. 头饰

明以前，男子多留头发，成人男子上梳绾髻插荆簪。清朝则普遍剃去前部头发，脑后留发蓄长辫，直垂于背。男子头部无多装饰，清以前多以荆簪别发，清代以头绳扎辫。民国初期，剪去长辫，有的脑后编小辫；多数为齐领短发，向后梳，俗称"刷刷帽盖"。30年代后，此发型渐少，农民剃成光头，学生、职员留新式短发，向左右分梳，或向一边梳，称为"洋楼头""分头"。近年男子发型有分头、偏分头、大背头、小平头，少数青年烫头、染头发。老年人多留小平头或光头。男子多留胡须，古有28岁即留胡须的，称"二十八须（宿）"，其式样一般为"八字胡"，还有"三流须""满腮须"。胡须一经留蓄，定期修剪，不轻易变动，并认真保护，厌人逗玩。如今早留须者甚少，俗为父母健在不留须，一般60岁以后始留。

至于女性发式，因年龄而异，随时代而变化。民国时期，未婚少女梳长辫，有单有双，扎红头绳，头上喜缀花，多有辫粗而油光，下触脚跟者。婚后挽髻，俗称"络络"，以丝质套网为罩，用簪子、髻钗、鬓钗、垂珠闪簪、发针、发瓦及各种发花来装饰。旧时钗多为银制，后来逐渐用其他金属代替，年迈者梳单股高髻或"络络"发，以不散乱为主。新中国成立后，少女少妇始改双辫，中青年妇女多流行"二毛子"（妇女剪短发）。60年代，成年妇女为梳洗及劳作方便，多剪齐腮短发，老者仍以"络络"结发。

首饰。旧时，男子首饰较少，只戴戒指，戒指多戴在无名指上，且有男左女右之分。中年以上男子多用腰带，秋冬尤多，一般以羊毛线针织，宽数寸，长五至七尺不等，两端有穗，或红或素，紧缠腰间，以揽衣御寒。现多系牛皮腰带、人造革腰带。妇女首饰较多，有项链、耳环、戒指、手镯等。妇女婚后多戴金项链或比较贵重的项链，而在婚前戴普通项链。新中国成立前，妇女戴耳环较多，新中国成立后较少。近年妇女戴耳环又普遍流行，多用激光穿耳，耳环有金、银、玛瑙等。已婚妇女多戴戒指，戒指有金、银、铜、玉等。儿童多戴银项圈和"长命锁"。

衣着。清代，一般穿长衫短褂。短的单衣俗称"汗褟儿"或"汗褂儿"，长的称布衫。棉衣，短的叫袄儿或衮身儿或裹（滚）身（类似棉袄而薄于棉袄的防寒辅助衣），长的叫棉袍子。上衣皆为高圆领大襟，裤子都为大裆，裤腰较肥，穿时叠腰，裤脚扎尺许黑布带，老人冬季在单裤外再穿一件只有两只裤管的"套裤"。小户人家衣着简陋，一套衣服连穿几人，"新老大，旧老二，缝缝补补属老三"。富户人家长袍马褂，数九寒天有皮袍。民国时期，衣着基本沿袭清代传统，山区男子在冬季多用丈许长、四五寸宽的布条在腰间缠几圈作为腰带，称"缠腰"（"缠腰"也有单、夹、棉之分）。俗话说"十单不如一棉，十棉不如一缠"，说的就是棉"缠腰"的御寒作用。人们很少穿衬衣，代替衬衣的是一种贴身小服，俗称"袋肚儿"，上端系在项颈，中间系在腰间，面及边上绣花纹图等，遮住胸腹，正面有"兜儿"，可装零星小东西，男女老少皆穿。妇女穿着较男子为繁。富家女子一般夏季上穿右衽短衫大袖。衫边袖头加彩绣。下穿从膝下至脚踝，长尺许的膝裤，上面绣花。外套裙子，裙边绣花饰彩；冬穿大襟棉袄，下加套裤或棉裤。贫寒人家妇女较少讲究，多穿圆领大襟的土布衣衫。从脚踝至膝下，套膝裤。冬季为御寒，人们习惯用袖筒耳套。袖筒有棉的和皮的，套在袖口，小孩袖筒要做上猫头袖盖。耳套又名耳掩子，多用棉布做成，也有用绸缎做的，上面绣花，里面絮有棉，套在耳朵上保暖。儿童的衣着简单，只穿短褂布裤。贫寒之家夏季仅穿菱形兜肚遮护胸腹，赤足露背。婴幼儿穿花布衣裤，一些讲究人家，在婴幼儿穿戴的鞋、帽上绣"五毒"图案，或"莲生贵子""喜鹊闹梅""牡丹富贵"等类的图案。

20世纪20年代后，男性官绅和读书人多穿长袍，或穿中山装。富有人家妇女开始穿旗袍。普通百姓男子改穿对襟褂，大腰裤。女子上穿布结扣高圆领掩襟衣，下穿短肥大腰的裤子，很少穿裙。新中国成立后，各种机制平、斜纹布料（俗称洋布）渐多，衣着样式随时代不断改变。20世纪60年代初期，农民中男性多穿对襟式上衣，大腰裤，夏季以白色为主，其余季节以黑、蓝色居多。年轻女性穿红、绿或花格布褂裤，干部、工人中女性多穿开领双排扣"列宁服"，男性穿"中山服"，着西裤。稍后，"军便服""学生服"相继问世，大襟服、大腰裤除老年人尚有穿着外，中、青年逐渐换为制服、衬衣、西裤及线衣、线裤、绒衣、绒裤、汗衫、背心等服装。土粗布基本淘汰。"文革"中，穿花衣、戴首饰被视为资产阶级生活作风，城乡青年无论男女时兴穿草绿色军便服，戴军帽。农村的中老年人服装以黑、灰、蓝为主，只有小孩仍穿花布衣服，式样与旧时无多大改变。

鞋袜。民国以前，劳动者鞋袜基本自制。民国时期，布鞋多，皮鞋少。男子夏季穿布鞋、线凉鞋、线麻鞋、草鞋等，雨天打赤脚，在林区也有用椴树皮做的鞋。麻鞋是用大麻纤维做辫、纳底，以细麻绳穿"耳子"，再以麻绳做鞋带，穿时系于脚腕，叫辫底麻鞋。用布底棉线做"耳子"和鞋带的叫棉线麻鞋，形状不一，有圆头的，有有"梁子"的，有三条弦的，也有所谓"单鞭救主"式的，等等，还有染色的。有的在"梁子"上"栽"一朵用棉线做的染成红色或黑色的花穗子，美观好看。麻鞋虽然鄙陋，但如今天水地区的麻鞋却非常有名，穿着实用舒适，且已走出国门，成为外国人青睐之物。自制的布鞋是普通老百姓常穿的鞋，用旧破布涂糨糊拼抹褙褙剪制鞋底、鞋帮，鞋帮上糊新布，以细麻绳纳底，鞋底端直，不分左右，以线纳鞋帮，多用黑、蓝条绒布，有方口、圆口之分，装上棉花，即是棉鞋（暖鞋）。冬天男性多穿棉鞋、毡窝窝、毛鞋，或用猪皮、牛皮自制的"牲鞋"（俗称"牛蹄窝子"或"鸡窝窝"），鞋底絮以麦草、玉米须、莜麦草、燕麦草等取暖。行路人足缠羊毛纺织的"毛练子"，外套麻鞋。女性多穿绣花鞋，缠足妇女有的穿木底高跟鞋。圆口布鞋较为普遍，条件好的穿鞋面上缝异色布剪制的粗云纹图案的云头鞋、双鼻梁鞋。无论男女，旧时多穿白布袜和毛袜。自制的布袜有单、棉、夹三种。布袜、毛袜为求耐穿，一般要加袜底，并做袜后跟。袜底和袜后跟针脚细密，多有绣花图案，讲究花色。新中国成立后，自制鞋袜基本被淘汰，普遍穿厂制线袜。20世纪60年代以后流行尼龙袜、腈纶袜等。旧时人们穿鞋不用鞋垫，20世纪60年代以来，城镇人大多使用鞋垫，用一般布缝制而成。进入20世纪80年代，城乡普遍重视外观漂亮雅致的鞋垫，鞋垫上多绣复杂的几何图案或花鸟图案，花色多样，向艺术化发展。

二　饮食

陇右地区地处陇山以西，因气候、地理、土壤所限，大面积种植的农作物有小麦、玉米、荞麦、豆类、糜谷等。这就决定了陇右地区饮食以面食为主。

1. 日常饮食

陇右地区饮食中的主食因时代关系，变化较大。新中国成立以前，主食是糜子、高粱、玉米，辅以荞麦、扁豆、莜麦等。新中国成立以后，种植结构逐渐变化，杂粮面积逐渐缩小。人们一般一日三餐，以面食为主。面食主要是小麦制作的面条、面片或蒸馍、烙饼、锅盔之类；用玉米等杂粮面粉制作的面条（本地人称为根根、寸寸、截截等，取面条短之意），或徽饭、搅团、疙瘩、面鱼、干炕馍、发糕（即甜馍，也有称"粑粑"者）之类。一般早晨吃馍，中午吃面，下午吃炒菜米饭，或炒菜馍头。最传统的家常便饭是浆水面。当地人称为"酸饭"。用来调饭的酸菜是每家必备之品，吃"捞面"（即长面）时，将酸菜中清亮酸醇的酸汤（即浆水）调于面中，谓之"浆水面"。把调了酸菜的面糊汤称为"酸拌汤"，也就是主要的家常便饭。

在一些偏远艰苦的山村，多每日两餐，上午约九点、十点吃早饭，称"吃干粮"，黄昏时吃晚饭，称"吃晌午"。农忙时中午加一顿面条，称饭。"干粮"多以馍菜、酸菜汤、咸菜为主，晚饭以浆水面为主。还有一些山区农民"早上徽徽饭，晚上打搅团，中午吃面条"。

陇右地区有两种较特殊的日常食品。一是"熟面"，通称炒面，与藏族主食"糌粑"相同。是将燕麦、青稞、莜麦、糜子、谷子等杂粮先炒熟然后磨粉，条件好的加入少量炒熟的黄豆、胡麻、干甜菜等同时磨成粉，更好吃些。其特点是能较久存放，食用方便，易于携带。过去经常外出者皆以熟面为干粮，可以说家家都有。20 世纪 80 年代以来，人民生活水平日益提高，熟面已几近绝迹。二是"糗馍"（方言读"糗"为 qun），本地人又称"糗疙瘩"，也是干粮之一。"糗馍"在做时在锅底放好切成块的土豆或新鲜的苜蓿、槐花等菜蔬，其上覆川玉米面，或其他面粉，生火蒸煮。煮熟后用勺子搅匀，调上盐，即可食用。如果用植物油将做好的

"糇馍"炒一下，则更加美味可口。

副食主要是蔬菜、肉类、蛋类和饮料等。蔬菜常年以洋芋、酸菜为主，其次是白菜、萝卜等。20世纪80年代以后，市场活跃，蔬菜的种类也越来越多。此外，人们还有食用时令野菜的习惯，如香椿、乌龙头、蕨菜、苦苣菜、苜蓿等。

肉食在过去很长时间里比较缺乏。农村汉民家庭一般年初买一头猪仔，喂到腊月便宰掉，然后将部分肉腌制起来，供来年食用。城镇地区汉民以猪、鸡、鱼肉为主，牛、羊肉辅之。旧时农村宰猪时流行一种习俗，凡宰猪的人家，取新鲜肉一块，切成片，做一锅烩菜，给邻居每人家送上一碗，名曰"尝鲜"。

日常进食时，有比较严格的规矩，农村尤盛。进食时，尊老爱幼，第一碗饭给家中的长者，主妇一般不上桌吃饭，讲究男女不同席。招待客人时，请客人上炕，炕上放一张高20公分左右的小炕桌，主客就炕桌用餐。一般不在地下用餐，以表示对客人的尊敬，如今这些习惯都已改变。

本地饮料有"罐罐茶"、醪糟、黄酒及消暑的绿豆汤、黑豆汤（俗称绿豆滚水、黑豆滚水）。有些地方，夏季人们用炒焦的高粱、小麦、馍少许，泡入开水，作为消暑饮料。

2. 传统宴席

在婚寿喜庆款待亲朋或其他聚会时，无论城乡，人们必置办宴席待客，宴席名目视主人经济状况而定，有"十三花""十全""八大碗""六君子""四盘子"等名目。

十三花席：大菜八个，小菜八个，馒头四回，端菜十七趟。即：1）红肉（碟装大菜），有三种做法：一为两撒（酥肉、条子肉）；二为三溜子（白鸡蛋、烧肉、酥肉各一溜）；三为四合头（蛋黄、蛋白、烧肉、酥肉合放）。2）肋脊（碗装小菜），切成丝或片炒之。3）鸡肉（碗装大菜），有清炖、黄焖、整鸡等种。4）蹄花（碗装小菜），或腰花、耳脆。5）丸子（碗装大菜），有膘丸、糯米丸、酥丸、鸡丸、洋芋丸等。6）肚丝（碗装小菜），酸辣加蒜。7）三仙蜂蜜肉（碗装大菜），蜂蜜调肉回笼几次。8）夹三肉（碗装小菜），鸡饼裹酥肉，油锅炸熟。9）骨头肉（碗装大菜），将白骨头放入蛋清加面糊糊中，挂袍油炸。10）蜜汁骨肉（碗装小菜），蜜饯挂袍肉。11）肘子（碟装大菜）带馍。12）冰糖肘子

（碗装小菜），大肉块加白砂糖等佐料，上笼后撒冰糖。13）甜盘子（碟装大菜），糯米饭上加桂花、蜂蜜、百合等，上笼蒸之，带馍。14）鸡杂（碗装小菜）。15）笋煎肉（碟装小菜），带馍。16）肋脊或鸡马肉（碗装小菜）。17）五围子（总端五菜，有东坡肉、粉饼、炒粉、苜蓿汤、白米饭），带馍。

十全席：六个大菜，六个小菜，即：1）红肉（碟）。2）肋脊肉（碗）。3）鸡肉（碗）。4）腰花（碗）。5）丸子（碗）。6）肚丝（碗）。7）耳脆（碗）。8）蹄子（碟），带馍。9）糖煎山药（碗）。10）笋煎火腿肉，或鱼肉，或三仙蜂蜜肉（碟），带馍。11）甜米饭（碗）。12）凉拌肉（碟），带馍。13）五围子（同十三花），带馍。

八大碗（或八挎王）：八个行菜，五个坐菜，即：1）红肉（碟）。2）肋脊肉（碗）。3）鸡肉（碗）。4）肚丝（碗）。5）丸子（碗）。6）肘子或蹄子（碟），带馍。7）耳脆（碗），带馍。8）甜米饭（碟），带馍。9）五围子（同十三花），带馍。

宴席的主食是馍头（有些地方仅有包子大小），喝的是血条汤，或专门熬的菜汤。不论红白喜事，农村坐席有先随便吃的习俗，即先端来一碗豆芽之类的凉盘，每人一碗血条汤，由自己泡上馒头多少随意吃些，再正式入席。正宴开始先喝酒，下酒菜各地不同，一些地方先端来九个凉菜盘。主要是把洋芋和苴莲切成细丝和长方形薄片，煮熟后拌上瘦肉丝、熟肉片做成。九个菜碟摆成三行，菜丝和菜片碟相间隔。四个顶角的碟子一般放糕点，平均每人两块，并备有八张小方纸，喝酒到最后，每人可以把属于自己的两块用纸包起来带走，回家给家人吃，以作为赴席的见证。酒是用锡壶烧得滚烫的黄酒，每张桌子有专门敬酒的人不断给客人添酒。坐席的人一边慢慢地喝酒，一边就凉菜，讲究品酒味儿。黄酒喝到一定时候，如果主人备有白酒，即换白酒，下酒菜多四个凉盘。如果没有备白酒，即撤了酒杯、菜碟，抹净桌子，上坐菜和蒸馍，并端来汤，算是饭菜汤并举，直到吃饱喝足为止。也有的家庭只用白酒招待。

3. 地方风味饮食

浆水面。浆水面是陇右地区人们喜欢吃的具有地域特色的面食。

燕麦面柔柔。先将燕麦入开水锅猛煮二成熟，出锅凉开，磨成面，用水搅拌摊成薄饼蒸熟。出笼后稍凉，再用刀切成薄片或细条。其质精细柔软，类似酿皮，凉调或炒食之。

血条汤。杀猪、羊、鸡时，将流出的血用盆子接住，加上白面或荞面搅匀成为面团，然后擀碾切出细长血面，蒸熟晒干。当用时，将晒干的血面下锅去煮，烩在有肉臊子、豆腐、油熟辣子的热汤中，加上各种佐料，舀在碗里，泡上热蒸馍或干粮，分外好吃。

陇西火腿。陇西火腿、腊肉是传统的名特产品，从清朝乾隆年间起腌制，迄今已有近三百年历史。陇西火腿、腊肉的主要原料是"蕨麻猪"。这种猪肉肥瘦相间，味带药香，质地细嫩，滋味醇美。腌制时放上食盐和花椒，并佐以小茴香等多种香料，在冬季三个月腌制，春季上市。以立冬到冬至腌制的火腿最好，称"正冬腿"。

天水呱呱。呱呱是天水地区的传统风味小吃，被誉为"秦州第一美食"。呱呱品种较多，有用荞麦做的，有用扁豆做的，也有用豌豆、粉面做的。其中尤以荞麦做的为上品。在吃时，先用手将块状呱呱撕成碎块，再配上辣子油、芝麻酱、酱油、芥末、香醋、蒜泥、精盐等十几种调料即可。

麻腐馍（麻腐包子）。陇右地区的人们将麻子炒熟磨油，过滤去皮烧开，加卤水做成麻腐，再拌上五香粉、食盐、葱花等佐料，加入适当的猪油，用发酵的面团擀成薄饼做包皮，做成麻腐包子或麻腐馍，洁白松软，香味独特。

罐罐茶。罐罐茶是由于这种茶在砂罐中熬制而得名，用砂罐煮茶，不走茶味，而且茶香更浓。熬煮罐罐茶时，先把砂罐煨在炉火上，里边注入多半罐水，滚沸后，把水倒入小瓷盅内，再按喝茶者的爱好往砂罐内下入茶叶，茶叶多是砖茶、陕青等，然后再把茶盅里的滚水回入下了茶叶的砂罐，再次温火熬煮，同时，用一根小棍来回翻搅罐内的茶叶，搅的目的是使茶、水相融，茶汁充分浸出，茶味变得更浓。熬好后倒进茶盅，继上水再继续熬。一只罐罐可以同时供两三个人喝茶。喝茶备有简单的食品叫茶食，茶食多为馍馍或炒面。

兰州清汤牛肉面。兰州清汤牛肉面是陇右地区深受人们喜爱的面制食品，味美价廉。兰州清汤牛肉面讲究"一清、二白、三红、四绿、五黄"。拉出的面条呈自然黄色（面用蓬灰水和之，和出之面不但呈自然黄色，且有韧性、弹性），薄厚均匀，宽细一致（牛肉面分毛细、二细、小宽、大宽、韭叶、荞麦棱等规格），煮熟后捞入碗内，浇上用带骨牛肉清炖出的原汁鲜清汤和牛肉丁、白萝卜片，调入红辣子油，撒上香菜、葱花、蒜苗末，五色纷呈，味美清香。

三　居住民俗

陇右地区居住习俗特点为聚族而居，以族为村，有些村庄，只有个别的外来户和异姓。但是村内住房各为院落，互不相通。旧时住房依经济条件而不同，有钱人家讲究一宅一院或三院，可分为前院、中院、后院，边筑高墙。中院修三椽厅或五檩四柱，挂面门窗透隔窗棂。侧房均是鞍架房，有的在正院之外，筑有寨堡。有一家一堡、几家一堡，或一村一堡的。堡内建筑大致与正院相同。一般富有人家住房以四合院、出檐堂屋为主，配之以砖木结构厢房，有的一户两院相套，前为车院，后为里院；稍有积蓄的人家，多以小庄院土木结构房屋为主，贫困人家住所则十分简陋，住低矮土木结构的驴驮柴式（周围四堵墙，中间一道梁）房子，傍山的，掘挖土窑洞，以栖身安家，不靠山的自夯土坯箍砌箍室为居室。但没有官职功名的人家，建屋不能重檐瓦兽。

四合院。由一道大门和上房、下房、厢房四部分组合而成。上房是全家人中辈分最长者居住和招待客人的地方。上房的修建最为讲究，地基较其他房屋为高，结构为"人"字形架子房，有较好的抗震性能，而且造形美观。富豪人家多有前门（头道门）、二门两重大门，一堵照壁。大门旁侧还有"高房""更楼"等小角楼。考究的上房一般为"四门八窗"式样，前墙全为木质结构，四扇门和花格窗棂连为一体，门的上中下段均为透花雕刻，斗拱参差，梁头伸出，雕刻成线条优美的"云头"。"四门八窗"式上房显示着主人的富贵与气派。四合院的修建也有许多讲究，要经过观风水、开方、还方等程序。

布局。在房屋、大门的布局上，有"北主南灶""东北门""东南门"之说。如果院落或村庄所靠主山为正西山，则是"太岁"所在处，山形"煞"紧，不便修上房，要移北边修主房，南边修灶房。如果要修高上房，那么下房必须是"高下房"（下房的台基、屋檐和上房一样高低）。另外，人们认为这种院的东南角必不利，一般不能修房住人或养畜。大门不能开正东门，而是开"东北门"或"东南门"。主山若是东、南或北山则无此讲究，只要不开"对口大门"（正对主山开的大门）即可，其他房舍建设较灵活。

房屋的修建方式，大体有"一担水""安架房"和"半寺"三种。"一担水"就是当腰一根檩，左右两边摆椽修成房。其中，大梁横放在两边山墙上，椽竖行排开的叫"挂椽房"；还有一种"滚椽房"，即用一根或两根顺水檩，椽子横着排列的。"滚椽房"也叫"横杠子"。"安架房"的屋架由五（三）个大檩、九根柱、四个柱子、六个叉组成，一般是高脊柱檐，山是规则的五边形，此为"五檩四椽"式；还有"七檩六椽"式结构。"安架房"的前墙、后背及前后屋檐一样高，不像"一担水"房后背高、前檐低；并且一般是"二窗一门"，不同于"一担水"的"一窗一门"。这种房子在乡村最讲究，多为上房。"半寺"，外形像"一担水"，而屋架设计则不同于"一担水"，其结构正好是"安架房"从中脊切下来的一半。

建房多为土木结构和砖木结构，土木结构也有砖"码头"的。屋顶一色的青瓦，为此陇右地区到处可以看到农民开的小瓦窑。每栋房的间数取单不取双。农村中以椿树为万树之王，故尽量用椿木做中檩，但绝不能用椿树做门槛。

大门。一般大门和上房相对。大门是仅次于上房的第二建筑物，式样多为"两面坡"式。明清之际，乡绅官宦人家也有将大门门楼修成"驷马悬蹄"式的。在乡间，修大门多依山形水势，意为"迎脉"。如果大门对山有流水沟或红土沟，门前要修照壁遮挡；如果不修照壁，则要在大门门框上方放一泥土烧制的镇邪之物，当地人称为"抽儿"。

陇右地区，还有一些特殊用途的房子，如车房、井房、场房、窝棚瓜舍等，在四合院外还有畜圈，连同菜园、果园、花园和打麦场，边筑围墙，称庄窠院落。

驴驮柴。用土坯砌墙，墙当柱子，在土墙上架梁，梁上挂椽子，铺上毛茨和木条、树枝、麦草，然后墁上草筋泥，旧时多数地方住这种房子。受地方传统和习惯的影响，这种房子起架低矮，多以三间两旮子为一边，称为一面子，也叫"土木罩"。

窑洞。窑洞是境内最古老的住宅，也即史书上记载的"穴居"。窑洞造价低廉、冬暖夏凉，旧时是农村贫苦人家的主要住宅。陇右地区的窑洞主要有"崖式"和"箍窑"两种。崖式窑洞是选择沟边崖畔向阳之处，在崖壁上横向打洞，窑洞顶部呈拱圆形状、即覆斗状，底部一般要求直陡，洞口高大，窑垴矮小，利于出烟透气。"箍窑"又称"旋窑"，旧时多住人，现主要用于装草、圈牲畜。纯用土坯草泥，在高一米左右的墙基上箍砌而成。窑宽一般两米左右，长度随需要可达四米左右，亦可更长一些。其原理相当于修建"拱形桥"，具有力学原理，可以承受较大的压力，箍时，先用土坯砌出四面墙（预留门窗），然后把和有麦类衣皮的泥浆涂于土坯上，从前后墙头往中间一片一片地粘砌，"旋"砌出拱洞形似窑的建筑。窑前安有门窗。门有双扇或单扇木制门。窗有棋盘方格窗和虎张口窗。有二、三窑套箍者，内开偏门相通，谓之套窑。窑洞在利用上，做如下分配：

厨窑。一般都比较宽大，便于搁置家什。窑内前方修有土炕，炕上筑有栏杆和锅台相隔，锅台多用从井底挖上的红泥和鸡蛋清筑成，清洁、光滑、经久耐用。锅灶烟囱和土炕连在一起，烟从炕内通过。

灶后安有一块大案板，案板分上下二层，上层陈列器皿、碗筷，下层专栏做饭，中间有刀架、擀杖架子。

水缸、面柜等陈于窑里或案侧。

住窑。住窑通常设在庄子中间。窑洞较之厨窑小一点。往往一进门筑有土炕。炕的大小不一，有长至窑掌的，有小到只容三四人的。这要根据家中人口多少、辈分情况、男女构成、亲友多少和财产状况而定。长炕、大炕通常筑有两个或三个炕烟门，小炕只有一个。炕上叠好几床被子，而且在被子的叠法上，不是叠成正方形或长方形，而是把被子折成长条，然后一床一床向上摞。在冬季，炕上往往铺一床小被，家人或亲友从外面进来时，可以上炕暖暖手脚。

住窑的门上或窗子上面筑有壁柜，通常漆成黑色。壁柜中存放食品、衣物。

住窑一般有单窗或三窗。最上面的很小，其实是洞，并没有安窗，只是为了通风和透光，到了冬季，用草把或棉布塞上，中间的窗口较上面的大，下窗最大，开窗是为了透光和通风。

古老的住窑靠后墙修有土坛，坛上陈放箱子或什物。

牲口窑。牲口窑门小，内大，门口修有土炕，以备放料、放草或耕具之类。窑内筑有口大腹小的牲口槽，槽分高槽和低槽两类，高槽供大牲口用，低槽供小牲口用。窑内通常堆有干土，以备雨天或农忙时垫圈用。牲口窑窗较小，冬季用草类堆实门缝，挂上厚实而暖和的门帘，以保证室内的温度。

柴窑。一般面积不大，且较破旧、简陋。农村在每年秋季将割下的禾秆和柴草晒干后，放入柴窑，以备冬季及雨天之用。柴窑也往往是家里的鸡鸭乘凉、取暖和做窝下蛋的地方。

粮窑。一般在地势较高的通风地方，宽敞，大门窗，里面不做炕，不陈列任何家具，专门储存粮食。

井窑。井窑通常根据庄窠的方位、地形和地势而定。由阴阳先生用罗盘校正之后，开挖水井。井窑很小，只能容纳辘轳和一两个人，井窑里侧挖一个小坛，用来放润滑辘轳时的清油。

磨窑。磨室位于庄子偏侧，安装石磨，专供磨面之用。

拐窑。在窑内一侧另挖一个小窑洞，多为储藏粮食之用。

地窖子。旧时群众挖一地道从山脚通往悬崖，开一小孔通气，观测躲避抓丁拉夫。

窑洞是陇右地区人们喜爱的居住方式，有些人家上述几种窑洞都具备，有些人家只有厨窑、住窑、牲口窑等，根据院落的大小而定，而且根据窑洞的不同用途，大小也不一。

民国以后，取消一切禁限，住宅格局多为四方院，家境富裕的也有一进几院的。布局为：前面照壁、月门，进而大门、客厅。进二门才是正院。四面各有三间正房，两侧配有耳房。房子一般为平房，且多为土木结构。在林区或林缘区，马鞍架拱顶的两坡水（俗称双檐房）瓦房居多，而在山区一带以一坡水（俗称偏厦子、单檐房）为主。建筑形式有"托件"房（即宽廊沿），三椽、四厅、琵琶、布裙、半寺、单背软三间等。仕宦富绅多建完整的四合院，上三椽、下四厅、左琵琶、右布裙最为讲究，屋顶起脊瓦兽、雕梁画栋。普遍百姓住土担檐和秃鼻檐式的三间单背房。农村大部分人家筑起土墙或用土坯、砖石砌成围墙。有些林区，无院落围墙，房屋兀立于山野，有的用荆棘堆积围成院落，有些以竹木编篱笆围成院落。

境内居民有睡炕的习惯，不论贫富，也不论何种居宅，都在屋内用土坯盘上土炕，铺上竹席和毛毡、线毯，取畜粪、禾秸秆草皮等做燃料，一年四季热炕不离，冬取暖夏防潮。小康人家屋内皆为木制的家常用具桌子、板凳、箱、柜之类。贫穷人家住低矮小屋，无瓦者叫土坯房，苫上草，抹上麦草泥以防雨淋日晒。有些人家房小，吃睡在一屋者，叫"连锅灶"或"连茅子房"，小的仅能盘炕的叫"忙上炕"。

新宅落成后，乔迁之日由阴阳先生推算。是日，请阴阳宣读祭文"祀土"，亲朋持喜幛、喜联或实用的东西前来恭贺乔迁之喜，俗称"入烟"，又叫"踏院"。以前农村"入烟"时，先要祭灶。主人家事先将米面灶具拿到新房，安顿好"灶神"，尔后献贡上香祭祀。"入烟"之日，鸣放鞭炮，男主人抱一盆冒烟的火，女主人怀抱一头小猪，用手拍打小猪，使其发出嚎叫声，同时提一壶凉水，一起进入新居，将凉水在新灶上烧开，就算"入烟"了。"入烟"之后，主人要以烟、酒、糖、茶甚至宴席款待祝贺者。在陇东地区，乔迁时讲究先进"柴米水火"（也有的讲究先进"水火钱柴（财）"的），再端进一盆发起的酵面，然后燃放鞭炮，贴大红对联迎进家人。进"柴米水火"时要选村上子女多、家底殷实、属相吉祥且口碑好的长者引进。而长者中一人从房主旧灶引燃火种在前引路，其余长者分持柴、米、水等生活用品随行其后。到了新居之后，先用带来的火种将灶膛里的柴草引燃，其余东西放在厨房里面。房主人院后热情地把众长者邀至上房，拿上好饭菜款待，称作"吃百口福"。有时在新宅门，可看见挂着的筛子，"挂筛"是告诉人们，这家是新搬进住宅或请阴阳先生"打整"过家院的，忌生人进门。陌生人进门是怕带进妖邪之类，"挂筛"一般为三至七天。

第十一章

文学艺术

第一节　陇右文学

一　陇右文学的传承与演变历程

远古时期，陇右就有了伏羲、女娲的神话传说。它本身虽然不是自觉的文学创作，却表现出陇右先民最初的诗性智慧和艺术创造力。《诗经·秦风》是陇右文学之祖，昭示着陇右文学一上路，即有着紧紧地和时代的脉搏相联系的优良传统。

两汉时期，陇右是关系汉王朝生死存亡的具有重要战略地位的地区。清代学者顾祖禹曾说："欲保关中，必固陇右；欲保秦陇，必固河西；欲固河西，必斥西域。"政治、军事重心向西北倾斜，极大地促进了陇右文学的繁荣。西汉时，壮大的气势和铺张、扬厉，构成西汉陇右文学的主要风貌。东汉末年，朝政腐败。文士们积愤深广，批判的锋芒直指社会，王符的《潜夫论》、赵壹的《刺世疾邪赋》继承了屈子"发愤抒情"的创作精神，均为"陇右鸿文"，千百年来闪耀着熠熠之光彩。

魏晋时期的民族大融合，使此期的陇右文学呈现多元融合的趋势：一方面汉族文士的创作不断涌现，另一方面是少数民族诗人之创作相对繁荣。同时，陇右民谣又表现出鲜明的地方特色。这三者交相辉映，共同构成魏晋陇右文学亮丽的风景。

唐代陇右文坛，人才辈出，呈现出空前的繁荣。如权德舆、王仁裕、牛峤等陇右籍作家的诗作，梁肃、李翱、权德舆、牛僧儒等人的散文，都在全国占一定地位。唐代传奇，尤以陇右作家的创作为佳，许多著名诗人均在陇右留下了自己不朽的作品。倘没有陇右文学，整个唐代文学都会逊色不少。

宋元时期，随着全国政治、经济重心南移，陇右文学亦暗淡下去。不多的几位作家的创作在全国文坛的澎湃巨浪中，就像朵朵浪花虽然细小却也格外醒目，表现着陇右文学独有的特色。

明清两代，陇右文学也摆脱了持续近四百年的低回局面而趋向复兴。

鸦片战争以后，陇右文学颇多忧国忧民、拯衰救溺的承担精神。文学逐渐改变了闲适悠然的心境与花前月下的吟唱，以热切的目光追寻着现实生活中百千变化的波光澜影，以敏感的笔触描述着人间可悲可喜、可惊可叹的种种世态百相，以艺术的方式再现了中国人民为民族独立、自由、解放而进行的呐喊、抗争及所经历的苦难。从这里起步的陇右近代文学，紧紧地拥抱着现实生活，注目着人间沧桑。

抗日战争爆发前后至1949年第一次文代会止，陇右文学在国统区和陇东解放区两大地域沿着同一方向前进。陇东解放区文学，产生于我党直接领导的革命根据地陕甘宁边区，自始至终在进步的革命文艺的指导之下，是民族的、大众的文学。尽管它不足二十年时间，地域范围仅有八县，但成就是惊人的。陇右国统区文学和国统区人民民主运动紧密联系，揭露和批判了黑暗腐朽的统治，表现了广大人民的反抗和革命理想。在文艺为人民大众的方向及和人民群众结合方面，迈出了新的步伐。

二 秦汉魏晋时期的陇右文学

秦汉时期，陇右是秦汉王朝致力开发、经营的重点地区，也是陇右文学的繁荣期，产生了相当数量的诗文作品。可分为陇右文人诗赋、外地寓陇作家诗赋和陇右散文三类。秦汉时陇右作家有李陵、梁竦、侯瑾、仇靖、秦嘉、徐淑、赵壹诸人。不可否认，两汉时期陇右作家的创作绝大多数未能流传下来，无疑连诗名与作者皆不见的亦不会是少数，据此，我们推测秦汉时期数百年的陇右文坛并不寂寞，也不乏辉煌之处。现存两汉时期内地寓陇作家的诗赋有下述三首作品，它们是班彪的《北征赋》、杜笃的《首阳山赋》和无名氏的《陇西引》。秦汉时期，陇右地区出现了一批军国文书，其中不乏具有较高文学价值的文章。东汉中后期的王符及其《潜夫论》，则是两汉时期陇右地区最有成就、最有代表性的散文作家和作品。

魏晋时期，陇右文学承《诗经》、两汉文学的优秀传统，进入到"文学的自觉"时代，诗歌、小说及民歌均达到很高的艺术水平。魏晋时期是陇右文学发展史上的又一个高峰。

皇甫谧（公元215—282年），字士安，幼名静，后来从事著述时自号玄晏先生，安定朝那（今甘肃平凉西北）人。《晋书》有传。皇甫谧的文章有情真意切、流畅自如的特点，现存《列女传》里的《庞娥亲传》被誉为文学性最强的佳作。此传写娥亲手刃凶豪李寿，报了杀父之仇的经过，是以发生在东汉末酒泉郡的一桩奇案为依据，加以铺陈渲染而来的。

傅玄（公元217—278年），字休奕，北地泥阳人。《晋书》有传。傅玄的文学成就主要在乐府诗创作方面。其29首乐府诗突出地反映了妇女的生活，也有一些表现社会、人生的篇什，其细腻的心理刻画、质朴清丽的语言风格，给人留下很深刻的印象。

傅咸（公元239—294年），字长虞，傅玄之子。《晋书》有传。现存他的作品有诗19首，文75篇。除6首咏经诗外，均为赠答诗，都属清新之作。

此外，此期陇右作家不乏其人，如薛夏、杨阜、皇甫真、苻坚、苻融、苻朗、赵整、姜平子、姚泓、赵逸等，惜其作品多有散佚，使我们难窥全貌，但仅从作家数量之多，即可知魏晋时陇右诗歌创作的盛况。

魏晋时期，陇右文人王嘉所著《拾遗录》，本传称为十卷。《隋书·经籍志》载录的情况是："《拾遗录》二卷。伪秦姚苌方士王子年撰。"又说"王子年《拾遗记》十卷。萧绮撰"。关于撰者，无疑是王嘉；但萧绮经过删旧采新，重新编次后，最终成书。魏晋时期，在陇右流传的谣谚作品，朴实无华，真可谓秦之声。从中确乎可以"观风俗，知薄厚"。

三 陇右地域文化与唐代边塞诗

唐代边塞诗，是中国古代边塞文学中最为动人心弦的乐章，也是中国诗歌史上一枝独秀的奇卉异葩。它的繁荣及高度的艺术成就，既基于唐代国家强盛、边功卓著、民族和同、中西文化交流活跃等社会条件的激发，也基于前代军戎诗歌在题材领域、艺术手法等方面的经验积累；既是中华民族历经两汉大一统、魏晋南北朝的动荡分裂，至隋唐再度统一而造就的民族心理历程的艺术映现，也是唐代文人士大夫尚武毅、重事功、追求千秋伟业以实现人生价值的时代精神所酿就。由于它在盛唐空前绝后的成功，而被文学史家视为盛唐诗歌高潮的重要标志。

边塞诗是以题材划分的诗歌类别，又有鲜明的地域特征。它的艺术成就，与其所依托的地域文化不可分割。即使许多诗人未曾亲涉边地，但只要他心系边塞，吟咏塞上风物人事，总要以特定边塞地域为立足点。唐代边战频繁的地区，主要在三边——西北、朔方、东北，其中尤以西北为甚。一部《全唐诗》中，边塞诗约 2 000 首，其中 1 500 首与大西北有关。更引人注目的是，这些诗中反复歌唱的又多是这样一些地方：阳关、玉门、敦煌、酒泉、凉州、临洮、金城、秦州、祁连、河湟、皋兰、陇坂……它们犹如一串耀眼的明珠，连接起了自陇山到玉门、阳关东西长达 1 700 公里的陇右山川。

陇右地域上与京都所在的关中接壤，唇齿相依，实为辅卫首都的肘腋。陈寅恪曾指出："李唐承袭宇文泰'关中本位政策'，全国重心本在西北一隅"，故从太宗立国至盛唐玄宗之世，均以"保关陇之安全为国策"（《唐代政治史述论稿》）。陇右实为唐王朝维护版图统一、稳定政局的要害之地。陇右的安危，对唐王朝的盛衰兴亡具有举足轻重的影响。因此，唐代有作为的帝王莫不关注陇右。史载天宝元年十镇（统率全国边兵）兵员 486 900 人，军马 8 万匹。陇右、河西两镇兵员 14.8 万，军马 3 万匹，均约占全国总数的1/3；若加上北庭、安西两镇，则为数尤多。这些数字明白显示出陇右在唐代边防军事格局中的重要地位。

唐王朝以巨大的人力物力经营陇右，为文士远赴河陇提供了机会，也使更多的文人心驰神往于这方热土而竞相咏歌。据不完全统计，8 世纪中叶河陇沦陷前，亲涉陇右有诗传世的知名者即达数十人，初盛唐边塞诗人的代表如骆宾王、陈子昂、王昌龄、王之涣、王维、高适、岑参，以至杜甫、李益等均在其中；不知名者，仅从诗人赠答送别之作考察，更难以数计。大批文士远赴陇右，不但使描写西北边塞的诗歌数量大增，而且诗人们亲临其境的创作，较之仅凭热情和想象，借边塞题材寄寓某种理想、心态的"泛咏"之作（魏晋南北朝的"边塞"诗作绝大多数如此），尤其不可相提并论。因为"这里面所隐藏着的真情"是依靠"人类的想象力永远也不能达到的"！这更应是唐代边塞诗之所以能一举跃上边塞文学艺术之巅的"秘密"所在。比如骆宾王，那"平生一顾重，意气溢三军"，"不求生入塞，唯当死报君"的报国壮歌，固然激动人心，而更加摄人心魂的还是他沿陇右、河西行军远赴西域的一系列纪实之作："促驾逾三水，长驱望五原。汉月明关陇，胡云聚塞垣。山川殊物候，风壤异凉温。戍古秋尘合，沙塞宿雾繁……乡梦随魂断，边声入听喧。"将报国思乡之情融进西塞疆场写生式的图画里，读来更觉深挚真切，成为开盛唐边塞诗风气之先的作品。又如王维，以他过人的艺术才华，不仅在诸多乐府诗里歌唱过"孰知不向边庭苦，纵死犹闻侠骨香"的豪侠少年；"一身转战三千里，一剑曾当百万师"的"弃置"老将；抒发自己"尽系名王颈，归来报天子"的壮志；歌颂唐军威镇西塞无可比拟的声势："画戟雕戈白日寒，连旗大旆黄尘没。叠鼓遥翻瀚海波，鸣笳乱动天山月！"而一旦踏上陇右边塞，更以"大漠孤烟直，长河落日圆"等"直寻"之作，创造了诗歌艺术的辉煌。其他如王之涣"黄河远上白云间，一片孤城万仞山"，王昌龄"大漠风尘日色昏，红旗半卷出辕门"等传诵千古的名篇，也都产生于西塞生活真实体验的基础上。正因如此，有较长西北军幕生活经历的岑参、高适，其作品达到边塞诗歌的最高水平也就是必然的了。

总体考察唐代边塞诗作，陇右边塞的局势，大抵引领着整个唐代边塞诗的主旋律。初盛唐西北国土的开拓与边战的胜利，使边塞诗高扬着理想的光芒；安史之乱后，陇右失陷，使志士扼腕，万姓怨愤，收复失地成为全民的呼声，当然也成了中唐边塞诗的第一主题。不仅陇籍诗人们魂牵梦绕，"只将诗思入凉州"，众多从未亲临西塞者，也莫不把自己的目光投向这片神圣的国土，或神往于"人烟扑地桑拓稠""无数铃声遥过碛"的昔日繁荣；或感伤于"河陇侵将七千里""万里人家皆已没"的惨痛现实；或怒斥"连城边将但高会，无人解道取凉州""唯有凉州歌舞曲，流传天下乐闲人"的颓靡世风，使边塞诗的题材进一步开拓，思想内容也得以深化。大中时，河湟收复，河西归唐，举国欢腾，诗人们激情洋溢的颂歌，在晚唐衰微的诗风中不啻为鼓舞人心的强音。这些又清楚地显示了陇右地区及其文化在唐人心目中的重要地位。

陇右地域辽阔，但大部分为高原山地、沙漠戈壁、沼泽冰川，地势高亢，地形复杂，干旱严寒，气候恶劣。关内人士初涉陇右，首先面对的是"陇山高共鸟行齐，瞰险盘空甚蹑梯"的千岭万壑；进入河西，历经的更是"十日过沙碛，终朝风不休。马走碎石中，四蹄皆血流"的无边瀚海，几乎无一不经受着心灵与肉体的巨大震撼。见惯江南秀色的岑参为之情绪亢奋，诗作生面顿开；陶醉于旖旎山水的王维，为之诗情激荡，绘出雄浑壮景；一心追逐功名的高适，为其感发，往往"登陟以寄傲"；就连那"穷年忧黎元"的杜甫，一踏上陇土，西塞山川胜迹即成为他歌咏的主要题材。面对使侏儒也能变成巨人的"这样的天地"，诗人们放情高歌，骋足风流，从"莽莽万重山，孤城山谷间。无风云出塞，不夜月临关"的秦州，至"黄沙西际海，白草北连天"的走廊西端，举凡"丝绸之路"今日甘肃境内这"黄金路段"的主要城镇军戍和通道，高山大河，茫茫戈壁，苍凉的古战场，以至镌刻着数千年中华古史的众多文化胜迹，都无一例外地融入边塞诗的画廊。仅以岑参而言，他从"平明发咸阳"而"暮到陇山头"，"经陇头分水"而"西过渭州见渭水"；宿临洮，达金城，至凉州；"过燕支山"、祁连城，"夜宿祁连戍"，"朝过酒泉郡"；经瓜州晋昌郡而达西塞门户敦煌城；不但西出阳关到达安西都护府，又曾出入玉门关，往返奔走于丝路北道至北庭都护之地，所历所感，均一一记在诗中。呜咽的陇头水，引发的是"万里奉王事，一身无所求。也知塞垣苦，岂为妻子谋"的壮志；大漠风沙，激起的是"勤王敢道远，私向梦中归"的深情；边城军幕的壮景，更酿出"一生大笑能几回""醉争酒盏相喧呼"的豪气！在西塞严峻的地理气候背景下，众多诗人敏锐地发掘着此地深厚的历史文化内蕴，形之歌咏，便在苍凉的底色中，透出极瑰奇的光彩与跃动的生命力。从"悬崖置屋牢"的麦积山石窟，到"重开千佛刹，旁出四天宫"的敦煌千佛洞；由"势疑天鼓动，殷似地雷鸣"的鸣沙月泉奇景，到"万顷平田四畔沙""水沙依旧种桑麻"的绿洲形胜，以至传说神异的鸟鼠山、崆峒山、回中、禹穴（今炳灵寺）、积石、三危、渥洼天马……这许许多多第一次出现在古典诗歌中的"陌生"画面，揭开了古代诗歌史上崭新的一页。这些诗与岑参等描写"西域"的诗作一道，成为唐代边塞诗以至唐诗中最富奇情异彩的一部分，在"胡风"浸染的唐代社会里，广受欢迎，传诵吟唱，直至后代而不衰。林庚先生以为，如果"没有生活中无往不在的朝气，所谓边塞风光也早就被那荒凉单调的风沙所淹没"；反过来说，没有浩瀚大漠的感发，雄奇艰险山川的砥砺，时代所赋予的蓬勃朝气，同样不会表现得那样令人振奋。"边塞粗犷豪放的生活情调、壮丽新奇的异域风光更适宜于诗人的想象，并常常把他们的心灵提高到超越现实痛苦的纷纭扰攘之上"，唐代边塞诗的成就，无疑得力于陇右"江山之助"。而其助力尤深者，还在于陇右多民族杂居所形成的人文精神。

陇右自古为羌戎之地，华夏边陲，是历史上民族大迁徙大融合的舞台；历经汉唐王朝的大力开发和"丝绸之路"的畅通，这里更成了华夏文明与西域乃至西方文明交流融合最活跃的地区。西方把古代敦煌视为"通向中国的大门"，古代中原人士则把越陇坂至陇右看作离乡去国步入边塞的开始，一旦出了玉门关便完全置身"异域"了。这完全不能从政治学的意义上解释，却恰恰可以窥见这个地区在文化地理上作为中原汉文化与西域文化过渡地带的鲜明特色。

陇山东麓的泾、原诸州（今甘肃泾川、平凉一带）为关中通河陇的交通要道，王昌龄等至此，所见"西临有边邑，北走尽亭戍""寺寺院中无竹树，家家壁上有弓刀"，便感慨于"居人只尚武""所嗟异风俗"。杜甫安史乱中寓居秦州，目睹"降虏兼千帐，居人有万家""羌女轻烽燧，胡儿掣骆驼""马骄朱汗落，胡舞白题斜"的民风民情，不禁为西塞的安危而深忧。秦、原以西，随着自然环境的变化，文化形态也发生着从农耕为主向农牧兼重的过渡，社会结构中少数民族居民比重越大，"胡风""胡俗"亦越见浓郁。王维《凉州郊外游望》、《观凉州赛神》，对"婆娑依里社，箫鼓赛田神"和"健儿击鼓吹羌笛，共赛城东越骑神"热烈场面的描摹，让我们对此地农牧骑射民情有更直观的了解。元稹《西凉伎》里那"葡萄酒熟恣行乐，红艳青旗朱粉楼……歌舒开府设高宴，八珍九酝当前头。前头百戏竞缭乱，丸剑跳掷霜雪浮。狮子摇光毛彩竖，胡姬醉舞筋骨柔。大宛来献赤汗马，赞普亦奉翠茸裘"的画面，尤能传达出胡汉文化融汇的斑斓氛围。"胡腾本是凉州儿"，西域乐舞的扎根凉州并进而风靡天下，与陇右边塞诗歌的成就、影响，恰恰是同一文化底蕴的产物。生性好奇的岑参，对此最敏于感受，作了最生动、多侧面的记述：

　　凉州七城十万家，胡人半解弹琵琶。（《凉州馆中与诸判官夜集》）

　　军中宰肥牛，堂上罗羽觞。红泪金烛盘，娇歌艳新妆。（《武威送刘单判官》）

　　酒泉太守能剑舞，高堂置酒夜击鼓。胡笳一曲断人肠，座上相看

泪如雨。琵琶长笛曲相和，羌儿胡雏齐唱歌。浑炙犁牛烹野驼，交河美酒金巨罗。（《酒泉太守席上醉后作》）

　　暖屋绣帘红地炉，织成壁衣花氍毹。灯前侍婢泻玉壶，金铛乱点野驼酥。（《玉门关盖将军歌》）

　　城头月出星满天，曲房置酒张锦筵。美人红妆色正鲜，侧垂高髻插金钿。（《敦煌太守后庭歌》）

室内瑰异的装饰，美人秾丽的服饰，热烈奔放的舞蹈，少数民族组成的歌队，宴席上异奇的器皿，内地所无的种种美味山珍——交河的葡萄佳酿未饮已醉人，西北高原的牦牛整个儿烤得香喷喷，大戈壁里的野骆驼烹成别具风味的驼酥驼羹……这一切融汇成浓烈、粗犷的塞上情调，真切生动地展现着陇右西疆的社会面貌和生活风尚。它在中华文化的图卷上增添了别具异彩的画幅，足以使一切史传的记载相形失色！这又何尝不是陇右多民族色彩的地域文化在边塞诗中构建的独特审美境界！

四　宋元时期的陇右文学

自南北朝以来，南方经济得到迅速发展，北宋时，南方已超过北方，成为全国经济重心。随之文化重心亦向南方倾斜。宋代陇右文学基本上处于衰落期。北宋著名作家苏舜钦、苏轼、黄庭坚、游师雄等均有咏陇作品。

元代陇右文人著名者无多，主要有邪经（亦作朱经），字仲谊（亦作仲义），号观梦道士，又号西清居士。倒是金代陇右诗人邓千江及外省寓陇文人刘汲等有诗传世。

五　明清陇右文学

明代陇右文学由宋元时期的沉寂状态开始趋向活跃而呈现出显著的质变。出现了文学复古运动的领袖李梦阳、文学家胡缵宗、"唐宋派"主将赵时春和享誉江南的散曲家金銮。接踵上述大家之后，相继有一些陇籍文人的作品问世，民间文学也出现了兴旺景象。明代陇右文学的繁荣，首先表现在陇籍作家的创作之中。明代，陇籍作家在诗、词、文、散曲、文学批评等各个领域均有骄人的创作实绩。正是他们，奠定了陇右文学在全国文坛的地位。尤以彭泽、段坚、李梦阳、胡缵宗、赵时春、金銮等人及其作品《山坡羊·咏四时西津小圃》、《野老道旁行》、《空同集》等为最。明代，一些宦游陇上的文人甚而流放陇右的文人，都留下了咏陇之作。其中如李攀龙、何景明、解缙、唐龙、冯维讷、郭绅等人在明代文坛上颇有影响。

清代在陇右地区形成了极富地方文化特色的文学社团。一些著名的陇右文人，往往兼任地方文教职务，广为延览后进，这极大地促进了陇右文学的发展。同时，陇右文学的发展、繁荣又是和全国文坛的进步同步的，这一时期陇右地区产生了一批专事小说创作的作家和在全国有一定影响的小说，如《孤山再梦》、《续孔楼梦》等，标志着陇右文学的新变。另外，外省寓陇文士中不乏在全国诗坛执牛耳的著名诗人，留下了颇多咏陇诗篇。这种种因素共同构建了清代陇右文学的多元结构和独一的文学风貌。

六　陇右文学的特性

陇右文学最早的作品，当推《诗经》中的《秦风》。《秦风》中的《车邻》、《驷骥》、《小戎》、《终南》四首诗，《毛序》以为作于秦文公东迁之前，学术界无异议，所以这四篇当是由陇西的秦人所作。又《无衣》一篇，《毛序》以为刺秦康公之诗，《齐诗》则认为是陇西秦人所作。《汉书·赵充国辛庆忌传赞》云：“山西天水、安定、北地处势迫近羌胡，民俗修习战备，高尚勇力鞍马骑射，故秦诗曰：‘王于兴师，修我甲兵，与子偕行。’其风声气俗自古而然。今之歌谣慷慨，风流犹存耳。”这些诗篇，反映了秦人在陇西的创业活动和民情风俗，作为陇右文学光辉的第一页，表现了尚武崇勇的鲜明个性。秦汉以来的陇右文学，保持并发展着《秦风》的传统，以突出的特征为文学史家所瞩目。① 这主要表现在两个方面：一是像晋唐陇右小说、唐代边塞诗等以其突出的成就在中国文学史上占有重要地位，某些方面填补了古代文学的空白；二是陇右作家孤傲的人格、耿直的个性以及他们的作品所体现的对现实深刻的揭露和尖锐的批

---

① 王忠禄：《关于陇右文学研究的几点思考》，《西北民族大学学报（哲学社会科学版）》2008年第5期。

判，也在文学史上放出奇异的光彩，启发和鼓励后代学者文人以勇敢的精神面对黑暗的社会。

晋唐小说的发展过程中，陇籍作家做出了值得骄傲的贡献。这一时期陇右小说的创作，不仅构成并且推动了志怪传奇的发展繁荣，而且也形成了一种值得研究的地域文化现象。概括起来，陇右小说创作的重要意义体现在三个方面：一是流传至今的志怪传奇小说中，陇籍作家的创作占有十分突出的地位。晋代的王嘉，唐代的李朝威、李公佐、牛僧儒、李复言，五代的皇甫枚、王仁裕，都是当时最重要的小说家，他们的作品体现着所在时期小说艺术的最高水平。尽管他们并不全都在陇右地区从事文学活动，但乡土文化中那种宽容开放、求新尚奇的精神，却无疑对他们选择并坚持小说这一新的文学形式，起了积极的作用。二是陇土风气和陇籍作家的言行在一定程度上影响和推动着当时的小说创作，像李公佐对白行简的敦促，牛僧儒对一时风气的影响，都是著名的例证。三是陇土生活不仅为小说艺术的发展提供了良好的培植土壤，而且也为小说创作提供了丰富的素材。1900 年敦煌遗书的发现，为小说在陇右的发展提供了新的史料。敦煌变文的出现，进一步说明唐代前后陇右地区小说的发展有着广泛的社会基础，同时也填补了小说艺术从志怪传奇到话本转变之间的空白，具有不可替代的文学史料价值和审美意义。

唐代边塞诗当然也写到东北、西南，但主要是沿长城一线，尤其是陇右河西地区。陇山陇水，青海戈壁，玉塞萧关，祁连昆仑，黄河长城等是边塞诗中出现最多的山川意象。所以，可以说边塞诗是大西北的歌，是大西北的骄傲。唐代边塞诗最集中地描写了中古时代我国大西北壮伟奇丽的风光景色，西北多民族聚居地区独特的民情风俗，充满魅力的“异域”音乐舞蹈，民族间的友谊交往与争战杀掠，展现了戍守边疆将士丰富多彩的生活画面，深刻地揭示了社会生活的矛盾，表现了强烈的爱国主义感情，从一个侧面体现了唐代三百年盛衰的时代精神、社会心理。边塞诗中所表现出的那种悲壮的豪情，异域的情调，辽阔的视野，边防的信心，是盛唐之音最高亢的交响曲，也是古代大西北人民勇往直前的蓬勃朝气的写照。

陇右文人孤傲的个性和批判精神，当首推汉末的王符。他是陇右古代第一位大学者，也是著名的散文家。他“耿介不同于俗”，故隐居终身。

所著《潜夫论》三十六篇，针对东汉后期政治、社会的黑暗，进行了广泛而尖锐的批判。其锋芒所向，几乎涉及当时经济、政治、伦理道德、社会风俗、边防军事等一切方面，内容丰富而深刻。这些文章，是抒写王符以庶民之身，冷峻观察时世的积愤，故能切中时弊；但从根本上说，更是一代有识的思想家对于经历三百年已暴露出千疮百孔的秦汉封建统治历史经验的探讨和总结。略晚于王符的汉阳西县人赵壹，虽出身寒门，而恃才倨傲，耿介不群。郡州多次推举，官府屡次征诏，他都拒不接受，表现了对污浊社会、腐朽政治的厌恶和不与同流合污的精神。他的《穷鸟赋》描述了穷鸟所处的险恶环境和恐惧心理，形象典型地反映了汉末寒门士人在社会现实中的不幸境遇和苦闷心情。《刺世嫉邪赋》则以激烈、犀利、尖锐的语言，对黑暗的现实和腐朽的政治进行了严厉深刻的揭露、鞭挞、嘲讽和诅咒，在中国辞赋发展史上是石破天惊的作品。至如晋代"轩冕未足为荣，贫贱不以为耻"的皇甫谧，"天性峻急，不能有所容"，因争言骂座而屡遭弹劾、免官的唐代傅玄，"性直亮宽恕，动作言语，一无外饰"，秉公尽职的权德舆，"性峭鲠，论议无所屈"的李翱，"条指失政，言甚切直，屡忤宰相"的牛僧孺等，都是陇右文学史上值得一提的作家。

明代李梦阳，不仅以自己的创作理论和创作实践领袖一代文学，掀起波澜壮阔、影响久远的文学改革运动，而且为人刚直不屈，铁骨铮铮，一生批逆鳞，捋虎须，反对势要，五次陷于囹圄，几遭不测。面对弥漫文坛阿谀粉饰的"台阁体"文风，他高擎文学复古的大旗，强调"诗者，天地自然之音也"，要抒写真情实感，甚至提出"今真诗乃在民间"。在他的推动下，当时的文坛有了蓬勃生机。它标志着晚明文学新思潮的萌芽，不仅有文体改革的意义，而且有政治改革和思想解放的意义。和李梦阳同时的胡缵宗，不仅"廉洁辨治，名与况钟颉颃"，而且在文学上也很有成就。略后于李、胡的赵时春，以臧否时政而闻名；文坛上，与王慎中等人一同被誉为"嘉靖八才子"。清代大学者邢澍、张澍，也是"性方而不圆，大府有回，则愠于色，见于辞"，或被称为"青天"。至于置自身性命于不顾，敢于直接指责当时一手遮天的慈禧太后，被时人誉为"陇上铁汉"的安维峻，更是集中体现了陇右文人孤傲耿直的人格和卓尔不群的文格。

清代江南刘湘为陇右诗人张晋的诗集写的跋语说："洪河太华之气，磅礴郁积，则其诗之包孕陶铸，固宜生而有之。"同时，陇右自古为东西交通的要道。这些，都使得陇右文学形成鲜明的特性。

第二节　陇右民间音乐舞蹈

一　陇右音乐演进与发展的历史

陇右地区有着悠久的音乐文化，在漫长的年代里，我国许多古老民族都曾在这块地方居住过，由于长期的民族交融，加上中原与西域文化的交流大都从这里经过，使得陇右地区音乐文化艺术不断发展，逐步形成了独特的地方音乐文化艺术。

陇右地区自古以来就是能歌善舞的少数民族聚居地，各民族先民创造了丰富多彩的音乐文化，从旧石器、新石器时代出土的文物可以得到证实。出土的乐器表明，早在远古时期，陇右地区的先民们就已喜好音乐艺术，并运用乐器抒发思想情感。[①]

从秦汉之间，陇右地区的西北部为月氏、乌孙、塞种、羌等少数民族居住地域，当时，月氏族最为强大，而且十分擅长音乐艺术，拥有大鼓、小鼓、琵琶、五弦、箜篌和笛子等乐器，被称为"八音之首"的羯鼓就是该民族创造的。西汉时期开辟河西并建立五郡，陇右的音乐艺术随之进入了汉朝宫廷。

汉晋时期，陇右地区著名的理论家傅立（字休奕），北地泥阳人（今甘肃庆阳宁县），精通音律，在乐府诗创作方面颇有成就，其创作的《鼓吹曲》22篇被宫廷用来取代了三国时期流传的魏曲。

陇右是我国西部少数民族居住地距离中原最近的地区之一，所以音乐不仅具有西北民族的特点，还包含有中原汉族委婉抒情的音乐色彩。因此，这里的音乐传入中原后，很容易被中原广大人民所接受，在宫中演奏，常以优美动听的旋律使听者赞叹不已。

唐开元盛世时，陇右地区的音乐艺术已发展到了很高境地，创下了许多新的音乐曲目，有些被进献于长安宫廷。除凉州之外，在甘州（今张

---

① 周青青：《中国民间音乐概论》，人民音乐出版社2006年版，第16页。

掖地区），有甘州大曲，《渭州》当时也十分流行。另外，还有《伊州》大曲，历史上著名的《霓裳羽衣曲》据考证也出自西凉。隋唐时期，陇右还出现了许多著名的音乐家，如隋宫廷音乐家牛弘（甘肃灵台人），主要修订律历、音律，对我国 6 世纪以前的音乐成就进行了系统的总结，编撰成《音律志》，参与朝廷"诏定雅乐，又作乐府歌词，撰定圜丘五帝凯乐，并议乐事"。辛彦之（陇西狄道人，今临洮）也参与了隋宫廷"诏定雅乐"之事。唐开元、天宝年间，著名琴师董庭兰（陇西人）当时誉满琴界。

古代陇右的音乐艺术也传播到国外，如唐代的"燕乐"，曲调传到日本的有百首曲目以上，其中就有《甘州乐》、《婆罗门》等，唐时的骠国（缅甸）宫廷设有由西唐宫传去的《胡部》（也称"胡部新声"）音乐体系。

清乾隆七年，陇右洮岷道给会宁县颁发乐器，其数量、类别说明当时陇右地域中的各县府均有古雅乐演奏的体制，如一次性颁发的乐器就有琴 10 张，麾幡 2 杆，龙笛 2 支，凤箫 2 支，笙 2 桶，埙 2 支，钟 16，磬 10，洞箫 2 支，应鼓 1 架、搏拊 2 付，柷 1 件。

总之，陇右古代音乐文化盛于汉唐数代，南宋以来，除个别地方府县志中有星点记载外，在全国性文献中很难找到有关记述，然而，漫长的历史过程中，陇右各族人民仍保持着能歌善舞的天性和风俗，各类民歌、器乐曲、戏曲音乐、说唱音乐以及民间舞蹈音乐等，至今在各族人民中间世代相传。

二 民歌

陇右地区是中华民族活动的最早地区之一，各族劳动人民却保存了大量丰富的音乐文化，并在长期的政治动荡与连年战乱以求生存的抗争实践中，不断地创造着、发展着。1935 年 10 月，红军长征胜利到达陕北，陇东的庆阳、华池、环县、镇源等县，从此便成为陕甘宁边区革命的一部分。重大的革命运动给予陇右地区的民歌以深刻的影响，并在民歌中得到了生动的反映。广阔的地域、多样性的自然环境、众多的民族、悠久的历史，加上光荣的革命传统，使陇右地区的民歌无论从思想性和艺术性都呈现出丰富多姿、绚丽而别具一格的地域文化特色。

1. 劳动号子

陇右地区流行的劳动号子与各地自然环境及生产劳动的性质、方式有着直接、紧密的关系，其形式多种多样。如打夯号子，这是普遍流行在陇右民间最为常见的劳动歌曲，其演唱形式多为一领众和、少数有声无词或唱词较固定的夯词采用齐唱方式，唱词内容大都与劳动紧密关联外，都可即兴编唱，十分自由。其节奏整齐、鲜明，音调淳朴、热烈而雄健，紧密配合劳动、步调整齐划一，起到鼓舞劳动情绪的作用。劳动号子在陇右地区流行的曲调约有一百多种，曲调结构较简单，由一个乐句或三四个乐句组成。在不同地区，又因劳动节奏的不同标准，有慢音和快音之分，还可根据夯调的实际运用，分成"单号子"和"双号子"以及"联套"等不同类型。

2. 山歌

山歌是陇右地区民歌中最有特色的歌种之一，有些地方也叫"山曲"或"野曲"，东起六盘山，西至乌鞘岭，南至岷县、宕昌一带。其中以"花儿"最为著名，大致说来，可分作临夏花儿、洮岷花儿、陇西花儿三大流派。此外，南有陇南山歌、陇东信天游等。

3. 小调

民歌小调在陇右地域中数量很大，从曲目来看，既有流行全国的，也有西北地区共有的，在陇右地域中较有特色，这些歌曲在陇右地区和全省来讲虽然流行范围十分广泛，在毗邻省、区也有所流行。另外，也有些小调尽管流行地域较小，但特色较为突出，其数量也不少。

民歌小调由于长期在社会各阶层流传，因此，从题材情况来看，情况也较复杂。小调所反映的生活面很广泛，既有表现革命斗争历史和歌唱现实生活的，也有叙述历史事件、神话传说、生活小故事，以及咏唱自然风物的，等等，有大有小，粗精杂陈。一般歌词都较长，为多段分节歌，常包含一个完整的故事，叙事性较强，歌词句式变化多样化，有规整的句式结构，也有更多的长短句式的结构。[①] 词曲结合比较固定，不具备即兴编唱性质，曲调一般流畅、优美，结构匀称，节奏顿挫分明，适于反复歌唱。陇右地区民歌小调中，有相当数量的曲调风格接近眉户风格。从调式

---

① 张进宝：《陇中民间音乐之"通渭小曲"初探》，《安康学院学报》2008 年第 5 期。

色彩上，亦可分为"花音"与"苦音"两类。

4. 秧歌调

秧歌，也叫社火，是陇右地域中汉族民间多种歌舞的总称。其中仅以打击乐伴奏或民间小乐队伴奏且不带歌唱的，有龙灯、狮子、腰鼓、滚灯、铁芯子、太平鼓、羊皮鼓、夹板等。带歌唱的歌舞形式有旱船、跑驴、高跷、低跷、腊花、马秧歌、高摇伞、地云子、霸王鞭等。这其中又有几种不同情况：一种是秧歌队在行进间及大场表演中的集体性歌唱，常用曲调有《织手巾》、《放风筝》等，多为适于歌舞表演的民间小调，一种是秧歌队中某些特殊角色如中郎、货郎、摇婆、孩童等的歌唱，多为专用曲调，如《上场曲》、《道谢曲》、《货郎歌》、《福字灯》等。有些单项歌舞节目的表演除有专用曲调外，也有些是选用民间小调，如旱船有专用的《搬船曲》，在陇南武都一带有比较齐全的整套形式。秧歌的小场表演一般则由一男一女表演，男女各自都有专用曲调，相互对答，也有人数较多、角色分工较细的，如《张良卖布》等，有些实际上已是简单的眉户小戏。

5. 宴席曲、打调与酒曲

（1）宴席曲，临夏回族人民在祝贺婚礼的欢庆活动中演唱的歌曲。虽通称"宴席曲"，但实际并不一定在宴席上演唱。而是在人群欢聚的场合（室内、院落中皆可）由几个人出来表演，大家围观，表演者常为二人或二人以上，一般为六至八人，分两排，相对而立，边歌边舞，时蹲时起，时而交换位置，手臂动作较多，不停地翻转，头部不时得意地来回摆动，洋溢着欢乐的情绪。流行较广的有《青溜溜青》《彷小娘》《十绣》《一对白鹦歌》等，都是各自独立的歌曲，并无特定的一致内容，与一般小调尚无太大区别。

（2）打调，是指与宴席曲交错进行的一种歌曲形式。当一段宴席曲演唱完毕之后，即由一人出场演唱打调。所谓"打调"即是唱一支歌曲的意思，其内容大多为叙述一个有趣的故事，内容可即兴编唱，但曲调则是特定的，叙述性较强，边走边唱，诙谐幽默，使场上气氛更显得热闹非凡，打调完毕，继续表演宴席曲。

（3）酒曲，民间也称"酒歌"，指喝酒猜拳时唱的歌，在陇右一带的汉族群众中流行，特别是在临夏地区的汉民族中，最为流行，如《尕老汉》、《数螃蟹》、《千杯酒》等。曲调优美、活泼生动，大都适用于表演。猜拳者边唱边按词意表演，若唱错或表演错，则罚酒一杯，若双方都没出错，唱完后则继续进行，直至酒兴意达。

6. 藏族民歌

陇右地域中聚居的藏民族，主要分布在甘南藏族自治州和天祝藏族自治县等地，主要从事畜牧业生产，语言属藏语的阿木多地区方言。藏族人民能歌善舞，民歌蕴藏异常丰富，[①] 现将主要民歌简介如下：

（1）勒：亦称"强勒"，即酒歌，是在节目喜庆时唱的歌，因多在酒令上演唱，故称"酒歌"，歌词一般是一首两段或三段，每段最少两句，也可多至六句，以四句的较多见。内容大都是祝福、歌颂性的，即兴编唱，较庄重，同时也伴随一些诙谐逗乐的内容，曲调很多，各地不一，开朗、奔放、真挚、华美、多装饰、节奏很自由，可独唱或对唱。

（2）拉伊：指山野间演唱的山歌，歌词一首分三段，前两段为比兴，后一段为本意，现多流行一首两段的格式。每段句数多为二句或四句，也可更多。藏族男女青年常用拉伊来倾诉爱情。因此，除独唱之外，还有对唱形式，曲调上较丰富、热情、粗犷又深情、含蓄。旋律委婉、变化起伏很大，节奏上较自由，曲首常有"阿拉桑哎"等衬词，意为"亲爱的朋友"。

（3）孕儿：古藏语"舞"的意思。也叫"则柔"，土语"玩意儿"的意思，是一种带有简单舞蹈动作的表演歌。歌词一般是三段一首，一段两句。曲调大都较为舒缓。曲首常唱衬词"阿谢"等，意即"唱吧"。

（4）卓：又称"果卓"（有的写作"锅庄"），意即圆圈舞的意思。人数不限，围成圆圈边歌边舞。曲调有十几种，各有特点。歌词多是二句或四句一段。内容也多为祝福、歌颂性的。此外还有打洋号子"哇口老"，割麦歌"马热"，祝贺婚礼的歌如"冬谢"，讲述故事的歌"芦拉"，以及乞丐演唱的歌"麦各儿"等。

上述藏族民歌主要流行在夏河、碌曲、玛曲、天祝等县。居住在舟曲、迭部、卓尼一带的藏族人民，语言与阿木多方言差异很大，民歌也大异其趣，但都各具地域风格和特色。

---

① 桑德诺瓦：《中国少数民族民间音乐舞蹈鉴赏》，《中央音乐学院学报》2007 年第 3 期。

三 地方戏曲

陇右地方戏曲剧种见于戏曲舞台的约有十余种。按其戏曲唱腔音乐的发展基础与剧种音乐体制分类，其声腔与腔调大致有以下几种。

梆子腔。以秦腔、陇南影子腔、平凉影子腔、灵台灯盏头音乐为代表。其唱腔结构均为板式变化体，唱腔音乐受当地民歌影响而形成；唱词均为七言上下句体，基本句式有"二、二、三"格的七字句和"三、三、四"格的十字句，此外还有加字、减字的变化句式。除［滚板］唱词的，均比较规范，偶句押韵，上仄下平；音乐节拍大都含一板三眼、一板一眼、有板无眼、无板无眼四种，板式名称各剧种也是大同小异。

曲子。以秦安小曲戏、通渭小曲戏、平凉曲子戏、陇南小曲戏为代表，俗称"曲子戏"或"小曲戏"。其唱腔在承袭明清南北时调的基础上兼收当地民歌而成。最早常以地摊坐唱、走唱形式演出，中华人民共和国成立以后陆续搬上舞台。曲子戏的唱腔音乐大都属于曲牌联缀体制，并随流行地区的不同所含曲牌的多与少略有差异。曲子戏音乐音调高亢，其旋律优美，曲体结构上也十分多样。因此，具有浓郁的陇右地域特色。

花灯与山曲。以玉垒花灯和武都高山剧为代表，唱腔音乐则是由当地民歌、山曲发展而成，并以帮唱和专曲专用为特征，同时受毗邻的四川民间音乐影响较深，因此唱腔的韵味除具有高亢明快、委婉悠扬的陇南乡土气息外，还带有一定的"川味"。

道情。以陇东道情和陇剧为代表。以"嘛簧"帮唱、渔鼓伴奏为特征。陇东道情由于受梆子戏音乐的影响，以板式变化的方法来结构唱腔，同时还兼收当地的一些民间歌曲而成。其中板式唱腔上有"弹板""飞板"两大类。各板式唱腔均含花音和伤音两类腔调，分别表现喜悦与忧伤两种不同情绪。其调式音阶与秦腔相同；另外，民歌唱腔也是其中的重要组成部分，陇东道情的唱白完全取用陇东方言，陇剧则以关中语为主，兼收陇东语音，使其二者融合，形成陇剧自身的语言风格。

少数民族戏曲。以甘南藏族南木特戏为代表。融歌唱、舞蹈、念白、表演于一体，以载歌载舞为其主要特征。其音乐取自甘南拉卜楞地区的宗教音乐和民间歌曲、舞曲、弹唱曲以及说唱等曲调，并有一定发展变化。

　　陇右地域中的所有剧种音乐，基本上都采用随腔伴奏，而且大都由击乐起打，主胡领衔，文乐包腔，一伴到底。唯有南木特戏，演唱时不伴奏，演唱之外，则伴奏音乐从不间断。

　　陇右地域间的地方戏曲剧种的声腔与腔调虽然呈现多样性，但从演出形式和发展状况来看，却不甚平衡，有的业已成为形式稳定、程式化很强的大型舞台戏曲，有的则依然处于地摊、皮影正向舞台戏曲完整形式发展衍变的过程，而且这种发展目前仍在继续，按传统习惯，又将这些剧种分为地方大戏和民间小戏两类。

　　1. 陇剧

　　陇剧音乐是根据 1958 年在陇东环县民间皮影戏音乐陇东道情基础上，兼收当地部分民歌小调发展而成的。

　　陇剧唱腔音乐的结构，是以板腔体为主民歌为辅的板腔、民歌混合体。板腔体唱腔是上下句结构。陇东道情原来仅有［弹板］和［飞板］两种基本板式，另有一些不能独立使用的板头音乐，如［大开板］、［还阳板］、［大哭板］等，而且全部建立在朗诵性说唱音调和歌唱性"嘛簧"拖腔基础之上。

　　在陇剧音乐中，最富有艺术感染力的是"嘛簧"。"嘛簧"是一种委婉抒情的拖腔，通常以帮唱形式唱出，在陇东道情里，作为一种程式固定在唱腔的某些部位，故又有首簧、尾簧、采音簧和叫板簧等区别，其中首簧也叫捎簧，多出现在［弹板］第一腔节处，尾簧则出现在下句腔词之后。

　　其次，陇剧的伴奏曲牌较为丰富，传统曲牌多达五十多支，加上后来从秦腔、京剧等姊妹剧种中借鉴移植以及从民歌中进行改造加工后的各种曲牌，其数目已超过百余支，演奏形式上分为丝竹曲牌和唢呐曲牌两类。在打击乐伴奏上，由于陇剧剧种的诞生以及它所充满的活力，使之在兼收并蓄、不断探索、吸收和借鉴的过程中，其打击器也十分丰富，色彩更加突出，能适用剧情发展的各个不同场面。总之，陇剧音乐的独特地域色彩，使陇剧剧种在戏曲百花园中更加凸显其浓郁的陇右地域的个性特色。

　　2. 陇南影子腔

　　陇南影子腔的音乐通称为灯调或影子腔。

　　20 世纪 50 年代末在流行于陇南地区、天水市属诸县的民间皮影音乐基础上发展形成。作为影子戏音乐的灯调，在清代中期之前，主要有较为欢悦的"上音"（也称刚音或花音）曲调，与较为悲切抑郁的"下音"（也称乎音或苦音）曲调，故又有"二句腔"之称。清代中叶后，影子戏音乐受梆子、乱弹兴盛之影响，渐次向板腔体演进。当时，影子戏班的演唱同中见异，且以不同名称标榜，诸如梅花调、正调、老东调等，其实大体一样。发展成舞台剧后，在保持原有音乐唱腔基本风格、特征的同时，兼采众长，形成了以〔慢起〕为基础，上下音两音系，组成初步的成套板式唱腔，并兼容小曲小调，形成以板式变化体为主，杂以俗曲小调的新兴舞剧种音乐结构体制。

陇南影子腔拥有一定数量的伴奏曲牌，用于配合表演动作和各种场面。成为舞台剧后，又从秦腔等剧种大量借移伴奏曲牌，它的打击乐谱，最初为影子戏时还较为简单，后基本也是串用秦腔打击乐谱，故用场同样分开场、动作、板头三种。

陇南影子腔成为舞台剧后，伴奏仍保持鸣锣开戏，以锣指挥，甩板击节，弹拨乐主奏的风格，但乐队有较大的扩充，增添了许多乐器，以适应剧情发展的需要。

3. 陇南高山剧

陇南高山剧音乐系流行于武都鱼龙、隆兴、佛崖、龙坝、金厂、安化、甘泉及礼县、西和等地的小曲民歌基础上发展而成。高山剧于1959年正式由陇南地区文艺工作者经过加工、修改后正式搬上文艺舞台。

高山剧的唱腔音乐，基本为单曲演唱，极少联套使用。搬上舞台之后，开始以板式结构的"散—慢—快—散"结构原则进行创作。之后，又在唱腔的修改、加工和创腔方面，对传统唱腔中大量的衬词帮唱形式，进行了大的改革，并发展成合唱、齐唱、重唱等形式，拓宽了对剧情音乐烘托、渲染的表现手法。

高山剧唱腔中的衬词也较为繁多，从中也透现出该剧种质朴、豪放的山野乡土风格。

四　民间器乐曲

陇右现存的民族民间器乐曲，分民间器乐曲和宗教音乐两大类。民间器乐曲又分为合奏乐和独奏乐两部分。合奏乐有：鼓吹乐、锣鼓乐、丝竹乐三个乐种。独奏乐有：吹奏乐、拨弹乐和拉弦乐三种。宗教音乐分为道教音乐和佛教音乐。佛教音乐又分为汉传佛教音乐和藏传佛教音乐两种。

陇右民间器乐曲中的合奏乐，主要存在于汉族人民中间，大多与当地民俗活动相结合，为民俗活动中不可分割的组成部分，大致分民间礼俗和娱乐活动两类，主要有：逢年过节闹社火、秧歌、朝山进香赶庙会、婚丧嫁娶、祭祖神等。

闹社火、扭秧歌、跑旱船、跑驴、舞龙、铁芯子等形式，主要流行在陇中汉族地区。在这些表演的节目中往往有鼓吹乐、锣鼓乐相伴随，这些乐队也常有单独的演奏和表演。其中比较有特色的要数兰州市郊各乡的太平鼓、靖远县的跳鼓、定西的八面鼓。这些表演锣鼓均以不同风格在各地春节社火中各显神通。

庙会是农村城镇一种包括经济、文化、风俗的综合性活动形式，过去主要有还愿、敬神、娱神等活动。如今则以物资交易活动和民间艺术表演为活动内容，比较著名的如天水市伏羲庙会中的大型旋鼓、夹板、鼓吹等。一些庙会也是民间器乐发挥巨大作用的场合。

婚丧事中常伴以鼓吹乐班的情况在陇右也最为普遍。鼓吹乐，即以唢呐或笛子领奏并伴以各种打击乐器的演奏形式，这是陇中地域中最主要的民间乐种，广泛流行于汉族地区，民间俗称为"鼓乐"、"吹响"，有深厚的艺术传统性和极为广泛的群众基础。

锣鼓乐在陇右各地较为普遍，可分为表演锣鼓和伴奏锣鼓两种。表演锣鼓又称舞乐锣鼓，此种锣鼓融乐舞为一体，其编制少则十余人，多则数百人，它以载乐载舞、气势雄伟而为广大群众所喜闻乐见。

丝竹乐，民间称"弦索乐"，指无演唱的纯器乐曲。在陇右境内流行的有二胡、板胡、四胡、二股弦、三弦、琵琶、扬琴等乐器演奏的乐曲，这些乐曲除本身可独奏外，还有数件乐器组合的合奏曲。索乐独奏曲大量取材于民歌，也有一些是在民歌基础上发展而成的乐曲。如《茉莉花》、《织手巾》之类，流行也很广泛。另外，还有一些专门的独奏曲，如二胡曲《打酸枣》、《昭君怨》等，一般都由二胡、板胡和三弦等乐器来演奏。陇南地区文县一带还流行一种自制的土琵琶，其型制多为直颈梅花头，曲调大都为弹唱曲，如《采花调》《男鳏夫》等。在陇右少数民族地区流行的独奏主要是民间的一些吹奏乐和拨弹乐和拉弦乐，如甘南地区藏族的鹰笛、牛角琴、口弦，卓尼县土族的铜箫等。铜箫经过"改革"以后，演奏此乐器的情形似乎已很少见。陇右少数民族乐曲中，各民族都有其旋律特征和乐曲风格。藏族乐曲大多出现加花和比较频繁地运用颤音，上下滑音及各种装饰音。土族乐曲也比较突出。在调式方面，藏族、土族乐曲多为羽商调式，宫调少用。乐曲中乐段之间的转调也比较多见。此外在民间还流传有多种特别乐器，如口弦、麦哨、酸刺哨、柳哨、吹叶等，在汉、藏、回、东乡等民族中间都有流行，其旋律性不强。其次，独奏乐曲中在汉族地区还流行着一些笛曲和三弦曲等，其乐曲风格大都带有浓郁的地方色彩。

五　民间说唱艺术

陇右境内的民间说唱艺术历史悠久，源远流长，以其内容丰富、唱腔繁多、形式多样、特色鲜明而流传至今。根据资料记载，已知在陇右境内流传过的和正在流传的民族民间说唱艺术的曲种多达近百种。这其中有流行于汉族汉唐时期的"诵赋""口转变""俗讲""说因缘""敦煌曲子词"，流行于唐宋时期的"口念卷""诸宫调""说讲""说参军"，在明、清和中华民国时期就已经盛行的"凉州贤孝""杂调""秦安老调""河州平弦""兰州鼓子词""平凉曲子""陇东道情""玉垒花灯调""陇东老曲子""阶州唱书""喊牛腔""兰州太平歌""河州财宝神""平凉笑谈""宁州竹鼓""秦州平腔""景泰弦子书""文县琵琶弹唱""说春"等，以及在东乡族、回族、保安族、撒拉族群众中流传的"东乡诵曲""河州打调""哈利""撒拉曲""撒拉说唱"等。中华人民共和国成立后，由于大量移民的涌入，外来的说唱艺术品种也相继在这里生根开花，它们与本地说唱艺人有机地结合起来，在广大艺人和专业文艺工作者的辛勤努力下，又相继出现了具有地域特色的"彭（杰云）氏评书"、张（兴三）氏译书、杨（忠哈）、徐（玉兰）派坠子，"连（秀全）氏快板书""常（宝霖）派相声""连（笑昆）派相声"等曲种形式。

以上这些流行于陇右境内的民族民间说唱艺术内容非常丰富。其中传统曲目所占比例较大。由于历史上的诸多原因，民间艺人的频繁流动和老艺人的故去与"文革"十年的浩劫，使说唱艺术遭受摧残，资料大量散失，其损失是难以估量的。

传统曲目的内容以佛教、道教故事、神话故事、民间传说流行最广。如《降摩变文》《张仪潮变文》《仙姑宝卷》《红灯宝卷》《沉香宝卷》《梁祝后传》《毛红传》《童林传》《雍正剑侠图》等都是其代表曲目，传统曲目的内容大都受宗教、风俗、历史、经济条件的影响，良莠并存，并具有鲜明的地方及个性特点。一是宣扬宗教因果报应如"说因缘"中的《禅师卫士遇逢因缘》；二是叙述本民族历史的，如汉族秦安老调中的《伏羲观天》、东乡族"东乡诵曲"中的《米拉尕黑》和"甘南格萨尔"说唱中的《卡切玉宗》；三是劝善警世的，如"平凉曲子"中的《王祥卧冰》、《丁朗刻母》、《张连卖布》等；四是描述英雄豪杰、忠臣良将之类的，如"兰州小曲子"中的《杨八姐闹店》"玉垒花灯调"中的《玉山聚将》以及"河州贤孝"中的《顶嘴丫头》和"秦安老调"中的《玉腕托柏》等。

陇右说唱艺术曲种的唱腔音乐也极为丰富，所采用的曲体结构可归纳为曲牌联缀体、板腔体和单曲体等三种。现已知和曾经流行过的很具地域特色的各种曲牌名录大约有两百多个，为陇右地方戏曲唱腔音乐的发展铺垫了深厚的音乐土壤。如陇剧音乐和高山戏音乐的形成与发展，以及其他姊妹艺术的发展，都有着难以割舍的内在联系。

陇右民族民间说唱艺术以其丰富的内涵和多彩绚丽的地域文化特色，对我们今后进一步挖掘研究陇右地域的音乐历史文化有着重要的而深远的意义。

六　民间舞蹈

陇右地域辽阔，是一个多民族的地区，有汉、回、藏、东乡、裕固、蒙、哈萨克、土、保安、萨拉、满等十多个民族。这些民族的人民能歌善舞，有着自己丰富多彩的民间艺术创作，并呈现出特异的风采和鲜明的个性。

陇右民间舞蹈是一种反映劳动人民的生活习惯、广泛流传于民间并具有鲜明的民族风格的舞蹈。产生于劳动人民的生产和生活之中，在世代相传的过程中经过广大人民群众不断地创造丰富加工和发展而成。

根据音乐与舞蹈二者结合运用的不同方式，可以简略地将陇右民间舞蹈划分为以歌伴舞和以器乐伴舞两种形式。

以歌伴舞的形式一般是指以歌唱和舞蹈二者为主的各种舞蹈。有的是边跳边唱，载歌载舞形式，有的是歌伴舞形式，歌唱的内容大都采用当地的民间歌曲或民间小调。① 如天水地区的"蜡花舞"、白银地区的"拉花舞"等。有的则是携鼓而舞（如背鼓、挎鼓、手持鼓等）的形式，如"兰州太平鼓"、白银"背鼓子"、"天水旋鼓"、白银"跳鼓"等，它们不同于载歌载舞和歌伴舞形式，而是由锣、钹、镲等打击乐器为伴奏和鼓的节奏融为一体，并以不同的节奏和丰富的节奏型来统一和变化鼓队的舞蹈动作、鼓队队形的变化，并烘托舞蹈的气氛，营造热烈而欢快的情绪和场面。还有一种既不同于鼓队表演也不同于以歌伴舞表演形式的是天水夹板、定西云阳板等，这种类型舞蹈的伴奏乐器除锣、钹、镲外，还有鼓、唢呐等乐器，表演道具为长条的木板。

此外，陇右地区的秧歌舞内容繁多、形式多样、各呈异彩，各地普遍都有，是逢年过节、喜庆节日必不可少的主要表演内容。如"天水秧歌""天水高摇伞"、兰州"大头和尚戏柳翠"、兰州"铁芯子"、白银"旱船"、定西"八面鼓秧歌""定西蕃婆""纸马午""双旱船"等。

各种舞蹈形式，它们各自具有相对的独立性，可单独进行表演成为一个完整的节目，是陇右民间秧歌舞中的重头戏和不可缺少的一部分。除此之外，还有很多内容非常丰富和风格各一的陇右民间秧歌舞，如兰州地区的"大头和尚戏柳翠""铁芯子"、白银地区的"旱船"、定西地区的"八面鼓秧歌""定西蕃婆""纸马午""双旱船"、天水地区的"天水秧歌""天水高摇伞"等，这都是各地逢年过节、喜庆的日子里少不了要表演的、人民群众喜闻乐见的舞蹈，是陇右民间舞蹈中既普遍又传统的舞蹈形式。

七　宗教音乐

陇右宗教音乐主要有佛教（包括汉传佛教和藏传佛教）、道教和伊斯兰教等。宗教音乐主要是为配合寺庙宗教活动的内容。由于祭祀对象大都为天地、神灵，因此宗教音乐一般都比较庄严肃穆。由于历史上的诸多客

---

① 孙晓燕：《浅谈中国民族民间舞蹈的文化背景》，《商丘师范学院学报》2008 年第 2 期。

观原因，传统的宗教音乐失传甚为严重。① 改革开放以来，随着党的宗教政策法规的落实、健全和完善，陇右各地的宗教活动逐渐恢复，一些寺庙开始活动，宗教音乐随之有了复苏。总体上讲，寺庙中的活动大都离不开音乐，或吟唱、或吹打，即便吟诵经文也都具有一定的音乐性质。

从总体上来说，陇右宗教音乐中，汉传佛教与道教在音乐方面有一些相同之处，同时又与陇右地域中的民间鼓吹乐和锣鼓乐有着千丝万缕的联系。尽管寺庙宗教音乐主要是服务于宗教法事活动，但也常常为民间丧葬祭祀等活动服务，与民间鼓吹乐同时演奏，彼此交流通融。

1. 道教音乐

陇右地区的道教门派较多，在音乐方面则各具特色，各门派间的地方特色很浓。如清水县的龙门、华山两派音乐风格上受当地民间音乐的影响很大，并与当地民歌有一定的内在联系。

陇右道教音乐活动形式，以家庭为主形成道乐班子，具有相当的承袭性。一般这些道士平日在家闻经悟道，道观有节日，便前往参加。有时为当地群众白事执乐，但红事从不参加，有时也参加乡里的社火活动的演奏，一般被群众称为"道人"或"先生"。此种情况在陇右比较普遍，因此，道教的音乐在一定程度上吸收当地民间音乐的成分较多。

2. 佛教音乐

汉传佛教在陇右分布较为广泛，但其音乐失传相当严重。从目前搜集到的资料来看，大部分寺院和尚仅能演奏数量甚少的几支散曲，其中还夹杂一些民间乐曲。

在陇右佛教音乐中，藏传佛教音乐具有显著特色，主要为黄教（格鲁派），以夏河拉卜楞寺院为中心，该寺院音乐可为甘肃喇嘛教音乐的代表。寺院音乐大致可分为"道得儿"（礼仪）音乐、法乐、法舞音乐和寺院藏戏音乐四部分。

---

① 乔小云：《论民间舞蹈的生命力所在》，《黄河之声》2007 年第 4 期。